Ullstein Buch Nr. 2985
im Verlag Ullstein GmbH,
Frankfurt/M – Berlin – Wien
Titel der amerikanischen
Originalausgabe:
Postwar German Literature
Übersetzt von Beate Paulus

Für die Taschenbuchausgabe
vom Autor durchgesehen und
erweitert

Umschlagentwurf:
Kurt Weidemann
Alle Rechte vorbehalten
© 1970 by Western Publishing
Company, Inc., New York
Übersetzung © 1970 by Verlag
Ullstein GmbH,
Frankfurt/M – Berlin – Wien
Printed in Germany 1973
Gesamtherstellung:
Ebner, Ulm
ISBN 3 548 12985 4

Peter Demetz

Die süße Anarchie

Skizzen zur deutschen Literatur seit 1945

ein Ullstein Buch

Für Hanna,
die Schriftstellerin der Familie

INHALT

ANMERKUNGEN ÜBER TECHNISCHE EINZELHEITEN

1. Alle Titel werden im vollen Wortlaut angeführt; ihnen folgt das Datum der Veröffentlichung:
z. B. *Die Dämonen,* 1956
2. In meiner Besprechung des Dramas (Intermezzo 2, Sieben Dramatiker: Porträts, und sonstwo) bedeutet das Datum in eckigen Klammern das Jahr der Uraufführung:
z. B. *Die Ermittlung* [1965]
3. Die vollständigen Titel mit den Daten der Veröffentlichung oder der Uraufführung werden nur dort angeführt, wo ich diese Bücher oder Stücke zum erstenmal erwähne.

Es ist in neuerer Zeit zu einem sehr folgenreichen Streit über die Frage gekommen: inwiefern politische Maßstäbe zur Beurteilung dichterischer Eigentümlichkeiten ausreichten. Daß man sie anlegte, war gewiß eine Notwendigkeit, die einmal in der Zeit lag. Unsere Literatur hat sich während der schönsten Zeit ihrer Blüte nur in Zuständen heimisch gefühlt, welche dem unmittelbaren Bewußtsein der Gegenwart fernlagen. Solange sich der patriotisch-freisinnige Zeitgeist gegen jene Tatsache entrüstete, war er ohne Zweifel in dem vollen Recht, das die Gegenwart an sich selbst hat; das Fehlerhafte fing nur an, als man über diese Tatsache als solche hinausging. Von den Gesinnungen stürmte man zum Talent selbst über und glaubte, nachdem erwiesen, daß Goethe ein Aristokrat war, auch erweisen zu können, daß er kein Genie hätte.

Karl Gutzkow

VORWORT

Als Madame de Staël vor mehr als 160 Jahren ihre Gedanken über Deutschland formulierte, wies sie mit Nachdruck darauf hin, daß die Fruchtbarkeit des deutschen Geistes (im Gegensatz zu dem ausgeprägten Zentralismus der französischen Literatur) eine *douce et paisible anarchie,* eine süße und friedliche Anarchie, impliziere. Madame de Staël hing ihren eigenen romantischen Zielen nach, aber sie erkannte ein entscheidendes Element des deutschen Intellekts, und ich vermute, daß vieles von dem, was sie damals sagte, auch heute noch beachtenswert bleibt. Die süße Anarchie der deutschen Literatur ist weniger friedlich als einst, aber ihre jugendliche Kraft und die sehnige Vitalität läßt auch heute noch eher auf ein widerspruchsvolles »föderatives« Prinzip im intellektuellen Leben schließen als auf die Herrschaft *einer* Metropole oder einer einzigen Institution, die Stile, Meinungen und Ideen diktiert. Jüngere und ältere Schriftsteller in den deutschsprachigen Ländern beschäftigen sich alle mit der Nazi-Vergangenheit, aber ihre eigenen und alltäglichen Erfahrungen, in der Schweiz, in Österreich, in der Deutschen Demokratischen Republik und in der Bundesrepublik Deutschland, unterscheiden sich gründlich voneinander. Ich möchte auf keinen Fall *vier* nationale Literaturen an Stelle der *einen* Nationalliteratur sehen, die in der Vergangenheit lange unseren Blick trübte, aber ich kann die Bedeutung der vier politischen Bühnen nicht übersehen, auf denen sich das literarische Leben seit nahezu fünfundzwanzig Jahren abspielt.

Ich will hier meine fast instinktive Annahme nicht verheimlichen, daß Reichhaltigkeit und Lebendigkeit jeder Literatur in dem einzelnen Kunstwerk oder in dem einzelnen schöpferischen Intellekt ruhen und nicht in »Modellen« und »Strömungen«, wie sie die Professoren definieren — aber da ich ja selbst Professor bin, habe ich versucht, meine Einführung in die deutsche Literatur der Nachkriegszeit so zu gliedern, daß die soziologischen Entwicklungen und die verschiedenen Tendenzen der literarischen Gattungen ebenso berücksichtigt werden wie der Beitrag des einzelnen Schriftstellers, ohne Rücksicht darauf, wo er geboren wurde und wo er nun lebt.

In meinen vier einleitenden Kapiteln spreche ich über soziale und intellektuelle Veränderungen, die nach 1945 in der Schweiz, in

Österreich, in der Deutschen Demokratischen Republik und in der Bundesrepublik Deutschland zu beobachten waren. Nachdem ich diesen Wandlungen des Zeitgeists meinen Tribut gezollt habe, wende ich mich drei kurzen Intermezzos zu, in welchen ich mich mit den literarischen Gattungen der Lyrik, des Dramas und der erzählenden Prosa befasse. Im Mittelpunkt meines Buches stehen dreiundzwanzig kritische Porträts bedeutender Schriftsteller, die ich mehr oder minder jenen Gattungen zuordne, in denen sie sich am ehesten zu Hause fühlen. Diese Zusammenstellung ist ein Kompromiß, der weder die Puristen auf der Neuen Linken noch die extremen Formalisten (mit denen ich eigentlich sympathisiere) befriedigen wird; und wenn ich meinen Lesern einige wenige methodische Vorentscheidungen aufzwinge, so sind es die eines Literaturfreundes, der sowohl unter einem nationalsozialistischen als auch stalinistischen Regime lebte und der erkannt hat, daß Literatur immer dann am Ersticken ist, wenn Probleme der Relevanz ganz die Oberhand über Fragen der Kunst und der Qualität gewinnen. In diesem Buch, das ich mehr für den interessierten Leser als für meine literaturwissenschaftlichen Kollegen geschrieben habe, versuche ich, wesentliche Information mit Interpretationen wichtiger Texte und Werturteilen zu verbinden, die vielleicht den Leser zu weiteren eigenen Nachforschungen anregen. Ich halte es nicht für notwendig, fünfzig Jahre zu warten, ehe ich ein Gedicht, ein Drama oder einen Roman unserer eigenen Zeit beurteile.

Ezra Stiles College / Yale University   Peter Demetz

DIE LITERARISCHEN SZENEN: GESELLSCHAFT UND LITERATUR

1. DIE SCHWEIZ

Die standhafte Konföderation: 1933–1949

In den frühen dreißiger Jahren litt die Schweiz genauso stark wie andere Länder Mitteleuropas unter der Weltwirtschaftskrise (1935 zählte man fast fünfundachtzigtausend Arbeitslose), doch die standhafte Eidgenossenschaft zeigte sich viel weniger anfällig für totalitäre Versuchungen als ihre Nachbarn; die Schweiz war vom Faschismus angesteckt, aber nicht von ihm gelähmt. Im Jahre 1933 verbargen die rechtsgerichteten Organisationen, sowohl in den deutsch- als auch in den französischsprachigen Gebieten, ihr Mißfallen an dem überlieferten Mehrparteien-System nicht mehr, verlangten eine interventionistische Wirtschaftspolitik, äfften die Organisationsformen der deutschen Nazis und der italienischen Faschisten nach und folgten lieber ihren »Führern« als gewählten Vertretern. Man sprach viel von einem »Frontenfrühling«, aber auch die Allianz dieser Gruppen war nicht fähig, die politische Szene zu beherrschen. Zwei Jahre nach der Machtübernahme Hitlers in Deutschland riefen die rechtsgerichteten Fronten zu einem Volksentscheid auf, bei dem sie ihre Forderungen nach einer totalen, wenn nicht totalitären Veränderung der ererbten liberalen Verfassung zur Entscheidung stellten. Sie erlitten eine rasche Niederlage mit 511 578 gegen 196 135 Stimmen (1935). Hitlers Marsch nach Wien und Prag verminderte die Begeisterung der Schweizer Nationalisten (die von allem, nur nicht von einem Anschluß träumten); und als der Krieg begann, wurden die Mobilisierungsbefehle rasch und präzise ausgeführt. Henri Guisan aus dem Kanton Waadt wurde zum General gewählt (die Schweiz hat in Friedenszeiten keinen General); und am 25. Juli 1940 versammelte er die höheren Offiziere der Armee, ungeachtet der sozialen Herkunft, Sprache oder Religion, zu dem berühmten Rütli-Rapport und rief zum geistigen und militärischen Widerstand aus dem Geiste der Vorväter auf. Die Deutschen schienen ihre Aktion Schweiz auf den Spätmärz 1943 angesetzt zu haben, aber die SS-Kommandos erhielten nie den Befehl, die bestehenden Pläne (zu denen eine rasche Besetzung der Baseler Rheinbrücken gehörte) auszuführen. Die späteren Geheimverhandlungen General Guisans mit SS-General Schellenberg (der die neutrale Schweiz als geeigneten Platz für Kontakte mit den Alliierten ansah) fügen sich nicht ganz in das Bild vom standhaften Schweizer Soldaten, aber Guisan hätte wohl kaum Erfolg gehabt, wären die Verhandlungen mit Schellenberg nicht vor dem Hintergrund verminter Brücken, Panzerfallen und der Möglichkeit eines lang andauernden und kostspieligen Kampfes gegen Schweizer Partisanen in entlegenen Alpentälern geführt worden. Die Schweiz zeigte wenig Nachsicht mit Saboteuren; mitten im Krieg wurde die Todesstrafe für bestimmte Verbrechen gegen den Staat eingeführt, und vierzehn Schweizer Bürger wurden nach einem ordentlichen Gerichtsverfahren erschossen, weil sie den nationalsozialistischen Feind aktiv unterstützt hatten. Die Schweizer verteidigten ihre Konföderation mit List und militärischer Entschlossenheit gegen die Armeen Hitlers; es ist eine völlig andere Frage, ob die Schweiz wirklich das Äußerste für die Flüchtlinge vieler Nationen tat, die verzweifelt versuchten, die Grenzen zu überschreiten.

Die helvetische Demokratie, das Ergebnis einer langen Erfahrung in lokaler Selbstverwaltung, hat starke maskuline, puritanische und pragmatische Züge; wir spüren noch heute, daß sie ursprünglich von Bauern, Hirten und Handwerkern gelenkt wurde, die ihre eigene Lebensart vor den österreichischen und deutschen Dynastien schützen wollten. Viele Praktiken der direkten Demokratie (ähnlich den Stadtversammlungen in Neu-England) haben sich durch die Jahrhunderte erhalten, aber die Frauen waren lange ohne Stimmrecht; und es ist wahr, daß die Schweizer politischen Traditionen (wie die der Vereinigten Staaten) ästhetische Interessen nicht gerade fördern. Patriotische Historiker behaupteten lange, daß es der Schweizer Literatur vor allem um Erziehung und um hingebungsvollen Dienst an der Gemeinschaft gehe; und erst in neuerer Zeit geben die Kritiker zu, daß der starke Strom didaktischer, politischer und »realistischer« Literatur immer wieder die Proteste, Träume und Neurosen jener mehr ästhetisch fühlenden Schriftsteller herausforderte, die das bürgerliche Zusammengehörigkeitsgefühl für eine schreckliche Last oder gar für einen Fluch hielten. Diese Schriftsteller versuchten, in eine produktive Einsamkeit zu entfliehen, und hofften, von den eifrigen Nachbarn ver-

schont zu bleiben; einige der Größten fanden ihre Einsamkeit in
der Irrenanstalt. Johann Heinrich Pestalozzi (1746–1827), Jere-
mias Gotthelf (1797–1854) und Gottfried Keller (1819–1890)
lehrten, predigten und dienten, aber da war Conrad Ferdinand
Meyer (1825–1898), der hinter zugezogenen Vorhängen von feurigen Übermenschen träumte; der melancholische Heinrich Leut-
hold (1827–1879), der bewegende Verse von klassizistischer Perfektion schrieb; der paranoide Robert Walser (1878–1956), den
Kafka grenzenlos bewunderte, und der talentierte Romancier Jakob Schaffner (1875–1944), der dem Leben in einer kleinen unbedeutenden Gemeinschaft zu entkommen suchte und zuletzt Zuflucht in der Nazi-Mystik des Deutschen Reiches fand. Der harte,
mannigfaltige Druck der Gemeinschaft bedeutet für Schweizer
Schriftsteller Stolz und Schmerz zugleich. Die geographische Enge
verbindet sich mit der traditionellen Neigung zur Praxis, nicht zur
theoretisch gründlichen Untersuchung, und der beinahe instinktive
Wunsch, dem Nachbarn zu dienen, trifft auf das immer wiederkehrende Verlangen nach offenen Räumen, uneingeschränkter
Kontemplation und politischer Unverantwortlichkeit. Die Alterna-
tive zu dem Bild der engen kleinbürgerlichen Gemeinde, sei es
Gottfried Kellers Seldwyla, Max Frischs Andorra oder Friedrich
Dürrenmatts Güllen, ist der immerwährende Traum von einem
unbürgerlichen, wilden blauen Jenseits des Gefühls.

Aber die Schweizer Schriftsteller deutscher Sprache tragen noch
an einer anderen Bürde, welche die meisten ihrer deutschen oder
österreichischen Kollegen nicht zu tragen haben. Schweizer Autoren leben und arbeiten am Rande der sprachlichen Schizophrenie.
Als Kinder, Liebende, Väter und Nachbarn sprechen sie, je nach
ihrem Wohnort, einen sehr nuancierten alemannischen Dialekt,
aber als Schriftsteller, die auch über die Grenzen ihrer eigenen Gemeinde zu wirken suchen, benutzen sie das Schriftdeutsche (wie
man Hochdeutsch in der Schweiz nennt); und während sie in ihrer
Mundart buchstäblich zu Hause sind, müssen sie die geschriebene
Sprache erst in der Schule lernen; das literarische Hochdeutsch ist
ihnen ebenso fremd wie einst das Lateinische den burgundischen
Mönchen. Die Schwierigkeit liegt darin, daß es keinen einheitlichen
Dialekt gibt (oder »Schwyzerdütsch«, wie das Wort irrtümlich ver-
muten läßt), sondern nur eine unendliche Vielzahl örtlicher Varianten; ein Einwohner Zürichs mag die phonetischen Feinheiten

des »Basel-Dütsch« ohne größere Schwierigkeiten verstehen, mit
seinen Landsleuten aus den Tälern des Berner Oberlandes aber
wird er manche Verständigungsschwierigkeiten haben. Die »deutsche« schweizerische Literatur, die weit davon entfernt ist, eine
festgefügte Einheit zu bilden, besteht aus differenzierten Schich-
tungen, die alle ihre eigenen Gattungs- und Generationsprobleme
haben. Eng verbunden mit dem heimatlichen Alltagsleben existiert
eine vielfältige Literatur örtlicher Dialekte (z. B. Rudolf von Tavel,
Bern; Meinrad Lienert, Schwyz; Albert Bächtold, Schaffhausen);
eine stattliche Anzahl literarischer Werke in Schriftdeutsch, die leider nur im deutsch-schweizerischen Bezirk Interesse finden (zu ihnen gehört die Prosa Meinrad Inglins [geb. 1893] und die hoch-
entwickelte Lyrik Albin Zollingers [1895–1941], dem Stephen
Spender der Schweiz); und schließlich die schriftdeutschen Werke
einer kleinen Gruppe von Autoren, die mit viel Glück die Barrieren
der provinziellen Isolation durchbrochen und ihre Leser auf beiden
Seiten des Atlantiks gefunden haben. Frisch und Dürrenmatt sind
keine Schweizer Mirakel, sondern hochbegabte Mitglieder einer
vielschichtigen Gesellschaft produktiver Autoren, die viele Gaben
entfalten.

Wie in Deutschland und Österreich waren auch in der Schweiz
die ersten Nachkriegsjahre eine eigenartige Zeit offener Möglichkeiten. Die Schweiz erneuerte ihre internationalen wirtschaftlichen
Interessen, aber die tieferen Wandlungen der Eidgenossenschaft,
die auf den Krieg und die veränderte Lage in Europa zurückzuführen sind, waren noch nicht in klaren Umrissen sichtbar. Ich
nehme an, daß die neueren intellektuellen Entwicklungen in der
Schweiz dem Rhythmus von Systole (»einatmen«) und Diastole
(»ausatmen«) folgen, auf den Goethe als Naturwissenschaftler in
einem ganz anderen Zusammenhang hinwies. In einer Zeit ernster
Bedrohung ihrer althergebrachten Institutionen erneuerten die
Schweizer, einschließlich der Intellektuellen, instinktiv die unsichtbare, in den »Bergen schwebende Idee« (Gottfried Keller) oder,
nicht ganz so bildlich ausgedrückt, die politischen Optionen, welche
die vier linguistischen Gruppen zusammenhalten. Doch sobald der
Druck nachließ, wurden auch die bindenden Kräfte schwächer,
beunruhigende Fragen tauchten wieder auf, und eine jüngere Generation sehnte sich danach, alle Fenster des stickigen Hauses weit
aufzutun. Max Frischs *Tagebuch 1946–1949* öffnet den Blick auf

eine Individualität, welche die Isolation eines von Feinden umge-
benen Landes verläßt und neuen Streitfragen und Pflichten energisch entgegentritt. Die Frage nach den traditionellen Problemen
des Schweizer Schriftstellers verbindet sich mit der Suche nach einer
neuen Aufgabe, die weit über die Schweiz hinaus ihre Gültigkeit
haben soll. Auf der ersten Seite seines Tagebuchs schon identifiziert
Frisch die Schweiz mit »Andorra«, einem eigenartigen kleinen Land
mit einem »ebenso mißtrauischen wie ehrgeizigen Volk«, und bestätigt aufs neue das angeborene Schweizer Verlangen nach »den
großen und flachen Horizonten – das Verlangen nach Wasser«,
das die Schweizer »mit allen Küsten dieser Erde« verbindet. Aber
vieles hat sich geändert: Nach einer Reise in das verwüstete
Deutschland, mit seinen Ruinen, Flüchtlingen und Schwarzmarkthändlern, kehrt Frisch in die reinliche Schweiz zurück und spürt
plötzlich, daß er in seinen literarischen Bemühungen von veralteten
Voraussetzungen ausging: »Wir schreiben Sonette«, die sich Gewißheit darüber anmaßen, »wo der Mensch aufhört, wo der Himmel beginnt, wie Gott und der Teufel sich reimen ... Was ist eine
Welt? Ein zusammenfassendes Bewußtsein? Wer aber hat es?« Be-
merkenswert, daß der junge Frisch (im scharfen Gegensatz zu der
Generation der sechziger Jahre) noch an die Schweizer politische
Tradition glaubt; seiner Meinung nach ist es besser, in einer rauhen
Demokratie zu leben, als im kulturellen Ästhetizismus der »Metz-
ger« zu schwelgen. Kultur, das ist die zivilisatorische, politische
Leistung der ganzen Staatsgesellschaft und nicht das ästhetische
Meisterwerk eines einzelnen; und selbst wenn die Künstler die
Luft in ihrem Schweizer Heimatland für reichlich trocken halten
sollten, dann haben sie in dieser trockenen Luft ein viel rechtliche-
res Leben als in einer rein ästhetischen Kultur, welche die grausamsten Unmenschlichkeiten gleichgültig akzeptiert. Doch das sind
Gefühle eines Augenblicks; einige Jahre später gewährt Max
Frischs Stiller (ein romantischer Künstler auf der Suche nach seinem wahren Ich) seinem trockenen Heimatland viel weniger recht-
liche Bedeutung, und der einstige Verteidiger eines rauhen Liberalismus greift ein verknöchertes Establishment von Bürokraten,
»Pedanten« und bürgerlichen Feinden der wahren Sensibilität heftig an. Frischs *Tagebuch 1946–1949* folgt noch den Nachwirkungen des Krieges, während sein späterer Roman *Stiller* (1954) die
Epoche des ästhetischen Protestes signalisiert.

Das Schweizer Establishment und Anatol Ludwig Stiller:
1950–1960

Die Schweiz ist ein armes Land, aber die Schweizer haben, getrieben von der calvinistischen Neigung zur harten Arbeit (die von den Katholiken geteilt wird), die Herausforderungen der Not akzeptiert; die traditionelle Uhrenindustrie ist die emblematische Antwort auf den Rohstoffmangel. In den letzten Kriegsjahren mußte die Schweiz von den Alliierten mit Nahrungsmitteln versorgt werden, aber seit den späten vierziger Jahren hat die Schweiz ihren Teil zum europäischen Aufschwung beigetragen; das Exportvolumen erhöhte sich um 50 % (1950–1959), die realen Stundenlöhne stiegen rasch, und das nationale Einkommen verdoppelte sich innerhalb von 15 Jahren (1948–1963). Der Probleme waren nicht wenige: Die Metall-, Chemie- und Elektronikindustrie gewann sehr schnell an Boden, aber die traditionelle Textil-Industrie verlor viele ihrer internationalen Kunden; ein hohes Handelsdefizit mußte mit Einnahmen aus dem Bankgeschäft, dem Versicherungswesen und dem Tourismus ausgeglichen werden, der nicht in allen Kantonen gleich florierte. Die hohe Produktionsrate basierte auf dem Zustrom italienischer und spanischer Arbeiter, und ihre Masseninvasion schuf unvermeidliche Probleme, welche die Fundamente der Schweizer politischen Traditionen bedrohten.

Die rapide wirtschaftliche Expansion ging Hand in Hand mit einer politischen Stabilisierung besonderer Art. Das Schweizer föderative System neigte lange Zeit zum Kompromiß, der die wirkungsvolle Koexistenz aller fünfundzwanzig Kantone (einschließlich der Halbkantone) sicherte. Während des Krieges gelangten die politischen Parteien zu der Überzeugung, daß es nützlich sei, ideologische Konflikte zu ignorieren und pragmatische Aufgaben zu bewältigen. Seit Jahren funktionierte eine Art »kantonalen« Schlüssels, der sowohl einem Vertreter der mächtigen Stadt Zürich als auch des Kantons Waadt im Bundesrat Sitz und Stimme sicherte, und mindestens zwei Sitze für die französischen und italienischen Gebiete; und in den fünfziger Jahren gewann die Idee des Proporzes im Bundesrat an entschiedenen Anhängern. Nach den Wahlen von 1959 verteilte man die sieben Sitze an die Liberalen (2), die Christlich-Konservativen (2), die Sozialdemokraten (2) und die Bauern-, Handwerker- und Bürgerpartei (1). Doch bildete man in der Schweiz, ganz im Gegensatz zum österreichischen Proporz der fünfziger Jahre, kein unbewegliches System roter und schwarzer Futterkrippenwirtschaft bis hinunter zum Dorfpostamt. Das verhinderte die politische Struktur der Kantone und Gemeinden, in denen die alten Lokal-Konstellationen weiterwirkten; in Zürich stellten die Sozialdemokraten lange die entscheidende Mehrheit (1963 hatten sie zehn Sitze im Nationalrat); in Bern konkurrierten die Sozialdemokraten (12) mit der Bauern-, Handwerker- und Bürgerpartei (11); die Konservativen haben ihre Stärke in Luzern (5), Fribourg (3) und St. Gallen (6). Allerdings haben Kritiker recht, wenn sie betonen, daß das Proporz-System zwar funktioniert, aber zu einem hohen Preis: die Opposition hat an Wirksamkeit verloren, und Extremistengruppen, einschließlich der Jura-Separatisten, ziehen Bombenanschläge auf Eisenbahnlinien und Gerichtsgebäude einer Teilnahme an der parlamentarischen Diskussion vor. In einer Gesellschaft liebenswürdiger Politiker und geschickter Verwalter werden auch die Intellektuellen zu »Separatisten«; sie ahnen, daß sie dem Establishment mehr als willkommene Narren denn als Kritiker dienen, die berechtigte Einwände aussprechen; und sie hassen den Gedanken, den Zuckerguß auf dem Kuchen des Konsumenten zu bilden. Ich will Max Frischs Roman *Stiller*, 1954, der den jungen Dramatiker weit über die Grenzen der Schweiz hinaus bekannt machte, nicht allein als soziale Allegorie der intellektuellen Unruhe in den selbstzufriedenen fünfziger Jahren interpretieren, aber die »bürgerliche« Strähne konstituiert ein bedeutendes Element seiner reichen Textur. Im *Stiller* verbindet sich die Geschichte eines Künstlers, der sein wahres Selbst sucht, mit dem Strindbergschen (und in der Tat autobiografischen) Porträt einer gequälten Ehe, die von innen zerfällt, weil Mann und Frau absolute Ansprüche aneinander stellen. Der Bildhauer Anatol Ludwig Stiller, der sich nur widerwillig zu den Zürcher Bürgern zählt, ist seinen Enttäuschungen in die weiten offenen Städte Amerikas und die Wüsten Mexikos entflohen, aber nachdem ein Selbstmordversuch mißlungen ist, beschließt er als anderer, »neugeborener« Mensch, nach Hause zurückzukehren. An der Grenze wird er wegen seines gefälschten amerikanischen Passes verhaftet, und während die Schweizer Behörden versuchen, seine wahre Identität festzustellen, wird er vom Staatsanwalt (der zufällig mit Stillers früherer Geliebten verheiratet ist) bewogen, einen freimütigen Bericht

über sein ruheloses Leben niederzuschreiben. Stillers Ekel vor seinem alten Ich artikuliert sich in einer starken Abneigung gegen den
guten, durchschnittlichen Schweizer Bürger, dessen Leben geordnet
und in festen Bahnen verläuft; er weigert sich, »eine Rolle zu spielen, die ihnen so passen möchte«. Im Streitgespräch mit seinem
Verteidiger bieten sich Stiller manche Möglichkeiten, die Schweizer
»Temperamentlosigkeit« und den »Wunsch, keine Fehler zu machen«, zu verspotten; seine Landsleute sind, so fühlt er, leider »mit
einem verdorrten Lorbeer hinter ihren Spiegeln« ganz zufrieden,
denn sie haben aufgehört, Fragen zu stellen, die unerwartete, heftige, mißliebige Antworten herausfordern. Er vermag die Enttäuschungen ganzer Generationen Schweizer Künstler, von C. F.
Meyer bis Albin Zollinger, nur allzugut nachzuempfinden, will ihnen aber nicht im »billigen Verzicht auf das Große (das Ganze, das
Vollkommene, das Radikale)« nachfolgen. Nicht der politische
Kompromiß mißfällt ihm; er kann nur den Gedanken nicht ertragen, daß seine Mitbürger außerstande sind, an geistigen Kompromissen noch zu leiden; und obwohl Stiller in der Schweiz bleibt,
vergleicht er sein Leben mit dem »deutschen Juden in New York«.
Er und seine Frau Julika sind, wie er dem Staatsanwalt gesteht,
»ein schweizerisches Inland-Emigranten-Ehepaar«. Ich vermute,
daß Stillers und vielleicht auch Frischs Verhältnis zu seinen
Schweizer Mitbürgern Byrons Sorgen mit den Frauen ähnelt. Er
kann weder mit ihnen noch ohne sie leben und bleibt ein unschlüs-
siger Gefangener der unentrinnbaren Dialektik von Unterwerfung
und Verweigerung, Flucht und Rückkehr.

Die Schweizer sechziger Jahre: Davids Traum

Weitreichende Veränderungen des gewohnten Lebensstils waren
schon in den fünfziger Jahren in ihren Anfängen zu spüren, aber sie
kamen erst in den sechziger Jahren zur direkten Wirkung, als sich
das Land rasch mit den Folgen der industriellen Expansion (zu
einem großen Teil von ausländischen Arbeitskräften getragen)
konfrontiert sah. Industrialisierung bedeutet Urbanisierung, und
auch in der Schweiz veränderte die Abwanderung der Bevölkerung
aus den landwirtschaftlichen und alpinen Gebieten in die explodie-
renden Städte rasch die demographische Struktur des Landes; innerhalb von zehn Jahren (1950–1960) nahm der Anteil der in der

Landwirtschaft tätigen Bevölkerung um fast 60 000 ab. Heute dominieren fünf städtische Ballungen (Basel, Bern, Zürich, Lausanne
und Genf) strukturbeherrschend und bilden, wie durch einen un-
abwendbaren Mechanismus, Ringe von Wohn- und Schlafstädten,
in denen der neue Mittelstand wohnt; die Bevölkerung Zürichs
wuchs innerhalb von zehn Jahren um 22,5 % (1950–1960), die
von Dietikon (hier wohnen die Pendler) um 109,2 %. Schweizer
Soziologen befürchten neuerdings, daß eine städtische »Goldküste«
im krassen Gegensatz zu dem verlassenen Hinterland entsteht; und
wenn sie auch versuchen, neue Industrien zu dezentralisieren (um
damit die Infrastruktur zu verändern), zieht es die Menschen auch
weiterhin in die Städte; Kantone wie Glarus, Appenzell oder Wallis
haben allmählich sinkende Bevölkerungsziffern; Gebirgsdörfer sind
verlassen, und alte Bauernhäuser werden, wie in Südfrankreich,
von den städtischen Snobs erworben, die eines modischen Platzes
für die nächste Party bedürfen.

Aber die starke Einbeziehung ausländischer Arbeitskräfte in die
Schweizer Wirtschaft intensiviert die soziologischen Veränderungen; der Ausbau der Industrialisierung und die wachsende Urbanisierung führen zu einem raschen Bevölkerungszuwachs, der zu
einem bedeutenden Teil aus Arbeitern besteht, die vom politischen
Leben des Landes ausgeschlossen sind: Italiener und Spanier dürfen arbeiten, aber nicht wählen. Ein Jahr nach Kriegsende beschäftigte die Schweiz rund 50 000 ausländische Arbeitskräfte;
1961 arbeitete eine halbe Million in Fabriken, in der Landwirtschaft oder in Dienstleistungsbetrieben, und in den späten sechziger
Jahren erhöhte sich die Zahl auf fast 800 000, d. h. fast 15 % der
gesamten Bevölkerung. Einige der Schlüsselindustrien (einschließlich Schwerindustrie und Bau) beziehen fast ein Drittel ihrer Arbeitskräfte aus dem Ausland. Die Schweizer Planer hatten noch
keine große Erfahrung mit massiven Arbeiter-Bewegungen, aber
die Alternativen, die sie ins Auge faßten, waren gleich problema-
tisch. Wechselt man die »Ausländer« aus (wie es eine Zeitlang geschah), wird der Gastarbeiter zu einem Zugvogel degradiert, und
seine Arbeit wird die erwünschte Qualität vermissen lassen; dürfen
sie sich aber frei niederlassen, dann verschlechtern sich die Wohn-
verhältnisse rapide, weil die Familien zu ihren Vätern in die Städte
ziehen, in denen es an genügendem Wohnraum fehlt; und steigende
Mieten und erhöhte Grundstückspreise erschüttern die Wirtschaft

noch mehr. Doch das Grundproblem ist das der Teilnahme am
politischen Leben; Italiener und Spanier dürfen nicht einmal über
Angelegenheiten von lokaler Bedeutung abstimmen (einschließlich
solcher Fragen wie Omnibus-Fahrgelder oder das Gehalt von Ma-
gistratsbeamten), die traditionell durch ein Referendum der ganzen
Bevölkerung beschlossen werden. Sie haben ihre Transistorradios
und ihre eigenen Kinos, in denen sie sich sonntags treffen, aber sie
bleiben genauso unterprivilegiert wie mexikanische Arbeiter im
Südwesten Amerikas.

Jüngere Schriftsteller wie Adolf Muschg, Peter Bichsel und Urs
Widmer haben es schwer, denn sie müssen sich sowohl mit ihren
eigenen Arbeitsproblemen als auch mit der radikalen, wenn auch
lange unsichtbaren Veränderung des Schweizer Lebens auseinan-
dersetzen; in einer Gesellschaft, die beweglicher ist als je zuvor,
können sie nicht einfach zu den Meistern von gestern zurückkehren
– das neue Universum ist weder der Welt Gottfried Kellers noch
der Thomas Manns ähnlich. Die Schweiz mag in internationalen
Angelegenheiten neutral sein, aber sie kann sich den Veränderungen der europäischen Industriegesellschaft nicht entziehen; der ·
neue Pendler ist nicht weniger Schweizer Eidgenosse als der alte
Schäfer aus dem Kanton Glarus, aber sein alltägliches Leben hat an
Farbigkeit, Substanz und Unmittelbarkeit verloren. In einer so
veränderten Welt erscheint Frischs Stiller schon wie ein Mensch mit
veralteten romantischen Neigungen: seine privaten Sorgen mit der
»Liebe« und »Kunst« gehören einem vergangenen Zeitalter an, von
dem in der Sensibilität der Jüngeren nur wenig überlebt hat. Ich bin
versucht, Otto F. Walters (geb. 1928) Roman *Herr Tourel*, 1962 als
ein geisterhaftes Gegenstück zu Frischs Geschichte von dem außerordentlich sensiblen und gefährdeten Künstler zu lesen. Herr Tourel, der vom Rande des Jura stammt, schreibt seine hektische, persönliche Beichte in einer einsamen Hütte am Ufer der Aar, aber
indem er sein Leben beschreibt (das eines lokalen Fotografen mit
gelegentlichen künstlerischen Neigungen), verdunkelt seine fast
manische Besessenheit immer mehr seine Erinnerungen. Tourel
wird von Kindheitserinnerungen und dem falschen Geschwätz seiner Mitmenschen verfolgt und will (wie er sagt) sein Leben von
allen Schatten säubern. »Ich werde mich reinwaschen«, sagt er, und
doch fällt sein Geist endgültiger Dunkelheit und Verwirrung an-
heim. Das menschliche Leben an sich, nicht nur die zarte Existenz

eines entfremdeten Künstlers, ist fraglich geworden; und während
Otto F. Walter die Totalität der sozialen Lage nicht näher erläutern
will, gelingt es ihm, die zerstörerischen Ängste düster zu beleuch-
ten, die in dem Geist eines jeden von uns leben. Walters *Herr
Tourel* ist eine Art von intellektuellem Schweizer Schauerroman,
der unsere Phantasie mit seiner gespenstischen Genauigkeit quält.

Hugo Loetscher (geb. 1929), ein anderer begabter Schriftsteller
der jüngeren Generation, ist sich noch nicht ganz klar darüber, ob
er es mit den neuen Streitfragen in einer mehr traditionellen Art,
die dem Realismus verwandt ist, aufnehmen soll, oder mit der ironischen Parabel, die er von Kafka übernimmt. Ich ziehe seinen
früheren Roman *Die Kranzflechterin,* 1964, seiner Parabel *Noah,*
1967, vor, weil der Roman über eine bittere sprachliche Energie
verfügt, die ich in der Parabel vermisse. In seinem Roman über das
deutsche Bauernmädchen Anna, das in die Schweiz kommt, um hier
seinen Lebensunterhalt zu verdienen, blickt Loetscher auf eine ganze
Epoche wimmelnden Züricher Lebens. Anna hat kein Glück mit
einem Kolonialwarenladen, aber sie entdeckt, daß Totenkränze
immer gebraucht werden. Sie zieht eine uneheliche Tochter auf,
schläft mit den jungen Männern, die bei ihr ein Zimmer mieten,
beobachtet die wachsende Stadt vom Dach des Hauses, besucht ihr
früheres Heimatland (das sich unter den Nazis in ein Geisterland
verwandelt hat) und stirbt, umgeben von selbstgemachten Kränzen.
Sie ist eine entfernte Verwandte von Brechts Mutter Courage, die
vorwärtskommt, wenn andere Leute sterben; auch Anna fordert
durch ihre magere und vitale Zähigkeit den Tod selbst heraus.
Loetschers Roman impliziert eine gute Komödie (Anna lebt gut
von den Toten), und die unnachahmliche Mischung aus blitzender
Ironie und überfließenden, fast »flämischen« Genreszenen aus dem
Leben des Züricher Proletariats zeugt für eine seltene Feinheit der
literarischen Ausdruckskraft.

Walter Matthias Diggelmann (geb. 1927), der zornigste junge
Mann der Schweiz, zieht die Botschaft der Literatur aller Kunst-
fertigkeit vor. In seinem Roman *Die Hinterlassenschaft,* 1965,
greift er das Schweizer Establishment schonungslos an und stellt die
Legende von »der tapferen, menschlichen, christlichen Schweiz« in
Frage. Die Schweizer, sagt Diggelmann, sind schuldig, denn sie
haben während des Zweiten Weltkrieges viele Flüchtlinge abge-
schoben und dadurch den Massenmördern ausgeliefert; und die

gleichen Eidgenossen, die damals in den faschistischen »Fronten«
aktiv mitarbeiteten und eine starre Einwanderungspolitik betrieben,
fördern heute einen rüden Antikommunismus, der darauf abzielt,
jede öffentliche Kritik an sozialen Angelegenheiten zu unter-
drücken. Diggelmann weigert sich offen, die symbolischen Neigungen der älteren Generation (einschließlich Max Frischs) zu teilen;
er will nicht, wie Frisch in *Andorra,* eine Parabel vom Antisemitismus aufbauen, sondern nennt die Dinge lieber beim Namen. In
seiner Praxis kehrt Diggelmann zur Collage-Technik eines Dos
Passos und Alfred Döblin zurück. Seine Geschichte vom jungen
David, der (er ist Halbjude) herausfinden will, wer für den Tod
seiner Eltern verantwortlich ist, denen man die Einreise in die
Schweiz verweigerte, montiert Diggelmann mit Ausschnitten aus
der rechtsgerichteten Schweizer Presse des Jahres 1933, aus den
Memoranden über die Schweizer Flüchtlingspolitik und aus dem
offiziellen Bericht über die Flüchtlingsfrage, die der Baseler
Rechtsanwalt Dr. Carl Ludwig der Regierung und dem Schweizer
Volk übergab. Ich frage mich, ob Diggelmanns sorgfältige Dokumentation den Leser ebenso stark beeindruckt wie die moralische
Energie seines Helden, der auf seiten aller Schweizer Beleidigten
und Hilflosen steht (einschließlich der ausländischen Arbeiter), und
bei einem Wirtshausstreit, den die Konservativen in Szene setzen,
getötet wird. Die Geschichte leidet darunter, daß Diggelmann versucht, zwei oder mehrere Fragen gleichzeitig zu beantworten; und
außerdem fehlt dem zweiten Teil, der von der Organisation eines
konservativen Pogroms gegen einen marxistischen Intellektuellen
in einer kleinen Schweizer Stadt handelt, die hochkonzentrierte
Wirkung des ersten. Aber David hat einen Traum von der christlichen Schweiz, der mehr als prinzipielle Bedeutung besitzt: »Und es
kamen Hunderttausende in die Schweiz, die meisten nur mit dem,
was sie auf dem Leib trugen, aber jeder Schweizer, der zwei Hem-
den hatte, gab eines ab, und wer zwei Paar Schuhe besaß, gab ein
Paar für die Flüchtlinge.« In Davids Traum verbirgt sich eine Klage über das Ungeschehene; und nur wenige Leser innerhalb und
außerhalb der Schweiz können ihr reinen Gewissens begegnen.

2. ÖSTERREICH

Österreich ohne Schmalz: 1945–1948

Die erste österreichische Republik (1918–1938) war von einem zerstörerischen Selbstzweifel geschwächt, der ihre mächtigen Feinde unaufhaltsam stärkte. Nach dem Zusammenbruch der Monarchie stimmte das Parlament dafür, daß sich Deutsch-Österreich der Deutschen Republik angliedere, die eben aus den Trümmern des Wilhelminischen Kaiserreichs entstand; und in den ersten Nachkriegsjahren bekräftigten regionale Volksbefragungen die Meinung vieler Österreicher, daß ihr Land als autonomer Staat nicht lebensfähig sei. In den Genfer Protokollen von 1922 beharrten die Alliierten auf der Unabhängigkeit Österreichs und gewährten gleichzeitig finanzielle Garantien, die zwar die Währung stärkten, aber die strukturellen Probleme der Wirtschaft nicht zu lösen vermochten. Von den 6,7 Millionen Österreichern war eine halbe Million chronisch arbeitslos; und die wirtschaftlichen Probleme hatten ihre Folgen in einem brutalen Bürgerkrieg (1934), in der autoritären Reorganisation des Staates unter Dollfuß und Schuschnigg (1934–1938) und in Hitlers triumphaler Fahrt nach Wien.

Aber Hitlers Gefolgsleute lehrten viele, die den Führer begeistert willkommen geheißen hatten, die Neigungen der anderen siebzigtausend loyalen Österreicher zu teilen, die im Frühjahr 1938 von den Vorausabteilungen der Gestapo als potentielle Staatsfeinde zusammengetrieben und eingekerkert wurden. Man tat nur wenig, um die österreichischen Juden vor der kommenden Katastrophe zu retten, und die innere Opposition brauchte ihre Zeit, um sich aus der Zerstreuung in politisch divergente Gesinnungen und zersplitterte Aktionen zur Einheit zusammenzuschließen. Als Dr. Carl Goerdeler, der Organisator des deutschen konservativen Widerstandes, nach Wien kam, um über ein großes Deutschland zu verhandeln, stellte er fest, daß prominente Österreicher eine solche politische Möglichkeit nicht länger in Betracht ziehen wollten. Der Offiziersaufstand vom 20. Juli 1944 schlug in Wien ebenso fehl wie anderswo, und obwohl die Wehrmacht einige Stunden lang hohe Partcifunktionäre in Haft hielt, änderte die Niederlage der Berliner Gruppe die Lage schnell. Doch war es indessen lokalen Widerstandsgruppen gelungen, eine gemeinsame Organisation (O5) zu schaffen, die im engen Kontakt mit den alliierten Armeen stand; österreichische Bataillone wurden der Armee Titos eingegliedert, und hohe Wehrmachtsoffiziere österreichischer Herkunft verhalfen ihren Landsleuten zu Kommandostellen auf österreichischem Boden. Als die alliierten Truppen anrückten, trug die Resistance ihren Teil dazu bei – in Straßenkämpfen (Innsbruck) oder durch politischen Druck (Graz) –, die Nazifunktionäre zu vertreiben; in Wien waren Wehrmachtseinheiten, noch unter russischem Beschuß, in Konflikte mit der SS geraten, und wo die SS in der Übermacht war, suchte sie noch, wenige Stunden bevor die Sowjetarmee die Stadt einnahm, durch Massenhinrichtungen gegen überzeugte Österreicher vorzugehen.

Nach wenigen Tagen bereits wurde eine provisorische Regierung gebildet, die sich aus Vertretern der katholischen Konservativen, der Sozialdemokraten und der Kommunisten zusammensetzte. Sie hatten einander in Hitlers Gefängnissen und Konzentrationslagern tolerieren gelernt und zweifelten, im Gegensatz zu ihren Vorgängern von 1918, nicht daran, daß die Bildung eines freien und unabhängigen Österreichs ihre erste Aufgabe sei; auch die kommunistischen Funktionäre, die von den Sowjets eingeflogen wurden, betonten das österreichische Erbe. Die ersten Wahlen wurden im November 1945 im ganzen besetzten Österreich durchgeführt. Sie restaurierten im Grunde die traditionellen Vorkriegsgleichgewichte und gaben der katholischen Volkspartei und der Sozialistischen Partei starke Mandate; die Volkspartei hatte ihre persönlichen Bindungen an die autoritäre Phase der ersten Republik mit Klugheit verdrängt, und die Sozialisten basierten auf den Organisationen der alten Sozialdemokratie. Die Hoffnungen der Kommunisten wurden zerschlagen, denn sie erhielten nur 5,42 % der Stimmen (ein Vorgang, der Ulbricht und seiner Gruppe in Ost-Berlin nicht verborgen blieb).

Die Konsolidierung des intellektuellen Lebens ging (abgesehen von der raschen Blüte des Theaters) seinen langsamen Weg; ich vermute, daß die tiefsten Wunden und die härtesten Schocks erst zwanzig, wenn nicht gar dreißig Jahre später ins volle Bewußtsein traten. In Westdeutschland entfachte die Lage der Emigranten bittere Diskussionen, in Ostdeutschland setzten die Heimkehrer dem literarischen Leben einen völlig neuen Anfang, aber in Österreich fehlte es an melodramatischen Konflikten oder uniformen Antworten. Viele hervorragende Schriftsteller, unter ihnen Richard Beer-Hofmann (1866–1945), Robert Musil (1880–1942) und Franz Werfel (1890–1945) waren im Exil gestorben; andere, wie Hermann Broch (1886–1951), Elias Canetti (geb. 1905), Ernst Waldinger (geb. 1896), Johannes Urzidil (1896–1970) oder, unter den Jüngsten, Erich Fried (geb. 1921) blieben in den Vereinigten Staaten oder England; zu den frühen Heimkehrern zählten Franz Theodor Csokor (1885–1968), der große alte Mann der österreichischen Literatur, und der Kritiker Hans Weigel (geb. 1908), der den Jungen energische Förderung zuteil werden ließ. Die Übergangsjahre vom Kriegsende bis zum Beginn der Wirtschafts-Stabilisierung spiegeln sich unverzerrt im *Plan* wider, einer kurzlebigen, aber attraktiven literarischen Zeitschrift, die von Otto Basil (geb. 1901), einem Schriftsteller und Kritiker vielfältiger Interessen, herausgegeben wurde. Während die Nazis K. H. Waggerls Wiesen-Dichtkunst und den altmodischen Bauernroman bevorzugt hatten (bei österreichischen Lesern der mittleren und unteren Schicht schon lange *vor* der Nazizeit beliebt), ging der Herausgeber des *Plan* daran, die verbotene Vergangenheit des Expressionismus zu erneuern und die Spuren des französischen Surrealismus zu verfolgen, der bei deutschen Schriftstellern niemals substantielles Interesse erweckt hatte und nun plötzlich in einer Gruppe junger Wiener Maler späte Triumphe feierte. Paul Celan (1920–1970), Christine Busta (geb. 1915), Friederike Mayröcker (geb. 1924), Milo Dor (geb. 1923) und Reinhard Federmann (geb. 1923) veröffentlichten ihre ersten Gedichte und Prosawerke in Otto Basils Zeitschrift; Heimito von Doderer (1896–1966) analysierte unter dem Namen René von Stangeler (der als eine zentrale Figur in seinen wichtigsten Romanen auftritt), das experimentelle Werk des Künstlers und Schriftstellers Albert Paris Gütersloh (geb. 1887); und als rarer neuer Dramatiker veröffentlichte Fritz Hochwälder hier (1946) Szenen aus dem *Heiligen Experiment*. Charakteristisch für die österreichische Situation, daß Altes und Neues ohne Vorbehalte nebeneinander bestand: Felix Braun (geb. 1885), Rudolf Felmayer (1897–1970) und Paula von Preradovič (1887–1951) schrieben ihre feinakzentuierten Gedichte weiterhin in der klassisch-romantischen Tradition, und die junge Ilse Aichinger (geb. 1921) erforschte in ihrem erstaunlichen ersten Roman *Die größere Hoffnung*, 1948, die Hoffnungen und Ängste jener Kinder, die den Diktatoren »rassisch unrein« waren. Das tägliche Leben war noch zu schwierig, um die Trennung der Generationen voranzutreiben.

Die Lasten des Wohlstands: Österreich in den fünfziger Jahren

Die Österreicher sprechen selbstbewußt von ihrem eigenen Wirtschaftswunder, das ihr hungriges Land innerhalb eines Jahrzehnts in eine moderne Konsumgesellschaft verwandelte, aber ich kann nicht umhin, auch von einer politischen Leistung zu sprechen, denn die Österreicher konstituierten selbst unter den Augen der sowjetischen Besatzungsmacht eine mehr oder weniger funktionierende parlamentarische Demokratie; Österreichs Nachbar, die Tschechoslowakei, war weniger glücklich. Als die österreichische Regierung, gegen die Ermahnungen der Sowjets, beschloß, den Marshall-Plan zu akzeptieren, nahm die wirtschaftliche Stabilisierung ihren Anfang. Um die Produktionsraten zu erhöhen, wurde amerikanisches Kapital in die (rasch verstaatlichten) Basis-Industrien investiert. Die neuen amerikanischen Kredite erwiesen sich zugleich mit den ehemaligen deutschen Kriegsinvestitionen in der Stahlindustrie als wesentlich für die Neubildung der österreichischen Wirtschaftsstruktur. 1947 lag die industrielle Produktion noch weit unter den Vorkriegszahlen (1937 = 100), aber bereits 1950 erreichte sie einen Stand von 145 und konnte sich bis 1963 verdreifachen (338).

Die schmerzhaften Anfänge der wirtschaftlichen Reorganisation führten aber zu Problemen, die die Kommunisten bei ihrem Vorstoß zur Macht zu nützen versuchten. Die Mittel des Marshall-Planes wurden selten für die Entwicklung des Handels verwandt; die Landwirtschaft bedurfte neuer Technologien, und unkontrollierte Inflationstendenzen tauchten auf. Die Kommunisten, die sich auf starke Wiener Polizeikräfte, auf die Arbeiter-»Stoßtrupps«, die sie in den von den Sowjets kontrollierten Industrien gebildet hatten, und auch auf die berechtigten Ansprüche der Arbeiterschaft zu stützen vermochten, versuchten Ende September und Anfang Oktober 1950 Streikwellen zu organisieren, um den mächtigen Gewerkschaften die Kontrolle zu entreißen und die Koalitionsregierung ins Wanken zu bringen. Kommunistische Streikende blockierten an vielen Stellen die Eisenbahn- und Telegrafenverbindungen von und nach Wien, um die Regierung vom übrigen Teil des Landes zu isolieren. Ihr Versuch schlug aus mehreren Gründen fehl:

die Sowjets intervenierten nicht direkt (ausgenommen in Wiener-Neustadt); Oskar Helmer, der widerstandskräftige sozialistische Innenminister, neutralisierte die kommunistischen Polizeikräfte, indem er, außerhalb der Sowjetzone, die neugeschaffene Gendarmerie einsetzte, die von den Vereinigten Staaten ausgestattet worden war; und sozialistische und katholische Arbeiter folgten dem kommunistischen Ruf nach einem Generalstreik nicht. Am 6. Oktober 1950 war klar zu erkennen, daß der entscheidende Streik fehlgeschlagen war; die Kommunisten zogen sich hinter ihre 5-Prozent-Mauer zurück, und die Folgen der ungarischen Revolution, der Überfluß der Verbrauchergesellschaft und die sowjetische Intervention in der ČSSR trugen zu ihrer weiteren Erosion bei.

Aber die Sowjetunion war mehr mit strategischen Plänen beschäftigt als mit Ideologie. Kurz nach Stalins Tod (1953) optierten die Sowjets für ein neutralisiertes Österreich, anstatt das Risiko einzugehen, eine weitere Volksrepublik zu gründen, die geographisch mit ihrer eigenen Besatzungszone identisch gewesen wäre. Am 15. April 1955 reiste eine österreichische Delegation nach Moskau, um über die Zukunft ihres Landes zu verhandeln; und wenige Tage nach der erfolgreichen Konferenz der Botschafter der Besatzungsmächte wurde am 15. Mai 1955 in Wien der Österreichische Staatsvertrag unterzeichnet, der die Besatzungszeit beendete und ein unabhängiges und freies Österreich garantierte. Ende Oktober 1955 verließ der letzte Soldat der Besatzungsarmeen das Land, und das Parlament erklärte Österreich feierlich zu einem neutralen Staat.

Unabhängigkeit und Neutralität stärkten Österreichs natürliches Selbstbewußtsein, führten aber auch zur Verknöcherung des schwarz-roten Koalitionssystems, das ein Jahrzehnt lang außerordentlich produktive Arbeit geleistet hatte. Die enge Zusammenarbeit der beiden großen, traditionellen Parteien (die eine Generation zuvor einen blutigen Bürgerkrieg ausgefochten hatten) war während der Besatzungszeit nützlich, aber das Prinzip der »geteilten Macht« entartete schnell in die zweifelhaften Praktiken eines Proporzsystems, das mehr Nachteile als Vorteile bot. Dieses Proporzsystem bestand aus Absprachen zwischen den beiden Parteien, in denen sie ihre Politik beschlossen und die Interessensphären abgrenzten. Diese heimlichen (später halböffentlichen) und unkonstitutionellen Vereinbarungen trugen zwar zur politischen Stabilität

bei, stumpften aber jedes intellektuelle Zielbewußtsein ab: in einem
Parlament ohne Funktion ersetzte man Dialektik und Kritik durch
Gemeinplätze; die Dumpfheit der Tageszeitungen war nur gelegentlich von geistvollen Theater-Rezensionen durchblitzt, in denen
österreichischer Intellekt seit langem artikulierte; und die Massenmedien, wirtschaftlich ineffektiv und mit politischen Funktionären
überbesetzt, stießen die jungen Schriftsteller eher ab, als sie anzu-
ziehen. Die jungen Schriftsteller neigten immer mehr dazu, ihre
Manuskripte den kühneren westdeutschen Rundfunkanstalten anzubieten und zugleich auch den westdeutschen Verlegern.

Wohlstand, Unabhängigkeit, Neutralität und das Proporzsystem
gingen, zumindest in den fünfziger Jahren, mit intellektueller Verknöcherung oder schleichendem Provinzialismus Hand in Hand;
einer der besorgten Kritiker vermutete nicht zu Unrecht, Österreich
werde »balkanisiert«. Die Naziverbrecher wurden nicht vor or-
dentliche Gerichte gestellt; es mangelte an soziologischen Untersuchungen; und ein Jahrzehnt lang verdeckten heitere Klischees und
ein versteinertes »Handelskammer«-Image Österreichs (Lipizzaner,
Grinzing usw.) die einschneidenden Veränderungen der politischen
und sozialen Struktur. Das literarische Leben Österreichs war traditionell bestimmt von der produktiven Spannung zwischen Wien,
dem Zentrum einer ruhelosen Forschung, der Kritik und des Experiments, und den ruhigeren Provinzen, in denen ländlich-konser-
vative Schriftsteller im Einklang mit ihrem Publikum das Ererbte,
Unzerstörbare und »Gesunde« bevorzugten. Sowohl in der alten
Monarchie als auch in der Ersten Republik bildeten die Wiener
Juden eine entscheidende Gruppe in Literatur, Philosophie und in
vielen anderen Wissenschaften, aber nachdem man sie aus dem
Lande verjagt oder ermordet hatte, war ihre Abwesenheit nicht
durch selbstzufriedene Reden über Österreichs Tradition zu ersetzen; Wien, so sagt der junge Kritiker Paul Kruntorad, hat sich in
eine Provinz seiner eigenen Vergangenheit verwandelt. Die Funktion Wiens wird aber auch aus soziologischen Gründen ausgezehrt,
während die österreichischen Provinzen immer mehr an Bedeutung
gewinnen. Bevölkerung und Wirtschaft verlagern sich von Wien
(und dem Osten) in den Westen des Landes. In den vergangenen
Jahren haben sich zwei soziologisch verschiedene Bereiche heraus-
gebildet, und die Enns trennt einen »ärmeren« Osten von einem
»reicheren« Westen: 1934 noch lebten 3,7 der 6,7 Millionen Ein-

wohner in den östlichen Provinzen, aber bereits 1961 zählte man dort nur noch 3,2 Millionen Menschen. Die Soziologen haben ihr statistisches Beweismaterial überzeugend kompiliert: zwischen 1934 und 1961 hat Wien 16% seiner Einwohner verloren, während die westlichen Provinzen zwischen 33 % (Tirol) und 46 % (Vorarlberg) gewonnen haben. Es ist schwer, die letzten Konsequenzen dieser noch nicht abgeschlossenen Bevölkerungsverschiebung abzuschätzen: die produktiven Arbeiten Carnaps, Freuds, Musils und Brochs waren eng mit der Metropole Wien verbunden, aber ich frage mich, ob ihre Nachfolger oder potentiellen Schüler in dem außerordentlich angenehmen, aber ein wenig provinziellen Klima einen angemessenen Ersatz für den kosmozentrischen Geist einer lebendigen Hauptstadt finden.

Im Österreich der fünfziger Jahre, das nach Sicherheit suchte, war es nicht einfach, der Vergangenheit zu entkommen; und während die einen literarische Aktualität in der Nachahmung Kafkas und Hemingways suchten, starrten die anderen, noch halb betäubt, in das Entsetzen des Krieges oder rekonstruierten eine verlorene Friedenswelt der Nuance und intimen Bedeutsamkeit. Herbert Zand (geb. 1923), der schwerverletzt aus dem Kriege heimkehrte, wählt in seinem Roman *Die letzte Ausfahrt,* 1953, eine der großen Kesselschlachten an der Ostfront, zum ontologischen Gleichnis des menschlichen Schicksals. Stellung nach Stellung fällt, ein übermächtiger Gegner drängt eine Armeegruppe wie erstickend auf den kleinsten Raum zusammen, und im Tode triumphiert, jenseits aller politischen Konflikte, eine kosmische Vernichtungskraft: »Shiwa tanzt.« Fliehend und in blitzhaften Augenblicken heben sich einzelne Gestalten aus dem von Feuern und Explosionen erleuchteten Horizont: die Ärztin Maja, die sich schuldig weiß und bis zum letzten Augenblick helfen will; der leidend kühle Beobachter Erasmus (der dem Autor ähnelt); ein Oberstleutnant, der die Macht zu manipulieren sucht und durch eine Widerstandsgruppe Kontakt mit dem Kommando der feindlichen Armee aufgenommen hat (er glaubt daran, eine Spaltung der Alliierten könnte »die Militärmacht Deutschland« erhalten); ein Ästhet, der sich angesichts des Todes in ein »leidenschaftlich vernunftloses, anarchisches Wesen verwandelt«. Zands Sprache hat die Präzision des Visionären, und sein Verlangen, das Unmögliche zu tun, führt ihn (wie Elisabeth Langgässer und andere Schriftsteller der existenzialistischen Nachkriegsgeneration) zu jenen metaphysisch gespannten Gesprächen, in welchen selbst die blinden Charaktere noch die fatalen Bewegungen der zerschmetternden Geschichtsenergien deuten. Wie kein anderer repräsentiert Herbert Zand (der zwanzig Jahre lang an seinen Kriegsverletzungen dahinstarb) eine verlorene Generation, und die von seinem Freunde Wolfgang Kraus veranstaltete Ausgabe seiner *Gesammelten Werke* (1971) wird uns seine Arbeit und seine ungebrochene Humanität als Ganzes im Gedächtnis halten.

Georg Saikos Roman *Auf dem Floß,* 1954 (zweite Ausgabe), verbindet die nobelsten Elemente der Vergangenheit mit ungewöhnlicher Feinheit, Individualität und Tiefe. Ohne auf neuere soziale Veränderungen einzugehen, kehrt Saiko (1892–1962) nochmals in eine Welt melancholischer Prinzen, Mädchen aus gutem Hause, schwermütiger Aristokraten und in eine feudale Dorflandschaft der Schäfer und leidenschaftlichen Zigeuner zurück. Aber Saiko distanziert sich von den melodramatischen Ereignissen (zu denen Giftmord und Tod durch Ertränken zählen): seine Konversationen entwickeln sich wie hinter einem silbernen Schleier; elegante Teetische werden im Park gedeckt; eine alternde Gräfin kämpft mit ihrer sechzehnjährigen Tochter um die Gunst alternder Kavaliere; und der trockene Laut der Kricketbälle tönt in der stillen Sommerluft wider. Georg Saiko hat sich an Freud und Turgenev orientiert und beschäftigt sich nicht mit den Ereignissen, sondern mit ihren verborgenen Motiven. Er will wissen, wie die Triebe durch die rationellen Konventionen brechen, und zeichnet als einer der letzten großen Schriftsteller aus der Generation Musils, Brochs und Doderers seine kunstbewußte Vision von einer Menschheit, die »auf dem Floß« sozialer Vereinbarungen auf den dunklen Gewässern der vorvernünftigen und unbewußten Wünsche dahintreibt.

Gerhard Fritschs erster Roman *Moos auf den Steinen,* 1955, stellt den außergewöhnlichen Versuch eines jungen Schriftstellers dar, der es zugleich mit den Bürden der österreichischen Vergangenheit und jenen des traditionellen Romans aufnehmen will. Seine einfache Liebesgeschichte oder gar Legende lädt zu einer fast allegorischen Interpretation ein: Baroneß Jutta, die in dem düsteren Schloß Schwarzwasser lebt, schwankt einen schicksalshaften Augenblick lang zwischen einem intellektuellen Manager, der modische Symposia in dem verlassenen Park organisieren will, und einem schüchternen Poeten, der Jutta seine Liebe anbietet, um sie von den bedrückenden Erinnerungen an Gewalttätigkeit und Notzucht zu befreien (Mai 1945). Sie weist den Manager zurück, aber der Schriftsteller kommt bei einem Unfall ums Leben, und Jutta (die Verkörperung Österreichs) muß ihren Weg allein finden. Gerhard Fritsch (1924–1969) läßt den Verlauf ihres weiteren Lebens offen, bricht resolut mit den traditionellen Regeln des Romans und deutet nur in einem fragmentarischen Schlußkapitel an, daß historische Erfahrungen die weitere Handlung zu bestimmen haben.

Dem österreichischen Traditionalismus gelang es mit gleichsam spielerischer Gleichgültigkeit, die phantasiereichen Bemühungen einer losen Gruppe junger Intellektueller und Künstler zu ignorieren, die in ihrer Suche nach neuen Kunstformen Reminiszenzen an das *fin de siècle* mit Antizipationen späterer *Happenings* ironisch kombinierten. 1953 definierten der junge Gerhard Rühm (geb. 1930) und H. C. Artmann (geb. 1921), der gerade aus der Schweiz nach Wien zurückgekehrt war, ihre »acht-punkte-proklamation des poetischen actes« und organisierten Ende Juli desselben Jahres eine *Soirée aux amants funèbres* als kunstvolle Leichenprozession durch das Zentrum Wiens, die an den belebtesten Kreuzungen durch zeremonielle Rezitationen Baudelaires und Nervals unterbrochen wurden. Aber die »Wiener Gruppe« (c. 1952–1964), wie sie später genannt wurde, war nie durch Grundsätze oder Praxis geeint; man arbeitete gerne an kollektiven Texten, aber die experimentellen Interessen Friedrich Achleitners, H. C. Artmanns, Konrad Bayers, Gerhard Rühms und, später, Oskar Wieners, widersetzen sich dem gemeinsamen Nenner. Rühm neigte früh zur »konstruktivistischen« und »konkreten« Dichtung und war später ein Verbündeter Eugen Gomringers, während H. C. Artmann, nachdem er Federico Garcia Lorca gelesen, den lokalen Dialekt in seiner eigenen phonetischen Umschreibung benutzte, um eine makabre und scheinbar naive Dichtung zu schaffen. Er schrieb seine Verse im Aufbegehren gegen die gutbürgerliche Literatur und sammelte seine Gedichte in *Med ana schwoazzn Dintn*, 1958, die zu einem gutbürgerlichen Bestseller wurden. In den späten fünfziger Jahren kamen die *underground*-Gruppen langsam aus ihren Kellern und Cafés hervor, um *jam sessions,* Revolutionen und Kinderopern zu organisieren, aber westdeutsche Verleger und Rundfunkanstalten übten wieder eine stärkere Anziehungskraft als die heimischen Institutionen aus, und viele der Talentiertesten, einschließlich Rühms

und Artmanns, verließen Wien und gingen nach München, Berlin
oder anderswohin.

Eine andere Gruppe junger Maler, Architekten, Bildhauer, Mu-
siker und Autoren konstituierte sich in Graz zur »gemeinsamen
Prüfung und Erprobung von Kunst und Gesellschaft«. Die jungen
Leute eröffneten im umgebauten Stadtparkcafé, am 4. November
1960, das *Forum Stadtpark,* in dem man sich zu Ausstellungen,
Lesungen und Diskussionen traf, und publizierten, unter der Leitung
von Alfred Kollaritsch, die produktive Zeitschrift *manuscripte,*
welche (in gelegentlichem Kontakt mit den Autoren der Wiener
Gruppe) die experimentelle Tradition, noch von Dada her, belebte
und fortbildete. Das zehnte Heft der *manuscripte* (Mai 1964) publizierte noch Ältere und Jüngere mit- und nebeneinander, aber um
die Mitte der sechziger Jahre trat eine kompakte neue Generation
hervor, welche ihre kritischen und linguistischen Interessen in einigem Konflikt mit der älteren Generation entwickelte: die Erzählerin
Barbara Frischmuth (die sich heute ins Waldviertel zurückgezo-
gen hat), der Dramatiker Wolfgang Bauer, der radikale Kritiker
Michael Scharang und, nur ein wenig jünger, der Kärntner Peter
Handke, der an der Grazer juristischen Fakultät studierte. Auch
von den *manuscripten* geht die schon traditionelle Route zu Suhr-
kamp (Frankfurt) und in die Öffentlichkeit der Bundesrepublik,
aber die Grazer Gruppe zieht immer wieder neue Begabungen aus
allen österreichischen Ländern an sich (deren sich jetzt der Salzburger Residenz-Verlag mit Entschiedenheit annimmt) und hat
nicht den geringsten Grund, über den Mangel an Nachwuchs zu
klagen.

Die sechziger Jahre: Auf der Suche nach der Vergangenheit

In den sechziger Jahren entsprach das Proporzsystem immer
weniger den wirtschaftlichen und politischen Notwendigkeiten eines
Landes, das in weniger als zwanzig Jahren seine noch verspäteten
Barockstrukturen in eine moderne Gesellschaft verwandelt hatte;
und mit dem Referendum, das einschneidende Veränderungen in
der staatlichen Rundfunkorganisation forderte, und der Krise um
Otto von Habsburgs Reisepaß, klaffte die erschöpfte Koalition weit
auseinander. Aus den Nationalwahlen vom März 1966 ging die
Volkspartei, die einen pragmatischen Kurs verfolgt hatte, erfolgreicher hervor als ihre sozialistische Koalitionspartnerin (85 Sitze

gegenüber 74), und nach kurzen Verhandlungen über eine Fortführung der alten Koalition bildete Kanzler Josef Klaus ein Volkspartei-Kabinett, das die Sozialisten (die zu diesem Zeitpunkt auf eine so produktive Aufgabe kaum vorbereitet waren) wieder auf die Oppositionsbänke verwies. Als in der Bundesrepublik Deutschland die Große Koalition gebildet wurde, kehrte Österreich zu einem legitimeren Verhältnis von Regierung und Opposition zurück. Die Volkspartei-Regierung stand schwierigen Problemen gegenüber: die Wachstumsrate des Bruttosozialprodukts war rückläufig (1955–1960: 5,2; 1960–1965: 4,1); die Wirtschaft, mit ihrem bürokratisierten Staatssektor retardierte; und andere Probleme der vorhergegangenen Jahrzehnte harrten noch produktiver Lösungen – einschließlich des teuren Subventionssystems für Theater, denen es an intellektueller Vitalität fehlte, und der relativ primitiven Wohnungen der meisten Staatsbürger (1961 hatten 52 % aller Wohnungen keine eigenen Toiletten, und 36 % hatten keine eigenen Wasseranschlüsse).

In den späten sechziger Jahren haben sich die wirtschaftlichen Verhältnisse wieder rapid gewandelt; und nachdem der Tiefpunkt (1967: 3,1) überwunden war, stieg die Wachstumsrate des Bruttosozialprodukts binnen wenigen Jahren energisch an (1968: 4,1; 1969: 6,4; 1970: 7,1), und die neue sozialistische Regierung unter dem Vorsitz des Bundeskanzlers Dr. Bruno Kreisky, die seit den Nationalratswahlen vom Frühling 1970 amtiert (SPÖ 81 Mandate, ÖVP 79), hat eher Mühe, hektische Entwicklungen zu bremsen, der Steigerung der Preise entgegenzuwirken und inflationäre Tendenzen zu dämpfen. Die Statistik der Kraftfahrzeug-Zulassungen gibt deutliche Auskunft über den ›Sprung‹ der österreichischen Konsumgesellschaft in den eben vergangenen Jahren (1966: 1 403 190 – 1970: 2 200 822).

Österreichs Kultur bedarf noch der Zivilisation, aber die Wandlung ist in vollem Gang. Politisch interessierte Schriftsteller, Journalisten und Soziologen, unter ihnen Friedrich Torberg, als Autor, Kritiker und langjähriger Chefredakteur des ehemaligen *Forum* ein energischer Widersacher allen Widersinns in Politik und Literatur, Karl Bednarik, Alexander Vodopivec, Wolfgang Kraus und Otto Schulmeister, der Chefredakteur der »Presse« (Österreichs einziger kosmopolitischer Tageszeitung), untersuchen die Situation auf pragmatische Weise. Carl Merz und Hellmuth Qualtinger cha-

rakterisierten und verdammten in einem international bekannten
»Fernseh-Interview« den »Häßlichen Österreicher« *Herr Karl,*
1962, der jeden seiner Freunde und jedes seiner Mädchen verriet,
alle unterschiedlichsten Regime überlebte und immer noch in
schwitzender Selbstzufriedenheit weiter dahinvegetiert, billigen
Schnaps stiehlt und jungen Liebespaaren in den Donauauen nachspioniert.

Österreich hat mehr junge Talente der kritischen Art, als es den
Legenden vom Operettenlande zuträglich ist. Viele jüngere Ro-
manciers betrachten ihre Welt mit engagiertem Blick, suchen in der
neueren österreichischen Vergangenheit nach den Gründen für
Fehlschläge und Verbrechen und zeigen ein lebhaftes Interesse an
rastlosen Prosaexperimenten. Hans Leberts *Die Wolfshaut,* 1960,
rührt an den Schlaf eines kleinen Dorfes, in dem jeder verheimlichen will, was während des Krieges geschah. Vergeßliche Menschen
essen, trinken und lieben, und das unbestrafte Böse schleicht um die
dumpfen Häuser wie ein hungriger Wolf im Schnee. Lebert (geb.
1919) verfolgt keine ideologischen Ziele; er arbeitet mit einem Netz
moralischer und symbolischer Anspielungen. Kühl und nüchtern
analysiert er die Besessenheiten eines Mannes, der an Massenexe-
kutionen in Polen teilnahm, liebt ironische Handlungsumschwünge
und schafft steigende Spannung in einer dumpfen Welt aus Fleisch,
Nebel und Schmutz.

Thomas Bernhard (geb. 1931) starrt unverwandt auf Krankheit,
Unfruchtbarkeit und Tod. In *Frost,* 1963, beobachtet ein junger
Arzt einen Maler, der sich krank in ein einsames Gebirgsdorf zu-
rückgezogen hat, und erkennt bald, daß er mehr über ontologische
Entdeckungen zu berichten haben wird als über medizinische Fragen (wie sein Auftraggeber annimmt). Der Maler schleppt ihn
durch Dunkelheit und Schnee, erklärt ihm seine Philosophie des
Verfalls und konfrontiert ihn mit dem Gestank des Altersheims,
dem Blut des Schlachthofs, geisterhaften Unfällen und entsetzlich
lebendigen Erinnerungen an die verstümmelten Kriegstoten, die in
den Wäldern verfaulen. Der junge Mann versucht vergebens, wieder Henry James zu lesen, aber der Maler (der Pascal vorzieht)
stolpert mit ihm durch die faulende Landschaft und spricht von
dem kommenden großen Frost, der alles Leben zum Verstummen
bringt: »Die Sterne blitzen dann wie Nägel, mit denen der Himmel
zugenagelt ist.« Thomas Bernhard impliziert einen unbeirrbaren

Protest gegen die literarische Tradition: in dem Dunkel und der
Kälte des häßlichen Dorfes sind die Masken gefallen, Österreich
erscheint als »das Bordell Europas, mit einem ausgezeichneten
überseeischen Ruf«, und das traditionell romantische Bild vom
starken Bauern und der lieblichen Landschaft wird unbarmherzig
zerfetzt.

Der Schriftsteller und Kritiker Herbert Eisenreich (geb. 1925)
veröffentlicht seit Mitte der fünfziger Jahre, aber die Versprechungen seiner Begabung sind noch nicht alle eingelöst. In seinen besten
Kurzgeschichten beschäftigt er sich gern mit ironischen Verwick-
lungen im Leben seiner bescheidenen österreichischen Zeitgenossen: ein gesprächiger Handlungsreisender beklagt sich über die
vielen Freunde seiner Frau, um die Tatsache zu verschleiern, daß
er selbst ein angenehmes Verhältnis zu einem willigen Mädchen
unterhält; einige Kleinstadthonoratioren erzählen eine Lüge, die
die »nackte Wahrheit« ist. In der Erzählung *Der Urgroßvater,*
1964, fühlt sich ein junger Mann plötzlich von dem Porträt eines
Ahnen fasziniert, über den dunkle Gerüchte im Umlauf sind. Er
versucht zu entdecken, ob sein Urgroßvater wirklich jüdischer Abstammung oder ein Aristokrat war, wie die Leute munkeln. Bei
seiner Suche helfen ihm obskure Detekteien, zwei Schwestern, die
darauf aus sind, ihn durch die Vorspiegelung einer Abtreibung um
sein Geld zu betrügen, und schließlich öffnet er selbst ein Grab, um
der Wahrheit näherzukommen. Er wird verhaftet und fährt später
fast instinktiv zu einem kleinen Ort, in dem er seinen Sohn findet,
und gibt sich am Ende seiner Suche damit zufrieden, Ehemann und
Vater zu sein, und beobachtet seinen Sohn philosophisch, der nun
selbst ein Mädchen küßt. Als Literaturkritiker hat Eisenreich hervorragende Essays über Doderer und Adalbert Stifter veröffentlicht und verteidigt (herausgefordert vom billigen Modernismus
seiner Zeitgenossen) einen altmodischen Realismus, preist Thacke-
rays Kunst der Ironie und versucht, die legitime Funktion der heutigen österreichischen Schriftsteller zu definieren. Es ist gut zu sehen, daß Intellektuelle die Suche Hugo von Hofmannsthals und
Robert Musils nach dem partikulären Sinn des Österreichischen
fortsetzen; und obwohl ich es nicht für sehr ergiebig halte, vom
»österreichischen Menschen« zu sprechen, oder, wie es Professor
Gerhart Baumann tut, zu behaupten, daß die österreichische Literatur »das Antike und Christliche, Romanische und Germanische,

Abendländische und Morgenländische, Gewesenes und Künftiges«
verschmelze, so finde ich doch viel Bemerkenswertes in Herbert
Eisenreichs Behauptung, daß der Österreicher allem mißtraut, was
andere Leute gewöhnlich für richtig und korrekt halten. Vielleicht
entdeckt man bald wieder, daß in Österreichs besten Tagen ein
stark »kulinarisches« Element der festlichen Theatralik, sechs Arten Gulasch, Johann-Strauß-Walzer und halbartikulierte Gefühle
entschieden von einem »analytischen« Element der intellektuellen
Tradition balanciert war, die in der rationalistischen Disziplin des
Josefinismus, in der psychoanalytischen Forschung, im Wiener
Neopositivismus und einer eher luchsäugigen als rührseligen Literatur ihre Heimat hat.

3. DIE DEUTSCHE DEMOKRATISCHE REPUBLIK

Die »Antifaschistisch-Demokratische Gesellschaft«
und der »Kulturbund«: 1945–1949

Das Frühjahr 1945 war für viele deutsche Intellektuelle, Emigranten, befreite Gefangene und heimkehrende Soldaten eine Zeit voll großer Erwartungen und Hoffnungen; die kommunistischen Funktionäre in der Sowjetzone versuchten, diese Hoffnungen eher zu fördern als zu stören. Die Ulbricht-Gruppe (unter ihnen der Kritiker Fritz Erpenbeck, der später Brecht auf schändliche Weise angriff) wurde am 30. April 1945 mit dem Auftrag in die Mark Brandenburg eingeflogen, in den rauchenden Trümmern Berlins und später im ganzen sowjetischen Verwaltungsgebiet, die ersten Distriktverwaltungen zu organisieren. Man verstaatlichte Banken und Schwerindustrie, verteilte die großen Güter neu, reorganisierte das Schulsystem, und die kommunistischen Verwalter, von der unbarmherzigen sowjetischen Demontage schwer unter Druck gesetzt, optierten für einen politisch toleranteren Kurs. Die Methoden der Volksfront schienen von nützlicher Angemessenheit.

Man darf nicht übersehen, daß die meisten Mitglieder des entstehenden literarischen Establishments einmal Gründungsmitglieder des *Bundes proletarisch-revolutionärer Schriftsteller Deutschlands* waren, der am 19. Oktober 1928 gegründet wurde, um die kommunistische Politik im Zusammenhang mit dem ersten Fünfjahresplan der Sowjetunion zu unterstützen. Der *Bund* war in seiner Organisation und in seinen Zielen eine genaue Nachahmung der Russischen Vereinigung Proletarischer Schriftsteller (RAPP), die die literarische Szene in der Sowjetunion in den späten zwanziger Jahren beherrschte. Unter seinen Mitgliedern waren in der Tat Proletarier, wie Willi Bredel (geb. 1901) oder Hans Marchwitzka (geb. 1890), aber andere, wie Johannes R. Becher (1891–1958) oder die hochbegabte Anna Seghers (geb. 1900), stammten aus gutbürgerlichen Familien, und es fiel ihnen nicht leicht, ihre wagemutigen literarischen Experimente den *Agitprop*-Kurzgeschichten und den Parteireportagen zu opfern. Aber alle diese Schriftsteller waren durch ihr Schicksal als Flüchtlinge, Soldaten oder Teilnehmer am Spanischen Bürgerkrieg einander verbunden, und in ihrem

späteren Exil in der Sowjetunion oder in Mexiko zählten sie zu den
Verteidigern des Stalinschen Sozialistischen Realismus, den die
meisten von ihnen als politisch notwendige Disziplin akzeptierten.
Als Anna Seghers aufbegehrte, kam es zu einer Auseinandersetzung
mit Lukács, der sich damals weitgehend mit den stalinistischen
Forderungen an die Kunst identifizierte. Sie alle waren erfahrene
Funktionäre, zäh, beweglich und unendlich geduldig, und
als einzige Gruppe unter den vielen deutschen Emigranten bereit,
gänzlich mit der Politik einer Besatzungsarmee übereinzustimmen.
Im Exil hatten sie ihre Stimmen gegen die Unmenschlichkeiten des
Faschismus erhoben, aber als sie wieder zu Hause waren und ihre
Machtpositionen errungen hatten, erstarrten sie in einer plötzlichen
Konfrontation mit der unfreundlichen Wirklichkeit, die wenig
Ähnlichkeit mit ihren Träumen besaß.

Am 3. Juli 1945 wurde der *Kulturbund zur demokratischen Erneuerung
Deutschlands* in der Sowjetzone gegründet, der alle konstruktiven
Kräfte des kulturellen Lebens vereinigen sollte. Gerhart
Hauptmann (1862–1946) fand freundliche Worte für das Unternehmen,
und in Thüringen übernahm Ricarda Huch (1864–1947),
eine ehrwürdige Humanistin in der deutschen idealistischen Tradition,
den Ehrenvorsitz des lokalen Zweiges des Kulturbunds, dessen
Funktionäre feierlich erklärten, daß sie – im Gegensatz zu den
Nazis – keine Ideologie aufdrängen, sondern den Geist wahrer
Menschlichkeit wecken und fördern wollten. Die tolerante Breite
der Tendenzen artikulierte in den Seiten des *Aufbau,* der offiziellen
Zeitschrift des Kulturbundes und einer der ersten bedeutenden
Zeitschriften des befreiten Deutschland. Neben Beiträgen berühmter
marxistischer Kritiker, wie Georg Lukács, erschienen Essays
von Heinrich und Thomas Mann, Hermann Broch, Paul Valéry
und Virginia Woolf. Man erläuterte den neuen deutschen Lesern
die Kunst James Joyces, der in der Sowjetunion lange verboten
war; und hin und wieder wurden, um die unersättlichen deutschen
Intellektuellen zu befriedigen, Fragen erörtert, die in der Sowjetunion
selbst ignoriert wurden, z. B. Alexander Tairovs einstige Bemühungen
um ein experimentelles Theater. Es war eine schwierige
Zeit der Ungewißheit, des Hungers und der wachsenden Hoffnung,
aber sie spiegelte sich weniger in den neuen Gedichten und Romanen
wider, die allmählich zu erscheinen begannen, als in den
erinnerungswürdigen Filmen Wolfgang Staudtes, Erich Engels und

Kurt Maetzigs, die zielbewußt die kinematografischen Leistungen
der späten zwanziger Jahre fortzusetzen wünschten.

Die Übermacht des »Sozialistischen Realismus«: 1949–1956

Die taktische Toleranz, mit der man die Kulturpolitik der sowjetischen Verwaltungszone praktizierte, war allerdings nicht von
langer Dauer. Die sowjetischen und die Ziele der westlichen Alliierten divergierten immer mehr, und man richtete in der Sowjetunion und in anderen sozialistischen Staaten immer schärfere Angriffe gegen die Elemente einer »dekadenten bürgerlichen« Kultur.
Anfang 1950 erschienen in den Zeitschriften der Deutschen Demokratischen Republik (sie bestand seit dem 7. Oktober 1949) immer
häufiger Abhandlungen über die Ideen des »Sozialistischen Realismus«, und die stalinistischen Wertnormen (Parteilichkeit, Volks-
tümlichkeit und Optimismus) tauchten mit einem Male in den vorgeschriebenen Diskussionen der Massenorganisationen auf. Im
Frühjahr 1951 formulierte das Zentralkomitee der Sozialistischen
Einheitspartei Deutschlands (SED) die erwartete Resolution »Gegen Formalismus in Kunst und Literatur: Für eine progressive
deutsche Kultur« (15.–17. März); siebzehn Jahre nachdem der
Sozialistische Realismus den sowjetischen Schriftstellern aufge-
zwungen worden war, erklärte man ihn auch für die Künstler und
Intellektuelle der DDR verbindlich und unterwarf sie der neu geschaffenen Staatlichen Kommission für künstlerische Angelegenheiten. Carl Hofer, den man wenige Jahre zuvor als einen der
großen Meister der deutschen expressionistischen Malerei gerühmt
hatte, rügte man nun, weil er gegen die Lebensinteressen des deutschen Volkes arbeitete; Otto Dix, dessen avantgardistische Kunst
von den Nazis verdammt worden war, entehrte man jetzt als bloßen Techniker, der im Morast der dekadenten Form versunken sei;
und selbst Bertolt Brecht fand sich plötzlich als »Formalist« angeklagt. Das war kein leichtes Wort, denn die neue staatliche Kunst-
kommission gab ganz deutlich zu verstehen, daß der Formalismus
kosmopolitische Ideen ermutige und so einer direkten Unterstützung der aggressiven, imperialistischen amerikanischen Politik
gleichkomme.

Doch dauernde Bedrohung und starke Überwachung trugen
nicht eben zur Produktion guter Bücher bei, und während die

Doktrin triumphierte, blieben die praktischen Resultate mager. Die
ältere Generation, unter ihnen Arnold Zweig und Anna Seghers,
blickte in Liebe und Zorn zurück und schrieb weiterhin soziale
Romane, in denen sie die Konflikte des Ersten Weltkriegs oder der
Weimarer Republik genau analysierte; Eduard Claudius (geb.
1911), der ein ausgezeichnetes Buch über seine Erfahrungen im
Spanischen Bürgerkrieg geschrieben hatte *(Grüne Oliven und
nackte Berge,* 1945) überzeugte weniger, als er in *Menschen an
unserer Seite,* 1951, über menschliche Beziehungen in der neuen
sozialistischen Gesellschaft schrieb. Die Lyrik war zukunftsträchti-
ger: Der hochtalentierte Stephan Hermlin (geb. 1915), ein Anhänger der modernen französischen Lyrik, erniedrigte sich einige Jahre
lang dazu, kahle politische Verse zu schreiben, aber jüngere Dichter
begannen zögernd, die Sprache des Klassizismus und Rilkes zu
durchbrechen. Franz Fühmann (geb. 1922), der seine ersten bemerkenswerten Gedichte als deutscher Soldat an der finnischen
Front geschrieben hatte, veröffentlichte sein langes meditatives Gedicht *Die Fahrt nach Stalingrad,* 1953, in dem er seine Wandlung
von einem begeisterten Mitglied der Hitlerjugend zum Kommunismus nachvollzog und seine sprachliche Begabung in kühn brennenden Metaphern bewies.

Ein fragiles »Tauwetter« und seine Nachwirkungen: 1956

Die wirtschaftlichen und politischen Interessen der Schriftsteller
und Arbeiter klafften immer weiter auseinander, und so bestand
kein unmittelbarer Zusammenhang zwischen dem Arbeiteraufstand
vom 17. Juni 1953 (ursprünglich ein lokaler Protest gegen erhöhte
Arbeitsnormen) und der explosiven Unruhe unter den Intellektuellen nach Stalins Tod. Die Zeichen eines nach-stalinistischen »Tau-
wetters« waren nur allmählich sichtbar: Anfang 1955 jedoch wurden die ostdeutschen Intellektuellen aktiv, und sowohl Philosophen
als auch Schriftsteller begannen – innerhalb des marxistischen
Kontexts – neue Ideen und Forderungen zu formulieren. Der
Philosoph Ernst Bloch, der aus der Emigration in Cambridge,
Massachusetts, 1948 nach Ostdeutschland zurückgekehrt war, und
viele seiner talentierten Studenten an der Leipziger Universität bildeten eines der Widerstandszentren gegen die Orthodoxie. Blochs
marxistisch-poetische Anthropologie beeindruckte jüngere Leser

und Hörer durch ihre weiten Perspektiven und eine prophetisch-expressionistische Sprache. In den drei Vorlesungen, die Bloch in Ost-Berlin hielt, war, wenn auch noch verhüllt, die geistige Unruhe zu spüren, und in der *Deutschen Zeitschrift für Philosophie,* herausgegeben von dem lebhaften Wolfgang Harich, versuchte die jüngere Generation, ihren Marxismus mit existentialistischen Ideen und Elementen der philosophischen Phänomenologie zu verbinden, um ein neues Bild vom Menschen zu schaffen, das ihren Erfahrungen im neuen Staate entsprach.

Auf dem vierten Schriftstellerkongreß in Ost-Berlin, 9.–14. Januar 1956, schlossen sich einige Funktionäre der vor-stalinistischen Ära und jüngere Intellektuelle der nach-stalinistischen Generation vorübergehend zum Streit gegen die bedrückenden Einschränkungen der offiziellen Doktrin zusammen. Der Kongreß war nicht, wie man manchmal annimmt, eine Demonstration parlamentarischer Demokraten gegen den Kommunismus, im Gegenteil: die lautesten Stimmen des Protests kamen von alten, vor-stalinistischen Parteimitgliedern, die sich noch gut an die bolschewistische Avantgarde und ihre literarische Brillanz erinnerten. Willi Bredel, der seit seiner Jugend Parteimitglied war, drückte als erster sein Mißfallen an der herrschenden kulturellen Unbeweglichkeit aus; und ihm schlossen sich Anna Seghers und Georg Lukács, der große alte Mann der marxistischen Kritik, an. Die Partei und die Regierung fühlten sich unter Druck gesetzt und entschieden sich für einen vorläufigen Rückzug. Zwar beharrten die Funktionäre darauf, daß der Sozialistische Realismus die größte Freiheit für künstlerische Leistungen böte und daß er schöpferische Möglichkeiten für alle Talente, Persönlichkeiten und individuelle Stilarten enthalte, aber sie ließen auch durchblicken, daß die Zeit der dogmatischen Regeln der Vergangenheit angehöre und daß sich jeder Schriftsteller wieder ohne Furcht künstlerischen Experimenten widmen könne. Die Schriftsteller in Ost-Berlin und in den Provinzstädten erweiterten ihre Forderungen: sie wünschten eine Intensivierung der Kontakte mit dem westlichen literarischen Leben und forderten die Unabhängigkeit der Verlagshäuser vom Staat. Aber es war ein später und schnell bedrohter Frühling, dem heftige winterliche Stürme folgten.

Die Ungarische Revolution und die folgende sowjetische Intervention setzten dem schwachen »Tauwetter« in Ostdeutschland ein rasches Ende. Man zog die Schrauben wieder fester, und die härtesten Maßnahmen richteten sich gegen die Philosophen, denn sie hielt das Regime für besonders gefährlich. Die Staatspolizei brach in die Redaktionsräume der *Deutschen Zeitschrift für Philosophie* ein, beschlagnahmte die Manuskripte und verhaftete einige ihrer Mitarbeiter; der Chefredakteur wurde zu zehn Jahren Zuchthaus verurteilt (aus dem er erst vor ein paar Jahren entlassen wurde). Nach den Schülern kam die Reihe an die Lehrer: Man zwang Ernst Bloch, seinen Lehrstuhl aufzugeben, seine philosophischen Erkenntnisse wurden von gehorsamen Kollegen verdammt, und seine Assistenten verstreute man in industrielle Betriebe.

In jenen Tagen der brutalen Maßnahmen gegen die Intellektuellen übersiedelten einige der Talentiertesten der älteren und jüngeren Generation in den Westen; dem Strom der Menschen, die von Osten nach Westen flohen, schlossen sich linke Intellektuelle an, die von einer Regierung verfolgt wurden, welcher einst ihre Unterstützung gegolten hatte. Die Regierung mobilisierte ihre konservativen Funktionäre, die auf rituellen Konferenzen ihre Bereitwilligkeit bekräftigten, gegen die »ideologische Koexistenz« und für eine realistische Kunst zu kämpfen; und man spielte konservative und gehorsame Autoren gegen die unruhigen Intellektuellen aus. Der Mitteldeutsche Verlag in Halle berief eine Schriftstellerkonferenz nach Bitterfeld, den symbolischen Ort der industriellen Entwicklung, ein, und die Regierung organisierte den offiziellen »Bitterfelder Weg« (24. April 1959), um talentierte und parteitreue Industriearbeiter zum Schreiben zu ermuntern und eine Arbeiterliteratur zu fördern. Man hoffte (wie in der Sowjetunion in den zwanziger Jahren), daß der Arbeiter, der keine engere Bindung an Joyce, Apollinaire oder Kafka besaß, ein natürlicher Verbündeter im Kampf für eine konservative, traditionelle und provinzielle Kunst sei. Alfred Kurella (geb. 1895), der sich noch gut an den Proletkult der zwanziger Jahre erinnert, und der Dichter Kuba (1914–1967), eifrig wie immer im Dienste des Zentralkomitees, leiteten Bauerntheater, Massenfestivals und Schreibkurse für Arbeiter, die nach ihrer Schulung die unzuverlässigen Intellektuellen in den Schatten drängen sollten. Der Slogan der Regierung lautete: »Greif zur Feder, Kumpel!« Am 24. und 25. April 1964 hielt man, um die Resultate zu bewerten, eine zweite Bitterfeld-Konferenz ab; die Anwesenheit Walter Ulbrichts unterstrich den unweigerlichen Entschluß der Regierung, eine sozialistische Volkskunst voranzutreiben.

Die Spannungen der sechziger Jahre:
der Protest gegen das Establishment

Die offiziellen Phrasen der DDR-Funktionäre (und ihrer Vettern in der Bundesrepublik) verbergen den komplizierten und oft paradoxen Weg der wirklichen Ereignisse. Für den Durchschnittsbürger in der DDR hat sich das Alltagsleben im vergangenen Jahrzehnt merklich geändert; die Soziologen sprechen nicht von einem uneingeschränkten Fortschritt oder totaler Frustration, sondern eher von einem Zusammenwirken rapider Entwicklungen und wachsender Konflikte. Vielleicht ist die Behauptung nicht unfair, daß die Ulbricht-Regierung ihre Hoffnungen auf eine liberalisierte und leistungsfähigere Wirtschaft setzte und vor allem versuchte, die steigenden Forderungen des einzelnen Verbrauchers zu befriedigen – nicht die Forderungen nach einer konsequenten Liberalisierung des Denkens, der Kunst und der Kritik.

Die industrielle Normalisierung nahm Mitte der fünfziger Jahre ihren Anfang, als die Sowjets ihre Wirtschaftspolitik änderten, die Demontage der Fabriken beendeten und mit Krediten aufwarteten. Die ausgeblutete Wirtschaft begann ihrem eigenen bemerkenswerten Wirtschaftswunder entgegenzuhinken; die industrielle Produktion stieg zwischen 1955 und 1963 um 75 %. Die Unterschiede zur Bundesrepublik waren überwältigend: ein an Rohstoffen armes Land; eine überalterte und durch den unaufhörlichen Flüchtlingsstrom (1949–1961: nahezu zwei und eine halbe Million) ausgeschöpfte Arbeitskraft; eine weit höhere Pro-Kopf-Belastung. Doch die Fortschritte zeigten sich schon nach wenigen Jahren: die Arbeit wurde besser entlohnt, die Arbeitskraft stieg, das Warenangebot in den verstaatlichten Läden vergrößerte sich, Lebensmittelkarten wurden, dreizehn Jahre nach dem Krieg, abgeschafft (1958), und auch nicht-kommunistische Bürger waren zum ersten Male stolz auf das wirtschaftlich Erreichte. Von 1957 bis 1959 ging die jährliche Flüchtlingszahl von 260 000 auf 143 000 zurück.

Die Krise der Jahre 1958–1961 aber unterbrach diese Entwicklungen und führte schließlich zum Bau der Berliner Mauer, welche das Territorium der DDR von den offenen Toren Westberlins abriegelte. Ernst Richert hat nachgewiesen, daß diese Krise auf eine Reihe zusammenhängender wirtschaftlicher Ereignisse und politischer Gegenmaßnahmen zurückzuführen ist: im Jahre 1958 be-

schloß die Sozialistische Einheitspartei, innerhalb weniger Jahre die
Produktionszahlen des »kapitalistischen« Nachbarn einzuholen,
und dekretierte, daß der Wettbewerb mit der Bundesrepublik an
erster Stelle zu stehen habe; und nach dem katastrophal trockenen
Sommer des Jahres 1959, der die landwirtschaftliche Produktion in
ganz Zentral- und Osteuropa gefährdete, befahl Ulbricht plötzlich
und unbarmherzig die völlige Kollektivierung des gesamten An-
baugebietes. Der Kollektivierungsschlag und der ihn begleitende
politische Terror trieb die Flüchtlingszahl sprunghaft in die Höhe
(440 000 innerhalb sechzehn Monaten) und drohte die industrielle
Produktion zu zerrütten. Deshalb gab Ulbricht am 13. August 1961
den Befehl, die Mauer zu bauen; der Staat wurde zu einem geographischen Gefängnis, und die Bevölkerung hatte keine andere
Wahl, als sich weiterhin mit dem Regime zu akkommodieren. Aber
der Flüchtlingsstrom – darunter die vielen qualifizierten Fach-
kräfte – versiegte; und die allmähliche Normalisierung der industriellen Produktion spielte den energischen jungen Managern in
die Hände, die eine leistungsfähige, »gewinnbringende« und ratio-
nalisierte Wirtschaft wollten. Die ersten Verteidiger eines Profitmotivs hielt man noch für gefährliche »Revisionisten«, aber zehn
Monate nach der Veröffentlichung von Libermans berühmtem Artikel über das Funktionieren des Profitmotivs in der kommunistischen Wirtschaft (Prawda, 1962) kündigte die SED ihre Neue
Ökonomische Politik an, und Erich Apel (1917–1965), der neue
Kopf der Staatlichen Planungskommission, arbeitete einen umfassenden Plan für eine Wirtschaftsreorganisation aus, welcher der
Manager-Elite ebensolche Vorteile bot wie dem einzelnen Konsumenten. Apel war der Begründer und Märtyrer des wirtschaftlichen
Wandels; er erschoß sich am 3. Dezember 1965 in seinem Büro,
weil die Sowjetunion die Republik zwang, ein neues Handelsab-
kommen zu unterzeichnen, das seine Pläne gefährdete. Dennoch
führen Apels Freunde und Anhänger in allen Industriezweigen
(und jüngst sogar in der Landwirtschaft) sein Werk weiter. Der
»Libermanismus« wurde in der DDR weiter vorangetrieben als in
jedem anderen Ostblockstaat, und die jungen Industrie-Manager
scheinen politische Phrasen ebenso geringzuschätzen wie die zentralen Planer. Rationales Management ist die Forderung des Tages,
nicht die von politischen Funktionären ausgearbeiteten, anachronistischen Fünfjahrespläne.

In den Künsten will die Regierung eine Liberalisierung nicht ähnlich dulden; sie fördert die »Bitterfelder Bewegung« und besteht damit amtlich auf einer konservativen oder einer sozialistischen und realistischen Literatur. Diesen Wünschen kommen einige Schriftsteller der mittleren Generation entgegen (z. B. Erwin Strittmatter, geb. 1912, oder Erik Neutsch); sie wagen es zwar, die Irrtümer der stalinistischen Vergangenheit in volkstümlichen und publikumswirksamen Geschichten zu kritisieren, kommen aber in politischen und literarischen Nuancen den Wünschen der Partei und einem altmodischen Realismus, der schlichte Botschaften verkündet, mehr oder minder nach. In seinem vielgerühmten Roman *Die Aula* (1965) sucht Hermann Kant (geb. 1926) eher die Begrenzungen des realistischen Erzählens zu überschreiten als politische Gebote zu verletzen; einzelne Bürokraten irren, nicht aber die Republik, welche die fortschreitende Geschichte inkarniert (wie ehemals Hegels preußischer Staat), und sachliche Kritik an der peripheren Einzelheit stützt die Bejahung des Staates im Ganzen. Der Journalist Robert Iswall erhält den Auftrag, anläßlich der Schließung der Arbeiter- und Bauernfakultät Greifswald (der er seine Erziehung zum Schriftsteller verdankt) eine Rede zu halten, und während er seine Materialien sammelt und in die Vergangenheit blickt, »gewahrt er so manche Unordnung in seinem Leben«: er muß sich gestehen, daß er, der Egoist und Angeber, manche Verwirrung im Leben seiner Freunde angerichtet hat. Zögernd und entschlossen zugleich fördert er seine Selbstsucht zutage: die Fakultät wurde aufgefordert, zwei talentierte junge Leute zum siebenjährigen Studium in die Volksrepublik China zu entsenden; in einer Kadersitzung war es Robert, der seine Freunde Gerd und Rosa (die beiden sollten nach Wunsch der chinesischen Genossen auch heiraten) wie von ungefähr in Vorschlag bringt; Robert hat den Namen seines Freundes nur deshalb genannt, um ihn aus der Nähe eines jungen Mädchens zu drängen, das er dann selbst heiratet. Kants *Aula* ist ein lebhaft belletristisches eher als einheitliches Buch; in der ersten Hälfte demonstriert Kant sein unverfälschtes Hamburger Klön-Talent (versetzt mit ein wenig Hans Fallada), sobald er sich aber, im zweiten Teile, dem traumatischen Zentrum der Vergangenheit nähert, gewinnt der innere Monolog immer mehr an Sprachkraft und rhythmischer Energie. Um so sichtbarer sind die politischen Grenzen: wir erfahren zwar, daß Zwiebeln rar und manche DDR-

Schriftsteller der älteren Generation langweilig sind, als aber
Robert von Stalins Tod und Chruschtschows großer Rede erfährt,
»erschrickt er tief ins Herz hinein«. Der Persönliche wird mit Passion analysiert, dem analytischen Einblick ins Staatliche aber stellt
sich ein lyrischer Gemeinplatz abwehrend entgegen. Christa Wolf
(geb. 1929) erntete für ihre Liebesgeschichte *Der geteilte Himmel,*
1963, noch offizielles Lob, denn ihre Heldin kehrt aus West-Berlin
zu den spartanischen Herausforderungen der Republik zurück, aber
ihre Erzählung *Nachdenken über Christa T.,* 1968, war nicht
gleichermaßen willkommen. In diesem Buch versucht die Erzählerin, dem Leben ihrer verstorbenen Freundin nachzuspüren, die in
einer Welt der »Anpassung« den anstrengenden Versuch unternahm, ganz sie selbst zu sein und »im Innersten« ein unverwech-
selbares Ich zu verwirklichen. In Tagebüchern, die ihr zur Verfü-
gung stehen, brüchigen Manuskripten (denn Christa schrieb Gedichte und Prosa), Titellisten, Entwürfen und alten Briefen geht sie
den Lebensspuren Christa T.'s, oft gegen die Evidenz der eigenen
Erinnerung nach, prüft den entworfenen Charakter in spielend
fiktiven Gesprächen und bemüht sich, das »wirkliche Bild der
Waldschwärmerin« zu rekonstruieren: die erste Begegnung mit
Christa in der Schule, mitten im Krieg; das Wiedersehen an der
Leipziger Universität, sieben Jahre später; Verwirrung mit einem
jungen Lehramtskandidaten; Christas schwierige Jahre als Erzieherin; ihre Eheschließung mit dem Veterinär Justus; die »Sache«
mit dem Förster, »gefährlich gegenstandsloses Verlangen«; die
Geburt der Kinder, der Ausbruch der Leukämie, der späte Einzug
in das neugebaute Haus am Meer, der Tod. Aber diese Ereignisse
(ähnlich wie jene der politischen Geschichte) liegen nur wie ein
Schatten über dem Seelengrunde eines jungen Mädchens, das »den
nicht endenwollenden Weg zu sich selber« gehen will, Dostojewski
liest (während ihr Studien-Kollektiv die Schlußnoten durch gemeinsames Büffeln zu steigern trachtet), die zarten Blumenblätter
einer Orchidee bewundert, in ihrer Examensarbeit über Theodor
Storm das eigene Verlangen nach »der Schwermut des Glücks in
den einsamen Stunden« artikuliert und, bevor sie die Krankheit
dahinrafft, diese glückliche Schwermut in kargen Augenblicken im
neuen Haus erlebt: »Die Luft war dann manchmal voller Gänse-
geschrei. Manchmal selten, schrieb sie einen Brief, oft las sie oder
hörte Musik. Der Mond kam über dem See hoch, sie konnte lange

am Fenster stehen und zusehen, wie er sich im Wasser spiegelte«. In ihrem Leben und ihrer Agonie stellt Christa T., so glaubt die Erzählerin, die Gesellschaft der Disziplin und der Normen durch eine Innerlichkeit in Frage, deren erste Voraussetzungen bis in den deutschen Pietismus zurückreichen.

Noch die später in der Bundesrepublik publizierte Fassung des Romans *Maria Morzeck oder: Das Kaninchen bin ich* bezeugt, daß Manfred Bieler (geb. 1929) den konsequenten politischen Fragen nicht, wie einst Wiechert-Leserinnen im Dritten Reich, in wolkige Innerlichkeit zu entfliehen sucht. Maria Morzeck erzählt, in der Sprache der Berliner Oberschülerin von 1960, von ihrem Leben am Oranienburger Tor, ihrer Affäre mit dem Turnlehrer, und ihrer Liebe zu einem vierzigjährigen Mann (der eben jener Richter ist, der ihren Bruder Dieter wegen eines politischen Deliktes zu vier Jahren Zuchthaus verurteilte); sie meint selbst, sie sähe alles aus einer »Froschperspektive«, aber es ist gerade das Detail der alltäglichen Dinge, das die Dichte der Realität garantiert und zugleich die politischen Probleme entblößt – die konkrete Frage, warum Maria nicht in die FDJ aufgenommen wird; warum man sie, die Schwester eines politischen Häftlings, nicht zum Studium zuläßt (für Christa Wolfs brave Studentinnen offenbar gar keine Frage); und warum der Richter, der an seiner Funktion in der neuen Gesellschaftsordnung zu zweifeln beginnt, an eine Prozeß-Revision denkt, die ihn in den Augen seiner Genossen zerstören muß. Das lokale Idiom, mit Schnauze und Herz, hat die westdeutschen Kritiker dazu verführt, Bieler als neuen Volksschriftsteller zu bezeichnen, aber die Berliner *Rede* der Maria Morzeck konstituiert ja nur ein besonderes artistisches Verfahren zu einem besonderen Zweck (die Wirklichkeit der DDR »von unten« zu sehen). Anderswo, in seinen Erzählungen *Der junge Roth,* 1968, oder *Der Passagier,* 1971, entwickelt Bieler eine spröde und sehnige Epik; die unbekannte Welt der DDR-Fischerflotte (mit Filettiermaschinen, Arbeitsnormen und Labradorstürmen) ist auf unbestechlich realistische Art skizziert und wird doch zur Lebensbühne nervöser und problematischer Charaktere, die sich selbst und andere immer wieder durch die Strenge ihrer Selbstprüfungen gefährden. Nach seinem Konflikt mit den DDR-Behörden suchte Bieler Zuflucht in Dubčeks Prag, und wie sein Hörspiel *Jeronim,* 1971, bestätigt, ist er einer der wenigen jüngeren deutschen Intellektuellen, welche die Prager Ereignisse im

Grunde verstehen. Er gibt sich jedenfalls nicht, wie die Neue Linke, mit der Illusion zufrieden, der Prager Frühling wäre eine Art Fortsetzung der Berliner Studentenproteste gewesen.

Ganz offensichtlich hat die junge DDR-Generation, die in einer geschlossenen marxistischen Umgebung aufgewachsen ist, Freunde und Verbündete unter den unzufriedenen Intellektuellen Polens und der Tschechoslowakei. Sie hat manches bei Hans Mayer gelernt und kennt die Gedanken nicht-konformistischer Kommunisten wie Ernst Fischer (Wien), Leszek Kolakowski (Warschau) oder Roger Garaudy (Paris), die ihre fundamentalen Einsichten in eine kommunistische Reformation aus den Werken des jungen Marx und des späten Engels herleiten. Auf der fruchtbaren Kafka-Konferenz in Liblice bei Prag im Mai 1963, die Eduard Goldstücker organisierte (er wurde in den stalinistischen Schauprozessen der fünfziger Jahre verurteilt, später freigelassen und war dann bis August 1968 Professor für deutsche Literatur an der Prager Karls-Universität), verteidigte die DDR-Delegation veraltete Meinungen. Sie interpretierten Kafka als historisches Phänomen, während sich die anderen Intellektuellen, aus vielen Ländern, darüber einig waren, daß Kafka ein äußerst relevanter Autor sei, weil er die Entfremdung, die sowohl in kapitalistischen als auch in sozialistischen Staaten anzutreffen sei, früh entdeckte und diagnostizierte.

Die wachsende Unruhe der sechziger Jahre spricht am deutlichsten aus den Essays des philosophisch interessierten Physikers Robert Havemann (geb. 1910) und aus den Balladen, die Wolf Biermann (geb. 1936) gegen das Establishment singt. Havemann, der schon vor Hitlers Machtantritt Kommunist war (er wurde von den Nazis zum Tode verurteilt und überlebte in einem Laboratorium, das ihm die Wehrmacht in seinem Gefängnis einrichtete), wandte sich auf einer wissenschaftlichen Konferenz in Leipzig (1962) gegen die ideologische Sturheit und versammelte dann die akademische Elite in seinem Seminar über die Philosophie der Naturwissenschaft an der Universität Berlin (1963–1964). Havemann ist an naturwissenschaftlichen Aspekten philosophischer Probleme interessiert und attackierte in seinen weitausholenden Vorlesungen, die Heisenberg, die Ehe und die Kunst berührten, kühn einen Dogmatismus, der den wissenschaftlichen Fortschritt und das sachliche Denken sabotiert; und während er die Kybernetik und die Soziologie verteidigte, meinte er ohne Zögern, daß die Philosophen, die den Dogmatismus bekämpfen, ihren Teil zur Veränderung der politischen Situation beitrügen. Nachdem seine Vorlesungen in Westdeutschland publik wurden und er erklärt hatte, daß er für eine parlamentarische Opposition in der DDR eintrete (ebenso wie für eine legale kommunistische Partei in der Bundesrepublik), verlor Havemann – wie Ernst Bloch fast zehn Jahre früher – seinen akademischen Posten. Die Regierung fand aber bei seinen Kollegen nicht genügend Unterstützung, um ihn aus der Akademie der Wissenschaften hinauszuwählen; seine Mitgliedschaft mußte durch einen oktroyierten Beschluß aufgehoben werden. Die mächtige Kommunistische Partei Italiens, die empfindlich auf jeden Rückfall in den Stalinismus reagiert, griff die DDR-Regierung daraufhin scharf an.

Wolf Biermann irritiert die »Büroelefanten«, wie er die Funktionäre nennt, auf eine andere Art. Er erfreut sich einer einwandfreien proletarischen Herkunft und komponiert seine provokativen Lieder in der »progressiven« Tradition Villons, Heines und Brechts. Biermann gehört einer Generation an, welche die marxistischen Planer durchaus nicht voraussahnten: vital, ohne Ehrerbietung, Gitarre spielend und absolut ungeduldig mit den Älteren, die sich nach all ihren Erfahrungen damit zufriedengeben, gehorsam in den Klischees vom kommenden Glück zu denken und dabei die gegenwärtigen Ungerechtigkeiten zu dulden: »Die einst vor Maschinengewehren mutig bestanden / fürchten sich vor meiner Gitarre.« In seiner Gedichtreihe, die er den alten Genossen widmet, kommt Biermann zum Kern der Sache: Halb traurig, halb ärgerlich betrachtet er die »müden Augen« und die »alten Hände« des Genossen, der weit zurückliegende Schlachten gekämpft hat, besteht aber auf seiner Unzufriedenheit mit der neuen Ordnung. Die alten Kameraden sind erstaunt und verletzt, da sie ihn sprechen hören, und klagen bitter über seinen Mangel an Dank und Würde – der Sache wäre am besten gedient, meint er, wenn sie einfach abdankten. »Setzt eurem Werk ein gutes Ende«, verlangt Biermann von ihnen, »indem ihr uns den neuen Anfang laßt«. Im Herbst 1965 verdammte das Zentralkomitee der SED Wolf Biermann und seine angeblichen Freunde (unter ihnen Robert Havemann und den Schriftsteller Stephan Heym) und machte sie für die sich rasch in den Städten der Republik ausbreitenden Beatnik-Gruppen verantwortlich. Ulbricht selbst, der gelegentlich in die literarische Diskussion eingriff, stellte Peter Weiss und Rolf Hochhuth, die seiner Meinung nach die großen Wahrheiten des Jahrhunderts verkündet haben, diesen unverantwortlichen Schriftstellern, die sich im Nihilismus, halbgarer Anarchie und anderen Arten des *American way of life* gefielen, feierlich als Vorbild hin. Allerdings besteht wenig Hoffnung, daß die wiederholten Ermahnungen der kommunistischen Väter ihre Söhne von einem anderen Wege überzeugen werden, noch davon (wie Ulbricht forderte), das nationale Interesse zu respektieren. Sie respektieren das nationale Interesse auf ihre eigene Weise, und die Zukunft ist nicht die Verbündete der Väter.

4. DIE BUNDESREPUBLIK DEUTSCHLAND

Am »Nullpunkt« und darüber: 1945–1948

Als die Alliierten die deutschen Armeen schlugen, waren sie geeint, aber als es um die Zukunft des geschlagenen Reiches ging, ermangelten sie ähnlicher Einigkeit. Nach Hitlers Selbstmord in seinem Zementbunker, der bedingungslosen Kapitulation der Wehrmacht und der Verhaftung von Admiral Dönitz' Interimsregierung erklärte der Alliierte Kontrollrat am 5. Juni 1945, daß die Oberbefehlshaber der okkupierenden Armeen die höchste Macht in Deutschland übernähmen; alle Gebiete westlich der Oder und Neiße waren in vier militärische Besatzungszonen aufzuteilen, und die Stadt Berlin sollte von allen vier Mächten besetzt werden. Auf der Potsdamer Konferenz (vom 17. Juli bis zum 2. August 1945) betonten die Alliierten ihre Absicht, das geschlagene Deutschland als eine einzige wirtschaftliche Einheit zu behandeln, aber ihr gegenseitiges Mißtrauen, das seit Hiroshima ständig im Wachsen war, arbeitete ihren theoretischen Proklamationen entgegen; die ersten Tage des faktischen Friedens wurden zu den ersten Tagen des Kalten Krieges, und die willkürlich gezogenen Demarkationslinien verhärteten bald zu politischen Grenzen. Im Gegensatz zu den Sowjets erlaubten die westlichen Alliierten nur zögernd die Gründung deutscher politischer Parteien; während man in der sowjetischen Besatzungszone lang vorbereitete Pläne sogleich zu verwirklichen begann, formierten sich in der amerikanischen Zone politische Parteien nicht vor Ende des Sommers, und in der französischen Zone erst ein Jahr nach Beendigung der Kämpfe. Katholische und protestantische Gruppen, der Kern der späteren Christlichen Demokraten (CDU/CSU), versammelten sich in Köln und Berlin, um eine neue soziale Politik (zu der auch die Verstaatlichung der Basisindustrien gehörte) zu diskutieren. Die Delegierten der rasch wieder auflebenden lokalen Organisation der Sozialdemokratie (SPD) trafen sich zum erstenmal am 5. Oktober 1945 in der Nähe Hannovers, ohne zunächst die Spannungen zwischen den lokalen Funktionären und den aus den Londoner Exil zurückkehrenden Mitgliedern des Parteivorstandes ganz lösen zu können. Wir sind daran gewöhnt, den Sommer 1945 und die folgenden Monate als Nullpunkt der deutschen Geschichte zu bezeichnen, aber die geläufige Metapher

verdeckt die Substanz der Niederlage anstatt sie zu enthüllen: die
Hoffnungen; die Korruption; das lastend ernste Verlangen nach
neuen Ideen; den gewissenlosesten Opportunismus und die endlosen Völkerwanderungen von Gefangenen, Zwangsarbeitern und
Flüchtlingen. Ausgebombte Bahnhöfe waren plötzlich neue Le-
benszentren, dicht bevölkert von *displaced persons,* heimatlosen
Bauern, Schwarzmarkthändlern und verzweifelten Frauen, die ihre
Tage in der Nähe der Schienen verbrachten, um den zurückkehrenden Landsern vergilbte Fotografien ihrer vermißten Söhne und
Männer zu zeigen. In den Kantinen mußten selbst die Blechlöffel,
die einmal fast wertlos gewesen waren, an den Tischen festgekettet
werden.

Wenige Wochen nach der bedingungslosen Kapitulation diskutierte man in den süddeutschen Zeitungen, welche die amerikanische Militärregierung eben genehmigt hatte, die wesentliche Frage,
inwiefern die Intellektuellen an den Brutalitäten des Hitler-Regi-
mes mitverantwortlich waren. In einer Botschaft aus Santa Monica,
die am 18. Mai 1945 in der *Bayrischen Landeszeitung* erschien,
schrieb Thomas Mann, daß »es nicht eine kleine Zahl von Verbrechern war«, die für das Geschehene verantwortlich war, sondern
»Hunderttausende einer sogenannten Elite«, die sich wahnsinnigen
Ideen unterwarf und Verbrechen aus »kranker Lust« beging; und
er bat seine deutschen Leser, zur geistigen Tradition zurückzukehren und, anstatt die Macht zu bewundern, »einen menschlichen
Beitrag zum freien Geist« zu leisten. Diese Bemerkungen über die
Verbrechen der Elite forderten manche Schriftsteller, die in
Deutschland geblieben waren und in der Diktatur weitergearbeitet
hatten, zur Selbstverteidigung heraus; sie verteidigten ihre ehemaligen Entschlüsse mit dem Gedanken einer »inneren Emigration«,
die nicht weniger schöpferisch war als die Einsamkeit im Exil. Die
erste Antwort auf Manns Botschaft war bescheiden und bewegend
genug; der konservative Schriftsteller Walter von Molo bat Thomas
Mann (am 13. August in der *Münchner Zeitung),* nach Deutschland
zurückzukehren und die Verwundungen seiner Landsleute zu heilen. Molo griff Manns medizinische Metapher auf und ersuchte ihn,
als »guter Arzt« zurückkommen, der wisse, daß die Krankheit
des deutschen Volkes nicht unheilbar sei. Die Antwort Frank
Thiess' (dessen Romane von Goebbels geduldet, von zentralen
Parteistellen aber zensiert worden waren) schlug in ihrer Argu-

mentation einen aggressiveren und selbstherrlicheren Ton an. Thiess erklärte mit Bestimmtheit (am 18. August in der *Münchner Zeitung),* die »innere Emigration« (ihr gehörten unter anderen Erich Kästner und Werner Bergengruen an) hätte einen von Hitler uneroberten »inneren Raum« geschaffen; sie hätte überdies auch durch ihr Ausharren in Deutschland viel eindringlichere Erfahrungen gesammelt, als wenn sie der deutschen Tragödie von den »Logen und Parterreplätzen des Auslands« aus zugeschaut hätte. Es war viel schwieriger, behauptete er, die eigene Persönlichkeit in Hitlers Reich zu bewahren, als von draußen Botschaften über den Rundfunk zu verkünden. Thomas Mann verband in seiner Antwort auf beide Briefe, die am 12. Oktober 1945 im *Augsburger Anzeiger* veröffentlicht wurde, geduldige und sehr persönliche Bekenntnisse mit Bitterkeit und Zorn. Er erklärte ruhig, daß die Schriftsteller, die Deutschland nicht verlassen hätten, nie das »Herzasthma« des einsamen Emigranten erfahren hätten, und ließ keinen Zweifel darüber, was er von den Arbeiten jener hielt, die in Hitlers Deutschland zu publizieren fortfuhren: »Es mag Aberglaube sein, aber in meinen Augen sind Bücher, die von 1933–1945 in Deutschland überhaupt gedruckt werden konnten, weniger als wertlos und nicht gut in die Hand zu nehmen. Ein Geruch von Blut und Schande haftet ihnen an. Sie sollten alle eingestampft werden.« Ich respektiere Thomas Manns Zorn, doch würde ich viele Bücher von dieser bitteren Anklage ausschließen, unter ihnen die Romane von Elisabeth Langgässer, die noch einige Jahre unter der Nazi-Herrschaft zu veröffentlichen vermochte; die Bücher von Jochen Klepper, der sich und seine Familie umbrachte, bevor er (1942) deportiert werden sollte; die Essays von Friedrich Reck-Malleczewen, der (im Februar 1945) im Konzentrationslager Dachau starb; und auch die vielen Publikationen des *Jüdischen Kulturbundes,* der paradoxerweise bis zum Beginn des Krieges funktionierte.

Jenseits des Konflikts von Exil und »innerer Emigration« konstituierte sich, fast unmerklich in ihrem Beginn, rasch eine dritte literarische Kraft, welche die Impulse der neuen deutschen Literatur in den kommenden Jahren weithin bestimmen sollte. Annähernd 400 000 deutsche Kriegsgefangene lebten in 425 Lagern (einschließlich der Zweiglager) in den Vereinigten Staaten; und das amerikanische Außenministerium begann bald, Kriegsgefangene mit antifaschistischer Vergangenheit auszusuchen und sie in einigen

Lagern an der Atlantikküste in den Theorien der Sozialwissenschaften zu schulen; man dachte daran, sie auf wichtige Verwaltungsposten eines befreiten Deutschland zu senden. Unter den antifaschistischen Gefangenen, die in Fort Kearney und Fort Getty versammelt waren, befanden sich Alfred Andersch (geb. 1914), Walter Manzen (geb. 1905), Walter Kolbenhoff (geb. 1908) und Hans Werner Richter (geb. 1908); aus ihrer Gruppe ging *Der Ruf*, die intelligenteste und liberalste deutsche Lagerzeitung in Amerika (1945–1946) hervor. Nach seiner Entlassung und Heimkehr überzeugte Andersch die Militärregierung davon, daß die Publikation der Zeitschrift in Deutschland fortgesetzt werden sollte, und zusammen mit Hans Werner Richter gab er den deutschen *Ruf* heraus (vom August 1946 bis April 1947), der die Ansichten der jüngeren Generation kühn zur Sprache brachte. Aktuelle Streitfragen, unter anderem die Idee der Kollektivschuld und das amerikanische Mißtrauen gegenüber der neuen politischen Spontaneität der Deutschen waren Gegenstand einer scharfen und intelligenten Diskussion, doch nach sechzehn Nummern schon griff die U. S.-Militärregierung ein und machte der redaktionellen Tätigkeit dieser Antifaschisten, die an den Ufern der Narragansett Bay geschult worden waren, ein rasches Ende. Manche waren der Ansicht, das Verbot gehe auf eine Intervention der Sowjets zurück, die sich von Hans Werner Richters offenem Brief vom 15. Februar 1947 an den französischen Stalinisten Marcel Cachin provoziert fühlten. Hans Werner Richter hoffte, die Arbeit des *Ruf* in einer neuen, satirischen Zeitschrift fortsetzen zu können, doch die Militärregierung verweigerte ihm die Lizenz. Der enttäuschte Redakteur veranstaltete daraufhin, im September 1947, ein improvisiertes Treffen von Freunden und potentiellen Mitarbeitern bei Ilse Schneider-Lengyel in Bannwaldsee im Allgäu. Man las Manuskripte und diskutierte sie (der erste Leser war Wolfdietrich Schnurre), und dieses Treffen ging als die Geburtsstunde der Gruppe 47 in die Literaturgeschichte ein. Aber während der *Ruf* eine überwiegend politische Zeitschrift war, versammelte die Gruppe 47 jüngere Schriftsteller, die Politisches wollten, aber Literatur schufen.

Jedenfalls teilten die meisten Mitarbeiter des deutschen *Ruf* und viele der Teilnehmer an den Treffen der Gruppe 47 bestimmte politische Neigungen und ein enges Verhältnis zur deutschen Sprache, die unter den Nationalsozialisten schwer in Mitleidenschaft gezogen worden war. Politisch standen sie entschieden links von der Mitte und interessierten sich mehr instinktiv als theoretisch für existentialistische Ideen, die über Frankreich nach Deutschland zurückkamen; in literarischen Dingen mißtrauten sie verwickelten grammatischen Konstruktionen, poetischen Höhenflügen und Hölderlin. In einem symptomatischen Artikel im *Ruf* vom 15. November 1946 untersuchte René Hocke, der spätere Historiker des europäischen Manierismus, die Tradition der hochstilisierten Dichtung, die er »Kalligraphie« nannte; er akzeptierte zwar ihre mögliche politische Funktion in der Vergangenheit, lehnte sie aber für eine zukünftige Literatur, die den Grund-»Inhalten« des Lebens nahe bleiben sollte, energisch ab. In den folgenden zwei oder drei Jahren beschäftigten sich die Teilnehmer an den Treffen der Gruppe 47 mit ähnlichen Gedanken: Krieg und Diktatur hatten die Sprache verdorben, und die einzige Hoffnung lag in einer heilsamen Reduzierung des Wortschatzes auf »ungefähr dreihundert Wörter«, einer spartanischen Sprachattitude also, die auf ererbte Luxusgüter verzichtete. Man suchte (oft vergebens) die Idiomatik der Nazis und Rilkes konsequent zu vermeiden und suchte die ästhetische Norm des »Kahlschlags«, die Wolfgang Weyrauch im Jahre 1949 definierte: fundamentalstes Wortmaterial, eine parataktische Syntax, die Form der Reportagen, Reiseberichte oder nüchterne Kurzgeschichten. In der Terminologie des amerikanischen Kritikers Philip Rahv waren diese jüngeren Schriftsteller alle für die »Rothäute« (Hemingway) und gegen die »Bleichgesichter« (Henry James); sie mißtrauten der traditionellen deutschen Innerlichkeit, der Dichtung der Blumenfreunde und dem politisch irrelevanten Surrealismus. Literatur sollte nichts anders sein als eine Zigarette in einer Welt ohne Licht und Wärme.

Aber gute Vorsätze waren zahlreicher als neue Manuskripte, und die Veröffentlichungen, die erschienen (1945: 2409 Titel, einschließlich der wissenschaftlichen Literatur), folgten mehr oder minder literarischen Traditionen, anstatt den neuen Boden zu bereiten; die Kapitulation der Wehrmacht war kein Signal für eine siegreiche literarische Revolution, ähnlich dem vulkanischen Ausbruch der Spartakus-Periode 1918–1919. Die erste Gedicht-Anthologie *De Profundis,* 1946, war im Ton und auch in der Form konservativ. Sie enthielt den verspäteten Klassizismus der »inneren Emigration« und die unausweichlichen Volksliedverse über Rui-

nenstädte, aber nur wenige der Gedichte, unter ihnen die von
Günter Eich, Rudolf Hagelstange und Elisabeth Langgässer, deu-
teten künftige Veränderungen der lyrischen Sprache an. Gunter
Groll, der Herausgeber, trug einige surrealistische Gedichte bei, die
im Nazistaat lange verboten waren, und da er den fehlenden Mut
zum Experiment sehr klar spürte, erfand er drei Avantgarde-
Autoren, versah sie mit erstaunlichen (antifaschistischen) Biogra-
phien und schrieb ihre Gedichte selbst.

Carl Zuckmayers *Des Teufels General* (1946) mit seinen tref-
fend-naturalistischen Porträts der Nazifunktionäre und Wehrmachtsoffiziere und einem merkwürdig expressionistischen dritten
Akt, war der populärste Theatererfolg jener Jahre. Mit seiner genauen Begabung für sprachliche Nuancierung zeichnet Zuckmayer
ein breites Bild der Berliner Kriegsgesellschaft und stellt bohrende
Fragen nach Schuld und Verantwortung. Doch seine Neigung zum
jugendbewegten Vitalismus stört die exakte Analyse; seine Charaktere sind um vieles klarer konturiert als seine Gedanken. Zuckmayers General Harras verachtet die Nazis, dient aber dem Regime, weil er das Fliegen über alles liebt. Er unterwirft sich einem
Gottesurteil, wählt ein schadhaftes Flugzeug (ein Sabotageakt seines engsten Mitarbeiters, der die deutsche Niederlage beschleunigen will) und stürzt ab; vor seinem Tode aber spricht er noch die
Hoffnung aus, daß seine beiden Freunde, der Saboteur, der sich
dem aktiven Widerstand angeschlossen hat, und der junge Offizier,
der früher ein begeistertes Mitglied der Hitlerjugend war, jetzt aber
die Brutalität des Regimes durchschaut hat, gemeinsam die Zukunft
Deutschlands bestimmen werden. Die jungen Zuschauer in den
westlichen Zonen beschäftigten sich in vielen öffentlichen Diskussionen mit den politischen Implikationen des Stückes, und ältere
erfreuten sich am Glanz der wiedererstandenen Uniformen – auf
der Bühne zumindest.

Die metaphysische Ruhelosigkeit der Übergangzeit spricht am
deutlichsten aus Elisabeth Langgässers *Märkische Argonauten-
fahrt,* 1950. In diesem Roman der wechselnden Zeitenfolgen und
interpolierten Meditationen machen sich sieben Personen, alle gezeichnet von traumatischen Erfahrungen, an einem heißen August-
tag des Jahres 1945 auf den Weg von Berlin, das noch immer nach
verfaulenden Leichen und Schmeißfliegen riecht, nach dem Bene-
diktinerkloster Anastasiendorf, um dort den verlorenen Sinn ihrer

Leben in einer einsamen Landschaft der Mark wiederzufinden. Fast instinktiv suchen sie alle persönliche Erlösung: ein getauftes jüdisches Ehepaar, das zu früh wieder mit dem alltäglichen Leben beginnen wollte, als ob sich in den vergangenen Jahren nichts ereignet hätte; ein junger schuldbeladener Architekt; seine Schwester, besessen von den sexuellen Erinnerungen an ihren vermißten Mann; ein heimgekehrter Soldat; ein gelangweilter Schauspieler und ein Mädchen, das als Widerstandskämpferin ins Gefängnis kam. Aber Elisabeth Langgässer (die viel von Virginia Woolf gelernt hat) bietet keine fertigen Lösungen an. Sie berührt das Unbeschreibliche nur in einer Schlußgeschichte von hungrigen Kindern und Schwarzmarkthändlern, die sich in den Berliner Kanälen verbergen; und das Schicksal der sieben Suchenden bleibt vielsagend offen. Ich halte es für symptomatisch, daß die schwierigen Arbeiten Elisabeth Langgässers, die von den Nationalsozialisten verfolgt wurde, nicht lange Beachtung fanden. Sie stieß ihre Mitkatholiken durch schwüle Bilder des Geschlechtlichen und die Leser der Linken, die eher erdgebundene Relevanz fordern, durch die weißglühende Leidenschaft ihrer mystischen Passionen ab. Heute wird sie nur noch von wenigen Glücklichen gelesen.

Das Wirtschaftswunder und die Intellektuellen: 1949–1963

Nach dem Fehlschlag der Londoner Außenministerkonferenz beschlossen die westlichen Alliierten, die Gründung eines deutschen Staates voranzutreiben. Wirtschaftliche und politische Maßnahmen folgten einander rasch: Die Industrie erhielt neue Anreize durch die Währungsreform vom 20. Juni 1948 (die auch zur Berliner Blockade führte); der Parlamentarische Rat billigte am 8. Mai 1949 den Text des Grundgesetzes, in dem die Rechte der Bürger, die föderative Struktur des westdeutschen Territoriums und die Hoheitsrechte des zukünftigen Präsidenten festgelegt wurden; die Rechte des Präsidenten wurden auf Grund der historischen Erfahrungen stark eingeengt. Allgemeine Wahlen fanden am 14. August 1949 statt (CDU/CSU: 31 %, SPD: 29,2 %), und die neue Regierung der Bundesrepublik, die im September 1949 ihr Amt antrat, setzte sich aus Vertetern der Christlichen Demokraten, der Freien Demokraten und der ultrakonservativen Deutschen Partei zusammen. Wie in den frühen Jahren der Weimarer Republik wurden die

Sozialdemokraten in die Opposition gedrängt. Kurt Schumacher,
ein loyaler, aber auch unbeweglicher preußischer Sozialist, unterlag
in dem sich lang hinziehenden Machtkampf gegen den rheinischen
Katholiken Konrad Adenauer, der die Veränderungen der internationalen Lage seit dem Koreakrieg, den Wunsch der Deutschen
nach materiellem Wohlstand, die Forderungen der Alliierten nach
einem deutschen Beitrag zur NATO und (nicht zuletzt) den
wiedererwachenden nationalen Stolz geschickt zu seinem und dem
Vorteil seiner Partei auszunützen verstand. Während der fünfziger
Jahre unterstützte die Wählerschaft die Christlichen Demokraten,
die 1957 die absolute Mehrheit im Parlament (CDU/CSU: 50,2 %,
SPD: 31,8 %) gewannen und so die Sozialdemokraten zwangen,
ihre Strategie zu überdenken. Im Godesberger Programm (1958)
befreiten sie sich von manchen marxistischen Ideen, die für den
neuen Verbraucher wenig anziehend waren. In seiner väterlich-
autokratischen Art erfüllte Adenauer die Wünsche vieler Deutschen, die nach der Niederlage ihr Leben in Frieden und Wohlstand
aufbauen wollten, aber der unzweifelhafte und ambivalente Erfolg
wollte seinen Preis; entscheidende Probleme blieben ausgeklam-
mert, die seiner eigenen Regierung und seinen Nachfolgern in den
sechziger Jahren unverändert im Wege standen. Im Jahre 1955
erreichte er für die wiederaufrüstende Bundesrepublik die volle
nationale Souveränität, war aber nicht geneigt, gegenüber der Sowjetunion oder ihren störrischen Verbündeten eine flexiblere Politik zu entwickeln. Er baute energisch das konstitutionelle politische
Leben wieder auf, duldete aber jahrelang frühere Nazifunktionäre
und prominente Mitläufer in hohen Verwaltungsposten, und da er
vor allem die Probleme der industriellen Wirtschaft, der Staatsbe-
amten und der hochsubventionierten Bauernschaft zu lösen ge-
dachte, fühlte er sich nicht dazu gedrängt, intellektuelle Initiativen
zu ermutigen, welche die veraltete Bildungspolitik und die technologische Forschung ins Zeitgenössische verwandelt hätten.

In den fünfziger Jahren erlebte die Bundesrepublik einen bei-
spiellosen Aufschwung, der das Leben eines jeden Bürgers berühr-
te. Innerhalb von elf Jahren (1950–1961) stieg die industrielle
Produktion um 164 %, und die Bundesrepublik schloß sich den
Vereinigten Staaten und der Sowjetunion als eine der führenden
Industriemächte der Welt an. In dieser Zeit verdreifachten sich die

Monatsgehälter (1950: 240 DM; 1962: fast 600 DM); und innerhalb von etwa zehn Jahren zogen zwanzig Millionen Deutsche in neue Wohnungen ein. Das Wirtschaftswunder (das nicht alle Probleme der Alten oder der Bergleute löste) ist auf ein Zusammenspiel vieler Elemente und Kräfte zurückzuführen. Als der Schutt weggeräumt war, zeigte es sich, daß die deutsche Industrie viel weniger zerstört war, als man ursprünglich angenommen hatte (im Durchschnitt 15 %); Luftangriffe und Demontage hatten die Industrie von veralteten Maschinen befreit und zwangen die Produzenten, neue technologische Verfahren anzuwenden; fast 10 % der Marshallplanhilfe gingen an die Bundesrepublik; und die vielen Millionen Flüchtlinge bildeten eine hochqualifizierte und mobile Arbeiter- und Verbrauchermacht, die ebenso wie die anderen Deutschen bereit war, für einen sicheren Platz an der Sonne täglich zu arbeiten. In der Wiederaufbauzeit waren, wie Michael Balfour nachweist, die Kapitalinvestitionen relativ hoch, und die Deutschen konsumierten (ungeachtet des anderen Anscheins) nur 59 % des Bruttosozialprodukts, die Engländer dagegen 65 %. Die Frage bleibt, ob das »Wirtschaftswunder« mit einer intellektuellen Erneuerung Hand in Hand ging oder ob die neue Warenanhäufung eine völlig restaurative Periode einleitete. Der oft wiederholte Slogan von der »Restauration« bedarf sicherlich einer näheren Prüfung: Die Sozialkritiker der fünfziger Jahre, die unter »Restauration« die versäumte Verstaatlichung der Basisindustrien verstanden (unmittelbar nach dem Kriege von vielen geplant, aber nach der Währungsreform schnell wieder verworfen), berührten ein legitimes Problem, sind aber im Unrecht, wenn sie einen totalen Rückzug zu älteren Gesellschaftsstrukturen implizieren. Die deutsche Gesellschaft aus der Zeit vor Hitler war nicht wieder neuzubilden; pragmatisch denkende Soziologen weisen überzeugend nach, daß die plebejischen Nationalsozialisten die ehemalige Elite der Junker und Aristokraten zerstörten, traditionelle Loyalität zu Landschaft, Religion und Beruf durch ihre administrativen Eingriffe ins Wanken brachten und so, im Gegensatz zu ihren eigenen Intentionen, den Weg für eine mobile Gesellschaft ebneten, in der die verschiedensten Gruppierungen und die unterschiedlichsten Interessen ihren Ort finden.

Die Gruppe 47 zog nicht viele ältere oder aus dem Exil zurückgekehrte Autoren an, aber sie versammelte viele der jüngeren Talente und war in den fünfziger Jahren nahe daran, ein intellektuelles Gegengewicht zum konservativen Establishment zu bilden. Die Gruppe hatte, zu ihrem Vorteil, keine feste formale Struktur, und die Gäste Hans Werner Richters, die zu jedem Treffen von neuem eingeladen wurden, waren weder im Genre noch im Stil einer einzigen Meinung. Am Anbeginn dominierte der Neoverismus in der Art Heinrich Bölls (Preis 1951), ein wenig später lyrische Hörspiele und ein neuer imaginärer Stil, deutlich repräsentiert durch Ilse Aichingers *Spiegelgeschichte* (Preis 1952) und die Lyrik Ingeborg Bachmanns (Preis 1953). In den fünfziger Jahren veränderten sich die Treffen der Gruppe rasch; die bescheidenen Versammlungen der früheren Jahre wurden zu Superpartys, zu denen auch die Verleger auf der Suche nach neuen Talenten kamen, und eine neue Generation hochbegabter Autoren tauchte auf. Zu ihr zählten Martin Walser (Preis 1953) und Günter Grass (1955), Hans Magnus Enzensberger (1955), Uwe Johnson (1959) und Jürgen Becker (1960), der mit seiner experimentellen Prosa Wege ging, die von den frühen Ideen der Gruppe abwichen. Politisch war die Gruppe in den frühen fünfziger Jahren wirksamer (Intellektuelle und Sozialdemokraten einte der Widerstand gegen die Wiederaufrüstung der Bundesrepublik) als gegen Ende des Jahrzehnts, als die Sozialdemokraten die Außenpolitik Adenauers weitgehend unterstützten. In den »Gründerjahren« der Bundesrepublik lag eine aktive politische Vereinigung von Arbeitern und Intellektuellen (der schwer erfüllbare Traum der sechziger Jahre) noch im Bereich des Möglichen, doch als die Arbeiterschaft stärker an der industriellen Gesellschaft partizipierte und die Sozialdemokraten (1958) in einer wichtigen Testabstimmung über die Wiederaufrüstung geschlagen wurden, verlor die intellektuelle Opposition ihre erhofften Verbündeten. Ihre eigenen politischen Unternehmungen, z. B. die Gründung des Grünwald-Kreises (1956) zum Kampf gegen den wiedererwachenden Faschismus und das Komitee gegen Atomare Aufrüstung (1958) blieben ohne entscheidende Resonanz und waren gelegentlich auch organisatorische Fehlschläge.

Hans Erich Nossack (geb. 1901), dessen Leistung in den fünfziger Jahren deutlich zutage trat, verbindet metaphysische Untersuchungen, welche den Neigungen der jüngeren Generation fremd sind, mit einer nüchternen Sprache, die sich, lange vor Uwe Johnson und seinen lakonischen Zeitgenossen, an »Berichten«, »Protokollen« und »wissenschaftlichen Untersuchungen« orientiert. Nossack selbst sagt, daß sein eigentliches Leben als Schriftsteller in dem Augenblick begonnen habe, als alle seine Manuskripte und Tagebücher (im Juli 1943) in den brennenden Ruinen Hamburgs verkohlten; seine Chronik über die Zerstörung der Stadt, die er bald nach dem Bombenabwurf schrieb, aber erst später veröffentlichte, deutet auf zentrale Motive seiner späteren Erzählungen hin – die furchtlose Konfrontation mit dem Tod, der im Leben allgegenwärtig ist; auf den Glauben, daß »Grenzsituationen« eine Chance für einen neuen, dem Wesentlichen zugewandten Lebensanfang bieten; und auf seinen Glauben an die Frauen, die in den substantiellen Lebenserfahrungen eher zu Hause sind als die Männer. In *Unmögliche Beweisaufnahme,* 1959, berichtet Nossack nüchtern über den Prozeß gegen einen Versicherungskaufmann, dessen Frau nach einer siebenjährigen glücklichen Ehe spurlos verschwunden ist. Aber die Geständnisse des Maklers zeigen, daß das Gericht als öffentliche Institution nicht der richtige Ort ist, an dem man sich mit intimen und metaphysischen Erfahrungen zu beschäftigen vermöchte. Beide, Mann und Frau, lebten lange dem Schweigen, dem Tod und dem Absoluten nahe, aber eines Nachts beschlossen sie, zusammen in das »Nichtversicherbare« zu entfliehen. Die Frau erwies sich als die kühnere und verschwand gänzlich aus dem Gesichtskreis der Menschen, ihrem Mann aber, der sich zur Schuld der feigen Rückkehr bekennt, war es unmöglich, sein gewohntes Leben mit seinen Kompromissen, seiner scheinbaren Sicherheit und seinen leeren Worten aufzugeben; und er bittet das Gericht, ihn mit ewiger Selbstprüfung zu bestrafen. Sartre hatte seine Gründe, Nossack als beispielhaften deutschen Existentialisten zu rühmen.

Franz Tumler (geb. 1912) entwickelte seine Arbeiten gegen die Muster der Tradition. Als junger Mann glaubte Tumler (der von der südlichen Grenze Altösterreichs herstammt) an die Lebenskräfte der Landschaft, des Volksstammes und der Nation, aber in der Mitte der fünfziger Jahre produzierte er einige Prosaarbeiten, die eine neue Stufe seiner Entwicklung demonstrierten; und in den sechziger Jahren zählte er zu den Repräsentanten eines deutschen *nouveau roman,* der sich hartnäckig mit dem Erzählprozeß selbst beschäftigt. In seiner frühen Geschichte *Das Tal von Lausa und Duron,* 1935, schrieb er über unglückliche Ladiner, die in ihrer Bergschlucht zwischen den Österreichern und Italienern einge-

schlossen sind, und lobte die heroische Tugend, einer archaischen
Gemeinschaft anzugehören (eine Idee, die den Nazikulturfunktio-
nären sehr willkommen war); und auch nach dem Krieg noch beschäftigte ihn die Frage von den Unterschieden österreichischen
und deutschen Lebens. Aber in seinem Roman *Der Schritt hinüber*,
1956, wendet er sich den intimsten Gefühlen zu und beschreibt den
Wandel einer willensstarken und verwirrten Frau, die zwischen der
Liebe zu einem enteigneten Landbesitzer und ihrem Versprechen
gefangen ist, das sie (um zwei Flüchtlinge zu retten) einem jungen
russischen Offizier gab. Sie kehrt zu ihrem Mann zurück, um schon
in der ersten Umarmung zu fühlen, daß sie durch die brennenden
Erfahrungen ihres anderen Lebens für immer gezeichnet und nicht
mehr die Seine ist. Die Landschaft Oberösterreichs, unter sowjetischer und amerikanischer Besatzung, wird nur leicht angedeutet,
und Tumler (der sich die südlichere Grenzsituation seiner Jugend
heute in Berlin schöpferisch rekonstituiert hat) konzentriert sich vor
allem auf die Divergenzen zwischen den wirklichen Ereignissen
und den Erzählungen der Leute; er versucht, die zweifelhaften
Rede- und Glaubensakte zu entlarven, die wirkliche Ereignisse in
falsche Berichte, Folgen und Bedeutungen verwandeln. Dieses
Thema trägt sein späteres Buch *Aufschreibung aus Trient,* 1965, in
dem sich radikale Zweifel an der traditionellen Erzählform und die
sicherste literarische Kunst glänzend verbinden.

Gisela Elsners »Bericht« *Die Riesenzwerge,* 1964, ist eine jener
symptomatischen Bücher, das die Grenze zwischen der Literatur
der »Vergangenheitsbewältigung« (die um die Jahrhundertmitte
dominierte) und jenen polemischen Texten historisch markiert,
welche die ekelhaften Ordnungsmuster der konsolidierten Nach-
kriegsgesellschaft zu entlarven trachten. Das Nuancierte, Historische und Psychologische ist wie fortgewischt, und Gisela Elsner
(geb. 1937) skizziert, im engen Raum einer paradigmatischen
Oberlehrerfamilie, das Brutale, Atavistische und Animalische der
deutschen Nachkriegswelt: die Bäuche der fressenden Männer »berühren die Tischkante«; die gedankenlosen Frauen sind ihnen
wortlos untertan; die Stadt wird von einem Kriegsinvaliden beherrscht, der die Sympathien seiner Mitbürger auszubeuten versteht; im Walde verteidigen die Familien, »grätschbeinig«, ihren
Picknickplatz an der Sonntagssonne und versuchen Natur und Welt
mit »Eßresten, Geschirrscherben, Schachteln, Papier-, Stoffetzen,

Büchsen und Flaschen«. Gisela Elsners Zorn gegen die Generation der Väter, auf deren fetten Stiernacken sie alle Sünden versammelt, arbeitet zuzeiten mit literarischen Derivaten (ihre Stummfilm-Grotesken erinnern an Kafka; die Chöre der Mieter, Vikare und Bauern an Hildesheimers dramatische Alpträume; und das medizinische Detail an Grass), aber ihre Technik der Wiederholungen, Rekapitulationen und der sprachlichen Formeln (sobald nur die aufgeblähten Kleinbürger ihren Mund auftun) ist von wirksamer Ökonomie. In ihren gebündelten Aggressionen sind die *Riesenzwerge* ein geradezu prophetisches Buch, das die thematischen Interessen der späten sechziger Jahre entschieden vorausnimmt, aber ich frage mich, ob der böse Blick fortdauernd fruchtbar zu sein vermag. Dem Ekel sind (das ist auch in den Erzählungen von Renate Rasp, geb. 1935, deutlich) als epischem Prinzip die engsten Grenzen gesetzt.

Die Umgruppierungen der sechziger Jahre

In den frühen sechziger Jahren fand sich die Regierung Adenauers immer mehr von Problemen bedrängt, die in der Periode des hektischen materiellen Wiederaufbaus ungelöst geblieben waren. In den Wahlen vom 17. September 1961, einen Monat nach dem Bau der Berliner Mauer, verlor die CDU/CSU die absolute Mehrheit, und weder der folgenden Koalition der Christlichen Demokraten mit den Freien Demokraten noch dem Kabinett Erhard gelang es, neue Akzente zu setzen. Mehrere Elemente erschwerten eine Neuorientierung in der Außenpolitik: der Konflikt zwischen den Anhängern einer »amerikanisch« und einer »französisch« orientierten Linie, die neuen Gruppen auf der Rechten und Linken, die dem parlamentarischen System feindlich gegenüberstanden, und ein plötzliches Nachlassen des Wirtschaftswunders, das in wachsender Arbeitslosigkeit und in einem Defizit in der Außenhandelsbilanz resultierte. In Berlin gerieten Studenten und Polizei in Konflikt, und in den Landtagswahlen vom November 1966 konnten die Kandidaten der Nationaldemokratischen Partei (NPD) in Hessen (7,9 %) und in Bayern (7,4 %), den traditionellen Hochburgen der Sozialisten und Katholiken, unerwartet Erfolge buchen. Eine Große Koalition der Christlichen Demokraten und der Sozialdemokraten schien geeignet, die schwelenden Krisen zu lösen;

indes mißfiel vielen Mitgliedern und Intellektuellen der Sozialdemokratischen Partei der Gedanke, die Macht mit den Konservativen
zu teilen: Sie wollten lieber (wie Günter Grass vorschlug) die Verantwortung allein tragen. Pragmatisch gesehen, begann die Große
Koalition (1966) mit erfolgreichen Schritten: Wirtschaftliche Maßnahmen bremsten die Rezession, die Arbeitslosigkeit ging zurück,
und in den Landtagswahlen verloren die Nationaldemokraten einiges von ihrer neuen Stärke. Die radikalen Studenten, die das Ihre
dazu beitrugen, die notwendige Erneuerung der veralteten Univer-
sitätsstruktur zu beschleunigen, begannen die Divergenzen zwischen
sozialem Druck und *paperback*-Ideologie zu spüren; es ist schwierig, die theoretische Utopie in einer nichtrevolutionären Situation
voranzutreiben, und da sie in den Gewerkschaften keine wirksamen
Verbündeten haben, suchen radikale Studenten Unterstützung bei
ungeduldigen Lehrlingen und Schülern, mit denen sie die außer-
parlamentarische Opposition in eine antiparlamentarische Macht zu
verwandeln suchen.

Die Gruppe 47 setzte ihre Treffen in gewohnter Weise, gelegentlich im Ausland, fort, aber auch das erhöhte öffentliche Interesse konnte die Alterssymptome nicht heilen. Begabte neue Autoren lasen aus ihren Werken, unter ihnen Alexander Kluge (1962),
Reinhard Lettau (1962) und Peter Bichsel (Preis 1965), doch viele
Beobachter, freundliche und unfreundliche, klagten über einen an-
gestrengten Perfektionismus, dem substantielle Erfahrungen völlig
fehlten. Auf dem Princeton-Treffen von 1966 deckte der zarte Peter Handke (geb. 1942) erbarmungslos den neuen, generations-
bedingten Abgrund auf, der die Jungen von ihren »Großvätern«
trennt, die einst die Gruppe gründeten. Walter Jens antizipierte in
seinem Vortrag über die Situation des deutschen Intellektuellen
(1962) einige der Probleme, die sich nicht länger abweisen ließen:
deutsche Intellektuelle, sagte er, seien mit den Arbeitern viel weniger verbunden als zum Beispiel ihre französischen Kollegen, und
es widerstrebe ihnen zutiefst, es mit der Welt der zweiten industriellen Revolution aufzunehmen – »der Behauptung des Menschen im Alltag und in der Uniformität«. Im Ruhrgebiet aber waren die Traditionen der Arbeiterdichtung, aus der Epoche der
Werkleute auf Haus Nyland (seit 1912) und des *Ruhrlandkreises*
noch lebendig, und das vom Volksbildner Fritz Hüser gegründete
Archiv für Arbeiterdichtung und soziale Literatur (Dortmund) bil-

dete ein Zentrum für jene Schriftsteller, welche nach der Vergangenheit der sozial engagierten Literatur forschten und sich in ihrer eigenen Arbeit auf das Alltagsleben in Schächten, Eisenwerken und Büros konzentrierten – so Max von der Grün (geb. 1926), der seine Bergarbeiterromane *Männer in zweifacher Nacht,* 1962, und *Irrlicht und Feuer,* 1963, geradezu als Signale einer neuen literarischen Entwicklung veröffentlichte; so Walter Köpping, der eine Anthologie der Bergarbeiter-Lyrik edierte. Hüser, von der Grün und Köpping gründeten am 31. März 1961 einen literarischen Arbeitskreis, nur ein wenig später *Gruppe 61* genannt, veranstalteten Lesungen und Diskussionen (z. B. über Mensch und Industrie in der modernen Literatur, am 17. Juni 1961), und formulierten, aus ihrer Praxis, ein Gruppenprogramm (1964), das die zentrale Aufgabe in der »literarisch-künstlerischen Auseinandersetzung mit der industriellen Arbeitswelt und ihrem sozialen Problem« sah; nur wenige der Gruppenmitglieder waren wirkliche Arbeiter, aber die meisten hatten, nach dem Kriege, ihre eigenen Erfahrungen in der Industrie gemacht. Während die Gruppe 47 und ihre Kritiker scharenweise in die Vereinigten Staaten gingen, veröffentlichten ihre weniger berühmten Konkurrenten ihren ersten *Almanach,* 1966, der sentimentale Lyrik und einige Prosastücke ersten Ranges enthielt, z. B. Klas Ewert Everwyns *Beschreibung eines Betriebsunfalls.* Die Gruppe 61 hatte allerdings nicht geringere Probleme als die Gruppe 47; in den späteren sechziger Jahren wurde die Klage laut, daß sich jene Schriftsteller, die in der Gruppe 47 nicht reussiert hatten, nach Dortmund auf den Weg machten, und zugleich drängten junge Autoren, im Kontakt mit den Theorien der radikalen Linken, in den alljährlichen Versammlungen darauf, die Traditionen der Arbeiterkorrespondenten, aus der Weimarer Epoche, weiterzuführen und alle Aufmerksamkeit den schreibenden Arbeitern selbst zuzuwenden. Das Projekt eines Reportagewettbewerbes für Arbeiter und Angestellte führte im März 1970 auf Initiative Peter Schütts und Günter Wallraffs zur Bildung eines *Werkkreises Literatur der Arbeitswelt,* der sich, in einigem Gegensatz zur Gruppe 61, als Vereinigung von Arbeitern und Angestellten bezeichnete und in seinem Programm, in dem das Vokabular der Neuen Linken und eine ungelenke Syntax zugleich zutage traten, die Aufgabe definierte, »die menschlichen und materiell-technischen Probleme der Arbeitswelt als gesellschaftliche bewußt zu

machen«; die Herstellung von Literatur als politischer eher als ar-
tistischer Akt wendet sich an die »Lohnabhängigen« selbst (*Proletarier* gibt es auch in den Literaturprogrammen nicht mehr), »aus
deren Bewußtwerden über ihre Klassenlage« die Literaturprodukte
entstehen. Das erste Ziel ist die radikale Bewußtseinsveränderung
der lohnabhängigen Literatur-Rezipienten, und mit ihrer Veränderung zugleich die Veränderung der ganzen Gesellschaft.

Der Buchhändler Günter Wallraff (geb. 1942) ging, als später
Narodnik, in den frühen sechziger Jahren »unters Volk«, d. h. in
fünf große Industriebetriebe, und seine Skizzen *Wir brauchen dich,*
1966, und *Unerwünschte Reportagen,* 1969, in denen er über seine
Erfahrungen bei Ford, Blohm und Voss, Siemens und anderswo
berichtete, hatten mehr als literarische Folgen; in manchen Betrieben konstituierten seine Leser ihre Betriebsräte, die Polizei untersuchte seine Gesinnung, und ein Ministerpräsident lobte seine
Wahrheitsliebe und Genauigkeit. Wallraff nennt sich selber einen
»Dokumentaristen«, aber aus seinen Industriereportagen spricht
deutlich eine lyrische Sensibilität, gefangen in einem System, »in
dem Maschinen Maschinen regieren«, zermürbt von »dem ewig
Eintönigen, dem Nichtanhaltenkönnen, dem Ausgeliefertsein« an
das Produktionsband. Er berichtet einleuchtend von seinen Erfahrungen mit anderen Arbeitern und von der Technologie seines Ar-
beitsplatzes und hat doch gelegentlich Mühe, nicht mit der Block-
flöte zu schreiben. Im Grunde protestiert er, als instinktiver Luddit,
gegen Lärm, Maschine, Geschäft, und verfällt dem Idiom des 19.
Jahrhunderts, sobald er den Blick vom Arbeitsplatz fort auf das
Ganze richtet: die Fabrik ist »ein unersättlicher Polyp, der mit
seinen Fangarmen in alle Straßen greift und sich zwischen Wohn-
blocks und Geschäftshäuser drängt«.

Erika Runge (geb. 1939) sucht, in ihren exemplarischen *Bottroper Protokollen,* 1968, dem Problem der erzählerischen Subjektivität entschlossener zu entgehen; den Methoden der amerikanischen
Soziologie folgend, transkribiert sie vom Tonband, was ihr die
Bottroper von ihrem Leben in ihrer Stadt sagen, die von der
Schließung der benachbarten Zeche bedroht ist, und entgeht doch
nicht dem Zwang, bestimmte Tonbandtexte zur Publikation auszu-
wählen und in einer bestimmten Ordnung zu gruppieren. Jedenfalls
sprechen die Menschen selbst, in authentischer Unmittelbarkeit, in
Parataxe und mit ihrer privaten Leitmotivik: da ist der alte

KP-Funktionär, skeptisch und mit Mutterwitz; der sachliche Pfarrer, der seine Kirche selber gebaut hat; die Hausfrau, die einen Wagen haben möchte; der Verkäufer und seine fußballbegeisterte Friseuse; der *Beat*-Sänger, der dauernd von »duften Typen« spricht und nichts anderes wünscht als seine Kinder ein »gepflegtes Deutsch« sprechen zu hören – und doch, das Ganze, nicht so sehr »Wirklichkeit« als die technologische Erfüllung des Naturalismus, wie ihn Zola und Holz forderten; und ebenso absichtsvoll strukturiert wie ihre Kunstwerke. Das Material mag vom Tonband stammen, aber der »Erzähler«, der hier als Redakteur fungiert, ordnet seine Materialien auf die episch wirksamste Art.

Die Koalition und die radikalen Studenten (welche den Intellektuellen die theoretische und praktische Initiative entrissen haben, denn die Intellektuellen müssen täglich eine Seite schreiben, um ihren Lebensunterhalt zu verdienen) veränderten die Möglichkeiten, die den Schriftstellern links der Mitte offenstanden; während der Adenauer-Ära war es bequemer, die Rolle der institutionalisierten Opposition zu spielen. Die Sozialisten waren nun an der Macht, die Opposition mußte sich neu gruppieren, und jeder Schriftsteller mußte sich entscheiden, ob er noch für eine parlamentarische Regierungsform eintreten wollte oder ob er, wie die radikalen Studentengruppen, die Zerstörung des Parlamentarismus zugunsten anderer politischer Systeme vorziehe. Günter Grass entschied sich für das parlamentarische System und lehnte es ab, den »Progressiv-Konservativen« zu folgen, die »den Kommunismus, dieses weinrote Plüschsofa mit seinen durchgesessenen Sprungfedern, für nachmittägliche Träumereien benutzen«. Seine Schriftstellerkollegen auf der Linken sind in ihren Ansichten weniger geeint; da sind, wie Martin Walser sagt, die Gläubigen (z. B. Peter Weiss), die sich mit einem abgegriffenen Vokabular zufrieden geben, und die skeptischen Zweifler, z. B. Hans Magnus Enzensberger, »der die Haltung nicht glaubt, die er von sich fordern müßte«. Die Frustration sitzt tief; im Sommer 1967 diskutierte man in deutschen Zeitschriften viel über die politische Wirksamkeit deutscher Vietnam-Gedichte, und nach den französischen Maiunruhen 1968 stellte sich die gespaltene Linke immer wieder quälende Fragen. Ich glaube, daß Hans Magnus Enzensberger (dessen politische Postulate ich durchaus nicht teile) die der Unzufriedenheit zugrunde liegenden Motive gründlicher als jeder andere analysiert. Er

kennt die politische Ersatzfunktion so vieler Werke der deutschen
Nachkriegsliteratur sehr genau und spricht ohne Zögern von der
»Selbsttäuschung« der Schriftsteller, die glauben, politische Probleme mit literarischen Mitteln lösen zu können. Für die Zukunft
schlägt er eine illusionslose, bescheidenere Auffassung von der sozialen Mission des Schriftstellers vor. Ich vermute, daß der Er-
nüchterungsprozeß schwierig sein wird, denn in Ländern mit einer
unterentwickelten parlamentarischen Tradition sind freundliche
Illusionen über die öffentliche Wirkung der Literatur eine Erb-
krankheit der Schriftsteller.

Ob die Literatur dahinstirbt und ob sie in der Gesellschaft eine
Funktion erfüllt oder nicht, sind Fragen, die im Akt des Schreibens
selbst zu lösen sind, und jedes neue Kunstwerk bietet dem Skeptizismus neue Herausforderungen. Hubert Fichtes *Die Palette,* 1968,
umreißt eine Welt jenseits jeder Ideologie. Die Ausgestoßenen,
Rauschgift-Händler, kleinen Diebe und Amateurexhibitionisten,
die sich gewöhnlich in ihrer Hamburger Stammkneipe treffen, haben sich von der Gesellschaft draußen losgesagt; und obwohl sie
Gesetze und Wertstrukturen entwickeln, die genauso starr sind wie
die der bürgerlichen Kreise (ein *deux chevaux* ist gerade noch er-
laubt, häufige Geschlechtskrankheiten gelten als Auszeichnung, und
Bisexualität ist *de rigueur*), treten sie der Polizei, welche die Parks
durchsucht, mit ebensoviel Herablassung gegenüber wie den politischen Organisatoren der Friedensmärsche. Fichtes Text hat (wie
Jeffrey L. Sammons mit Recht behauptet) eine bewundernswerte
Dynamik, und doch geschieht alles in einem zeitlos gesplitterten
Jetzt, und die fast austauschbaren Charaktere, die aus einer völlig
behavioristischen Perspektive beschrieben werden, existieren nur in
ihrem magischen Namen und ihrem Argot; Fichte vermeidet die in
traditionellen Erzählungen bevorzugte Vergangenheitsform sorgfältig und genau. Seine gelegentlichen Versuche, Günter Grass'
Wortspiele zu imitieren und seine Charaktere durch biografisches
Material »aufzurunden«, das er in Alexander Kluges dokumenta-
rischer Art einführt, überzeugen mich nicht. Antifaschistische
Pflichtübungen in Pop-Kellern, die von einer weniger unhistorischen Außenwelt isoliert sind, erscheinen mir als leere Folklore.

Hans Günther Adler (geb. 1910 in Prag) hat sich weder in seinen
kulturgeschichtlichen Essays noch in seinen Erzählungen auf Kom-
promisse mit den populären Tendenzen des Zeitgeistes eingelassen.

Heinrich Böll und Heimito von Doderer haben die Scharfsicht und
das Reine seiner Epik längst erkannt, aber nicht viele mit ihnen:
allzu unbequem, mit einem rigorosen Denker konfrontiert zu sein,
der Theresienstadt, Birkenau und Buchenwald überlebte, die abstrakte Geschäftigkeit des neueren Philosemitismus ignorieren darf,
und zehn Jahre vor den Theater-Theorien von Peter Weiss, fast
unter Ausschluß der bundesdeutschen Öffentlichkeit (mitsamt der
Gruppe 47), seine soziologischen und psychologischen Analysen
der Lagerwelt, in *Theresienstadt*, 1955, und anderswo, und seine
Chronik der *Juden in Deutschland, von der Aufklärung bis zum
Nationalsozialismus*, 1960, publizierte. In seinem mit dem Schweizer Charles-Veillon-Preis ausgezeichneten Roman *Panorama*, 1968,
arbeitet Adler mit dem Prinzip epischer Stationen eher als mit
kontinuierlichen Entwicklungen. Schicksale und Einsichten seines
Erzählers Josef, eines Prager deutschen Juden der mittleren Generation, vollziehen sich in zehn Bildern, die in harter Fügung aufeinander folgen: die Kaufmannsfamilie, gegen Ende des Ersten
Weltkrieges; ein Schuljahr auf dem Dorf; Waldfahrten mit einer
jugendbewegten ›Meute‹ nach Südböhmen; Josefs rasches Scheitern als Hauslehrer in der Familie des Börsenrates und als Sekretär
eines geschwätzigen Kulturfunktionärs; dann, in den späten dreißiger Jahren, Zwangsarbeit beim Bau einer Eisenbahn, die Konzentrationslager und, als Moment des Rückblicks auf die Kriegsjahre
und des Übergangs zu einem neuen Leben, indem es »zu zeigen
gilt, was er gelernt und geschaffen hat«, ein Tag der Selbstprüfung
auf dem englischen Schloß Launceston (in dessen Konturen die
südböhmische Burg Landstein wie neuerlich aufleuchtet). Das Panorama und seine starre, aber unbegreiflich gegenwärtige Bilder-
folge, die der Knabe so liebte, wird zum Strukturprinzip des Romans und zur Chiffre seiner stoischen Anschauung von Welt und
Leben; der resolute Gebrauch des Präsens, dem der Erzähler mit
einiger Kühnheit vertraut, hebt seine zehn Bilder »unantastbar aus
der Zeit« und wirkt gegen jeden unzulässigen Wunsch nach Erinnerung oder hoffende Zuversicht: »Die Erinnerung muß nicht ge-
sucht werden, wenn das Erlebnis selbst sich bietet, der Gedanke an
die Zukunft wird müßig, die Ausblicke bieten ohne Zutun sich an.«
Die »Panorama-Situation des Menschen«, von der Josef spricht,
erfüllt sich in einer metaphysisch orientierten »Bereitschaft zur
Hinnahme«, die nichts mit Fatalismus gemein hat, und führt zu

unabhängigen und tiefen Gedanken über Teilnahme an der Welt, Gnade und kosmische Dankbarkeit – in störrisch philosophischem Gegensatz zur Neigung einer Epoche, die auf Protest, Veränderung und zielbewußter ideologischer Aktion besteht.

Siegfried Lenz (geb. 1926), der seit den frühen fünfziger Jahren publiziert, bringt in seinem Roman *Deutschstunde,* 1968, seine vielfachen Begabungen in einer im Grunde ernsthaft-einfachen Erzählung über Kunst und Macht im Nazi-Deutschland zur vollen Entfaltung. Siggi Jepsen, ein junger Mann, der in eine Sonderschule für Problemkinder geht, schreibt einen Klassenaufsatz über das Thema »Die Freuden der Pflicht«. Besessen weitet er das Aufsatzthema aus und will seine Kindertage in dem kleinen Dorf Rugbüll, nahe der dänischen Grenze, und das Porträt seines Vaters, der seine starre Pflichtauffassung seiner Familie, seinen Freunden und dem ganzen Dorf auferlegte, einbeziehen. Siggis Vater, Jens Ole, war Polizeiwachtmeister und identifizierte sich in seinem Sinn für absolute Pflichterfüllung mit den Befehlen des Nazistaates: er lieferte seinen älteren Sohn, der sich selbst verstümmelt hatte, um dem Wehrdienst zu entgehen, den Machthabenden aus, und kämpfte, auf Befehle aus Berlin, seinen eigenen langen und erbitterten Kampf gegen seinen ältesten Freund, den expressionistischen Maler Max Ludwig Nansen (vielleicht ein Porträt Emil Noldes), spionierte ihm nach, beschlagnahmte seine Bilder, verbrannte versteckte Skizzen. Lenz, der sich einst an Hemingway orientierte, glaubt nicht an das politische Melodrama. Seine Gegenüberstellungen der Widersacher sind verhalten, weil die Feinde jahrzehntelang miteinander leben; der Polizist Jens vertritt später die Regierung Nachkriegsdeutschlands, und den Maler Nansen nennt die Nachkriegsgeneration einen »kosmischen Bühnenbildner«. Ich bin nicht sicher, ob Lenz die Gefahren der Allegorie ganz zu meiden vermag: der Polizist und der Maler verkörpern sichtbar die repressiven und schöpferischen Traditionen Potsdams und Weimars, und der Zeuge Siggi hat es schwer, die allegorische Darstellung durch ein episches Übermaß einzelner Erinnerungen zu verwischen.

Helga M. Novak (geb. 1935) hat in der DDR und auf Island gelebt, ehe sie in die Bundesrepublik kam, und ihre Sammlung autobiographisch-literarischer Texte *Aufenthalt in einem irren Haus,* 1971, reflektiert die Entwicklung ihrer widersprüchlichen Interessen von der Industriereportage nach dem Beispiel Erika Run-

ges (auf subtiler Jagd, mit dem Tonbandgerät in der Einkaufs-
tasche, in den Bierkneipen) zum epischen Experiment. Die ältere
Generation ist geneigt, Zwang und Freiheit exemplarisch in der
historischen Konfrontation des Nazi-Systems mit der parlamentarischen Demokratie zu sehen, aber Helga M. Novak zählt zu einer
jüngeren Altersgruppe, welche die Entwürdigung des Menschlichen
im täglichen und gegenwärtigen Miteinander wittert, wie es sich in
Sprache, Institutionen oder Berufsverhältnissen entfaltet. Ost und
West sind nicht mehr entscheidende Alternativen (das Land, das
sich kapitalistisch nennt, ist nur »eine Kolonie, die nicht viel mehr
als Rohstoff liefert«); und im sozialistischen Lande »haben die
Oberen dem Volk das Volkseigentum schon lange wieder wegge-
nommen«. Hier und dort, ob in einem alten Haus, in dem Gastarbeiter zusammengepfercht sind, oder in DDR-Lehrgängen der
hierarchische Zwang zu Gehorsam und der antwortende Drang
nach Gleichheit, Spontaneität und Freiwilligkeit – dort Joscha,
Mitglied eines DDR-Autorenlehrganges, der seine ersehnte Gleichheit im Zuchthaus findet; hier die Insassin einer Nervenheilanstalt,
die sich dem Anstaltsanspruch »weit weg ins Gras« zu entziehen
sucht: »Wenn mich jemand anspricht, sage ich, verschwinde, laß
mich in Frieden.« Helga M. Novak hat noch jüngst als Verbündete
der Industriereporter gegen die »allergrößte Lüge«, die der Individualität, polemisiert, aber ihre Texte bezeugen eher, daß ihr nichts
über die ungehemmten Möglichkeiten des Individuellen geht. Sie
respektiert selbst die Freiheit des Lesers; und anstatt ihm ihren
auktorialen Willen aufzuzwingen, liefert sie ihm, in ihren Wortli-
sten, Katalogen, Stundenplänen, Exzerpten aus inneren Monologen
und Strafgesetzbüchern die spröden Materialien, an denen sich der
sonst so passiv Aufnehmende selbsttätig und in eigener Arbeit erproben mag.

INTERMEZZO 1: PROBLEME DER LYRIK

Goethe, Hölderlin und andere Romantiker entschieden um die Wende des achtzehnten Jahrhunderts über die Sprache der deutschen Lyrik, und ihr Werk konstituierte den Nachgeborenen lange Norm und Ziel. Der deutschen Lyrik fehlte ihr Baudelaire (Mörike war kein Moderner an seiner Statt), und die »moderne« Revolution, in Deutschland in der Regel »Expressionismus« genannt, wirkte nicht in die Tiefe der lyrischen Substanz. Stefan George (1868– 1933) und Hugo von Hofmannsthal (1874–1929) bildeten durch ihre entschlossenen Antworten auf die Herausforderungen der Weltliteratur Inseln der konservativen Form, und Rainer Maria Rilke (1875–1926) bewahrte die kompakte Struktur des deutschen Gedichtes und distanzierte sich von den Surrealisten, den Futuristen und Majakowski und seinen Verbündeten. Aber im Zweiten Weltkrieg war Rilke, unerwartet, der lyrische Antagonist Hitlers; eine ganze Generation junger Menschen, die die Nationalsozialisten nicht aktiv unterstützten, zog sich in Rilkes »Weltinnenraum« des Gefühls zurück, aber eben weil diese jungen Leute den konkreten Konflikt mieden, beschmutzten sie ihre Hände, die sie rein zu halten wünschten (ich weiß, ich zählte lange zu ihnen). Nach 1945 kam die Ernüchterung rasch: Heimkehrende Soldaten und hungrige Kriegsgefangene fühlten sich vom »Ästheten« Rilke abgestoßen, der sich eine Welt der Prinzessinnen und seltenen Rosen geschaffen hatte; sein feinorganisiertes Gefühl, das ihren Erfahrungen nicht entsprach, war ihnen fremd, und nicht weniger sein gereinigtes Idiom, das den massiven Grundworten ihrer Existenz nicht mehr zu ähneln schien. In den späten vierziger Jahren allerdings trat Rilke seine Würde als heimlicher König der deutschen Lyrik an Gottfried Benn ab, der in seinen späten Gedichten und in seiner Poetik die nackte Verzweiflung mit einer sonoren *l'art pour l'art*-Erlösung verband: Die Welt war leer, die Geschichte unwirklich, und in der allgemeinen »Ausdruckskrise« blieb das »absolute Gedicht«, ohne jegliche Hoffnung und »an niemanden gerichtet«, die einzig bedeutende Sinngestalt. Einige Jahre lang, von der Veröffentlichung seiner *Statischen Gedichte*, 1948, in der Schweiz (denn er stand wegen seines vorübergehenden Bündnisses mit den Nazis auf der schwarzen Liste der Alliierten) bis zu seinem Tode im Jahre 1956, faszinierte Benn viele der jüngeren Intellektuellen, die noch einmal davongekommen waren. Seine Collage-Technik, die den Ekel vor der Geschichte aussprach, wurde auch von jenen nachgeahmt, die mit seinen Gedanken von der Unbedeutsamkeit des historischen Wandels nicht übereinstimmen. Die jungen Dichter der sechziger Jahre, die Benn-Parodien schreiben, sind noch immer Gefangene seiner verführerischen Kraft.

In den ersten Nachkriegsjahren wetteiferten die Lyriker metaphysischer Orientierungen mit anderen Gedichtautoren, die ihren Trost in der Wiederentdeckung der vegetativen Natur, in Landschaft und Pflanze suchten. Die »Natur-Poeten« (von ihren Widersachern herablassend »Salamander« genannt) waren mehr durch ihre Antipathien als durch künstlerische Nuancen geeint: sie alle fühlten sich dem demütigen Detail der lebendigen Natur näher als den transzendentalen Horizonten, waren in ländlichen Orten heimischer als in den Asphaltstädten, liebten das scheinbar Bedeutungslose und Niedrige (sei's ein Grashalm oder ein alter Landarbeiter) und gaben sich damit zufrieden, die vierzeilige Volksliedstrophe oder die Ode zu entwickeln; sie waren wenig geneigt, ihre ansehnlichen poetischen Energien in ätzenden Experimenten zu nützen. Aber die lyrischen Ergebnisse, welche die politischen Grenzen und die Klüfte der Generationen überspielen, sind von ausgeprägter Individualität: Wilhelm Lehmann (1892–1968) entfaltet den Mythos der Pflanzen, Peter Huchel (geb. 1903) liebt die Enterbten der spartanischen Mark Brandenburg, Karl Krolow (geb. 1915) arbeitet mit surrealistischen Elementen und setzt sich das transparente Gedicht zu seinem Ziel, Günter Eich (geb. 1907) erhebt seine Natur-Embleme zum Ausdruck des politischen Engagements, Elisabeth Langgässer (1899–1950) und Heinz Piontek (geb. 1925) verbinden ihre Neigung zum Vegetativen mit entschiedenen christlichen Gedanken vom vergänglichen menschlichen Schicksal, und Johannes Bobrowskis Kindheitslandschaften leben in seiner bitteren Vision von Deutschlands politischen Verbrechen im Osten fort. Im Gegensatz zu den warnenden Gemeinplätzen, die Brecht-Epigonen immer wieder vorbringen, sind die »Natur-Poeten« durchaus imstande, über Bäume zu sprechen, ohne das geplagte menschliche Leben aus den Augen zu verlieren.

In den frühen fünfziger Jahren tauchten neue Probleme und Vorbilder auf, welche die Konflikte und Tendenzen des kommenden Jahrzehnts antizipieren; im Gedicht, das sich bald in den *Text*

verwandeln soll, beginnt die Nachkriegs-Epoche früher als in der
Epik oder auf der Bühne. Die Gespräche zwischen den »Metaphy-
sikern« und den »Naturdichtern« verebbten (als erstes Symptom
einer schleichenden Auszehrung des Symbolischen und Semantischen); und das Streitgespräch konzentrierte sich auf die zweite
Welle des Experimentes, welche – unterbrochen durch NS-Dikta-
tur und Krieg – auf die erste Welle des Futurismus, *dada,* und den
Surrealismus folgte, und auf das neuerwachte Interesse an Brechts
didaktischen Versen der sozialen Veränderung, an denen sich das
politische Zeitgedicht der Jahrhundertmitte zu orientieren liebte. In
den frühen fünfziger Jahren wurden Hans Arps Gedichte wieder
aufgelegt (1953), die an Kandinskys Bilder und Verse erinnerten;
die Wiener Gruppe studierte *dada,* und Eugen Gomringer (geb.
1924) begann in seinen *konstellationen,* 1953, die Grundgedanken
einer experimentellen Kunstübung zu formulieren, die er nach seiner Begegnung mit Decio Pegnatari (1955) und den Versuchen der
brasilianischen *noigandres*-Gruppe »konkrete Poesie« nannte.
Walter Höllerers Anthologie *Transit,* 1956, demonstrierte die erneute Aufmerksamkeit für das sprachliche und strukturelle Experiment. In seiner Einleitung hebt Höllerer hervor, seine Anthologie
sei »eine Bestandsaufnahme und Dokumentation des modernen
deutschen Gedichtes nach dem Expressionismus, dem Dadaismus
und dem Surrealismus«, und er plädierte für eine Lyrik, die aus der
»kleinsten Erlebniseinheit« geboren und von einem »überindividu-
ellen Gedächtnis« genährt wird. Diese ästhetischen Forderungen
fielen zeitlich mit dem *Comeback* des Dramatikers und Dichters
Brecht zusammen, der selbst die überzeugendste Formulierung isolierter Erlebniseinheiten ohne Zögern verwirft; die ganze Welt als
Totalität des möglichen Erfahrungsmaterials ist zu ändern. Aber
Brechts später Einfluß auf die jungen Dichter (die eher seine Balladen und die spröden Lehrgedichte seiner mittleren Periode als
den imaginistischen Stil seiner letzten Jahre nachahmten) war ein
problematischer Segen. Als politischer Revolutionär blickte Brecht
in eine veränderte Zukunft, aber als didaktischer Poet zog er sich
in die plebejische Sprache jener Lieder zurück, die das Volk im
fünfzehnten und sechzehnten Jahrhundert auf den deutschen
Marktplätzen gesungen hatte; er nutzt die Luthersche Sprache der
Psalmen und Kirchenlieder für seine eigenen Zwecke. Als konservativer poetischer Revolutionär stärkte Brecht den erblichen Tradi-

tionalismus der deutschen Lyrik, und durch seine Rückkehr zur deutschen Vergangenheit trug er auf seine Art zu der wachsenden Isolation der jüngeren Lyriker von der Welt eines Eluard, Yeats, Pessoa und Ezra Pound bei. Hans Magnus Enzensberger, der als erster der zeitgenössischen sozialen Szene energisch ins Auge blickte, kombinierte Brecht mit Benns Collagetechniken, doch die politischen Entschlüsse anderer Autoren richteten sich zuzeiten gegen ihre ursprünglichen Gaben. Ich denke an Erich Fried (geb. 1921 in Wien), der während seiner schwierigen Entwicklung im Exil seine erste Stärkung aus der Sprache des deutschen Märchens und der Bibel zog, später manches von James Joyce und Gerard Manley Hopkins lernte und seine Gedichtzeilen unentwegt nach verborgenen Signalen und musikalischen Möglichkeiten abhorchte. Mit seinem Gedichtband *und Vietnam und*, 1966, reihte er sich unter die anderen politischen Autoren ein, durchschnitt die Nabelschnur, die ihn mit der eigenen lyrischen Vergangenheit verband, und akzeptierte (nachdem er auch seine langjährige Arbeit für die BBC aus politischen Gründen beendet hatte) in einem fast mystischen Akt des Selbstopfers für die gesellschaftliche Sache einen lakonischen Agitationsstil, der seine Sprachsensibilität nur selten bezeugt.

In den fortschreitenden sechziger Jahren trat das Gegensätzliche der Möglichkeiten, zugleich mit den politischen Konflikten und den methologischen Parteiungen der Gesellschafts- und Geisteswissenschaften deutlicher zutage. Die einen erforschten die Mentalität der Sprache, die anderen wollten die Welt eher als das Sprachbewußtsein ändern; und in einem fundamentalen Verschiebungsprozeß der Formen und Generationen drängten die noch um die Jahrhundertmitte peripheren Traditionen der konkreten Poesie und des politischen Gedichtes die verzweifelnden Erben des Symbolismus aus dem Zentrum des einst lyrischen Genre. Peter Hamms Anthologie *Aussichten,* 1966, polemisierte gegen die experimentelle Lyrik (welche der »allgemeinen Kommunikationsunfähigkeit innerhalb der spätbürgerlichen Gesellschaft« entsprach) und artikulierte das lustvolle Lebensgefühl der jüngeren DDR-Lyriker Volker Braun (geb. 1939), Bernd Jentzsch (geb. 1940) und Karl Mickel (geb. 1935), aber das politische Gedicht tendierte, zumindest in der Bundesrepublik, rasch auf das Kollektive, Wirksame und Spezifische. Anstelle des generellen Unbehagens an allem Bürgerlichen eher die konkrete Agitation, die zu bestimmten Handlungen im Kontext des

Klassenkampfes zu überzeugen sucht; nicht mehr Kabarett (dem die meisten Autoren entstammten), sondern Protestsongs in Streikmeetings, Ostermärschen, Demonstrationen und Jugendclubs; nicht mehr das übliche Buch, sondern die programmatische Absicht, ein neues Publikum von Lohnabhängigen und Anti-Autoritären durch Flugblätter, Plakate oder F. J. Degenhardts (geb. 1931) und Dieter Süverkrüps (geb. 1934) Langspielplatten zu erreichen. *Beat* und Polit-Rock sind Schülern und Lehrlingen näher als das gedruckte politische Gedicht.

Während sich das politische Gedicht zum Agitationstext wandelt, der über das Literarische hinauszielt, schließen sich die Schriftsteller der konkreten, oder besser, materialen Poesie zu ihrem neuen Establishment zusammen, das seinerseits, in Sehtexten, phonetischer Poesie, Medien-Montagen und Stereo-Hörspielen produktive Bündnisse mit den Kunstübungen jenseits der Literatur einzugehen vermag. Im Jahre 1960 erschien die von Franz Mon edierte Anthologie *movens,* welche die experimentelle Aktivität eines Jahrzehntes demonstrativ zusammenfaßte; Max Benses theoretische Schriften, die ihre ästhetischen Überlegungen auf semiotische, mathematische und kybernetische Überlegungen gründen, erschienen in rapider Folge; Walter Höllerers Zeitschrift *Sprache im technischen Zeitalter* publizierte ihr Sonderheft der konkreten Poesie (1965); das Colloquium von Karlsruhe markierte den Beginn eines weitgespannten öffentlichen Interesses; und die großen Verlagshäuser der Bundesrepublik publizierten jene Texte, die vor zehn, fünfzehn Jahren in kleinen Zeitschriften verstreut waren, in repräsentativen Sammlungen und auf Kreidepapier. Die Autoren der materialen Sprach-Erforschung haben eine gemeinsame Abneigung gegen literarische Sinndeutungen und semantische Bürden (wie, gelegentlich, die neuere Linguistik) und richten ihre Aufmerksamkeit auf die aus den syntaktischen Fesseln befreiten optischen und akustischen Grundelemente der Schrift und der Sprache, deren Funktion sie, wie spielend, in ihren »konstellationen« (Eugen Gomringer), »Demonstrationen« (Helmut Heissenbüttel), »Montagen« (Ernst Jandl), »sehtexten« (Ferdinand Kriwet), »artikulationen« (Franz Mon) oder »ideogrammen« (Diter Rot) vorzeigen. Der gleiche Impuls entwickelt sich in vielsträhnigen Arbeitsrichtungen, die sich bald mit dem einzelnen Wort, bald mit der Zerlegung einzelner Laute beschäftigen, oder, wie in Claus Bremers *engagier-*

ten texten, 1966, mit dem Versuch, materiales Experiment und politische Überzeugungskraft zu kombinieren. Bedenkenswert, daß Ernst Jandl (geb. 1924) eine literarisch komplizierte Entwicklung durchlief (an welcher seine Lektüre von Stramm, Brecht, Sandburg und Gertrude Stein ebensolchen Anteil hatte wie seine produktive Freundschaft mit Friederike Mayröcker) ehe er, in der Mitte der fünfziger Jahre, für das fortgesetzte Sprachenexperiment optierte. In *Andere Augen, 1956,* publizierte er noch seine nüchterne Weltanschauungslyrik der skeptischen Nachkriegsgeneration; in *Laut und Luise,* 1966, die ersten Resultate seiner Sprachversuche, die sich des Zusammenhanges mit der europäischen Avantgarde genau bewußt sind. Seine Leser und Hörer sind heute geneigt, ihm die populäre Rolle eines Eulenspiegels der Sprachmaterialität aufzudrängen, aber ich sehe ihn eher als präzisen Philologen, der seine Loyalität zum Handwerk mit energischem Witz (im alten Sinne des Wortes) paart. Zum Vergnügen aller läßt er nicht davon ab, seine Experimente als »fortwährende Realisation von Freiheit« zu betreiben.

ACHT LYRIKER: PORTRÄTS

1. NELLY SACHS

Nelly Sachs (1891–1970) entdeckte ihre jüdische Abstammung in Hitlers Berlin, und nachdem sie wie durch ein Wunder vor der Verfolgung gerettet worden war, sprach sie mit einer lyrischen Stimme voll Kraft, Rätselhaftigkeit und Strenge. Sie entstammte einer Familie des oberen Mittelstandes, in der man ihren Ehrgeiz, zu schreiben oder zu tanzen, früh ermutigte. Als Fünfzehnjährige ahmte sie Selma Lagerlöfs *Christuslegenden* nach, aber als ihre eigenen Geschichten und Legenden im Jahre 1921 veröffentlicht wurden, fanden sie bei den Kritikern, mit der Ausnahme Stefan Zweigs, kaum Beachtung. Das Schicksal der Berliner Juden, das sie mit eigenen Augen sah, verwandelte ihr Leben und ihre Kunst; sie selbst hatte die glückliche Chance, auf die Intervention Selma Lagerlöfs und eines schwedischen Prinzen hin im Frühjahr nach Stockholm zu emigrieren. »Der Tod war mein Lehrmeister«, sagte sie, als sie auf diese Jahre zurückblickte. Nach einer Zeit des Schocks und des Schweigens begann sie im Winter 1943/44 zu schreiben, wie sie zuvor nie geschrieben hatte, wühlte sich in ihre Erinnerungen, rief die Toten zurück und versuchte, metaphysische Bedeutung im Leiden ihrer jüdischen Glaubensgenossen zu entdecken. Sie arbeitete an ihren Gedichten fort, übersetzte neue schwedische Literatur ins Deutsche und lebte bis zu ihrem Tode in einem grauen Stockholmer Mietshaus; und auch der Nobelpreis, den sie 1966 mit dem israelischen Schriftsteller Samuel Josef Agnon teilte, vermochte ihre produktive Einsamkeit nicht zu brechen.

Nelly Sachs' Lyrik wird oft als ein Mosaik stetig wiederkehrender Bilder beschrieben, aber sie ist eher eine belebte Struktur mystischer Botschaften der herben Tiefe und poetischen Vielfalt. Aus ihren Versammlungen *In den Wohnungen des Todes*, 1947, und *Sternverdunklung*, 1949, tönt ein Klagelied für die ermordeten Kinder Israels; ihr intimes Requiem für den Bräutigam mischt sich mit dem Chor der Wolken und Winde, die von den Toten verlassen sind. In dem zweiten Band schweift ihr Blick von Israels ferner Vergangenheit (die Zeit der großen Könige und Patriarchen) zu einer glücklicheren Zukunft, geschaffen von einer jungen Generation, die aus Wüste Land gewinnt; und ihre Erinnerungen an die

Toten entfalten sich zur ganzen Geschichte des Erwählten Volkes.
Hiob verheißt auf unvergeßliche Weise Stärke, Trost und Sinn: er,
»die Windrose der Qualen«, befindet sich »im Nabel der Schmerzen«, seine Stimme ist »zu den Würmern und Fischen eingegangen«
– aber einmal wird das Sternbild seines Blutes alle aufgehenden
Sonnen erbleichen lassen. In den Sammlungen der fünfziger und
frühen sechziger Jahre, die unter den Titeln *Und niemand weiß
weiter*, 1957, *Flucht und Verwandlung*, 1959, und *Fahrt ins Staub-
lose*, 1961, erschienen, steigert sich die Klage zur einschließenden
Vision einer Welt, die einer stetigen geistigen Wandlung unterliegt.
Strenge Bilder aus dem mystischen Buch Zohar, das aus dem 13.
Jahrhundert stammt, vermischen sich mit Erinnerungen an deutsche Volksmärchen von Melusine und Genoveva, die beide gegen
alle Hoffnung Rettung fanden. Auch Nelly Sachs' Sprachformen
ändern sich; die musikalische Anordnung der Zeilen weicht einer
überraschend abrupten Syntax, und das Gedicht entwickelt ein
umfassendes Vokabular, komplexe Wortzusammensetzungen, und
gelegentlich sogar terminologische Elemente der modernen Technologie. Unter den Gedichten dieser Periode beweist »*Landschaft aus
Schreien*« (wie Hellmuth Geissner andeutet) am überzeugendsten
ihre neue Sprachkraft. Die Welt, eine verwundete Frau, »reißt den
schwarzen Verband auf«, und »die Hieroglyphen aus Schreien«, die
aus einer Zeit lange vor dem Konzentrationslager Maidanek und
dem brennenden Hiroshima stammen, sind »erlöst aus blutigen
Köchern«. Die Geschichte selbst wird zu »Zellen der Gefangenen,
der Heiligen«, und das Gedicht verwandelt sich zu »(einem)
Angstschrei aus blindgequältem Seherauge«. In ihren Gedichten
der mittleren und der späteren sechziger Jahre, zu denen *Glühende
Rätsel*, 1964, gehören, liebt Nelly Sachs kompaktere Strophen mit
sechs- oder (nicht so häufig) drei- oder vierhebigen Zeilen; sie leh-
nen sich eng an die mystische Spruchdichtung an und sind doch
überraschend gut geeignet, eine visionäre Bewegung zu artikulieren, die mit einem unscheinbaren Augenblick des täglichen Lebens
ihren Anfang nimmt (sei's ein Spaziergang in Stockholm oder ein
Waschtag). Diese Augenblicke prüfen die Bewußtseinsgrenzen des
einzelnen vor seiner Geburt oder in einem zukünftigen Dasein,
suchen die kleinen Dinge, im Gegensatz zu Rilke, mit Worten
sichtbar zu machen und verlangen ruhelos nach einer unfaßbaren
göttlichen Kraft, die dem Menschen »abgewandt« thront und doch

»fahle Blitze an der Aschenwand« sendet. Diese Strophen haben meist keine herkömmlichen Satzzeichen; hörbar sind allein Bruchstücke einer ekstatischen Rede, fast jenseits der Sprache.

Elementare Bilder haben in der lyrischen Welt Nelly Sachs' einen konstitutiven Ort, und ihre kargen Stammworte (Stein, Schrei, Stern, Asche, Nebel, Blut, Finger, Haar, Baum, Atem) bilden wechselnd Vereinigungen immer wiederkehrender Metaphern, welche die Entwicklung ihres Weltentwurfes verdeutlichen. Diese Bilder sind widerstandskräftiger als die Anordnungen der Strophen oder der Versrhythmus. In ihren frühen Gedichten steht, wie Werner Weber nachweist, das dominierende Bild des Sandes für die ambivalente Welt des Leides und der Hoffnung: Da ist der Sand der ägyptischen Wüste und der Sand der Felder, die zu den Gaskammern hinführen, der Sand auf den Pfaden des Wanderers, des Emigranten, des Verdammten, der Armen. Nelly Sachs verkettet ihre Gedanken an Trennungen, die verfließende Zeit und die gequälte Menschheit mit dem Bild von Schritten, die zur Liebe führen, zum Tod oder zum Gebet, und von Schuhen, alten, neuen und schäbigen, die über die Würmer der Erde hintrampeln. Jenseits des beschwerlichen Sandes kristallisiert Jehovas Salz: der heiligste und verfluchteste Stoff, denn er spricht von Gottes Strafe an Lots Frau und doch auch von den Segnungen eines physiologischen und metaphysischen Dursts. Da sind böse Finger, die sich in Salz verwandeln, und unfruchtbare Landschaften – aber das Salz ist auch etwas blendend Archaisches, ein Grundstoff in den Knochen der Erde und im Herzen des Wassers, ein Element, das den dürstenden Menschen dazu treibt, die kühnsten Erfüllungen zu suchen: »Israel, eine Rose aus Salz.« In Nelly Sachs' späten Gedichten bezeugt das Bild des Fisches, das in der Ikonographie vieler Religionen zu finden ist, die bitteren Schicksale des Menschen: zwischen Wasser und Land lebend, schwimmen sie »abgeschuppt« mit der »Totenseite nach oben gekehrt« die Ströme hinunter; immer, immer wieder, »blutend aus den Kiemen«. Die mystischen Bilder verschmelzen, und Nelly Sachs spricht in fast christlichen Worten von dem »Fisch am Kreuz«.

Nelly Sachs' Metaphern fügen sich instinktiv zu ganzen Szenen, die an dramatische Fragmente oder an das rituelle Theater erinnern. In *Eli: Ein Mysterienspiel vom Leiden Israels*, das sie 1944/45 schrieb, erzählt Nelly Sachs die Geschichte einer Rache

ohne Rache. Der Krieg ist vorbei, eine kleine jüdische Gemeinde in
Osteuropa wird von denen wieder aufgebaut, die überlebten. Mi-
chael, der Schuster des Dorfes (und einer der sechsunddreißig Ge-
rechten dieser Erde), macht sich auf den Weg, um den Soldaten zu
suchen, der den Jungen Eli getötet hat; Eli blies (als man seine
Eltern fortschleppte) verzweifelt auf seiner Hirtenflöte, um die
Hilfe Gottes herbeizurufen. Auf seiner Wallfahrt, um »das Stück
Haut, darin die Fäulnis dieser Erde gefangen ist«, zu jagen, geht
Michael in das andere Land und begegnet Elis Mörder, dessen
einziges Kind gerade an einem plötzlichen Fieber gestorben ist; und
der Mörder wird buchstäblich zu Staub, als er in Michaels Gesicht
blickt, aus dem der schreckliche Glanz Gottes leuchtet. *Eli* zählt
nicht zu den überzeugendsten lyrischen Stücken; als Szenenfolge
haftet es noch zu sehr am traditionellen Theater (mit Neben-
charakteren, realistisch dargebotener chassidischer Folklore und mit
linkischen Versuchen, die Alltagssprache im Vers zu imitieren) und
ist noch außerstande, seine eigenen dramatischen Möglichkeiten zu
entwickeln. Nelly Sachs' bestes Stück ist *Abram im Salz* (bereits
1944 begonnen); es spricht symbolisch, in einer szenischen Phänomenologie des Geistes, vom wachsenden Drang des Menschen nach
Transzendenz. In seiner Ur-Landschaft, die vom Salz glänzt (das
religiöse Element), wird König Nimrod, mit einem roten Fell be-
kleidet und den Zodiakus feiernd, von seinen Anhängern als gott-
ähnlicher Jäger verehrt. Aber Nimrod kehrt in eine Zeit ohne
Zukunft zurück, während der junge Abram, der in einer Höhle
geopfert werden sollte, sich von seinen Grabbändern befreit, den
Ruf eines Widderhornes vernimmt (den Schofar) und sich den
Forderungen des höchsten Gottes unterwirft. Seine Eltern rufen ihn
zurück, aber er, »eine Nabelschnur im Salz«, hat sich entschieden,
der anderen Stimme zu dienen: »Alle Horizonte zerreiße ich wie
Leichentücher – ich komme!« Nelly Sachs hat seit ihren frühen
Nachahmungen der Legenden Selma Lagerlöfs einen weiten Weg
zurückgelegt. Ihre frühen Stücke (ausgenommen *Eli*) und ihre Gedichte der fünfziger und sechziger Jahre gehören zu ihren besten,
überraschend maskulinen Arbeiten. Sie überzeugt am stärksten,
wenn sie der schmalen, linguistischen Grenze nahe bleibt, die alte
Romantik und neue Surrealistik verbindet und scheidet, den massiven Druck der zeitgenössischen Technologie ignoriert und in ihrer
mystischen Geborgenheit verharrt, in welcher Elemente aus dem

Buch Zohar, dem christlichen Gedankengut des deutschen Barock und den neoplatonischen Ideen zusammenfließen. Es ist eine transparente Welt, eklektisch wie die des Iren W. B. Yeats, und ebenso unzerstörbar.

2. JOHANNES BOBROWSKI

In seiner ruhigen Art war Johannes Bobrowski (1917–1965) ein Mann hervorstechender Gegensätze: rustikal und gelehrt, konservativ und fortschrittlich, ein christlicher Bürger in einem kommunistischen Staat, der es nicht gern hörte, von westlichen Beobachtern als ein »Daniel in der Löwengrube« bezeichnet zu werden. Bobrowski kam in Tilsit zur Welt, verbrachte einen großen Teil seiner Kindheit auf dem Hof seiner Großeltern und ging in Königsberg zur Schule, wo er begann, Herder und den »Magus des Nordens«, Johann Georg Hamann (1730–1788), zu lesen. In den späten dreißiger Jahren zog er mit seinen Eltern nach Berlin-Friedrichshagen; hier studierte er Kunstgeschichte und schloß sich einer protestantischen Jugendgruppe an. Im Zweiten Weltkrieg diente er in Polen, Frankreich und Rußland, wurde gefangengenommen, arbeitete als Bergmann im Donezgebiet, nahm an antifaschistischen Schulungskursen teil und kehrte 1949 nach Berlin-Friedrichshagen zurück, wo er in Verlagen arbeitete und einige Jahre lang als Mitglied der Christlich-Demokratischen Union (CDU) am politischen Leben der DDR teilnahm. Bobrowskis erste Gedichte erschienen während des Krieges in *Das innere Reich,* der Zeitschrift der »inneren Emigration«; und als er aus der Kriegsgefangenschaft zurückkam, ermutigte ihn Peter Huchel zu neuer Arbeit und veröffentlichte eine Auswahl seiner Gedichte in *Sinn und Form.* Bobrowskis produktivste Jahre lagen zwischen 1959 und seinem viel zu frühen Tod; er publizierte drei Gedichtsammlungen *Sarmatische Zeit,* 1961, *Schattenland Ströme,* 1962, und *Wetterzeichen,* 1966, zwei Romane, die von rassischen und nationalen Spannungen in Osteuropa handeln, viele vorzügliche Kurzgeschichten und hervorragende Übersetzungen Boris Pasternaks und des tschechischen Dichters Konstantin Biebl, den die Prager Stalinisten zum Selbstmord trieben.

Bobrowski wehrte sich dagegen, zu den »Naturdichtern« gezählt zu werden, welche die soziale Geschichte der Menschheit ignorieren, aber viele seiner besten Gedichte, unter ihnen *Kindheit, Winterlicht* und *Wagenfahrt,* sind ehrfurchtsvolle Hymnen an die Wälder, Flüsse und Ebenen Osteuropas. In der Erinnerung wird, wie in der Dichtung Wordsworths, die pastorale Welt noch einmal geboren: »Abends der Strom ertönt / der schwere Atem der Wälder, / Himmel, beflogen / von schreienden Vögeln, Küsten / der Finsternis, alt«. Da wachsen die vertrauten Bäume seiner Kindheit: Pappeln, Weiden, Erlen; Luft und Wasser sind belebt von Bienen, Vögeln und Fischen, und in dem flackernden Licht der Erinnerung wandern Schmuggler, Schäfer, Fischer, Jäger, Zigeuner und Pferdehändler in der Nacht vorbei; mit »seinem Wägelchen zieht der graue Jude« vorüber und bietet seine Waren an. Bobrowski kehrt immer wieder zu den Flüssen und Strömen zurück, die durch die östlichen Ebenen fließen, intoniert ihre magischen Namen in deutsch, litauisch und altpreußisch und bekennt sich zu den idyllischen Augenblicken einer unzerstörbaren Liebe: »Eine Rauchspur über / der Sandbank, / wo unermüdlich waren / Umarmungen, immer / lebte der Strom.« Aber Bobrowskis Pastorale verkündet kein zeitloses Arkadien: Der Raum wird zur Zeit, die Landschaft zur Geschichte. Bobrowski horcht in die brütende Schönheit »Sarmatiens« (eine symbolische Landschaft, die von den finnischen Seen bis Südrußland reicht) und sucht die »Spuren eines verlorenen Volkes«. In seiner Art schreibt er die grausame Chronik der Schlachten und des Verrats an ganzen Nationen, die von unbarmherzigen Eindringlingen bedroht und unterdrückt wurden – ob es der Deutsche Ritterorden war oder die Armeen, zu denen er einst selbst gehörte. Die Ebenen Sarmatiens, in denen die Geister der Altpreußen, Litauer, Polen, Russen, Zigeuner und Juden leben, sind für ihn die weiten Räume der deutschen Schuld.

In seiner *Pruzzischen Elegie* (veröffentlicht in seiner ersten Gedichtsammlung in der Deutschen Demokratischen Republik, aber in der Bundesrepublik aus der Veröffentlichung gestrichen) spricht Bobrowski vom archaischen Glück seines alten Stammes, dessen Land von deutschen Rittern auf Kreuzfahrt gegen die »Heiden« des Ostens überfallen wird. Die schriftlich überlieferte Geschichte berichtet nichts mehr von diesen Verwüstungen, und der Dichter kann nur noch die von der Landschaft bewahrten Spuren entziffern und den aussterbenden Liedern alter Frauen zuhören, die wenigstens eine armselige Erinnerung an die epischen Ereignisse gerettet haben. Die alten Preußen lebten glücklich in den »schwarzen Wäldern« unter »schwer andringenden Flüssen«, aber als das Heer des Deutschen Ritterordens anrückte, verwandelte sich ihr Glück in Grauen, und eines »fremden Gottes Mutter« triumphierte über »ihre brennenden Hütten«. Eng verwandt mit dieser Elegie, in der

Bobrowski als Deutscher und gläubiger Christ über die Verbrechen
seiner christlichen Landsleute nachdenkt, sind andere Gedichte:
frühe Verse, in denen er von den brennenden russischen Dörfern,
Kirchen und Kathedralen entlang der Marschroute der vorrücken-
den Armeen im Frühjahr 1941 erzählt; einige Gedichte, in denen
er an das Schicksal der Zigeuner erinnert, die einmal die Ebenen
durchstreiften, ehe sie den »Würger(n) mit bleiernen Augen« zum
Opfer fielen; und drei wichtige Texte, die er Else Lasker-Schüler,
Gertrud Kolmar und Nelly Sachs widmete, den deutschen Lyrike-
rinnen, die Erbe und Leiden des jüdischen Volkes überliefern.
»Mein Thema«, sagte Johannes Bobrowski einmal, »lautet, die
Deutschen und der europäische Osten ... eine lange Geschichte aus
Unglück und Verschuldung, seit den Tagen des Deutschen Ordens.
Wohl nicht zu tilgen und zu sühnen, aber eine Hoffnung wert und
einen redlichen Versuch in deutschen Gedichten.«

In mehreren durch alle Sammlungen verstreuten Gedichten
spricht Bobrowski selbst über seine grundsätzlichen künstlerischen
Prinzipien, seine Verehrung für die Dichter der Vergangenheit und
seine produktive Bewunderung für gewisse Schriftsteller unserer
Tage. Sein erster »Lehrmeister« war Friedrich Gottlieb Klopstock
(1724–1803), dessen Fähigkeit, Sprache durch die Erforschung
ihrer verborgenen musikalischen und metrischen Möglichkeiten zu
erneuern, er früh bewunderte; später fühlte er sich Klopstock weit
über die Technik hinaus verwandt. In einem grammatikalisch und
syntaktisch sehr schwierigen Gedicht, das er Klopstock widmete,
spricht Bobrowski von seinem Wunsch, das »Wirkliche« der Strom-
und Waldlandschaften zu erfassen, selbst wenn seine Sinne mit
Finsternis geschlagen wären; indem er »die Schattenfabel von den
Verschuldungen und der Sühnung« in Worte faßt, hat er keine
andere Sprache als die seines eigenen »vergeßlichen Volkes«, und
wagt es doch, ihren zerbrechlichen Worten zu vertrauen, weil
Klopstock es vor ihm tat: »Sage ich hinab in die Winter / ungeflü-
gelt aus Röhricht / ihr Wort.« In einem anderen Gedicht *Immer zu
benennen* betont Bobrowski seine Loyalität zu einer lyrischen Tradition, die von Georg Trakl bis zurück zu Hölderlin und Klopstock
reicht, und definiert Segnungen und Gefahren der lyrischen Kunst:
»Immer zu benennen / den Baum, den Vogel im Flug / den rötli-
chen Fels, wo der Strom / zieht grün.« Das »Wirkliche« zu benennen, Gedächtnis auszusprechen, heißt Ordnung schaffen; aber der

Dichter mißtraut seinen Benennungen, denn er fügt ein problematisches Element des Willkürlichen hinzu, das gegen die reine Ordnung der Dinge arbeitet: »Zeichen, Farben, es ist / ein Spiel . . . es möchte nicht enden / gerecht«. Die Namensgebung ist eine heilige Tat, aber auch etwas Spielerisches, und der Dichter sucht (wie Bernhard Boeschenstein in seiner kenntnisreichen Analyse nachweist) eine höhere Macht, die ihm zu bestätigen vermöchte, daß seine Benennungen den genannten Dingen gerecht sind. Aber die Suche ist vergeblich, und es bleibt die einzige Zuflucht des Dichters, die schmerzhaften Paradoxa der Dichtkunst als eines heiligen Spieles zu akzeptieren. Bobrowskis lyrische Anmerkungen zu seiner Poetik stehen im Zusammenhang mit anderen Gedichten über die Gestalten, denen er sich besonders verwandt fühlt: Villon (der als eine Art baltischer *picaro* erscheint); Marc Chagall; der wahnsinnige Hölderlin in seinem Turm; der polnische Romantiker Mickiewicz; der finnische Dichter Alexis Kivi, der »schreibt in die Luft seinen Namen schräg«; und der mährische Rebell Petr Bezruč »Über dem Richtplatz dunkel / steh ich schwarz / in der Berge / Tor.« Bobrowski gibt uns zu verstehen, daß wir von den Dichtern des europäischen »Ostens«, die von deutschen Lesern lange nicht beachtet wurden, viel lernen können.

Nach Bobrowskis Tod rühmten amtliche marxistische Kritiker sein Werk als »exemplarisch christliche Beiträge zur Entwicklung der sozialistischen Literatur der Nation«, betonten seine Aktivitäten in der Christlich-Demokratischen Union der DDR und beschäftigten sich mit seinen Bemühungen, gemeinsam mit dem Theologen Hans Twand, dem Mitinitiator der Prager Friedenskonferenz, Brücken zum slawischen Osten zu bauen. Die Kritiker hatten sicherlich recht, denn er fühlte sich in der geschlossenen Gesellschaft der Deutschen Demokratischen Republik lange zu Hause, aber sie hatten seine späten Gedichte nicht gelesen. Bobrowski zögerte nicht, die Regierungspolitik gegenüber den slawischen Völkern seines poetischen Sarmatien ohne Widerspruch zu unterstützen (er sagte nichts gegen die inhumane sowjetische Politik gegen die baltischen Nationen), und zog als Mensch der ruhigen Meditation ein Leben in einem von lärmender kommerzieller Konkurrenz unberührten Land der unruhigen Industrie-Gesellschaft des Westens vor; in einigen Bemerkungen über die Wahlen zur Volkskammer gestand er, daß ihm die heimischen Bezirksversammlungen, in de-

nen Nachbarn Fragen von lokaler Relevanz besprachen, mehr am
Herzen lagen als der krasse Kommerzialismus der Wahlen in den
Vereinigten Staaten (über die er, wie er selbst zugab, sehr wenig
wußte). Doch teilte Bobrowski den offiziellen Glauben an die Tugenden des unmittelbaren politischen Einflusses auf die Literatur
nicht; er ließ in seinen letzten Gedichten keinen Zweifel daran, daß
im Leben der Nachbarn und Mitbürger, für die er schrieb, etwas
Wichtiges fehle. Der billige Optimismus der Kulturfunktionäre beleidigte Bobrowskis Sinn für das Tragische täglich, und als sein
Freund Peter Huchel als Chefredakteur von *Sinn und Form* (1963)
abgesetzt wurde und auch prompt aus dem intellektuellen Leben
der DDR verschwand, schrieb Bobrowski eine Reihe von Gedichten
im Ton von Huchels zuletzt veröffentlichten Versen. Er fühlte sich
immer mehr als sprachloser Fremder in seinem Volk. In seinem
letzten Gedicht *Das Wort Mensch,* das posthum am 8. Juni 1966
veröffentlicht wurde, gestand er seinen Zweifel an einer Gesellschaft, die den leeren Wortschatz der Humanität stolz und mecha-
nisch nachplappert, ohne je human zu sein: »Wo Liebe nicht ist /
sprich das Wort (Mensch) nicht aus.«

Ich bezweifle Bobrowskis Engagement als gläubiger Christ und
Bürger der DDR nicht, aber als Dichter bekannte er sich zu einem
allumfassenden Naturmythos, wie er in der deutschen Dichtung des
späten achtzehnten Jahrhunderts lebt, und liebte die Idee einer
Gemeinschaft von Nachbarn, die ihre wechselseitige Zuneigung in
Erinnerungen an das blutbefleckte »Sarmatien« wachhalten. Im Gegensatz zu den meisten seiner Zeitgenossen in Deutschland bejahte
er die reiche Tradition der Ode, Hymne und Elegie; er bewahrte
ihre streng selektive Diktion und ihre harten Inversionen, entwickelte aber seine eigene unaufdringliche Art des freien Verses,
der, wie John Flores in seiner scharfsinnigen Untersuchung zeigt,
von einem bloßen »Stottern« der Dingworte am Anfang eines Gedichtes zu einem Schrei nach Kommunikation forttreibt. Johannes
Bobrowski liebte eine von litauischen Wassergeistern bewohnte
grüne Welt, mißtraute Brechts Theorien und glaubte, eine zukünftige Lyrik müsse ihre Kraft wieder aus magischen Beschwörungen
holen.

3. INGEBORG BACHMANN

Ingeborg Bachmann besaß immer mehr freundliche Leser als Gegner: sie hatte das Glück, den Preis der Gruppe 47 zu erhalten (1953) und zur selben Zeit von Hans Egon Holthusen gerühmt zu werden, weil sie poetische Kraft aus den »Quellen des ursprünglichen Lebens« ziehe. Sie kam im provinziellen Österreich (1926 in Klagenfurt) zur Welt, fühlte sich aber von den kosmopolitischen Großstädten angezogen und lebte in Wien, New York, Rom und Berlin. In ihren theoretischen Studien beschäftigt sie sich vor allem mit den Neopositivisten, Heidegger (das Thema ihrer Dissertation) und Wittgenstein. Sie schrieb für den Komponisten Hans Werner Henze viele Texte für Ballette, Lieder und Opern; und während die meisten ihrer Zeitgenossen die Arbeit für die lohnenden Massenmedien nicht vernachlässigten, besteht Ingeborg Bachmanns publiziertes Werk nur aus schmalen Sammlungen von Gedichten, Hörspielszenen und Prosastücken. Sie sind von hoher Intensität, aber gelegentlich entstellt durch eine linkische Verbindung aus verfeinerter Kunst und sentimentalem Kitsch.

In ihrem ersten Gedichtband *Die gestundete Zeit*, 1953, mischte Ingeborg Bachmann Linguistisches und Philosophisches und bezauberte die jüngere wie auch die ältere Generation. Die mit Hölderlin und Heidegger aufgewachsenen älteren Leser schätzten ihre energische Restitution der deutschen klassisch-romantischen Sprache und ihre existentialistischen Bilder von einer bedrohten Welt; und die jüngeren, sozial engagierten Kritiker, die sich in den frühen fünfziger Jahren als kompakte Gruppe zu formieren begannen, begrüßten ihre gezügelten Experimente mit Wortcollagen und die wenigen harten und trockenen Gedichte in der Art des älteren Brecht; sie schrieb an einem zentralen Punkt der intellektuellen Übergangssituation. Mit zartem Stoizismus konfrontierte ihr lyrisches Ich eine strahlende und nüchterne Welt; da sind Worte des Jubels über Brandung, Wolken und Schnee (»Das Beste ist, am Morgen, / ... gegen den unverrückbaren Himmel zu stehen«), aber die unbarmherzige Zeit und ihr mächtiges »Nein« und »Aber« stehen allem Triumph des Gefühls entgegen, und Bilder des Fallens, Verwelkens und Zerfalls heben (wie in Günter Kunerts Gedichten) jede steigende Bewegung auf: »Wie lange noch, / wie lange noch, / wird das krumme Holz den Wettern standhalten?« Ingeborg

Bachmanns Sensibilität bewegt sich ruhelos in den harten Fügungen der reimlosen Verse und streift hungrig von einer Landschaft der Imagination zur anderen: eine mediterrane, »positive« Landschaft (sie erinnert an Gottfried Benns blaue Visionen) bietet Öl und Salz, Oliven, einfache Krüge, Honig und Schiffe – aber die bejahenden Landschaften grenzen in unversöhnlicher Plötzlichkeit an ein »negatives« Land der Nebel und der Sümpfe, der Nacht, des Eises und der toten Fische. Unvermeidlich sucht sie eine letzte Zuflucht in literarischen Landschaften (*Große Landschaft bei Wien*) und findet bröckelnde Ruinen ohne Sinn, den Anbeginn der weiten Steppen und zart hinwelkende Kunst, die an Hofmannsthals früheste Verse erinnert. Ingeborg Bachmanns *Anrufung des Großen Bären*, 1956, nimmt das Grundmotiv des jubilierenden Rühmens (Teil I und III) und der Verzweiflung (Teil II und IV) fast instinktiv wieder auf; es ist im Grunde ihrer Auffassung von der menschlichen Existenz beschlossen. Aber im Gegensatz zu ihren soziologisch engagierten Zeitgenossen zieht sie sich in private Erinnerungen, Märchen und Mythen zurück. Das strahlende Bild des Großen Bären, das sie in dem zentralen, in Anthologien oft nachgedruckten Gedicht der Sammlung bildet, spricht von der mächtig zeitlosen Gefahr, die allem Menschlichen droht: Verwandt mit Rilkes riesigem Engel vermag der zottige alte Bär der kosmischen Wälder, wie aus der ersten Strophe hervorgeht, zu jeder Zeit durch das Sternengestrüpp brechen und die von seiner überwältigenden Masse faszinierte und erschreckte Menschheit vernichten. In der zweiten Strophe spricht der Bär selbst zu den Menschen der unteren Welt: die Erde ist ihm nichts als ein Tannenzapfen, den er spielerisch vor sich herschiebt, zwischen seinen Zähnen prüft und mit seinen Tatzen schlägt. Wolfgang Rasch versuchte, dem Gedicht eine theologische Botschaft zu entnehmen, und sammelte einen Katalog biblischer Anspielungen; leider gibt er aber nicht zu, daß Ingeborg Bachmann in der dritten Strophe klar betont, die bestehende Religion sei machtlos gegen die Drohung, die über allen Lebewesen schwebt: ob die Menschen ihr Scherflein in den Klingelbeutel legen oder ob sie zu einem blinden Gott beten, ändert nichts an ihrem möglichen Schicksal und an der Freiheit des Großen Bären, alle Tannenzapfen, alle Welten, von den Bäumen des Universum zu reißen. Ungeachtet aller kühnen Bilder lehnt sich Ingeborg Bachmann im zweiten Band eng an die deutsche Tradition an; die Eingangsserie

der »bejahenden« Gedichte der *Gestundete(n) Zeit* weckt unvergeßliche Erinnerungen (»O Zeit gestundete, Zeit uns überlassen / Was
ich vergaß, hat glänzend mich berührt«), und präzise Bilder einer
kärntnerischen Kindheit tauchen in gedrängten Versen auf, die den
a/b/a/b-Reim des Volkslieds mit trügerisch einfachen Serien para-
taktischer Zeilen von vier oder fünf Hebungen verbinden (»Der
Krüppel reicht den Buckel zum Befingern / der Idiot entdeckt sein
Traumgesicht«). Diese Gedichte von der österreichischen Landschaft grenzen an Georg Trakls genaue Transparenz.

In ihrem bekannten Hörspiel *Der gute Gott von Manhattan,*
1958, entwickelt Ingeborg Bachmann ihr fundamentales Interesse
am Absoluten in einer losen Kette lyrischer Szenen. Jennifer und
Jan, zwei von den Sternen nicht eben begünstigte Liebende (eine
Radcliffe Politologie-Studentin, die einen jungen europäischen Intellektuellen, der gerade mit dem Zug in der *Grand Central Station*
angekommen ist, kennenlernt), hungern nach unbegrenzten Erfüllungen; und wie sie von einem Hotelzimmer in Manhattan in das
andere umziehen (von einem schmutzigen Keller im Souterrain in
kühlere und luftigere Räume im siebten, im dreißigsten und dann
im fünfundsiebzigsten Stock), steigert sich auch ihr Gefühl zu einer
immer höheren und reineren Ausschließlichkeit. Der gute Gott von
Manhattan aber beobachtet ihren Aufstieg ins Absolute genau, und
als Jennifer und Jan ihren ekstatischen Sieg über die Zeit fast erreicht haben, verurteilt sie der gute Gott zum Tode, denn er will die
soziale Ordnung, die Konvention und die unausweichliche Relativi-
tät der menschlichen Existenz erhalten und darf den Aufstieg des
jungen Liebespaares zu einer zeitlosen Vollendung des Gefühls
nicht dulden; gegen ihre explosive Leidenschaft wendet er seine ge-
wohnte Waffe an und tötet Jennifer mit einer Bombe in Geschenk-
packung. Jan, der in einer letzten Geste der ewigen Liebe seine
Rückfahrkarte nach Europa zerrissen hat, entkommt aber dem
Tod, weil er auf dem Weg ins Hotel in einer Bar haltmacht, um
einige Minuten lang in sein altes, selbständiges, einsames Ich zu-
rückzufallen; und Manhattans guter Gott, der absolut Liebende
heimlich bewundert, hat nur skeptische Prophezeiungen für die engen, schäbigen Zukunftsmöglichkeiten Jans. Ingeborg Bachmann
hat ein ausgezeichnetes Gefühl für die tropische Üppigkeit des
Manhattaner Sommers, aber ihre Liebenden sind Zuckerpuppen,
die sich pseudometaphysischer *blague* eher anvertrauen als ihrem

Bett. Hinter den großen Worten des *Guten Gotts von Manhattan* lauert die große Pubertät.

Aber Ingeborg Bachmann läßt sich nicht leicht von ihren literarischen Vorsätzen abbringen. In ihrer Kurzgeschichten-Sammlung, *Das dreißigste Jahr,* 1961, kehrt sie wieder zu Charakteren zurück, die gegen die Einschränkungen des konventionellen Lebens hartnäckig protestieren: Ein dreißigjähriger Mann artikuliert seinen Durst nach dem Absoluten; eine musikalisch begabte Bohèmienne provoziert lesbische Erfahrungen, weil sie die Einschränkungen ihres Geschlechts zu überwinden sucht; ein Richter bricht zusammen, weil er die »wirkliche« Wahrheit eines Mordfalles wissen will; und in *Alles,* einer Geschichte von beachtlicher Substanz, haßt ein junger Vater seinen Sohn, weil das Kind (in dem die Welt wiedergeboren werden sollte) die Dinge so akzeptiert, wie sie sind – er findet sich aber damit ab, ein konventioneller Vater zu sein, als das Kind bei einem Unfall ums Leben kommt. Wiederkehrende Wünsche, wiederkehrende Fehlschläge, aber diese Charaktere sind lebendiger als die Liebenden von Manhattan, und ihre Welt (österreichisch, scharf umrissen, zeitgenössisch) impliziert wesentlichere Konflikte als den mechanischen Gegensatz zwischen dem Absoluten und der Konvention.

In ihrem Prosabuch *Malina,* 1971, zehn Jahre nach ihrer Story-Sammlung erschienen, hält Ingeborg Bachmann mit geradezu hektischer Loyalität an ihrem unverrückbaren Thema vom glühenden Gefühl in einer kalten Welt fest, und scheidet sich so endgültig von ihren Generations- und Zeitgenossen, die sich dem Soziologisch-Relevanten und dem Didaktisch-Polemischen zugewendet haben. Sie hat sich ja seit jeher bemüht, jene Zeit ohne Zeit, und jenen Ort ohne Ort zu finden, an dem die unendliche Intensität des Fühlens (um nicht zu sagen; des Konvulsivischen) möglich wird. Jennifer und Jan suchten einst ihr Liebesbett im höchsten Stockwerk der Wolkenkratzer von Manhattan; hier zieht sich die Erzählerin in die geschichtslose Ungargasse, im dritten Bezirk der Wiener Innenstadt, zurück. Sie lebt mit Malina und sucht doch ihr Glück mit Ivan; und das Haus in der Ungargasse wird zur ekstatischen Zuflucht ihrer ganz auf Passion gestellten Existenz, »mein Ungarngassenland, das ich halten muß, befestigen, mein einziges Land, das ich sichern muß, das ich verteidige, um das ich zittere, um das ich kämpfe«. Malina (der Name kommt von der jugoslawischen Grenze her) ist der Sanfte, Meditative, Bewahrende (der nicht durch Zufall im österreichischen Heeresmuseum dient); der junge Ungar Ivan aber ein Mensch der aktiven und individuellen Interessen des heutigen Tages; um so schmerzlicher, daß die Erzählerin Ivan (der sie seine »sanfte Irre« nennt) als »konvergierende«, und Malina als die »divergierende« Welt empfindet. Geständnisse, Selbstprüfungen, ja Selbstenthüllungen einer an der begrenzten Welt verwundeten Empfindsamkeit, und doch von strenger Komposition (im ersten Teil das Ritual des Glücks mit Ivan; im zweiten die bedrohlichen Träume vom gewaltigen, faszinierenden, brutalen Vater; im dritten Ahnungen des Todes und Ivans Abkehr, die an Jans Abkehr von Jennifer erinnert); und, zum Glück dieses Romans einer hemmungslosen Subjektivität, Komödienszenen aus Wiener Kaffeehäusern, das poetische »Märchen von der Prinzessin von Kagran«, die philosophische Parodie eines Presseinterviews, präzise Charakteristiken, wie man bei den Partys des österreichischen Adels im Salzkammergut noch konversiert; »eine untergehende Abart von schwerelosem Aneinandervorbeireden«. Ich finde mich allerdings irritiert von Ingeborg Bachmanns neuer Art, ihre Herzensergießungen in die mondäne Wiener Welt, oder die's sein soll, zu projizieren: Klaustrophobien im Hotel Sacher (ausgerechnet), Drinks in der *Loosbar,* Diners bei den *Drei Husaren;* und ich wünschte, ihre Sprache glitte weniger widerstandslos aus der Strenge des Metaphysischen in das Idiom der Regenbogenpresse: »eine Stunde lang kann ich zeit- und raumlos leben, mit einer tiefen Befriedigung, entführt in eine Legende, wo der Geruch einer Seife, das Prickeln von Gesichtswassern, das Knistern von Wäsche, das Eintauchen der Quasten in die Tiegel, der gedankenvolle Zug mit dem Konturenstift das einzig Wirkliche sind«.

Hermann Broch sagte einmal, die wahren Romantiker seien jene, die in unserer relativen Welt vom Absoluten besessen sind; und in Brochs Sinn zählt Ingeborg Bachmann sicherlich zu den resolutesten Romantikern der neuen Konsum-Gesellschaft. In einer programmatischen Rede betonte sie, daß wir alle in uns den Wunsch verspüren, die Grenzen, die unser Schicksal sind, zu überschreiten, und daß wir alle »unseren Blick auf das Vollkommene, das Unmögliche, das Unerreichbare« richten, »sei es auf die Liebe, Freiheit oder eine andere Größe«. Ihre Gedichte sind rastlose Versuche, die Sprache (deren Grenzen sie in ihren *Frankfurter Vorlesungen*

über Poetik, 1960, klug definierte) über die Grenzen des Zeitlichen
zu zwingen; und ihre Prosa setzt diese unruhigen Versuche fort.
Das Problematische liegt darin, daß die offene Struktur der erzählenden Prosa sie nicht, wie das geschlossenere Gedicht, dazu zwingt,
ihre Sentimentalität, die sich merkwürdig mit ihrem intellektuellen
Durst nach absoluter Erfüllung verbindet, zu disziplinieren; sie
schreibt manchmal wie im ungemachten Bett und gefällt sich in den
plötzlichen Bekenntnissen einer katzenhaften Seele eher als in der
Kontrolle der Kunst. Sie ist eine Kärntner Sagenfrau, die sich als
kosmopolitische *femme fatale* maskiert, weißglühend hinter ihrer
Maske nach dem unhaltbaren, unmöglichen, unaussprechlichen
Glück.

4. PAUL CELAN

Paul Celan (1920–1970) wurde als Paul Antschel in der damals rumänischen Stadt Czernowitz geboren, und sein Entschluß, seinen Namen ästhetisch umzuformen, verrät viel von seinem Entschluß, den formlosen Unzulänglichkeiten einer störrischen Welt mit lyrischen Optionen zu begegnen. In seinen ersten Gedichten suchte er seine Zuflucht noch in einer melancholischen und musikalischen Sprache, aber später begann er, der Sprache zu mißtrauen und ging in seinem Widerstand gegen sie so weit, Sätze, traditionelle Redeweisen und einzelne Worte zu zerbrechen und sie zu dunklen Neubildungen zusammenzufügen, deren Unverständlichkeit sich dem Schweigen nähert. Die Jugend in einer kleinen rumänischen Grenzstadt mag Celan zunächst von literarischen Entwicklungen in den europäischen Kulturzentren isoliert haben, aber sie trug auch dazu bei, sein Gefühl für die Nuancen der chassidischen, deutschen, rumänischen, russischen und französischen Traditionen zu öffnen. Als im Jahre 1941 deutsche und ungarische Truppen die Stadt besetzten, kamen Paul Celans Eltern in ein Konzentrationslager; er selbst überlebte in einem rumänischen Arbeitslager. Nach der Vertreibung der Deutschen durch die sowjetischen Armeen vermochte er seine philologischen Studien fortzusetzen, und nach Beendigung des Krieges ging er nach Bukarest und Wien, wo er einige seiner frühen Gedichte in der Zeitschrift *Plan* veröffentlichte. In den späten vierziger Jahren ließ er sich in Paris nieder. schloß seine Studien ab und begann selbst an der *Ecole Normale Supérieure* zu lehren. Die Titel seiner acht Gedichtbände sind *Der Sand aus den Urnen*, 1948, *Mohn und Gedächtnis*, 1952, *Von Schwelle zu Schwelle*, 1955, *Sprachgitter*, 1959, *Die Niemandsrose*, 1963, *Atemwende*, 1967, *Fadensonnen,* 1968 und *Lichtzwang,* 1970. Dazu kommen noch feinorganisierte Übersetzungen moderner französischer Gedichte und der schwierigen russischen Verse Alexander Bloks, Sergej Jessenins und Osip Mandelstams, dem er sich besonders eng verbunden fühlte.

Celans *Mohn und Gedächtnis* repräsentiert das früheste Stadium seiner sich entwickelnden Kunst. In der nachromantischen und symbolistischen Tradition spricht Celan von Liebe und Tod und bringt in seinen noch statischen Zeilen die musikalischen Möglichkeiten des deutschen Volksliedverses zur Entfaltung; und seine

Sprache, noch gänzlich frei von einem zeitgenössisch technischen
oder politischen Wortschatz, konzentriert sich in anachronistischer
Weise auf das Edle, Schöne und Zeremonielle. Er verbindet *Fin de
siècle*-Anklänge (Teppiche, Rosen, Haare, Reben, Schwerter und
Herzen) mit Georg Trakls Palette blauer, brauner und schwarzer
Farbtöne. Die fließende Wortmusik ist weich und gefällig; Genetiv-Metaphern wuchern; nur wenige Bilder (z. B. das Bild des
menschlichen Auges) und Gedichte (z. B. *Ewigkeit*) antizipieren in
ihren kompakten Zeilen und konzentrierenden Wortzusammensetzungen die spätere Veränderung seines Idioms. James K. Lyon
meint richtig, daß die *Todesfuge,* das berühmteste Gedicht der
neueren deutschen Literatur, mit ihrem konkreten Thema und ihrer
Struktur ohne Satzzeichen, nur wenig mit Celans anderen frühen
Gedichten gemeinsam habe; Celan schrieb zwei andere Gedichte,
die vom Tode seiner Mutter sprechen, aber nur in der *Todesfuge*
beschäftigt er sich ausschließlich mit der Welt der Konzentrationslager. In diesem Gedicht arbeitet Celan mit nur wenigen Motiven,
die in wiederkehrenden und sich verändernden Kombinationen die
Erfahrung der gefangenen Juden (des Kollektivsprechers des Gedichts) dem deutschen Lagerkommandanten gegenüberstellen, der
seiner blonden Margarete Briefe nach Hause schreibt, und in seiner
Mischung aus ästhetischen Neigungen und kalter Brutalität
einigermaßen an Reinhard Heydrich erinnert. Die Juden, die den
Tod täglich in der »schwarzen Milch der Frühe« kosten, sind zu
Sklaven geworden; der Kommandant befiehlt den einen, ihre eigenen Gräber zu graben, und die anderen sollen dabei zum Tanz
aufspielen. Die tödliche Unvereinbarkeit dieser Welten schließt sich
im epigrammatischen Ende des Gedichts zusammen: »Dein golde-
nes Haar, Margarete / dein aschenes Haar, Sulamith.« Aber der
ästhetische Erfolg dieses Gedichtes (in dem der gleitend daktylische
Rhythmus dem Befehl des Kommandanten gehorcht, die Juden
tanzen zu sehen) wird selbst zum Problem; gegen die Absicht des
Autors wird das Gedicht durch die metaphorische Stilisierung und
die reine Musikalität für diejenigen attraktiv, welche die häßlichen
Realitäten der Geschichte ignorieren und in der Literatur eine Zuflucht vor dem Nachdenken suchen. In der Bundesrepublik (nach
dem neuen Verjährungsgesetz werden ja Konzentrationslagermör-
der, die nicht aus nachweisbar niedrigen persönlichen Motiven gehandelt haben, nicht länger verfolgt) wurde Celans *Todesfuge* ein

beliebtes Schulbuchgedicht, und einer der akademischen Kommentatoren mahnte die Lehrer, sich streng an den Text zu halten, um die Diskussion nicht vom Kunstwerk fort zu den Judenverfolgungen abgleiten zu lassen.

In den mittleren und späten fünfziger Jahren durchlief Celans Lyrik eine rasche Veränderung, und die Sammlung *Sprachgitter* deutet die Intensität dieses Wechsels an. Wie ein Celan-Interpret meint, mag das Bild im Titel sowohl die vergitterten Fenster, durch die Gefangene oder Mönche mit ihren Besuchern sprechen, als auch die Idee implizieren, die Sprache selbst liege als eisernes Gitter über der Wirklichkeit. »Sich gegen etwas wenden« bedeutet zurückweisen, sich konzentrieren, den schmalen Weg gehen; und Celan wendet sich nicht nur gegen die zärtliche Textur seiner frühen Gedichte, sondern gegen die Sprache als ein fälschendes Kommunikationsmittel. Die Musikalität weicht messerscharfen Strophen, die das Auge des Lesers verwunden; die lange und hochstilisierte Verszeile wird zu unregelmäßigen drei- oder vierhebigen Zeilen unverbundener syntaktischer Strukturen; Genetiv-Metaphern werden durch kühne Wortkombinationen ersetzt. Celan trocknet seine lyrische Landschaft aus: Steine und Felsen bilden den Horizont, und eine unfruchtbare Ebene droht mit »Schlamm, Kies, Geröll, Lava und Basalt«. Das Leben, oder was davon übrig ist, wohnt im Auge, das zu unmenschlichen Proportionen vergrößert (oder gar geschwollen) über unfruchtbaren Wüsten schwebt und seine anatomischen Teile fast obszön enthüllt: Netzhaut, Lid, Augenhöhlen, Augapfel – ein hungriges Ungetüm, das darauf lauert, alles zu verschlingen. Die Welt, einst reich an Rosen und höfischen Worten, reduziert sich zu einer erschreckenden Bewegung zwischen dem blutbefleckten Auge und einem unbarmherzigen Fels. Das Schweigen ist der neue Ritus des wahren Miteinander.

In *Atemwende* treibt Celan seine Suche nach dem absoluten Grat der Dichtung höher fort und wird selbst zum Gefangenen der extremen Forderungen, die er an die Sprache stellt; je höher er in das linguistische Gletschergeklüft steigt, desto ausschließlicher nützt er eine gefolterte und nur ihm selbst verständliche Sprache, welche die Sensibilität der Leser grimmig mißachtet. Celans Drang nach dem unzerstörbaren Kern der Lyrik und sein Gefühl für den lyrischen Ausdruck geraten in Konflikt: einzelne Gedichte bestehen aus gebrochenen Zeilen mit nur wenigen Worten, und sein wachsend be-

sessenes Interesse an Wortzusammensetzungen bildet Ketten ken-
ningartiger Rätsel (»Stimmbänderbrücke«, »Aschennadel«, »Gold-
öhr«, »Brustwarzensteine«) oder schafft Verse von wohlklingend
sprödem Zauber, welcher jeglicher Mitteilung entbehren. Celan
beobachtet sich selbst auf seiner Expedition nach den Grenzen der
Sprache (»In den Flüssen nördlich der Zukunft / werfe ich das Netz
aus«) und verfolgt das »Nordwahre« und »Südhelle« als sein poetisches Ziel, »auch ohne Sprache«, wenn es sein muß. Das Gedicht
Wortaufschüttungen, vulkanisch bewegt sich tastend, als vollziehe
sich seine Bewegung zum letztenmal innerhalb der Grenzen
menschlicher Kommunikation. In einer planetarischen Landschaft
geologischer Veränderungen fühlt sich der Dichter einem »fluten-
den Mob der Gegengeschöpfe« ausgeliefert, die sich allein mit Ko-
pien und Imitationen eifrig beschäftigen, aber der Dichter schafft
einen »Wortmond«, der seine Ebbe herbeiführt. Verborgene
»herzförmige Krater« werden sichtbar und zeugen für vergessene
archaische Ereignisse, »die Königsgeburten«. Die Konturen dieser
kosmischen Bilder sind scharf geschliffen, aber sie verbergen die
Vision des romantischen Dichters, der kühn eine dauernd leuch-
tende Gegenwelt schafft, nicht ganz.

Paul Celan spricht selten über seine Poetik, und seine oft zitierte
Rede anläßlich der Verleihung des Georg-Büchner-Preises im Jahre
1960 dokumentiert nur eine Übergangsphase seiner Arbeit, die seine spätere radikalere Praxis schon überholt hat. Doch deutete er
darin wesentliche Gedanken an: seinen Entschluß, Mallarmés Forderungen konsequent zu Ende zu führen, und seine Überzeugung,
die moderne Lyrik bewege sich unweigerlich auf das Schweigen
hin. Das produktive Gedicht hält sich an den Grenzen seiner eigenen Existenz die Waage: um sich selbst zu verwirklichen, bedarf
das Gedicht der steten Oszillation zwischen den Bezirken des
»Schon-nicht-Mehr« und des »Immer-Noch«. Harald Weinrich
zeigt in seinem kritischen Celan-Essay (dem besten der Sekundärliteratur), daß die wachsende Autonomie des Celanschen Idioms zu
einer Art »Metasprache« führt.

Celans Gedichte führen zwar ein ruheloses Leben an den letzten
Grenzen jeder möglichen Kommunikation, aber sind nicht ohne
ihre eigenen literarischen, politischen und religiösen Implikationen.
Celan polemisiert gegen andere Dichter, die voreilige soziale Botschaften verkünden, ohne zuvor ihre Sprache geprüft zu haben: In

Huhediblu zürnt er den »Bälgen der Feme-Poeten«, die mit ihrem gefügigen »Fingergekröse« nur »Geunke« oder »Feiertagsnachtisch« produzieren. Doch in Celans frühesten Gedichten tauchen gefilterte Erinnerungen an sein eigenes politisches Engagement auf; in *Schibboleth* denkt er an vergangene Niederlagen, welche die Hoffnungen seiner Generation zunichte machten, und erinnert sich an den österreichischen Bürgerkrieg zwischen den Sozialisten und den Konservativen (Februar 1934) und an die Verteidigung der Spanischen Republik gegen Franco: »Februar. No pasarán.« Er spricht von dem Mißbehagen seiner Generation an metaphysischen Ideen; und in einem Nelly Sachs gewidmeten Gedicht erinnert er sich an ein Gespräch über den jüdischen Gott, den er einst leugnete. Das Gedicht gibt Nelly Sachs recht und bekräftigt, daß theologische Fragen nicht nach endgültigen Antworten verlagen. Die Hierarchie von Himmel und Erde ist gleichsam auf den Kopf gestellt: der Himmel ist wie die Haut eines kranken Menschen mit »Pocken« und »Pusteln« bedeckt; und in einem bewegenden Gedicht über die umbrische Landschaft Franz von Assisis zweifelt Celan am Segen des traditionellen Christentums; »Glanz, der nicht trösten will, Glanz / Die Toten ... sie betteln noch, Franz«. Aber in andere Gedichte sind Spuren religiöser Überzeugungen eingesprengt, und in einem seiner letzten Gedichte spricht Celan in nahezu mystischen Worten von der Gegenwart einer übermenschlichen Macht des »Lichts« und der »Rettung«. In seiner extremen Loyalität zu den europäischen Symbolisten und seiner Suche nach einer letzten Sprachstruktur (unbefleckt und ewig: die platonische Idee vom Gedicht) wurde Celan zum Gefangenen des unausweichlichen Dilemmas, in dem sich jeder unablässig experimentierende Lyriker befindet. Er wollte das absolut Reine sagen, war aber jenen, zu denen er sprechen konnte, weithin voraus; und da er seine »Lieder jenseits der Menschen« singt, nahm er die Gefahr auf sich, allein dem eigenen Gehör zu singen. Celan fürchtete den Monolog nicht, den er in seiner leeren Landschaft der Felsen und Steine vor sich hin sprach; er lehnte es ab, das schon Gebrauchte noch einmal zu nutzen, akzeptierte die Funktion des Nein-Sagers und verlangte nach dem Schluß-»Gedicht«, in dem er die Sprache bis auf die Knochen entblößte: »Tiefimschnee / Iefimnee / I-ie.« Er entfernte sich immer weiter von seinem erstaunten Leser und opferte eine hohe Begabung für die uns unbekannte Zukunft des Gedichts. Sein Selbstmord war die strenge Konsequenz seiner Poetik.

5. HELMUT HEISSENBÜTTEL

Helmut Heissenbüttel setzt die Operation der traditionellen Avantgarde selbstkritisch fort, und seine Kritiker sind nicht einer Meinung darüber, ob sie seine Gedichte, oder eigentlich Texte, abstrakt oder konkret nennen sollen; ihre divergierenden Meinungen und die gelegentliche Ratlosigkeit seiner Leser (mich eingeschlossen) bezeugen nur, daß sich in seinen literarischen und theoretischen Arbeiten hartnäckige Rationalität und denkende Energie produktiv zusamenschließen. Heissenbüttel wurde 1921 in Rüstringen/Wilhelmshaven geboren, verbrachte seine Jugend in seiner norddeutschen Heimat, wurde zu Beginn des Krieges an der Ostfront verwundet, studierte dann Literatur, Architektur und Kunstgeschichte und arbeitet als Redakteur beim Süddeutschen Rundfunk. Es wäre ungenau, ihn als *hommes de lettres* zu charakterisieren, denn er ist wahrhaftig ein Mann aller Medien; seine linguistischen und ästhetischen Interessen sind vielfältig, und er vermag über die Schallplatte des Monats, Wittgenstein, die russischen Formalisten, Marshall McLuhan und neue Richtungen in den Künsten, einschließlich der Malerei und Fotografie, ebenso nüchtern wie präzis zu schreiben. Er selbst wird sich ungern unter die Lyriker eingereiht sehen; ich tue es aber trotzdem, denn sein Interesse für eine Vielfalt experimenteller Formen resultiert zu einem großen Teil aus seiner Wendung gegen die romantischen Reste in seinen eigenen Gedichten; und selbst in seinen abstraktesten Gesten des Protests fühle ich eine starke persönliche Bindung an die syntaktische Ordnung und die symbolische Botschaft, die er mit seinen frühen Gedichten aufgegeben hat. Der Rückblick ist schwierig, denn wir kennen Heissenbüttels früheste Gedichte nur aus radikal überarbeiteten Fassungen. Seine veröffentlichten Gedichtsammlungen, *Kombinationen,* 1954, und *Topographien,* 1956, zeigen ihn schon auf dem Weg zur gänzlichen Befreiung von den romantischen Grundfesseln der deutschen Lyrik, und in seinen sechs *Textbüchern,* 1960–1967, überschreitet er in seinen künstlerischen Übungen die Grenzen der etablierten Genres und verbindet seine verbalen Strukturen produktiv mit der graphischen Kunst. Mir leuchten seine theoretischen Essays oft mehr ein als die praktischen Resultate in *Projekt Nr. 1: D'Alemberts Ende,* 1971, und ich bin gewiß, daß seinen gesammelten Essays in *Über Literatur,* 1966, und

Zur Tradition der Moderne, 1972, eine absolute Schlüsselstellung für unser kritisches Verstehen zukünftiger Entwicklungen in den Künsten zukommt. In seinen *Kombinationen* und *Topographien* stoßen zwei Impulse gegeneinander: eine nachdenkliche Phantasie, die noch Sommermittagen, kleinen Eisenbahnstationen und lang vergessenen Liedern einer »begrabenen Kindheit« nachhängt, und ein harter Konstruktivismus, der vorbeifließende Erinnerungen in mathematischen Formationen ordnen will. Schritt für Schritt und in chronologischer Folge schwindet das traditionelle Gedicht, das oft an Rilke anklingt, und die einzelnen Zeilen werden zu numerierten Versen, Serien und beschwörenden Wiederholungen montiert; mit der Interpunktion weicht allmählich auch die herkömmliche Syntax, und die einzelnen isolierten Sprachelemente fügen sich zu agrammatischen Modellen. Heissenbüttel blickt noch auf seine Jugendzeit zurück, aber mit »spöttischer Sehnsucht«, und ältere Schriftsteller bieten wenig Hilfe; an T. S. Eliot und Gottfried Benn denkend, spricht er von »den Spinnen, die kreisen / um das Herz den toten Stein«. Heissenbüttel lehnt es ab, ihre Tradition fortzusetzen, will Neues konstruieren und hofft dabei, die sichtbare Unmittelbarkeit der Dinge wieder zu entdecken. In seinem Gedicht *Fensterinhalte* offenbaren Hinterhofbäume, Wäscheleinen und Balkone ihren »Trost der Sichtbarkeit«; und im ersten Teil der *Topographien* schafft Heissenbüttel eine neue Art des Dinggedichts, welches das Bild seiner liebsten Lebenslandschaften von den ererbten Lasten der Kommunikation zu befreien und in ihrer reinen Realität zu zeigen sucht. Das romantische Ich zieht sich immer weiter zurück, und die *Tautologismen,* die den Band abschließen, zeigen die endgültige Befreiung des Wortes aus der Gefangenschaft der Grammatik an. Heissenbüttel will uns gleichsam das persönliche Protokoll seiner Wandlungen vom »Dichter« zum »Demonstrator« der Worte vorlegen.

Aber Heissenbüttel gehört nicht einer rheumatischen Avantgarde an, die über die Werke von gestern stolpert. Er weiß, daß er innerhalb einer Experimentaltradition steht, die bis zur visuellen Dichtung des Barock zurückreicht; unter seinen jüngeren Vorfahren nennt er Mallarmé (1842–1889), Arno Holz (1863–1929), Apollinaire (1880–1928), Gertrude Stein (1874–1946) und Dada. Er weist ausdrücklich auf die Bedeutung des *Manifesto tecnico della letteratura futuristica* (11. Mai 1912) von Filippo Tomaso Mari-

netti hin, das zum erstenmal in der Geschichte der europäischen
Literatur die Zerstörung der veralteten Grammatik forderte, den
ausschließlichen Gebrauch der Verben im Infinitiv verlangte (um
den unbegrenzten Energiestrom zu artikulieren), die Liquidation
der Eigenschafts- und Umstandsworte proklamierte und mathematische Zeichen an Stelle der gewohnten Interpunktion setzte. Heissenbüttel glaubt, daß nach Georg Trakl zwei sich bekämpfende
Traditionen innerhalb der deutschen Literatur unausweichlich auf-
einanderstoßen (die symbolistische und die experimentelle); jeder
Schriftsteller hat heute nur die Wahl, in der symbolistischen Manier
zu schreiben wie Paul Celan, die Tradition durch aggressive Parodien zu leugnen, wie es die Schriftsteller von Benn bis Enzensberger
tun, oder an einer Liberalisierung der Kommunikation mitzuarbei-
ten und sich notwendig gegen Gesetz und Ordnung der Grammatik
aufzulehnen. Heissenbüttel sieht die agrammatische Tradition als
historische Fortsetzung des Kampfes der zornigen jungen Männer
des späten achtzehnten Jahrhunderts und des »Sturm und Drang«
gegen die Regeln des Genres, die, ihrer Meinung nach, neue Er-
lebnismöglichkeiten unterdrückten; die Experimentalschriftsteller
unseres eigenen Jahrhunderts kämpfen ähnlich gegen die Regeln
der Grammatik, weil sie eine lange nicht mehr existierende Welt
der Ordnung verkörpern. Der agrammatische Widerstand bereitet
die zweite Revolution gegen das literarische Herrschaftssystem vor.

Für Heissenbüttel ist alles Übel im Theologischen, Poetischen
und Elitären zu suchen, und seine Argumente gegen *Kursbuch 15,*
welches das Ende der üblichen Literatur, und den undifferenzie-
renden Glauben an Kunst als Ware proklamierte, gliedern das
Kompakte und begründen historische Wandlungen im Detail: die
»Auftragssituation« des Künstlers im theologischen Zeitalter, der
stolze Protest des Romantikers gegen den gesellschaftlichen Kon-
formismus und, eben als die Kunst wirklich Ware zu werden drohte, der Aufstand der Fauves, der Kubisten, Expressionisten, Da-
daisten, Surrealisten, »de Stijl«, und der konkreten Kunst als Aggression »gegen das, was marktgängig war«; und in ihrer Nachfolge
(als Dada selbst zur teuren Ware geworden?) »die Verwandlung
der Kunst (oder dem, was bis dahin unter diesem Namen begriffen
wurde) in etwas, das unterschiedslos für alle gedacht ist und das, in
seiner äußersten Konsequenz, von allen praktiziert werden kann«
– Kunst in der Nachfolge Andy Warhols als konstitutiver Akt der

anti-elitären Freiheit, die sich jeder nehmen darf (hoffentlich wird sich nicht alle anti-elitäre Kunst darauf beschränken, Andy Warhol zu folgen und uns, mit unverrückbarem Film-Auge, den gleichen pickeligen Hintern vier Stunden lang demonstrieren).

Mögliche Annäherungen an seine eigenen Texte kommentierend (die an Gedichten der anderen Tradition geschulten Lesern erhebliche Schwierigkeiten bereiten), spricht Heissenbüttel von drei kritischen Normen, die das »alte« Gedicht vom »neuen« trennen. Das Gedicht der grammatischen Tradition besteht 1. auf persönlicher Originalität; das »neue« Gedicht aber setzt sich aus einer Montage schon gebrauchter Texte zusammen, und wird nicht von einer unverwechselbaren Persönlichkeit formuliert, sondern von einem Bewußtsein, das allein in seiner Rede existiert. Das Gedicht der älteren Tradition enthüllt 2. seinen Sinn auf symbolische Art und öffnet Ausblicke auf das große Allgemeine; im »neuen« Gedicht aber wird das linguistische Material aus den syntaktischen Fesseln befreit, welche die sprachliche Energie bändigen, und strahlt so neue Lebenskraft aus – Marinettis Idee der wiederauferstandenen *parole in libertà*. »Alte« Gedichte, meint Heissenbüttel, leben 3. in einer Atmosphäre der Festlichkeit und Feiertäglichkeit und riskieren, bloße Dekorationen zu werden, die keinerlei Beziehungen zu den raschen Veränderungen der Welt mehr besitzen. Das »neue« Gedicht, als Übung der intellektuellen Kombinationsfähigkeit, entspricht der Suche des Schriftstellers nach einer Vielfalt von Methoden, mit denen er den Irritationen des modernen Lebens begegnen kann. Im agrammatischen Gedicht hat das Wort seinen Status verändert, und die wechselnde Kraft, die aus den »Feldern« neuer Kombinationen hervorspringt, ersetzt die einstigen Verluste, die durch die grammatische Bändigung entstanden.

In seinen *Textbüchern* arbeitet Heissenbüttel mit Methoden, die Eugen Gomringers konkrete Lyrik weit überspielen. Er bleibt sich dabei der Gefahr bewußt, die jeder Isolation des Wortmaterials vom grammatikalischen Kontext innewohnt, und schafft deshalb sowohl innerhalb der einzelnen Publikation als auch innerhalb der ganzen Publikationsreihe Muster zyklischer Kompositionen. Wie in seinen früheren Veröffentlichungen werden ältere Materialien ständig wieder aufgenommen und in eine neue Umgebung gestellt; zu den neuen Stücken gehören unterhaltsame *stories*, erzählt von hingemordeten Indern, oder geometrischen Linien; Forschungen nach

linguistischen Bedeutungen, die an Joycesche Wortspiele erinnern
(»Ein Satz / Einsatz / Einsätze«); die Rekonstitution eines Gesprächs
mit Doktrinären, das den Mechanismus der ideologischen Rede
enthüllt (»Ich rede Ich habe eine Meinung keine Meinung mehrere
Meinungen viele Meinungen . . .«); und eine *Politische Grammatik,*
die den politisch Fortschrittsgläubigen nur wenig Trost bietet, denn
sie besteht aus wiederkehrenden Variationen des Verbs »Verfolgen«: »Verfolger verfolgen die Verfolgten. Verfolgte aber werden
Verfolger. Und weil Verfolger Verfolgte werden, werden aus Verfolgten verfolgende Verfolgte und aus Verfolgern verfolgte Verfolger . . « (Heissenbüttel hat manche Schüler unter den jungen
tschechischen Schriftstellern, die der vorgeschriebenen Botschaften
müde sind). In seinen *Sprech-Wörtern* verstreut Heissenbüttel einige Substantive, Infinitive und Konjunktionen attraktiv über das
weiße Blatt Papier, und aus der Konfrontation der optischen Anordnung der Worte mit dem Auge des Lesers entsteht eine neue
Herausforderung der ästhetischen Sensibilität; die Wortkombinationen in einem der Beispiele beschreiben Tauben und Seemöwen
nicht mehr, sondern *sind* ihr unruhiger Flug. Kurt Leonhard hat
recht, wenn er behauptet, Heissenbüttels *Gedicht über die Übung
zu sterben* sei seine bisher wesentlichste Arbeit. Hier verschmilzt
Heissenbüttel einige sehr persönliche Erinnerungen mit Relikten
früherer Konversationen und Reklameslogans, bewegt sich unruhig
von einem geographischen Ort zum anderen und entblößt ein modernes Bewußtsein der Erfahrungen, die nichts als Sprache sind:
unbegrenzbar reich und merkwürdig eng zugleich. Es ist eines der
wenigen neuen deutschen Gedichte, die es mit den besten Ezra
Pounds aufnehmen können.

In *Projekt Nr. I: D'Alemberts Ende*, 1971, bündelt Heissenbüttel seine experimentelle Methodik zu einem Kompromiß mit
den traditionellen Romanformen. Er sucht dem Leser »vorgepräg-
te, gebrauchte, verbrauchte Sprache vorzuhalten, um zu erkennen,
was hier und jetzt möglich ist« – indem er aber das Hier und Jetzt
festhält, stellt er die Sprecher dieser Sprache (Hamburger Intellektuelle des Presse-, Radio-, und Kunstbetriebes) in die Topographie
der Stadt, als ob er es immer noch mit Charakteren, in einem bestimmten Milieu (wie man im vorigen Jahrhundert sagte) zu tun
hätte. Heissenbüttel mag jeder Romanhandlung als »Kolportage«
mißtrauen; wie seine Figuren aber tut er, worin er durchaus kein

Zutrauen mehr hat, und skizziert die Geschichte des mehr als fünfzigjährigen »ortsansässigen« Kunstkritikers Lonnie d'Alembert, der den jungen Maler Andie Wildermuth liebt, ihn an einen anderen Freund verliert, und über dem Gefühl des endgültigen Verlustes »allein in der Nähe eines Fensters auf den Stufen einer Treppe« einem plötzlichen Herzschlag erliegt; »sein verklebtes rothaariges Toupet lag auf dem Teller des angestellten Plattenspielers« und drehte sich »gleichgültig um sich selbst«. Diese Geschichte gibt dem Autor die Möglichkeit, seine Wortfelder (einschließlich der echten und falschen Zitate aus Goethe, Heine, Marx, Defoe und vielen anderen) nach dem Beispiel Gertrude Steins wiederholend zu montieren und uns die Intellektuellen »im Ritual ihres unaufhörlich in sich selbst zurücklaufenden Redekarussells« zu zeigen, das endlich »wahr gewordene Bild ihrer nicht kommunizierenden Kommunikation«. In der streng als Tryptich geordneten Komposition (13 Abschnitte Aufriß der Figuren, des Ortes und der Zeit; 13 Abschnitte Wechselgespräche; 13 Abschnitte Lösung und Ende) wird die Wiederholung des Wortmaterials zum ersten literarischen und ontologischen Prinzip, welches das Wesen dieser Welt entblößt. Die Frage ist nur, ob die Wortmontage nicht allzuviele Kolportage-Lasten zu tragen hat: Das Hamburgische ist nüchtern und genau, d'Alemberts Tod (gegen die Intention des Autors) von rührender Eindruckskraft, und doch ist das Ergebnis (um Heissenbüttel ungenau und in anderem Zusammenhang zu zitieren) »Schrammelmusik, wie von Alban Berg«.

Es wäre einfach, Heissenbüttels Arbeiten vom Blickpunkt der grammatischen oder agrammatischen Tradition ganz zu rühmen oder ganz zu verdammen, aber literarische Qualität ist nicht unbedacht mit dem Alten oder dem Neuen gleichzusetzen. Heissenbüttel ist ein hochgebildeter und selbstkritischer Schriftsteller, der den mechanischen Experimenten wenig geneigt ist, die fünfzig Jahre nach Dada den Anspruch auf revolutionäre Gültigkeit erheben; er will Vorteile und Nachteile der methodologischen Alternativen sorgfältig abwägen und seinen rationell und konstruktivistisch interessierten Zeitgenossen empfehlen. Er fragt sich folgerichtig, ob man Worte, die ihre Energie innerhalb der grammatikalisch geordneten Rede gewonnen haben, rasch aus der syntaktischen Folge herausnehmen und vorteilhaft in andere Zusammenhänge stellen kann, ohne manches an ihrer »Ladung« und Kraft zu verlieren; ich bin nicht ganz sicher, ob Heissenbüttel sich eines anderen Widerspruchs völlig bewußt ist, der seiner Arbeit innewohnt. Die Worte werden aus den Fesseln der Grammatik befreit und doch wieder, da das Ästhetische eine Ordnung, eine Gruppierung oder einen Kontext benötigt, zu neuen Mustern zusammengefügt (die sich oft an den graphischen Künsten orientieren). So werden sie einer neuen Disziplin unterworfen – z. B. den attraktiv harten Konturen der typografischen Blöcke aus gedruckten Worten im *Textbuch* 4. Die eine Disziplin ersetzt die andere, und Heissenbüttel und seine Freunde schaffen, während sie von neuen Freiheiten sprechen, neue Formen des ästhetischen Zwanges. Mag sein, daß die Kunst ohne diese ambivalenten Befreiungsakte nicht fortleben kann.

6. GÜNTER KUNERT

In seinen Gedichten verbindet Günter Kunert (geb. 1929) den intensiven Drang nach kosmischen Sphären des Glücks mit einem bitteren Wissen von aller fragilen Humanität. Kunert hat die marxistischen Klassiker studiert, aber er zählt zu den gebrannten Kindern, welche die rassische Diskriminierung, den Krieg und, während der stalinistischen Epoche, den Sieg der systematisierten Unwahrheit erfahren haben, und schreibt Gedichte, die eher elegisch als hymnisch, eher herb als süß sind; er hat wenig von jener stiernackigen Selbstsicherheit, welche die DDR-Funktionäre von ihren unterwürfigen Dichtern erwarten. In den fünfziger Jahren lobten die Offiziellen Kunerts Gedichte, die den neuen Aktivitäten und den neuen Strebungen gewidmet waren, und verdammten sie zehn Jahre später als unverhohlene Beleidigungen des sozialistischen Staates.

Kunerts *Tagwerke,* 1961, enthält viel frühe Ungelenkigkeit, bekräftigt aber Entscheidendes von seiner persönlichen Dialektik: wachsende Hoffnungen zugleich mit erstickenden Beschränkungen, in denen der Mensch sein Schicksal leben muß. In seinem programmatischen Eröffnungsgedicht spricht Kunert von seinem Durst, der weder durch die Bergluft noch durch den feuchten Atem der südlichen Wälder gestillt werden kann. Allein das absolute Glück kann ihn stillen; und mit einer umarmenden Geste universeller Sympathie ruft er Geologen, Piloten, Lehrer, Dichter und Frauen auf, ihm von ihrem Überfluß zu geben, ihm die überfließenden Blicke zu schenken, die er zur Erfüllung braucht. Wie einst Victor Hugo streift auch er durch die unendlichen Räume der Hoffnung und der Zukunft; und das Bild des Piloten, der weite Entfernungen überwindet und die Erwartungen der Menschheit mit sich führt, kehrt unausweichlich in vielen Variationen wieder; auch ein Gedicht auf Gagarin und den russischen Weltraumhund Laika fehlt nicht. Kunert übernimmt sein Piloten-Bild von Brecht, der es in mancher seiner didaktischen Stücke und in der *Gute Mensch von Sezuan* nützt, zeichnet aber im *Gesang für die im Zwielicht leben* und anderen verwandten Gedichten das gnadenlose Gegenbild: der Mensch durchbricht wie ein Schnappschuß »für eine hundertstel Sekunde / (die Sphäre) der ziemlich dunklen Ewigkeit«. Zerrissen zwischen Erinnerungen und Hoffnung (wie Deutschland) ist er ein

Wesen mit »bläßlicher Haut . . . gefüllt mit Gedärm, Knochen und
etwas Gehirn« und »kurz von Gedächtnis«; er überlebt nur, weil er
sich anpassen kann: »ein verkrüppelter Baum«, der seine »ver-
renkten, triefenden Äste« emporstreckt. Während Kunert seine
kosmischen Hoffnungen in dem Bild vom Piloten ausspricht, artikuliert er sein Wissen von den Grenzen alles Menschlichen im Bild
von der Suche nach Eldorado; es ist sowohl in seiner Prosa als auch
in seinen Gedichten zu finden. Der Dichter, der die suchende
Menschheit vertritt, schleppt sich als letzter Überlebender einer
Gruppe von Bukanieren weiter und wird von einem Panther zerrissen, »bevor er den Waldgürtel endlich durchbrochen hat / um das
gelobte Land zu sehen, wie es verheißen war«. Das Bild der Reise
oder Expedition, das sich in Kunerts frühen Gedichten untrennbar
mit der Idee vom sozialen Wandel verbindet, wird ins Düster-Pro-
phezeiende gewandelt; Pilot und Bukanier sind archetypische Sym-
bole eines Geistes, der mit sich selbst uneins ist und einen letzten
Augenblick der friedlichen Versöhnung sucht: »Nichts fühlen als /
Wärme. Nichts hören / als Brandung. Zwischen zwei / Herzschlägen
glauben: Nun / Ist Frieden.«

In seinen *Erinnerungen an einen Planeten*, 1963, ist ein anderer
Zug zu entdecken, der Kunert von seinen dogmatischen Zeitgenossen trennt: seine instinktive und nüchterne Liebe zu Berlin. Er geht
unter »naßglänzenden Bäumen« dahin, denkt an ein zartes Glück,
das ihm in den U-Bahnstationen begegnet, beobachtet Kinder, die
in zerfallenden Mietshäusern spielen, spürt das Staunen der Nacht
und der Ruhe, »als hätte auf einer uralten Karte / Jemand eine ver-
wischte Ortschaft entziffert / den mißfarbenen Hinweis, da / Ist eine
Stadt.« In seinen Berlin-Gedichten lehnt sich Kunert manchmal an
die frühen Expressionisten an, aber die Erfahrungen, die ihn quälen, sind die seiner eigenen Zeit. In der Vergangenheit und in den
Tiefen der Stadt ruhen die Toten: Juden, Deutsche, sowjetische
Soldaten, die in den Straßen kämpften; im »Ofen« (deutlicher als
sonstwo) »Flüstern Stimmen / so entsetzlich bekannt / und doch so
fremd«; und in »Häusern / Bahnen / Autos / Auf den Brücken und
Türmen« beschäftigen sich die Menschen mit »Vergessen, Vergessen, Vergessen«. Die jüngste Geschichte Berlins raubt Kunerts marxistischer Perspektive den obligatorischen Optimismus; er vermag
die Vergangenheit nicht so leicht zu vergessen wie die Planer der
Zukunft. Er starrt weiter ins Dunkle: »Über der Stadt ballt sich

eine Wolke: die / Vergangenheit. Immer wieder / Verflossen, kehrt unaufhaltsam aufs neu sie zurück.«

Kunerts wachsender Skeptizismus an den menschlichen Dingen, einschließlich jener in der Republik der Arbeiter und Bauern, bildet die Grundlage für seine Parabelgedichte, die zum radikalen Zweifel an dem Sinn der Geschichte führen. In den Parabelgedichten erzählt er ein scheinbar fernes Ereignis in vier oder fünf sparsamen Zeilen und lädt durch den provokatorischen Wechsel von Vergangenheitsform und Präsens den zeitgenössischen Leser dazu ein, ihm naheliegende Parallelen zu ziehen: In *Kansas City* läßt der Gouverneur seine Bürger zwar in Ruhe leben, nimmt aber das Recht zu denken für sich allein in Anspruch; und in *Unnötiger Luxus* verbietet König Tharsos von Xantos, der völlig blind ist, durch Gesetz die Herstellung dessen, was die Leute »Lampen« nennen, und nimmt so metaphorisch die kulturellen Direktiven der neueren Regierungsfunktionäre vorweg. Kunerts *Verkündigung des Wetters,* 1966, zeugt für den Konflikt seines sozialistischen Engagements und eines bedrängenden Verdachts, daß jeder historische Wandel weniger hält, als er verspricht. Der Mensch hat nur eine winzige Chance, wie ein Regentropfen oder eine Schneeflocke, »im aufdämmernden Irgendwo anzukommen«, um wieder und wieder einen neuen Anfang zu setzen. Kunert hat bisher die traditionellen Formen des deutschen Verses nicht verlassen; er wagt sich selten über die Volksliedstrophe hinaus, schreibt gelegentlich ein Sonett (auf Hiroshima) und braucht sonst den trocken-ungereimten Vers, den auch Brecht in seinen Parabeln und didaktischen Versen nützte.

Der Roman *Im Namen der Hüte*, 1967, ist Kunerts bitteren Berliner Gedichten durch seine Gedanken und die unruhig von expressionistischen Elementen durchäderte Sprache verbunden. Sein pikaresker Protagonist, mit dem sich der Erzähler nicht restlos identifiziert, ist der minderjährige »Knabenlurch« Henry, der sich im Mai 1945 im Überleben übt und in der Berliner Ruinenwelt den Mörder seines jüdischen Vaters sucht. Zu seinem Glück besitzt Henry telepathische Fähigkeiten und hat Gefühl, Phantasie und Kräfte jener, deren Kopfbedeckung er aufsetzt: mit der Schirmmütze seines Volkssturmführers auf dem Kopf entdeckt er den günstigsten Augenblick zur Fahnenflucht aus dem »verschanzten Hausflur in der Elbingstraße«; die schäbige Kopfbedeckung seines

toten Vaters verrät ihm, wie sein Vater (den er nie gekannt) die
Kriegsjahre versteckt in einem Kohlenkeller verbrachte und dann
dem »Nazi-Verlagskerl«, der sich in seiner Wohnung eingenistet
hatte, zum Opfer fiel; und der Strohhut, »unter dem Generationen
von Hengsten zum Verkauf geführt wurden«, verleiht ihm kentau-
renhafte Potenz im Bett Katharinas. Sobald er sich seiner Fähigkeiten gewiß ist, etabliert er sich als Hellseher, schlägt sich den
Magen voll, und wird Prediger der Hoministen-Sekte, die der ge-
schäftstüchtige Mörder seines Vaters (der ihm auch Katharina ab-
spenstig macht) in Gemeinschaft mit anderen problematischen
Charakteren gegründet hat. Aber dieser Roman hat es nicht allein
mit Berliner Kriegs- und Schwarzmarktbildern in Callots Manier
zu tun (zuzeiten mit Anklängen an Grass' *Hundejahre* oder genauer: Anklängen an Kunerts und Grass' gemeinsamen Meister
Döblin); wie Kunerts Berliner Lyrik handelt auch dieser Roman, in
seinem schwarzen Witz, von der Tugend der Erinnerung und von
den Gefahren des Lebens, dem jede Erinnerung fehlt. Kunerts
tatenloser Held Henry, der seine Rache am Mörder seines Vaters
plant, ohne sie je auszuführen, heiratet schließlich ein junges Mädchen, das ihn an Katharina, die verlorene, erinnert; fühlt, wie er im
Alltag der ersten Nachkriegsjahre seiner telepathischen Fähigkeiten verlustig geht; konsultiert einen Arzt, um sie zu reaktivieren;
und erfährt von dem pragmatischen Internisten, das Beste sei, zu
vergessen, »jeden Tag dreimal«. Kunerts Arbeit beginnt eben dort,
wo Henry als Ehemann und Angestellter im Alltag und in Erinne-
rungslosigkeit versinkt; der Schriftsteller weiß, daß Leben nur
fortschreitet, weil es »unbelehrbar« ist von aller Erinnerung, und
sucht doch, im Widerstand gegen das unbelehrbar fortschreitende
Leben, die wirksame Erinnerung an Grausamkeit, Verrat, Lüge
und die leider eingeborene Dürftigkeit des Menschlichen.

Kunert ist einer jener Autoren, die gerne für die Massenmedien
arbeiten. Er hält sich dabei eng an die etablierten Vorbilder der
Lehrstücke, die Brecht in den dreißiger Jahren schrieb; die Frage
ist, ob die neueren politischen Ereignisse sich auch widerstandslos in
die Abstraktionen des marxistischen Lehrstückes von *anno* 1930
fügen. Kunerts *Denkmal für einen Flieger* (in *Tagwerke*) ähnelt
einer neuen Version von Brechts *Badener Lehrstück vom Einverständnis;* Kunerts guter Pilot, ein Amerikaner aus Detroit, stirbt
lieber, als einen atomaren Sprengkopf den in Westdeutschland sta-

tionierten US-Truppen auszuliefern; *Fetzers Flucht* (auch in *Tag-werke*) schildert den Fall des achtzehnjährigen Harry Fetzer, der in einem westdeutschen Flüchtlingslager beschließt, in die DDR zurückzukehren, und dort einer Untersuchung über seine mögliche Verwicklung in den Tod eines Grenzpostens entgegensieht; in seinem Entschluß sieht er den einzigen Weg, seine Integrität als menschliches Wesen wiederzugewinnen. Ich ziehe Kunerts Fernsehoper *Der Kaiser von Hondu,* 1959, als geistvolle Posse auf die amerikanische Militärregierung (in der Tradition von *The Teahouse of the August Moon)* seinen Hörspielen vor. Kunert mag zu konservativen und gesicherten Formen neigen, aber durch sein Interesse an Edgar Lee Masters, in dessen *Spoon River Anthology* »der Tod mit der Stimme der Wahrheit spricht«, an dem peruanischen Dichter César Vallejo (1893–1938), und an dem polnischen Schriftsteller Zbigniev Herbert (geb. 1911) horcht Kunert auf die ständigen Aufforderungen von draußen. In einer geschlossenen Gesellschaft sucht dieser melancholische Marxist unermüdlich nach einer offenen Welt.

7. HANS MAGNUS ENZENSBERGER

Als Hans Magnus Enzensberger seine ersten Gedichte publizierte, fand er sich sogleich in der willkommenen Rolle des zornigen jungen Mannes fixiert, aber das stereotype Bild trübt den Blick für die vielen Interessen dieses Intellektuellen der widersprechendsten Talente. Er ist der weltbürgerlichste und ruheloseste seiner Zeitgenossen; ihm widerstrebt es, sich intellektuell festzulegen, und sein von radikalen Zweifeln getriebenes Denken identifiziert sich nicht lange mit Gemeinschaftshaltungen. Hans Magnus Enzensberger wurde (1929) in der kleinen süddeutschen Stadt Kaufbeuren geboren, verbrachte den größten Teil seiner Kindheit in Nürnberg, studierte an den Universitäten Erlangen, Hamburg und an der Sorbonne und schrieb eine ausgezeichnete Dissertation über den romantischen Dichter Clemens Brentano (1778-1842), aus dessen Praxis er die zentrale Idee seiner poetischen Theorie herleitet. In der Mitte der fünfziger Jahre arbeitete er, wie fast jeder seiner Generation, bei einer Rundfunkanstalt, begann aber bald, auf Reisen zu gehen – in die Vereinigten Staaten, nach Mexiko, Skandinavien, in den Nahen Osten und in die Sowjetunion. Er neigt dazu, ein arkadisches Glück auf utopischen Inseln zu suchen, sei es Tjöme im Oslo-Fjord oder Kuba.

Enzensberger will, wie Brecht, seine Leser zum Denken provozieren, und es ist schwierig, seine Gedichte von seinen sachkundigen Polemiken gegen die deutschen Massenmedien (einschließlich der majestätischen *Frankfurter Allgemeinen Zeitung),* von seinen Übersetzungen und seinen redaktionellen Projekten zu trennen. Seine drei Gedichtbände *verteidigung der wölfe,* 1957, *landessprache*, 1960, und *blindenschrift*, 1964, sind seinen politischen Analysen chronologisch und thematisch ebenso verbündet wie seinen literarischen Essays in *Einzelheiten,* 1962, *Politik und Verbrechen,* 1964, und *Deutschland, Deutschland unter anderem*, 1967. Zu anderen Arbeiten zählen seine Anthologie moderner Dichtung und seine Übersetzungen des amerikanischen Lyrikers William Carlos Williams, den er als Patriarchen der unabhänigen amerikanischen Literatur betrachtet.

Die beiden ersten Gedichtbände Enzensbergers unterscheiden sich durch ihre sprachlichen Strategien und thematischen Interessen von dem disziplinierteren dritten Band. In *verteidigung der wölfe*

und *landessprache* prüft Enzensberger sein eindrucksvolles Repertoire linguistischer Techniken, Strophenmuster und Idiome. Diese
Sammlungen entscheiden sich für aggressiv ironische Angriffe gegen jede Macht, jedes Eigentum, gegen jegliche Technologie; aber
sie enthalten auch strahlende Liebesgedichte in einer nüchternen, zeitgenössischen Sprache; und nachdenkliche, fast elegische
Verse, die den geheimen Wunsch nach einem Leben des pastoralen
Glücks, der Ruhe und des Friedens aussprechen. In seinem frühen
Gedicht *ratschlag auf höchster ebene* wütet er gegen die impotenten
»makers of history«, denen er rät, aus ihren Düsenmaschinen zu
springen, verteidigt ironisch die »wölfe«, die an der Macht sind,
gegen ihre Opfer, die ruhig vor ihren Fernsehtruhen sitzen und
nicht einmal mehr den Wunsch spüren, die Welt in Gedanken zu
verändern. Er identifiziert die habgierigen Konsumenten mit gefangenen Fischen, die in den reichen Gesellschaften Amerikas,
Rußlands und Westberlins an den Leinen zynischer Fischer hängen, und verdammt die toten Seelen, die ihre falschen Leben inmitten angehäufter Akten und knisternder IBM-Karten zu Ende
führen. Seine Versammlung der Nichtmenschen vereint Generäle,
Manager, Konsumenten, Funktionäre, Professoren, verlogene Forscher, Gummi-Kaufleute und »Vetteln«, an denen die deutsche
Vergangenheit spurlos vorüberging. Diese Nichtmenschen wälzen
sich in ihren kommerziellen, technologischen und militärischen
»Dingen«, die sie anhäufen, um Leben zu ersticken: Börsen-
berichte, Telegramme, Kriegsschiffe, Tennisplätze, Kontrollen,
Grundbesitz (nicht auf idyllischen Inseln), Autos, Filme, Golf,
Kölnisch-Wasser, Kasernen, Warenhäuser und Radarschirme. Aber
nicht nur Industriegüter und Menschen ohne Erinnerungen fordern
Enzensbergers verfeinerte Sensibilität heraus; am meisten haßt er
die rohe Macht, die ihm die unaufhörlichen Produktionsprozesse
der industriellen Welt aufdrängt, die Medien und Reklamen, die
seine Augen und Ohren beleidigen. Sie fangen ihn in einem Netz
aus Daten, Slogans, kommerziellen Angeboten ein und bedrohen
ihn mit ihren widerlichen Ausscheidungsprodukten, Rauch, Smog,
Ruß und Schaum, alle nur böse Herolde todbringender Strahlun-
gen, die eines Tages aus anonymen Laboratorien ausbrechen
werden.

Auf den unbarmherzigen Druck des militärisch-industriellen
Komplexes reagiert der Lyriker (nicht der Sozialkritiker) Enzens-

berger auf eine ein wenig traditionell deutsche Art: er appelliert an die ruhige Kraft der Tiere und Pflanzen, sucht Zuflucht in den wunderbaren Tiefen des Meeres und sehnt sich danach, mit den Elementen der Erde zu verschmelzen. Seine Flucht ins Organische impliziert einigen Unglauben an den historischen Fortschritt und an eine endgültige Veränderung der Gesellschaft; die poetische Utopie lebt in einer unveränderlichen Natur, aus welcher er die grausamen Kämpfe zwischen Starken und Schwachen, alle giftigen Pilze und alle schädlichen Gewächse sorgfältig tilgt. In Enzensbergers Natur dominieren Tiere mit ästhetisch tönenden Namen (Otter, Salm, Eule und Sturmvogel) und niedrige Pflanzen äußerster vegetativer Widerstandsfähigkeit. In vielen seiner besten Gedichte rühmt er die Schönheit der weißen Kirschblüte, die den Donner erzittern läßt und vor der sich selbst die Metzger, furchtsam vor »dem wilden Auge« der Unschuld, verbergen. Er preist die bescheidene Sellerie, die an den Unmenschlichkeiten des Menschen keinen Anteil hat; und in einem späteren Gedicht schreibt er von den nördlichen Flechten, die unbewegt alle Wandlungen des Menschen überleben. Güte ist nur den Menschen fern zu entdecken, nicht einmal an der Oberfläche der Erde, und so folgt der Lyriker gierig den Austern und Fischen in die Tiefe oder spricht wie ein Taucher, der, auf dem Grund des Meeres, endlich in der Einsamkeit, im dunklen und ungestörten Schweigen, sein Glück sucht. Das Gedicht *gespräch der substanzen* enthüllt die Welt des frühen Enzensberger sehr deutlich; die Sphäre der Zeitungen und der täglichen sozialen Verpflichtungen (einschließlich unbezahlter Rechnungen) ist von absolutem Übel, und das Glück ist allein in der Teilnahme am »zarten gespräch der harze«, der Laugen und Mineralien und im Hinsinken »in den tonlosen monolog« der Substanzen im dunklen Herzen des Seienden zu finden. Manchmal flieht der zornige junge Mann doch sehr weit.

Mit seinem dritten Gedichtband *blindenschrift* entfernte sich Enzensberger von seinen früheren Gedichten. Zeilen und Strophenmuster sind disziplinierter, und es fehlen die selbstgefälligen Spiele mit manierierten Paradoxen und surrealistische *confiture* (oder besser, Jacques Prévert aus zweiter Hand). Einige der frühen Motive tauchen wieder auf, aber Enzensberger hat sich in seinem skandinavischen Schlupfwinkel mit Wasser, Stein, Moos und Teer (und in einem rustikalen Leben mit seiner Familie) einzurichten

versucht; der Intellektuelle sucht seinen Zufluchtsort in der entlegenen Natur und scheitert unausweichlich. Im Gegensatz zu seinen
früheren Gedichten beschreibt er Welt und Gegenwelt in weniger
abstrakten Vokabeln, die sich kunstvoll an Natur und Technologie
orientieren; Menschen und Streitfragen haben individuelle und bestimmte Namen (z. B. Gedicht über Theodor W. Adorno und Karl
Marx), und die Alternativen des Engagements oder der flüchtigen
Einsamkeit stoßen selbst in der pastoralen Lebenserfahrung aufeinander. Da ist das einfache Haus, das Wasser und der Krug (eines
von Rilkes geheiligten »Dingen«), aber da sind auch Briefe, Telegramme und »(der) rote Knopf des kleinen Transistors«, der
Nachrichten über karibische Krisen und Aktienwerte plärrt; da ist
die geographische Distanz, aber auch das moderne Bewußtsein, be-
schwert von schmerzlichem Wissen (von »bouvard und pécuchet . . .
pontius und pilatus«) und, wie schon Walter Benjamin entdeckte,
von Reproduktionen von Reproduktionen (»von bildern von bildern / von bildern von bildern von bildern«). Gute Freunde treffen
sich am Abend, lebensfroh, mit »hellem gelächter und weißen
stimmen«, aber der Lyriker fühlt die soziale Unverantwortlichkeit
dieser Art von Glück immer drängender: »furchtlos also unwis-
send/ruhig also überflüssig/heiter also unbarmherzig«. Das Gedicht
lachesis lapponica wird unter dem Druck der sich bekämpfenden
Forderungen zu einem Dialog zwischen dem romantischen Liebhaber nördlicher Ebenen und dem glühenden Partisan Fidel Castro, der sich der politischen Aktion verpflichtet fühlt: die beiden
Sprecher, deren Reden in verschiedenen Typen gedruckt sind, ver-
fehlen den Eindruck aufeinander nicht, doch die Diskussion bleibt
in ironischer Schwebe, die keinem von beiden ganz die Oberhand
gönnt.

Enzensberger schreibt seine besten Verse, wenn er seine Bele-
senheit mit einem Gefühl für Qualität in Einklang bringt und sein
ansehnliches Repertoire poetischer Techniken nicht in einem einzigen Gedicht zu erschöpfen trachtet. In seinen theoretischen Essays
nennt er sich sozusagen einen späten Schüler Edgar Allan Poes, und
seine Abneigung gegen jede Art der Inspiration, sein kluger Glaube
an die literarische Vergangenheit als ständige Herausforderung des
modernen Schriftstellers und seine philosophischen und konstruktivistischen Neigungen verbinden ihn enger mit Ezra Pound, W. H.
Auden oder Gottfried Benn, als es dem Sozialkritiker Enzensberger

lieb sein mag. Aus dem Werk Clemens Brentanos gewinnt Enzensberger die Idee der sprachlichen *Entstellung* für seine persönliche
Poetik — jene Tendenz der Sprache, die ihren erstarrenden Klischees und mechanischen Redewendungen entgegenwirkt; ich weiß
allerdings nicht, wie weit sich Enzensbergers *Entstellung* vom Verfahren der Entfremdung unterscheidet, welches die russischen Formalisten in ihren Forderungen nach einer entmechanisierten Sprache in der futuristischen Dichtung entdeckten. Enzensberger weiß,
wie man romantische Tetrameter schreibt und wie man die überlieferten Techniken der Surrealisten handhabt, aber im Grunde will
er durch geschickte und treffsichere Kombinationen unverträgliche
Elemente des Rhythmus, des Vokabulars und des Idioms schockie-
ren. Die Tradition, die er negiert, bildet seinen technischen Vorrat,
aber er meidet den Reim und die Regeln der Großschreibung und
sichert die Einheit des lyrischen Gewebes durch Netze von Allite-
rationen, Assonanzen und sich wiederholender Vokale (»mok-
ka/coma/amok/NATO«). Er liebt Oxymora, welche die Konflikte der sozialen Wirklichkeit enthüllen, freut sich an langen Ketten von Asyndeta, die Widersprüche verbinden, und zitiert Sprich-
worte, Redewendungen und Slogans, die er durch mikroskopische
Veränderungen ein wenig anrüchig macht, mit vernichtender Präzision. In den einzelnen Gedichten arrangiert er seine linguistischen
Konfrontationen kraftvoll und entschlossen aus inkompatiblen
technischen und professionellen Vokabeln. Auf diesem Weg folgten
ihm viele jüngere Dichter, die mit der hergebrachten literarischen
Sprache unzufrieden sind, aber selten einer nimmt sich seine nüchternen, nachdenklichen und urbanen Liebesgedichte zum Vorbild.

Enzensberger unternimmt es mit Witz, Eleganz und revolutio-
närem Geist, Bucharin und Lord Byron zugleich zu verkörpern:
»Die schwarzen nennen mich weiß/ die weißen nennen mich
schwarz«, sagt er von sich selbst. Als Sozialkritiker und Herausgeber des *Kursbuches* (seit 1965), der intelligentesten Publikation
der radikalen deutschen Linken, mag er danach trachten, die ganze
Welt zu verändern, aber als Lyriker ist er mehr mit sich als mit den
transpirierenden Massen beschäftigt; er verachtet das Hohe und
Mächtige, ekelt sich aber ebenso vor den kleinen Leuten, die er in
den Straßen sieht, arbeitsam, farblos, fügsam und häßlich. Paul
Noack nannte Enzensberger in einem hervorragenden Essay einen

konservativen Anarchisten, aber ich frage mich, ob diese kluge Charakteristik auf diesen produktiven Intellektuellen zutrifft, der Kirschbäume, alte Bücher und ein künftiges Universum ohne triefende Maschinen und störende Geräusche liebt – eines, das nur von den *happy few* bewohnt wird, die seinem egozentrischen, anspruchsvollen und wählerischen Geschmack behagen. Enzensberger wehrt sich heftig dagegen, in vorgefertigten Gedanken und zementierten Ideen zu ersticken; und als Peter Weiss jüngst von ihm forderte, seine Zweifel und Vorbehalte zu opfern und eindeutig für die Unterprivilegierten parteiliche Stellung zu nehmen, antwortete Enzensberger mit einiger Schärfe, daß er Gedanken bloßen Gefühlen vorziehe und keinen Gebrauch für Ansichten ohne innere Widersprüche hätte. Glücklicherweise will Enzensberger eine Welt, die nicht weniger wandelbar und paradox ist als die seiner Gedichte.

8. WILHELM LEHMANN

Wilhelm Lehmann (1882–1968) sagte einmal, seine Zeit zwischen dem »Noch-nicht« und »Nicht-mehr« wäre kurz gewesen. Er fand erst spät öffentliche Anerkennung, und nicht für lange Zeit; nachdem er mehr als vierzig Jahre erzählende Prosa und Lyrik geschrieben hatte, begannen in den fünfziger und frühen sechziger Jahren Leser mittleren Alters auf seine artistischen Qualitäten aufmerksam zu werden. Die jüngeren Leser hatten nicht viel für einen alten Mann übrig, der unbeirrt von rankenden Weinreben, duftendem Dill oder kleinen Wolken sprach. Lehmann bildet eine botanische Welt der »engen Oberfläche«; die Nationalsozialisten verachteten den einsamen Schullehrer, der sich in seiner Lyrik zur Wasserkresse und zu den Salamandern zu flüchten schien (seine jüdischen Freunde aber nicht verriet); und die junge Generation der sechziger Jahre ignorierte den Künstler geflissentlich, der sich nicht ausdrücklich mit Ereignissen wie Hiroshima, Auschwitz und Vietnam befaßte. Ich glaube, daß Brecht und Lehmann die einzigen wahren Antagonisten der neuen deutschen Dichtung sind. Sie bilden ihre fundamentale Dialektik und sind beide für die Menschen besorgt: der eine, indem er von der wechselnden Geschichte spricht, der andere von der zyklischen Natur.

Wilhelm Lehmann arbeitete sein ganzes Leben lang als Pädagoge. Von den frühen zwanziger Jahren bis zu seiner Pensionierung (1923–1947) war er Lehrer in Eckernförde, Schleswig-Holstein. Er wurde in Venezuela geboren, kam aber, wie er in seinem kurzen autobiographischen Bericht *Mühe des Anfangs*, 1952, schreibt, als Junge nach Deutschland, wuchs unter den strengen Augen der Mutter in Wandsbek bei Hamburg auf, besuchte die Universitäten Tübingen, Straßburg, Berlin und Kiel und promovierte (1905) in älterer deutscher Philologie. In Berlin fand er sich im Gedankenaustausch mit Moritz Heimann, dem Lektor des Verlages S. Fischer, und lernte Gerhart Hauptmann (1862–1946) und Hermann Stehr (1864–1940) kennen, dessen Antisemitismus er als »eine Versündigung am Wesen der Welt« bezeichnete; Lehmann war wahrscheinlich der einzige Student seiner Generation, der die erstaunliche literarische Sensibilität bewies, als er nach England reiste, um W. B. Yeats kennenzulernen. Lehmann begann mit autobiographischen, lyrischen, nahezu expressionistischen Erzählungen und Romanen; für seinen Roman *Weingott* erhielt er 1921 den halben Kleist-Preis, die andere Hälfte wurde Robert Musil (1923) verliehen. Erst mit zweiundfünfzig Jahren veröffentlichte er seinen ersten Gedichtband *Antwort des Schweigens*, 1935; in den kommenden Jahren folgten *Der grüne Gott*, 1942, *Entzückter Staub*, 1946, *Noch nicht genug*, 1950, *Überlebender Tag*, 1954, und *Abschiedslust*, 1962. Er kombinierte deutsche und englische (und oft auch gälische) Traditionen im Ausdruck seiner organischen Weltsicht; er bekräftigte selbst, daß er dem älteren Goethe und seinem Freund Oskar Loerke (1884–1941) viel verdanke, war aber nicht ähnlich bestimmt über Annette von Droste-Hülshoff (1797–1848), die in der harten Präzision ihren Naturbilder gewiß zu seinen Vorgängern zählt. Er rühmte den gälischen Mythos und die englische Lyrik geradezu verschwenderisch, liebte die Werke John Donnes und der anderen *metaphysical poets* ebenso wie die Gerard Manley Hopkins', T. S. Eliots und, allen voran, Robert Graves'. Lehmann schätzte die englische Sprache, weil sie, mehr als jede andere Sprache, einen »Reichtum der Bezeichnungen für das Vordergründige, das Gegenwärtige« bietet; seinem sprachlichen Feingefühl schien das Englische ein wirksames Gegengift gegen die fatalen Abstraktionen der traditionellen deutschen akademischen Sprache.

Der englische Literaturhistoriker S. S. Prawer versuchte erst jüngst, Lehmanns lyrische Entwicklung von einem fast expressionistischen zu einem trockenen und konzentrierten Stil nachzuzeichnen, aber er mußte zugeben, daß es kaum möglich sei, von deutlichen Entwicklungsperioden zu sprechen. Es gibt höchstens verschiedene Nuancen: ein stärkeres Hervorheben der Altersmelancholie, eine sparsame Zeile von zwei oder drei Worten oder eine kompaktere Konfrontation der »natürlichen« und »mythologischen« Elemente; wie die Natur selbst leben Lehmanns Gedichte eher in ruhiger Wiederkehr als in unwiderruflicher Transformation. In frühen und späten Gedichten lebt Lehmann in einer vegetativen Welt weniger historischer Assoziationen. »Ich sage Mond«, beginnt er das frühe Gedicht *Mond im Januar* und versucht dann, ein genaues Bild der sichtbaren irdischen »Ereignisse« zu zeichnen: den Glanz eines Krähennestes, das Zittern eines einsamen Wassertropfens im kalten Licht, den erstarrenden Teich, die schimmernde Spur einer Schnecke, die über eine Bretterwand kriecht. Doch sein Blick für die im Pris-

ma der kleinen Dinge gebrochenen Lichtstrahlen reicht bis in den
zeitlosen Mythos; und wie das Mondlicht über die Landschaft glei-
tet, wird die persönliche Antwort des Dichters auf den Mond-
augenblick zu einer archetypischen Antwort der Menschheit auf
Mond, Himmel und Erde: »Diana öffnet ihren Schoß / Endymion«.
Die zwei Strophen des Gedichtes *Oberon*, das noch zu Lehmanns
frühem Werk gehört, zeigen den segensreichen Schnittpunkt von
»Natur« und »Mythos« in einem unvergeßlichen Augenblick lieb-
licher Gegenwart. Ein bescheidener »durch den warmen Lehm
geschnittener Weg«, mit »Lolch und Bibernell« bewachsen, hat die
entfernteste Vergangenheit in sich aufgesogen: »Oberon ist hier
geritten / heuschreckenschnell.« In der Gegenwart des Sommers
und in den Schwingungen der Pflanzen ist nichts verloren; Oberon,
der König der magischen Transformation, ist in die mythische Vergangenheit zurückgeschlüpft, aber ein wunderbares Echo »Wie von
goldenen Reitgeschirren / Bleibt, / Wenn der Wind die Haferkörner
reibt«. Damals und Heute sind eins, und die genauen Bedeutungen
von Bibernell und Lolch, die Heilung und Fortdauer implizieren,
verraten etwas von dem dauernden Trost eines Mittagsaugenblicks.
   Ich halte viele von Lehmanns »Natur«-Gedichten in ihrem
schließlichen Sinn für nicht weniger politisch als seine wenigen aktuellen Gedichte (z. B. *Nach der zweiten Sintflut*), denn er teilt das
instinktive Gefühl der großen Realisten dafür, daß Würde und Bedeutung in den niedrigen, vergessenen und »proletarischen« Win-
keln der Natur zu finden sind, denen die Melodramatik oder der
heroische Glanz fehlt; es ist ja nur ein Schritt (wie wir von Walt
Whitman gelernt haben) vom Gesang zum Lob der Grashalme zum
poetischen Triumph der noch Rechtlosen. Das Gedicht *Entzückter
Staub* demonstriert manches von Lehmanns grundsätzlicher Intention. Wieder ein Bild zwischen Spätwinter und Vorfrühling, irgendwo im nördlichen Deutschland: niedrige Weidenbüsche, einige
Flecken schmutzigen Schnees, schäbige Büsche und der Straßen-
lärm, der zu den dürren Feldern hindringt. Aber die Genre-»Szene« verrät die Spannung zwischen niedrig und hoch, vergessen und
bedeutend, farblos und glänzend: in einer Schlammpfütze unter
»geschundenen Dornenzweigen« spiegelt sich ein Stück Himmel;
ein Truthahn prunkt auf einem verlassenen Bauernhof stolz mit
seinen vielen Farben und ähnelt, wie er durch den Hof läuft,
Kleopatras Barke, wie sie uns Shakespeare ins Gedächtnis ruft.

Man hört schwaches Gelächter, das durch die unfruchtbare Landschaft hallt: »Eine Handvoll Staub ist aufgeflogen« hoch in den »Rachen des eisigen Winds«. Es ist »ein Lerchenpäan«, der leicht und sicher ausspricht, was die schweigende und mißhandelte Erde selbst nicht zu sagen vermag.

In einigen von Lehmanns späteren Gedichten verbinden sich Anklänge an den deutschen romantischen Vers mit der nachdenklichen Ironie des alten Mannes zu einem »mittleren« Stil des Gesprächs, das an die englischen Traditionen von Pope bis W. H. Auden erinnert. Ich meine nicht das schwache Gedicht *Antibes,* das in deutschen Anthologien überbewertet wird, weil es an die Collagen Gottfried Benns erinnert, sondern entspanntere und anmutigere Gedichte wie *In Solothurn,* 1950. Der alternde Mann ist eben in der kleinen Schweizer Stadt Solothurn angekommen, und in seinem Gefühl mischen sich Erinnerungen an ruhelose Wanderungen und die Gewißheit glücklicher Gegenwart im Schatten alter Kirchen und Springbrunnen. Er ruht auf den Stufen, die zur Kathedrale führen, und beobachtet das Kommen und Gehen der Menschen auf dem Stadtplatz: »Hôtel de la Couronne. Mit goldenen Gittern schweifen die Balkone. / Ein Auto hielt. War sie's, die in den Sitz sich schwang? / Adieu! Dein Reiseschal des Windes Fang.« Ein imaginäres Wiedererkennen und ein erneuter Verlust, aber da die Springbrunnen weiterfließen, gibt sich der Beobachter älteren Erinnerungen hin, dem Gedanken an andere Liebende, andere Stimmen, und Kunst und Erfahrung, Vergangenes, Gegenwärtiges und Zukünftiges verschmelzen: »Die Brunnen rauschen. Ihre Stimme spricht / Uns hundert Jahre wieder ins Gedicht: / Mich, Peter von Provence, dich Magelone.« Das Gedicht ist eine glückliche und seltene Mischung aus romantischer Ironie und einem urbanen *vers de societé,* wie ihn in deutscher Sprache wenige geschrieben haben.

Karl Krolow (geb. 1915), Lehmanns talentierter und gelegentlich störricher Schüler, behauptet, daß Lehmanns lyrische Welt in ihrer Dominanz der Pflanzen und Tiere der wachsenden Entmenschlichung gefährlich nahe komme. Krolow fügt aber nicht hinzu, daß Lehmann seine Gründe haben mag, im Anblick der verdorbenen Menschheit lieber auf humane Art zu schweigen. Lehmann konstruiert keine selbstgenügsamen Wortmuster, sondern »Ausdrücke eines Existenzmaximums«, um das entmenschlichte Leben seiner

Leser wieder menschlicher zu machen. Wenn er über die offenbaren
Geheimnisse der Natur spricht, schwebt Lehmann keine Repro-
duktion der Welt vor, sondern, wie er in seiner Essay-Sammlung
Dichtung und Dasein, 1952, betont, das intensivste »Dasein«; und
während sich das »Leben« an die Scheinsprache der Kommunikationsindustrien verliert, verlangen die glücklicheren Augenblicke
des »Daseins« eine Sprache von analoger Intensität und Substanz.
Lehmann will (wie Herbert Marcuse) das manipulierte, zerstreute,
gedankenlose und mechanisierte Leben bekämpfen: er glaubt fast
heroisch an die Wirksamkeit des Wortes und versucht, eine
goethische »bedeutende Gegenwart« der Welt in Verse zu bilden:
die ontologische Kluft, die Nußbäume aus Holz und Blättern von
jenen trennt, die aus Worten und Druckerschwärze bestehen, be-
kümmert ihn nicht. In seinem unausweichlichen Nominalismus polemisiert Lehmann gegen ideologische Allgemeinbegriffe, unterscheidet aber, im Gegensatz zu seinem philosophischen Mitstreiter
Heimito von Doderer (1896–1966) sehr klar zwischen der notwendigen »Abstraktion« der wissenschaftlichen Methodologie und
den verderblichen »Nebenprodukten«, die Werbung, Fernsehen,
Zeitungen, Rundfunk und Kino hervorbringen. Er wünscht, daß
der Dichter wissenschaftliche Allgemeinbegriffe durch individuelle
Nuancen ergänze (Dichter ziehen spezifische Kirschen allgemeinen Früchten vor), und wendet sich leidenschaftlich gegen die
Jargons »des Verkehrs, der Verwaltung, der Professoren und der
Schnellreisenden«. Darin, meint er, sei er selbst ein »Revolutionär,
ein Anarchist«, ja ein »Mitglied einer Widerstandsgruppe«, die gegen die manipulierten Idiome streitet. Man hat Lehmann wegen
seines eigenwilligen Spiels mit mythologischen Figuren und seiner
besessenen Rückkehr zu endlosen Ketten botanischer Terminologien oft heftig angegriffen, aber gerade seine Suche nach dem Ge-
genständlichen und dem Unabgeleiteten treibt ihn paradoxerweise
dazu, von Merlin, Oberon oder Blanchefleur zu sprechen, und nicht
von unbestimmten Blumen zu reden, sondern von Eisenhut, Lolch
und Pimpernelle. In diesen Terminologien verbergen sich uran-
fängliche und »wahre« Antworten auf die gegenständliche Welt; in
einem mythischen Namen lebt die Sprache noch in »der Sinnlichkeit des Ausdrucks«, und in den traditionellen und genauen bota-
nischen Bezeichnungen antwortet der Mensch auf das Wesen der
Pflanze. In dem lateinischen Wort *nasturtium* zum Beispiel hört

man das griechische mnastòrgion, und der Name erinnert uns ety-
mologisch an die wesentliche Lebenskraft einer Pflanze, die »sich
nach dem Feuchten sehnt«. In dem alten Ausdruck spricht die
Pflanze »gleichsam für sich selbst, und die menschliche Selbstgefälligkeit wird zum Schweigen gebracht«; die Sprache schützt das
Wirkliche wie die Haut das Fleisch.

In den sechziger Jahren sah sich Wilhelm Lehmann immer mehr
dazu gezwungen, seine Lyrik gegen die politischen Aktivisten zu
verteidigen. Er sah einen fundamentalen Unterschied zwischen Revolutionären, welche die Welt verändern, und Dichtern, die sie betrachten, um sie in ihren Gedichten der menschlichen Sensibilität zu
entdecken. In seiner Forderung, Dichter sollten die Schöpfung lange und zärtlich anschauen, steht Lehmann dem jungen Marx näher,
als seine Gegner glauben: auch der junge Marx wies ja in seinen
Ökonomisch-Philosophischen Manuskripten, 1844, in seiner ruhelos gequälten Sprache darauf hin, daß es das endgültige Ziel jeder
historischen Entwicklung sei, dem Menschen endlich zu ermög-
lichen, ohne Habgier, das heißt ästhetisch, auf die Dinge der Welt
zu blicken. Aber der junge Marx sieht die Möglichkeit einer ästhetischen Haltung bewundernder Meditation nur nach der endgültigen
sozialen Revolution; Lehmann gibt uns zu verstehen, daß das vollkommene Gedicht den sensiblen Menschen dazu befähigt, die Natur unabhängig von einem sozialen Wandel anzuschauen: Das Gedicht antizipiert die ästhetischen Resultate sozialer Revolutionen.
Mich überzeugt allerdings Lehmanns Gedanke nicht, die unschuldige Natur (wie sie in der Lyrik aufersteht) wirke in unserer Zeit des
Terrors dem Gefühl moralischer Impotenz entgegen; ein solches
Argument, fürchte ich, identifiziert die organischen und moralischen Sphären und verdeckt den Abgrund zwischen der moralischen Neutralität der Bäume und Blumen (außerhalb der Geschichte) und Schuld und Unschuld innerhalb der menschlichen
Geschichte.

Aber Lehmanns genaue Gedichte überspielen seine Theorien, die
er zur Selbstverteidigung formuliert, und sind auch wirksamer.
Lehmann war ein außerordentlich beweglicher Schriftsteller, der
sich strenge technische und strategische Beschränkungen auferlegte,
um die begrenzte Sensibilität der Menschen zu steigern; und da er
die besten Traditionen des deutschen Naturgedichts mit englischen
Vorbildern verknüpfte, verfeinerte er wichtige Elemente der deut-

schen Literatur mit Gewandtheit und Erfolg. Innerhalb seiner
eigenen Sphäre schuf er ein lyrisches Werk, reich an Ton- und
Haltungsnuancen, aus denen selbst das Gesellschaftliche nicht ganz
ausgeschlossen war; und der immer wieder auftauchende Vorwurf,
er habe aktuelle Ereignisse ignoriert, trifft weder seine unfehlbare
Artistik noch seine intellektuelle Intensität. Lehmann sprach einmal
von der Möglichkeit, daß leidenschaftlich moralische Aktivisten
seine Gedichte nicht mehr lesen würden, und er fügte ein wenig
traurig hinzu, daß solche Moralisten Gefahr liefen, des Menschlichen zu entbehren. Der Gedanke ist eine Überlegung wert.

INTERMEZZO 2: TENDENZEN IM THEATER

Kenneth Tynan sagte einmal, die Deutschen benutzten ihre Theater als öffentliche Bibliotheken oder Museen, und ich füge hinzu, daß sie ihre Bühne lange als Ersatzkirche oder als Scheinparlament mißbrauchten; und nachdem Friedrich Schiller das Theater als »moralische Anstalt« (1784) definiert hatte, fanden nur wenige Kühne den Mut, ihm in seinem philosophischen Interesse am anthropologischen Wesen des »Spieles« zu folgen. Unmittelbar nach Kriegsende waren deutsche Schauspieler und Regisseure damit beschäftigt, den Nachholbedarf an europäischem und amerikanischem Repertoire zu befriedigen, denn die Nationalsozialisten hatten sich mit Schulbuchklassikern und Wiener Operetten zufriedengegeben. Fast alle Bühnen der westlichen Besatzungszone spielten Thornton Wilders *Unsere kleine Stadt* [1938], *Wir sind noch einmal davongekommen* [1942] und Jean Anouilhs *Antigone* [1944] und das Fehlen der gewohnten naturalistischen Bühnenkonventionen beeindruckte sowohl Zuschauer als auch Schriftsteller; in der Schweiz hatte das Züricher Schauspielhaus (die einzige bedeutende freie Bühne deutscher Zunge auf einem von Hitler besetzten Kontinent) in der Spielzeit 1938/39 und 1943/44 Thornton Wilder auf dem Spielplan und gab damit Max Frisch und Friedrich Dürrenmatt manchen Anstoß. Wolfgang Borchert artikulierte in *Draußen vor der Tür* (geschrieben 1946) die Verzweiflung der heimkehrenden jungen Soldaten und bewies, daß der Expressionismus nicht zu dauernd neuem Leben zu erwecken war; während nach dem Ersten Weltkrieg die jungen Bühnenschriftsteller die unentbehrliche Güte des Menschen noch hymnisch bekräftigten, stellte Borchert nur mehr schrille Fragen, die in den Trümmern widerhallten. Sein Stück zog seine Kraft mehr aus der zentralen Metapher als aus der expressionistischen Traumspielstruktur. »Draußen« sucht der heimgekehrte Soldat, hungrig und seiner Frau und seines Sohnes beraubt, nach dem Sinn des Lebens; und »drinnen« bieten ihm ehemalige Offiziere und neue Kriegsgewinnler, an prallen Tischen sitzend, platte Antworten an, die für ihn jeder Relevanz entbehren. Aber Borcherts Sozialkritik verband sich mit deutlich existentialistischen Neigungen; die Geschichte von den Erfahrungen des heimgekehrten Soldaten war Teil eines Mysterienspiels, in dem Gott den Sieg des Todes (für den die Menschen bloße

Schmeißfliegen sind) hilflos akzeptiert. Borcherts Soldat stellt Hiobs Frage, aber sein Gott ist ein müder, alter und vom Schicksal der Menschheit lange isolierter Mann.

Carl Zuckmayer, Max Frisch, Fritz Hochwälder und Friedrich Dürrenmatt beherrschten die Bühne der frühen fünfziger Jahre, aber die Mitte dieses Jahrzehnts stand im Zeichen rivalisierender Theaterimpulse, die sich aus dem *Comeback* des Dramatikers und Regisseurs Brecht (am 11. Januar 1949 fand die Ostberliner Aufführung von *Mutter Courage* statt) und aus dem wachsenden Eindruck des »absurden« oder besser ontologischen Theaters herleiteten, das mit Ionescos *Die kahle Sängerin* [1950] und Becketts *Warten auf Godot* [5. Januar 1953] seinen Anfang nahm. Brecht kehrte nicht in ein Land zurück, das im sozialistischen Realismus erstickte; er suchte noch an einem Ort Zuflucht, an dem Hitlers hartnäckige Feinde die wagemutigen Experimente der Weimarer Republik zu begünstigen schienen. Ironisch genug, daß sich die Lage rasch änderte, nachdem er sich in der DDR niedergelassen hatte: die relative Toleranz wurde durch strikte Reglementierung ersetzt, und Brecht vermochte seine neuen Arbeitsmöglichkeiten nur durch wiederholte Zugeständnisse zu retten. Aber in seiner dritten Version des *Galilei* [1955] wird selbst sein Kompromiß mit dem sozialistischen Realismus produktiv, denn die undramatischen Diskussionen des Hollywood-Textes [1946] sind zu theaterwirksamen Situationen umgebildet, die Charaktere haben Fleisch angesetzt und sind von glaubhaftem Streben bewegt. Auch andere Konsequenzen sind in Betracht zu ziehen: eben weil Brecht sich immer wieder den Forderungen der Regierung unterwarf, schuf er sich einen Schild, in dessen Schutz er sein Theater fortentwickeln und seine Schüler auszubilden vermochte; dank seiner ambivalenten Anpassung an die Forderungen des Regimes konnten junge Dramatiker ihre Talente dem epischen Theater widmen und gelegentlich eine Doktrin umgehen, die praktisch zur Erneuerung der Bühnentechnik Sardous (und der Botschaft des Stalinismus) führte. Im deutschen Theater war es schwierig, mit Brechts Genie und Eleganz zu konkurrieren, und die Autoren des absurden Theaters, die mit ihren poetischen Bildern die absolut gesetzte Entfremdung des Menschen als gänzlich irreparabel darzustellen trachteten, fanden in Deutschland weniger Resonanz als in anderen Ländern; vielleicht hat eine Gesellschaft, die gerade aus der Hölle kommt, wenig Verlangen nach einer Welt ohne Sinn, Zweck oder Hoffnung. Viele Theaterschriftsteller, einschließlich Max Frischs, Friedrich Dürrenmatts, Peter Weiss' und Günter Grass', fühlten sich durch das Theater des Absurden provoziert oder verwirrt, aber es war Wolfgang Hildesheimer (geb. 1916), der diese über die Surrealisten bis zu Alfred Jarrys *König Übü* [1896] und die nichtliterarische Kunst der Clowns, Akrobaten und Mimen zurückreichende Theatertradition am klarsten verteidigte. In einer scharfsinnigen Abhandlung legte Hildesheimer (1960) die Grenzen fest, welche die Bühne des Absurden vom sozial engagierten Theater trennen, doch in seinen eigenen Stücken entwickelte er sich nur langsam von der sozialen Satire seiner *Spiele, in denen es dunkel wird,* 1958, zu seinem *Nachtstück,* 1963, in der er die Zivilisation als immer wiederkehrenden Alptraum sieht, der jedem sensiblen Menschen den Schlaf raubt. Die substantiellen Schwierigkeiten, mit denen die deutschen Nachfolger Ionescos zu kämpfen haben, zeigen sich am deutlichsten in Martin Walsers Stücken, in denen der Autor vergeblich versucht, das moralische Versagen historisch zu prüfen und doch mit einem szenischen Vokabular zu erarbeiten, das eher »absurde« als geschichtlich-soziale Interessen impliziert. In *Eiche und Angora* [1962] sind Methode und Stoff kaum noch in Einklang zu bringen: Walser will ein Panorama der deutschen Geschichte seit 1945 zeigen und versammelt eine Gruppe anpassungsfähiger Nazi-Funktionäre, kastrierter Überlebender der Konzentrationslager und verzweifelter Frauen, aber es gelingt ihm nicht, die differenten Konventionen des literarischen und nichtliterarischen Theaters zu verbinden. Seine engagierte und von Natur aus literarische Einfühlungsgabe kommt mit der wortlosen Kunst des Clowns nicht ganz zurecht, und sein jüngster Versuch, einen »neuen Realismus« für das Theater zu proklamieren, ist nichts anderes als eine tapfere Apologie für seine eigene Verstrickung in nicht zu vereinbarende theatralische Gegensätze.

In den späten fünfziger und frühen sechziger Jahren demonstrierten die jüngeren Dramatiker, wie schwierig es ist, ein realistisches Theater zu postulieren, das nicht eine Spur des alten Realismus haben sollte. Unzufrieden mit Brechts Parabeln über die Unmenschlichkeit in einem abstrakten China und mit der poetischen Welt des absurden Theaters verlangten sie wieder nach sozialer Realität und waren doch nicht gewillt, den Weg John Osbornes

oder Arnold Weskers einzuschlagen, auf die sie mit einer schwer zu
überbietenden Herablassung blickten. Brechts Schüler arbeiteten
mit den rationalen Methoden des epischen Theaters, um ihre eigene
Umwelt zu analysieren, und kamen prompt mit den Funktionären
in Konflikt, die in zeitgenössischen Angelegenheiten auf emotiona-
ler Einfühlungskraft und positiven Parteihelden beharrten und
recht wenig von einem kühlen und kritischen Publikum zu erwarten
schienen. Diese Funktionäre entließen Peter Hacks aus seinem
Dramaturgenposten und drängten ihn zu Umarbeitungen antiker
Stücke; Heiner Müller (geb. 1928), dessen Stück *Der Lohndrücker*
[1958] sich offen mit den industriellen Bedingungen der DDR
auseinandersetzte, wandte sich Sophokles zu; und Hellmuth Baierl
(geb. 1927) wählte die ideologische Anpassung und zeigte, daß sich
in seiner *Frau Flinz* [1961] eine anarchische Mutter Courage zu
einer politisch korrekten Leiterin einer landwirtschaftlichen Pro-
duktionsgenossenschaft entwickeln kann. Eine andere Möglichkeit
bot das Dokumentarstück, das sich auf Ereignisse des öffentlichen
Lebens stützt und seine szenische Intensität oft aus den dialektischen
Spannungen der Gerichtsverhandlung zieht. Aber die Autoren des
Dokumentartheaters sind sehr verschieden in ihren politischen
Ansichten und ihren Techniken: der konservative Rolf Hochhuth,
der 1963 den Trend auslöste, hielt sich mit seinem ersten Stück eng
an die Dokumente, kam aber später zu der Überzeugung, daß Do-
kumentationslücken sprechender sind als alle archivalischen Quellen; Heinar Kipphardt nutzte für sein *In der Sache J. Robert Op-
penheimer* [1964] Dokumentarmaterial, das er den Anforderungen
der Fernsehtechnik unterwarf; und Peter Weiss bezeichnete jüngst
seine Dokumentarstücke als Antworten auf jene Lügen und Mani-
pulationen, mit denen die Medien die nicht denkenden Massen
unterdrückt halten. Er will seine Dokumente »im Inhalt unverändert, in der Form bearbeitet« (als ob Änderungen der Form den
Inhalt nicht veränderten) und erklärt, das Material sei durch Auswahl, Schnitt und Montage zu bearbeiten. Wir sind eingeladen, den
Platzregen der Massenmedien zu meiden und uns unter Peter
Weiss' leninistische Traufe zu stellen.

Wir leben in einer Epoche des ruhelosen Experimentierens mit
den ersten Voraussetzungen und der sozialen Funktion des Dramas, und die mannigfachen Formen des dokumentarischen Theaters, des Happening (das sich aus dadaistischen Traditionen herlei-

tet), des Sprechspiels und eines neuen, ›volkstümlichen‹ Realismus
entwickeln sich mit- und nebeneinander, oder vereinigen sich zu
labilen Mischungen und Konglomeraten. Das dokumentarische
Theater fächert sich immer mehr zu den wechselnden Strukturen
der politischen Bühne auf; Tankred Dorst beschäftigt sich in seinem
Toller [1968] mit der aktuellen Frage einer ›ästhetisierten‹ Revolution; Hans Magnus Enzensberger sucht, im *Verhör von Habana*
[1970] dem bloßen Theater vergebens in die faktische Rekon-
struktion eben vergangener Vorgänge zu entgehen; und Gerhard
Kelling erneut, in *Die Auseinandersetzung* [1971] die Methoden
des Agit-Prop und Straßentheaters und gerät von neuem in die
anachronistische Nachbarschaft zu Brechts Lehrstücken, *anno* 1930.
Happening und Sprechspiel sind der Materialität des Theaters in
glühender Haßliebe zugetan und begnügen sich mit postulierten
sozialen Wirkungen auf dem Umweg über das befreite oder zumindest geschärfte Bewußtsein; Bazon Brock will die Bühne durch
sein »Positionstheater« aus der literarischen Lethargie befreien und
belastet das von ihm entworfene *Happening* mit fast 25 Seiten pro-
fessoraler Theorie; und Peter Handke, der Erfolgreichste der Jungen, schiebt die traditionelle Erbschaft des Bildungstheaters energisch beiseite, konstruiert eine »unmittelbare Szene« ohne programmatische Intention auf ein Jenseits der Wirklichkeit und der Geschichte. Er will unser Bewußtsein durch entlarvte Sprache schärfen.

Das kritische Volksstück, das an Ödön von Horváth (1901–1938)
und Marieluise Fleisser (geb. 1901) anknüpft, hat eher thematischen als methodologischen Ehrgeiz. Im Szenischen begnügt man
sich, schlecht und recht, mit den Konventionen des realistischen
Theaters und konzentriert alle dramatische Aufmerksamkeit auf
das Halbartikulierte, Dumpfe und Erstickende der österreichischen
und bayrischen Provinzen im Zeitalter der Konsumgesellschaft, die
über alle Hoffnung auf menschliche Spontaneität triumphiert: archaisches Haferfeldtreiben, auf einen Homosexuellen, und entlarvte
Kleinbürger, in Martin Sperrs (geb. 1944) *Jagdszenen aus
Niederbayern* [1966] und *Landshuter Erzählungen* [1967]; Fleisch
und lapidare Rauhnächte bei Franz Xaver Kroetz (geb. 1946);
Steirisch-Österreichisches, aus Kleinbürgertum und *underground*
in den Stücken von Harald Sommer (geb. 1933) und Wolfgang
Bauer (geb. 1941). Merkwürdig die Verbindung von Gegen-
warts-Analyse und traditioneller Technik: Enklaven der Zwanzig-

jährigen und noch Älteren, in Wolfgang Bauers Theater, einge-
kesselt gleichsam von der Leistungsgesellschaft; ihre tatenlose
Weigerung, alte *Beatle*-Platten, Ginflaschen, Kitschfilme, Hasch,
Impotenz und Brutalität; die Welt ist »unhamlich schiach«, aber
selbst das befreiende Erlebnis, das jeder sucht, ist Abklatsch
der Literatur, Mechanisches, Konsum-Derivat. In *Magic Afternoon*
[1968], Szenen aus dem Leben der Grazer Bohème, und in *Change*
[1969], der Geschichte eines manipulierten Dilletanten, hat Bauer
den Stein weggehoben, unter dem verzweifelte Parasiten vegetie-
ren, aber das plötzliche Erschrecken, das sich uns mitteilt, entbehrt
noch der produktiven Herausforderung unserer intellektuellen
Sensibilität.

SIEBEN DRAMATIKER: PORTRÄTS

1. FRITZ HOCHWÄLDER

Fritz Hochwälder (geb. 1911) zählt zu den Schriftstellern der mittleren Generation, deren Entwicklung durch die Last der Emigration gezeichnet, wenn nicht zum Teil gehemmt wurde. Hochwälder entstammt einer jüdischen Wiener Handwerkerfamilie und sollte die Werkstatt seines Vaters übernehmen; sein Meisterbrief als Tapezierer gehört zu den wenigen Papieren, die er im Frühjahr 1938 über die österreichische Grenze retten konnte. Zusammen mit anderen Flüchtlingen arbeitete er zunächst in einem Schweizer Internierungslager, doch später erlaubte man ihm, sich in Zürich anzusiedeln, wo er heute lebt. In Wien hatte er (1932) ein Drama über Inzest entworfen, aber erst als er Georg Kaiser, den schonungslosen Logiker unter den deutschen Expressionisten, kennenlernte, erhob Hochwälder sein »Hobby« (wie er selbst sagt) zu seinem Beruf und schrieb einige Stücke, die nach 1945 schnell ihren Weg über die internationalen Bühnen nahmen. Zehn oder fünfzehn Jahre lang zählte Hochwälder zu den bekanntesten deutschsprachigen Dramatikern, aber die Generation nach 1955 wollte von seinen Stücken ebensowenig wissen wie von denen Carl Zuckmayers. Meiner Meinung nach hat dieser Umschwung mehr als eine Ursache: der Triumph des Brechtschen und des absurden Theaters drängte manche seiner traditionalistischen Werke von den Bühnen, und mit den Jahren trat auch der innere Widerspruch seiner dramatischen Welt deutlicher zutage.

Hochwälders berühmtestes Stück *Das Heilige Experiment,* das zuerst in der Schweiz [1943] und nach Kriegsende auch auf vielen anderen Bühnen aufgeführt wurde, beweist seine präzise szenische Konstruktionskunst. In dem Jesuiten Collegio in Buenos Aires treffen innerhalb weniger Stunden eines schicksalhaften Tages (16. Juli 1767) die Kräfte des Schwerts und des Glaubens aufeinander. Jesuiten-Missionare haben unter den Indios des Paraná-Gebietes einen Staat aufgebaut, der auf gemeinsamer Arbeit, geistlicher Zusammengehörigkeit und menschlicher Würde basiert, aber die spanische Krone kann diesen Staat nicht tolerieren, denn die Mächtigen befürchten, daß die Jesuiten-Republik (eine willkommene Zuflucht für die nach Freiheit dürstenden Indiosklaven) eines Tages das ganze spanische Reich auf dem südamerikanischen Kontinent gefährden könnte. Don Pedro de Muira, der Bevollmächtigte der spanischen Krone, befiehlt dem Jesuiten-Provinzial Alfonso Fernandez, die Verwaltung des Missionsstaates der Krone zu übergeben und alle Jesuiten aus seinem Gebiet abzuziehen. Fernandez will sich nicht unterwerfen, aber der Legat, der heimlich von seinem eigenen Orden aus Rom geschickt worden ist, befiehlt ihm, sich dem Wunsch der Krone bedingungslos zu beugen, denn die südamerikanischen Erfolge der Jesuiten haben ihre Position in Europa entscheidend geschwächt; um den aus Frankreich und Portugal bereits verbannten Orden zu retten, muß der Missionsstaat geopfert werden. Fernandez (der weiß, daß der Befehl der spanischen Krone die brutale Versklavung seiner 150 000 Indios bedeutet) bleibt keine andere Wahl, als sich seinem Vorgesetzten zu unterwerfen, und er ordnet an, die Verwaltung des Missionsstaates den Spaniern zu übergeben; als er versucht, zwischen den aufbegehrenden Indios, die von dem ungehorsamen Jesuiten Oros geführt werden, und den Spaniern Frieden zu stiften, wird er tödlich verwundet. Das Problematische des Alfonso Fernandez liegt darin, daß er vier Akte lang wie ein Held der deutschen tragischen Tradition agiert, indem er seine »Subjektivität« den »objektiven« Forderungen des Ordens unterwirft – ehe er aber in dem düsteren Finale stirbt, enthüllt er einen von Natur aus gespaltenen Charakter psychologischer Ungewißheiten und ungelöster Spannungen. Er vermag das »Wollen« nicht mit dem »Müssen« zu vereinbaren (ein sündiger Mensch, der Georg Kaisers moderner dramatischer Welt nähersteht als der Schillers), büßt aber für seinen konstitutionellen Zwiespalt; die Kugel, die ihn trifft, ist von einem seiner geliebten Indios oder gar von Oros, seinem anderen Ich, im Kampf gegen die Spanier abgefeuert worden.

Einen anderen vitalen Zug seiner Begabung zeigt Hochwälder in seinem »modernen Mysterienspiel« *Donnerstag* [1959], das er als Auftragsarbeit für die Salzburger Festspiele schrieb. Hochwälder versucht, den mittelalterlichen Jedermann, oder besser Dr. Faustus, in einen gelangweilten Künstler der Konsumgesellschaft zu verwandeln: sein Niklas Manuel Pomfrit, ein erfolgreicher, aber seelisch erstarrter Architekt, wird zum Mittelpunkt einer Auseinandersetzung zwischen den teuflischen Kräften der »Belial GmbH«, verkörpert durch einen hinterhältigen kleinen Wiener Teufel na-

mens Wondrak, und dem Übernatürlichen, in Gestalt der armen
Estrella und des Bettelmönchs Thomé (der, im Gegensatz zu Alfonso Fernandez, sich durchaus nicht den Befehlen seiner Vorgesetzten unterwirft). Wondrak verspricht Pomfrit ein totales Glück
in drei Tagen, einschließlich des schönsten bürgerlichen Eigen-
heims, einer herrlichen Raumfahrt und der Umarmungen des
Vamps Amalia, aber Pomfrit fühlt am Donnerstag, dem fatalen
dritten Tag seiner Frist, daß sein Herz noch immer nicht aufhört,
sich nach Hoffnung und Liebe zu sehnen; keine Macht der Welt
kann ihm sein menschliches Vorrecht rauben, Wünsche zu haben
und in Reinheit zu wählen. Sein Schicksal bleibt in Schwebe; nur
unklar deutet ihm die Gestalt des Todes an, daß aus seiner absoluten Verzweiflung ein neuer Glaube entstehen könnte: – »und ist
nicht auch die Schöpfung aus dem Nichts entstanden?« Hochwälder
überzeugt mich mit diesem auf die Mercedesgefühle des Salzburger
Sommerpublikums abgestimmten christlichen Existentialismus aus
zweiter Hand durchaus nicht, aber seine außergewöhnliche szenische Begabung arbeitet mit den Traditionen der Zauberposse, wie
sie im Wien des frühen neunzehnten Jahrhunderts blühte. In *Das
Heilige Experiment* operiert Hochwälder mit einem mageren Prosastil, der in seinen prägnanten Pausen beredter ist als in den gesprochenen Worten; in *Donnerstag* zieht er ein gut Teil der szenischen Stärke aus seinem heimischen Wiener Dialekt, dem absurden
Geschwätz der plebejischen Charaktere, die sich mit hohen philosophischen Fragen befassen (vor allem der Diener Birnstrudl, den
er unmittelbar aus der Volkstradition übernimmt), und seinem sicheren Blick für das Komische und Groteske, die das »Mysterienspiel« der Farce und dem Zirkus näherbringen« als der literarischen
Bühne. *Donnerstag* ist gutes Theater, ohne die Tugenden eines
wirklich bedeutenden Stückes zu haben.

In einem aufschlußreichen Vortrag über seine Arbeit (1959)
nannte sich Fritz Hochwälder einen »katholischen« Schriftsteller,
den letzten Erben gleichsam der barocken Sinnlichkeit, der heiteren
commedia dell'arte und der phantasiereichen Vergnügungen des
Wiener Volkstheaters; er sei nicht, erklärte er, einer der »Puritaner«, die sich allein auf eine gründliche rationale Analyse stützten
und dabei die theatralischen Elemente der Bewegung und Farbe
vergäßen (ob die protestantischen Puritaner wirklich mit der
Avantgarde identifiziert werden können, wie Hochwälder annimmt,

ist eine ganz andere Frage.) In der Praxis ignoriert Hochwälder
leider viele seiner scharfsinnigen Selbstdefinitionen, und statt mit
seinen vielen »katholischen« Gaben zu arbeiten, versucht er angestrengt, die »Puritaner« in der dialektischen Erforschung unwiderruflicher ethischer Entscheidungen auszustechen. In *Ester* (1940,
überarbeitet 1960), einem alttestamentarischen Märchen im Wiener
Dialekt, in *Die Herberge* [1955], einem symbolischen Stück über
die ambivalente Macht der Habgier, und in *Donnerstag* dominiert
sicherlich das »katholische« Element, aber in anderen Stücken,
z. B. *Meier Helmbrecht* [1946], *Der öffentliche Ankläger* [1948]
und *Donadieu* [1953] konzentriert sich Hochwälder auf rein »puritanische« Fragen der Verantwortlichkeit, Rache und Gerechtigkeit. Gegen seine Natur will er Georg Kaiser nachfolgen, anstatt
ein theatralischer Verwandter Ferdinand Raimunds oder Carlo
Goldonis zu bleiben.

2. MAX FRISCH

Es wohnt etwas Lebendig-Offenes in Max Frischs Geist und Werk, und nach mehr als dreißig Jahren ist seine Arbeit wie am ersten Tage geprägt von jugendlicher Energie, unendlicher Sympathie und gelegentlicher Naivität. Frisch ist ein Schriftsteller des steten Neubeginns, eher als des radikalen Wandels; er läßt nicht leicht von seinen Interessen und liebt es, nur wenige Fragen (die sich allerdings mit der Substanz des modernen menschlichen Bewußtseins befassen) in differenten Stimmungen, Gestalten und Genres zu behandeln: sobald er eine Antwort entdeckt, schiebt er sie schnell beiseite, um seine Untersuchungen noch weiter fortzutreiben. Ein großer Teil seines Werks besteht aus Überarbeitungen und neuen Ansätzen. Ihn fasziniert das Unberechenbare im menschlichen Leben; die ästhetische Struktur kümmert ihn weit weniger, und oft verfolgt er analoge Themen in Tagebuchnotizen, Erzählungen, Romanen oder einem Schauspiel. Seine einzelnen Werke ermangeln oft der strengen Prägnanz, aber in seinem Falle ist dieser Mangel an individueller Vollendung weniger entscheidend als die dauernde Intensität seiner Suche. In unserem Jahrhundert ist es schwieriger denn je, ein Schweizer Romantiker zu sein.

Max Frisch wurde 1911 in Zürich geboren, studierte an der Zürcher Universität deutsche Literatur und Kunstgeschichte und wandte sich nach dem Tod seines Vaters dem Journalismus zu, um seinen Lebensunterhalt zu verdienen. Er scheint genügend Zeit gehabt zu haben, ausgedehnte Streifzüge durch den Balkan zu unternehmen und einen ersten Roman zu veröffentlichen (1934). Später beschloß Frisch, seine Studien wiederaufzunehmen, besuchte die vorgeschriebenen Übungen an der Eidgenössischen Technischen Hochschule, erwarb sein Diplom in Architektur, eröffnete ein eigenes Büro und versuchte, die Aufgaben eines Architekten mit denen eines Schriftstellers zu verbinden. Seine Arbeit in Zürich war durch lange Reisen in die Vereinigten Staaten und nach Mexiko unterbrochen, wohin er noch oft zurückkehren sollte. Die Veröffentlichung von *Stiller*, 1954, fiel mit wichtigen privaten Entscheidungen zusammen: Frisch zog in eine kleine ländliche Gemeinde (wo er oft mit Dürrenmatt zusammentraf) und beschloß, sich ganz auf seine literarische Arbeit zu konzentrieren. Doch ging er bald wieder auf Reisen, unternahm lange Fahrten nach Mexiko, Griechenland und in den Nahen Osten, und ließ sich nach seiner Scheidung in Rom (1960–1965) und später in Berzona (Tessin) nieder, wo er heute, nicht weit vom Anwesen Alfred Anderschs, lebt und schreibt. Der kleine Ort im Tessin mag abseits der Hauptstraße liegen, nicht aber abseits der Welt, und die Reiseberichte im *Tagebuch 1966–1971,* 1972, zeigen, daß sich Frisch seine alte Wanderlust bewahrt hat. Da ist das *Val Onsernone,* mit den kahlen Mauern, Kastanien- und Feigenbäumen, aber auch neuerliche Fahrten zu alten Freunden nach Prag, Rußland (mit den progressiven Schriftstellern die Wolga hinab), Japan, New York und Washington, wo Henry Kissinger ins Weiße Haus zu Gaste lädt. Es bleibt zu sehen, ob das Bild, das man sich gewöhnlich von Frisch macht, seine Relevanz besitzt; viele seiner Leser, scheint mir, ziehen das Bild des »einschlägigen« politischen Schriftstellers dem wirklichen Menschen vor, der sich vor allem mit den privaten Ungewißheiten des vergänglichen Ich beschäftigen will.

Doch ist es leichter, nach dem wirklichen Frisch zu fragen, als eine Antwort anzubieten, denn seine literarische Entwicklung bewegt sich merkwürdig zwischen *genres* und Formen, privaten Interessen und öffentlichen Angelegenheiten hin und her, und mit einer fast proteischen List ändert er die Richtung seiner Arbeit auf halbem Wege, um zum Anfang zurückzukehren und alles neu zu beginnen. Sobald ich die Werke Frischs, die sich mit den privaten Wechselfällen des Ichs beschäftigen, von jenen trenne, welche die öffentlichen Streitfragen des Krieges, des Faschismus' und der Macht zum Gegenstand wählen, heben sich meinem Blick vier Gruppen von Stücken und Romanen entgegen, in welchen private und öffentliche Interessen fast regelmäßig abwechseln. In seiner frühen Prosa und in dem Stück *Santa Cruz* (geschrieben 1944) schuf Frisch eine Welt von feinfühligen *Fin de siècle*-Menschen, die nach bürgerlicher Ordnung verlangten und doch den Wundern der Unendlichkeit, die sie im Augenblick der ästhetischen Erfüllung ergriff, nicht zu entsagen vermochten. Aber sein früher Solipsismus hielt der Konfrontation mit den politischen Realitäten des zerstörten Deutschland unmittelbar nach 1945 nicht stand (wie sein Tagebuch bezeugt), und Frisch schrieb drei »öffentliche« Stücke (1945–1949), darunter die erste Version der *Chinesischen Mauer* [1946], und suchte nach einer neuen Definition der legitimen politischen Zivilisation, die sich in ihrer moralischen Substanz von der

bloß ästhetischen »Kultur« unterscheidet. In den fünfziger Jahren
(1951–1957) kehrte der politische Frisch wieder zur Erforschung
der einzelnen Subjektivität zurück und nahm in seinen Stücken
Graf Öderland [1951] und *Don Juan oder Die Liebe zur Geometrie* [1953] und in seinen Romanen, unter ihnen *Stiller* und *Homo
Faber,* die private Suche der späten dreißiger und frühen vierziger
Jahre wieder auf – nur um seinen Kurs in *Biedermann und die
Brandstifter* [1958] und *Andorra* [1961] erneut zu wechseln und
dem Publikum wieder als jener politisch engagierte Schriftsteller zu
kommen, der er unmittelbar nach dem Kriege gewesen zu sein
schien; nur wenige Jahre später kehrte er in *Mein Name sei Gantenbein,* 1964, und *Biografie* [1967] zur privaten Thematik zurück.
Chronologisch gesehen wechseln Perioden der privaten Interessen
(1934–1944 / 1951–1957 / 1964–) abrupt mit Jahren coura-
gierter und ganz persönlicher Äußerungen über öffentliche Angelegenheiten (1945–1949 / 1958 – 1961); immer wieder neue Um-
schwünge, neue Anfänge, starke Kontraste. Das *Tagebuch 1966–
1971* dokumentiert diesen Konflikt in der abrupten Montage der
Texte selbst; der Autor hat es im Grunde aufgegeben, Privates und
Politisches chemisch zu binden, die Elemente des Literarischen und
des Soziologisch-Historischen stehen, unterschieden durch das
divergente Schriftbild, spröde und unvermittelt nebeneinander; und
auf skizzierte Erzählungen und ironische Entwürfe, die mit sachli-
cher Melancholie zum privaten Thema des physiologischen Alterns
zurückkehren, folgen, in oft polemischer Absicht, wörtlich wiederholte Artikel aus der *Weltwoche,* Notizen aus dem *Spiegel,* Text-
proben aus dem *Schweizerischen Handbuch für Zivilverteidigung,*
oder sechs Seiten aus der *New York Times* im amerikanischen
Original. Frisch spannt das Private und Literarische gegen das Politische der Weltereignisse und verrät seinen elementaren Zwiespalt
im Nebeneinander seiner Statistiken über das Rattenelend in den
amerikanischen Ghettos der Schwarzen und dem archaischen Tes-
siner Pastorale: »Schneewasser rinnt über Granit, der durch die
Nässe violett, schwarz wird; dazwischen das verwelkte Farnkraut,
Stämme von Birken, Schnee auf den Höhen, darüber Mittelmeer.«
    Von Frischs drei »öffentlichen« Stücken der Nachkriegsperiode
fordert *Die chinesische Mauer* die tiefere Beachtung; andere, wie
Nun singen sie wieder [1945], ein Requiem auf die Toten des
Krieges, die Versöhnung wollen, und *Als der Krieg zu Ende war*

[1949], die Geschichte einer willensstarken deutschen Frau zwischen einem sowjetischen Obersten und ihrem verbrecherischen Mann, vermochten sich nicht lange auf der Bühne zu halten. Walter Jacobi bringt die *Chinesische Mauer* (erste Version 1946, überarbeitet 1955) mit dem Dadaismus in Beziehung, mich aber beeindruckt das Stück eher als ein architektonisch gut gelungener Versuch, Brechts *chinoiserie* mit den Techniken Thornton Wilders zu verbinden, um eine einschließende Bühne zu schaffen, auf welcher der ruhelose moderne Intellekt artikuliert, der sich weder von Erinnerungen an historische Gestalten noch von seinen Reminiszenzen an fiktive Charaktere trennen kann. Der chinesische Kaiser Hwang Ti behauptet, alle Feinde seines mächtigen Reiches besiegt zu haben, und arrangiert ein Fest, um den Endsieg seiner »Großen Ordnung« zu feiern und seine Pläne zu verkünden: den Bau einer großen Mauer, die das Reich gegen jede zukünftige Veränderung schützen soll. Er muß jedoch zugeben, daß noch ein letzter Feind innerhalb des Landes lebt, ein gewisser Min Ko, den man »die Stimme des Volkes« nennt: Min Ko bedroht die Macht mit seinen Liedern, die im geheimen von Mund zu Mund gehen. Die Gäste des Kaisers, unter ihnen Columbus, Napoleon, die L'Inconnue de la Seine, Don Juan (der das Programm von Frischs späterem Stück andeutet), Philipp von Spanien, Pontius Pilatus und viele andere versammeln sich auf der Terrasse; der Heutige (ein moderner Intellektueller) warnt Napoleon und Philipp vor einer Rückkehr (weil die Macht eines einzelnen im Atomzeitalter die ganze Menschheit bedrohe), ist aber weniger freimütig, als er dem Kaiser Hwang Ti selbst gegenübersteht. Die Prinzessin Mee Lan weigert sich, den siegreichen General Wu Tsiang zu heiraten (weil »er durch Macht glücklich sein will«), und bietet ihre Liebe dem Heutigen an, der viel von der Notwendigkeit der Tat spricht, aber zu handeln versäumt. Ein stummer junger Bauer (der nichts sagte, als der Triumphzug an ihm vorbeizog) wird verhaftet, und man bringt ihn als »Stimme des Volkes« vor Gericht. Aber die Herrschaft des Kaisers ist zu Ende, denn der durch die Weigerung der Prinzessin beleidigte Prinz Wu Tsiang übernimmt die Führung der Volksrevolution, die durch die Stadt fegt; die Revolutionäre brechen in den Palast ein, tun der Prinzessin Gewalt an und zerstören schließlich Palast und Bühnenbild. Es bleibt die nackte Maschinerie des Theaters; das geschändete Mädchen und der tatenlos moderne Intellektuelle umarmen einander in einem schwarzen Happy-End, und die berühmten Gäste des Kaisers schwärmen über die Bühne und implizieren, indem sie die Eröffnungspassagen des Stücks wiederholen (eine Mischung aus Shakespeare und Frisch), daß Geschichte Farce sei und alles von neuem seinen Anfang nimmt.

Nicht gegen den Kaiser, sondern gegen den modernen Intellektuellen richtet Frisch die ganze Kraft seiner selbstkritischen Intention. Viel *blague* und ein dauernder Mangel an Engagement; viermal (ich stütze mich auf den überarbeiteten Text) wird der Intellektuelle sich selber untreu: Als der Kaiser seinen Dolch hebt, befürwortet er gehorsam den Schauprozeß gegen Min Ko; entfaltet ironisch ein vielfältiges Vokabular, mit dem er die Feinde der Macht als »Agitatoren, Spione, Terroristen, Elemente« kennzeichnet; »zuckt nur die Achseln« (sagt selbst Mee Lan) »und zündet sich eine nächste Zigarette an, während sie einen Stummen foltern und zum Schreien bringen«; und nimmt schließlich die privilegierte Rolle des Hofdichters an. In seiner Selbstverteidigung vor Mee Lan verrät der Intellektuelle viel von dem privaten Kern dieses öffentlichen Stückes: er klagt das Mädchen an, ein Heldenbild von ihm geschaffen zu haben und in billiger Bewunderung zu schwelgen; eben durch dieses Bild, das dem wirklichen Menschen nicht gerecht wird, versündigt sie sich gegen ihn (wie es viele Charaktere in Frischs Erzählungen über Ehekonflikte tun). Doch der Intellektuelle muß gestehen, daß er gescheitert ist, und er fügt hinzu, daß ihm nichts anderes übrig bleibt (wenn er Geschichte machen will), als seinen Intellekt zu opfern, weil die Verstrickung ins historische Tun die kritische Distanz und die Unparteilichkeit zerstört. Aus Frischs Perspektive haben sowohl Mee Lan als auch der Intellektuelle gefehlt, und doch liegt die Aura einer letzten Hoffnung über ihrer Umarmung, denn sie schafft einen einmalig unwiderruflichen Augenblick, der den Teufelskreis der menschlichen Geschichte durchbricht. Frischs *Die chinesische Mauer* mag ein Stück sein, das von den öffentlichen Angelegenheiten der Macht und des Intellekts handelt, aber ich glaube nicht, daß es ein politisches Stück im engen Sinne des Wortes ist. Hinter dem Horizont seiner Theaterwirksamkeit zielt es auf die sich immer wiederholende Geschichte, den isolierten und zwangsweise passiven Intellekt, auf Frauen, die sich irrtümlich ein falsches Bild von ihren Geliebten formen, und auf die Machtlosigkeit des rasenden Volkes; der einzige Sinn liegt in

der intimen Geste der Liebe. Wie in Brechts *Trommeln in der
Nacht* sind die Fragen von öffentlichem Interesse, aber die Antwort
ist in der Umarmung von Mann und Frau beschlossen.

In seiner Arbeit der fünfziger Jahre kehrte Max Frisch (als ob er
sich des beharrlichen »privaten« Elements in seinen öffentlichen
Stücken bewußt wäre) willig zur Erforschung des Ichs zurück;
nachdem er noch einmal den traumatischen Konflikt zwischen dem
in täglicher Routine eingespannten Leben und der instinktiven
Sehnsucht nach einer zeitlosen Freude in seiner Ballade *Graf
Öderland* in symbolischen Bildern dargestellt hatte, begann er, das
Ich und den Druck der Welt mit »verinnerlichten«, wenn nicht
psychologischen Konzepten zu definieren. Im bemerkenswerten
Gegensatz zu der melodramatischen und gelegentlich kruden Ballade *Graf Öderland* entwickelt Frisch in *Don Juan oder Die Liebe
zur Geometrie* eine seltene Leichtigkeit des Ausdrucks, die klarste
Eleganz der Sprache und eine funktional sparsame Ökonomie der
Konstruktion. Viele seiner Charaktere sind, in einem fast materiel-
len Sinn, in Schloßmauern oder Statistiken gefangen, aber sein Don
Juan (wie der Künstler Stiller) erkennt, daß es für die Spontaneität
des Menschen viel gefährlicher ist, in die von seinen Nachbarn
geschaffenen Vorstellungsbilder gepreßt zu werden; der Kampf des
lebendigen einzelnen gegen die »Fesseln« von »Raum« und
»Welt« wird zu einer Schlacht gegen die feineren, aber stärkeren
Bande des »Mythos« oder gegen das schematische Gerede der Leute.
Don Juan ist zwar nicht gefühlskalt, aber er beklagt sich, wie übrigens sein Vetter in G. B. Shaws Stück, daß er eher der Verfolgte als
der Verfolger sei. Gelegentlich fällt er den Frauen mit seiner physischen Natur zum Opfer, aber diese Augenblicke, meint er, hätten
nichts mit seiner wahren Persönlichkeit gemein. Er zahlt dem
Fleisch seinen Tribut (die Bühne ist wahrhaftig überbürdet von
toten Vätern und verwundeten Ehemännern), aber in Wirklichkeit
schätzt er abstrakte Vergnügungen; sogar sein eigener Vater fürchtet um seine Gesundheit, denn er spielt Schach im Bordell. Don
Juan zieht die Geometrie den Frauen vor: er liebt die Reinheit des
geometrischen Raumes, die saubere Übereinstimmung von Form
und technischer Kraft, die zeitlose Gültigkeit theoretischer Axiome,
ihre fast heilige Nüchternheit; er träumt offenbar davon, seine Erfüllungen auf einer geometrisch abstrakten Insel der Schönheit zu
finden. Sein wirkliches Leben unterscheidet sich wesentlich von dem

des mythischen Don Juan, und er hat keinen anderen Wunsch, als
diesem Mythos zu entkommen, indem er ihn bis zum letzten
treibt: deshalb schlägt er dem Bischof von Córdoba vor, seine Höl-
lenfahrt vor dreizehn verführten Frauen als Publikum aufzuführen
und dann mit Erlaubnis der Kirche ein meditatives Asyl in einem
einsamen Kloster zu suchen. Der Bischof von Córdoba entpuppt
sich zwar als ein betrogener Ehemann in kirchlicher Verkleidung,
aber Don Juans Plan wird ausgeführt: die erstaunten Frauen bezeugen die Ankunft des Komturs (gespielt von einer Dame des
horizontalen Gewerbes), und Don Juan entflieht dem Bilde, das
sich ganz Spanien von ihm geschaffen hat. Doch hat sein Plan die
Ironien des Lebens ignoriert: er zieht sich auf Schloß Ronda zurück, um Geometrie zu studieren, und entdeckt, daß er die Herzogin (einst Dame des horizontalen Gewerbes) liebt. Die »männliche«
Geometrie vermag keinen Ersatz für die Fülle des Lebens zu bieten, und Don Juan scheint gar nicht erstaunt, als er hört, der Vater
des Kindes zu sein, das die Herzogin unterm Herzen trägt. Er
resigniert weise: sein »Mythos« lebt trotz all seiner Anstrengungen
fort, und während er versucht, sein wahres Ich in abstrakt geometrischen Begriffen zu finden, hat ihn das überfließend-reiche Leben
unweigerlich überwältigt.

Mit den privaten Stücken der fünfziger Jahre, die die metaphysische und psychologische Kerker-Angst des Ichs erforschen, sind
Frischs Romane *Stiller* und *Homo Faber*, 1957, nahe verwandt. Ungeachtet seiner motivischen Vielfalt zählt *Stiller* (den ich im Kapitel über die Schweiz bespreche) noch zum traditionellen deutschen Bildungsroman – ein empfindsamer Mensch künstlerischer
Neigungen versucht, sein wirkliches Ich deutlich von der Gesellschaft, dem täglichen Leben und den politischen Institutionen ab-
zuheben. *Homo Faber* geht einen entscheidenden Schritt über die
Tradition hinaus: Frisch ignoriert das Eidgenössische, und wir
bewegen uns rasch durch eine internationale Welt (die mexikani-
schen Kapitel gehören zu den besten Prosa-Seiten der neuen deutschen Literatur). Walter Fabers Schwierigkeit liegt darin, sein
Selbstbildnis durch ausschließlich technologische Begriffe definiert
zu haben; er schneidet sich selbst aus der Fülle des Daseins und
fordert unausweichlich alle jene Kräfte, die er ignoriert, zur Rache
heraus (sein ständiges Verlangen danach, die blinden Mächte des
Wachstums mit einem elektrischen Rasierapparat zu bekämpfen, ist

ebenso symptomatisch für ihn wie seine mechanische Art, Sonnen-
untergänge zu filmen). Der fünfzigjährige Faber zahlt einen hohen
Preis für seine Lebensblindheit. An Bord eines Schiffes lernt er
Sabeth kennen, ein junges Mädchen mit einer blonden *ponytail*-
Frisur, ignoriert oder unterdrückt die Indizien, die darauf hinwei-
sen, daß sie seine eigene Tochter sein könnte, reist mit ihr nach
Frankreich und Italien und wird ihr Geliebter. Nach einer Nacht an
den Ufern des griechischen Meeres stirbt Sabeth, die man mit
einem Schlangenbiß in ein Athener Krankenhaus einliefert, an
einer nicht diagnostizierten Verletzung. Faber überquert noch einmal ruhelos den Ozean und erkennt schließlich, als er vier Tage in
Havanna (vor Castro) verbringt, daß alles Menschliche in Glück
und Schuld, Schönheit und Schrecken verstrickt ist. In einer erwa-
chenden Leidenschaft, die an Thomas Manns Aschenbach in »Tod
in Venedig« erinnert, bewundert er sehnige Jünglinge, die kräftigen
weißen Zähne dunkelhäutiger Dirnen und die Spiegelung der Sonne auf alten Steinen. Es sind die Tage seiner letzten Euphorie, denn
seine Magenschmerzen kehren wieder, und er fühlt, daß er nicht
mehr lange leben wird; der Ingenieur, der nichts als »geometrische«
Turbinen respektierte, nähert sich der Schwelle des Todes und
wünscht sich nur einen einzigen Augenblick des Lebens und des
Lichtes, in dem Zeit und Ewigkeit eines sind. Frischs Roman (oder
besser Fabers Bericht) hat viele hervorstechende literarische Tugenden: die Konsequenz des persönlichen Standpunktes, von dem
aus ein einseitiger Technologe zu seiner Selbstverteidigung spricht;
ein eindrucksvolles Netz vorausschauender Motive (die mexikani-
schen Geier und Fabers moribunder Professor, der an den Bettler
in Flauberts *Madame Bovary* erinnert); und schließlich Frischs geschickte Darstellung von Fabers letzter Wandlung, die in seiner
Sprache an Empfindsamkeit und Energie gewinnt. Allerdings weiß
ich nicht, ob Frisch den Gegensatz zwischen Fabers Rationalität
und jenen Menschen, die noch mit den »Tiefen« (sei es Natur,
Kunst, Geschichte oder Tod) in Berührung stehen, mit genügend
erzählerischem Takt demonstriert. Er treibt die Spannung allzu oft
in eine gnadenlose Opposition technologischer und humanistischer
»Kulturen«: Fabers Antagonisten (der junge Künstler im Dschun-
gel und Sabeths Mutter, die als Archäologin die geheimere Dimension des Daseins kennt) bilden eine kompakte Gruppe; und
manchmal dominiert ein fast allegorischer Kontrast zwischen steri-

ler Rationalität (Ingenieure und Manager) und existentiellem Wissen von Tod und Leben (Künstler und Archäologen). In seinen besten Elementen zeigt *Homo Faber* auf überzeugende Weise den einseitigen und armen Geist, der sich plötzlich mit dem unendlichen Leben konfrontiert findet; in seinen problematischsten aber stellt Frisch »Schicksal« und »Gefühl« dem klaren Intellekt in spätromantischer Traditionalität gegenüber.

Ich gestehe, daß ich zu jenen zähle, die mit Frischs *Biedermann und die Brandstifter* und *Andorra* nicht glücklich sind; im Gegensatz zu der privaten Suche in den unmittelbar vorher geschriebenen Romanen und Stücken der frühen und mittleren fünfziger Jahre beschäftigt sich Frisch wieder mit öffentlichen Problemen: In *Biedermann und die Brandstifter* stützt er sich auf einen Stil, der nicht sein eigener ist, und *Andorra* tendiert dazu, die Verirrungen des Antisemitismus mehr zu verdunkeln als sie zu analysieren. *Biedermann und die Brandstifter* ist eine konsequent konstruierte Parabel vom ungehemmten Terror: Biedermann, ein bürgerlicher Herr Jedermann, wehrt sich nicht gegen die Brandstifter, die sich listig und dreist ihren Weg ins Haus erzwingen. Töricht und feige hilft er zweien von ihnen, Benzinfässer in seine Bodenkammer zu bringen. Das dritte Mitglied der Gruppe scheint weniger gefährlich, denn er legt Feuer nur aus ideologischen Gründen und stimmt mit jenen nicht überein, die aus reiner Lust Brände stiften. Biedermann glaubt, es sei das beste, mit den Terroristen auf gutem Fuß zu leben, bietet ihnen Braten und gute Getränke an, aber sie arbeiten an ihrem Plan weiter, und nachdem er ihnen als besonderes Zeichen seines Vertrauens Streichhölzer ausgehändigt hat, gehen sein Haus und die angrenzenden Stadtviertel in Flammen auf. In einem Nachspiel für deutsche Aufführungen werden die Brandstifter als Teufel entlarvt, welche ihre Hölle schließen, weil der Himmel wirklichen Sündern zu oft Vergebung gewährt, und Biedermann und seine Frau loben die einstigen Feuer, denn die zerstörten Städte wachsen in Glas und Stahl wieder auf.

Wie Brecht in *Der aufhaltsame Aufstieg des Arturo Ui* wendet sich Frisch gegen den unaufhaltsamen Triumph der Brandstifter, argumentiert aber vor allem gegen den fatalen Irrtum, Geschichte als Schicksal zu interpretieren. Der Chor der Feuerwehr entlarvt (im Gegensatz zur Theatertradition) den Schicksalsglauben in der menschlichen Geschichte als schädlichen Unsinn und erinnert daran, daß rationale Menschen in der Lage sein sollten, politische Situationen kritisch zu analysieren und entschlossen zu handeln. Der Chor kennt die Schwierigkeiten, die sich im Jahrhundert der Massenmedien jenem entgegenstellen, der die Tatsachen kennen will, und mahnt Biedermann, die auf Blindheit beruhenden irrationalen Ängste abzuwerfen und der Versuchung zu widerstehen, alles, was geschieht, »Schicksal« zu nennen. Interpreten des Stücks übersehen oft, daß Max Frisch dem Versagen Biedermanns eine moralische, ja vielleicht existentielle Dimension gibt: eben als er Mut faßt und sich anschickt, gegen die Brandstifter zu handeln, sabotieren moralisches Versagen und sein Mangel an Menschlichkeit den eigenen Entschluß. Das ist die Funktion des Knechtling-Motivs: Biedermanns armer Angestellter Knechtling (Vater von drei Kindern) hat ein Haarwasser erfunden, aber sein Chef Biedermann will den ganzen Profit für sich und entläßt ihn; der unglückliche Knechtling begeht daraufhin in seiner Küche Selbstmord. Gerade als Biedermann die Brandstifter aus seinem Haus jagen will, erreicht ihn die Nachricht von Knechtlings Tod, ein Polizist stellt unerwartete Fragen über Biedermanns früheren Angestellten, und der eingeschüchterte Biedermann sagt dem Beamten im kritischen Augenblick, die Kanister unter seinem Dach enthielten bloß Haarwasser. Diejenigen, die den totalitären Brandstiftern widerstehen wollen, impliziert Max Frisch, müssen das aus moralischer Reinheit tun; gelingt das nicht, ist ihre Widerstandsfähigkeit bedroht, wenn nicht gar durch ihr schlechtes Gewissen über ungelöste Probleme und die Sünden der Vergangenheit vernichtet. Biedermanns durchdringender Schrei: »Ich kann nicht Angst haben die ganze Zeit«, entblößt die Nuancen der sinnbildlichen Situation, die durch eine eindimensionale Interpretation nie voll ausgeschöpft werden kann.

Frischs »Lehrstück ohne Lehre« mag historisch auf Präsident Beneš anspielen, der den tschechoslowakischen Kommunisten nicht genügend Widerstand leistete (eine Deutung, die durch eine Notiz in Frischs *Tagebuch* gestützt wird), oder das deutsche Bürgertum im Auge haben, das so wenig gegen Hitler unternahm (Interpretationen, die sich gegenseitig nicht ausschließen), aber mich betrübt die Art, in der Frisch plötzlich versucht, wie Dürrenmatt, Brecht oder die Mitarbeiter des berühmten Züricher Cabarets *Cornichon* zu schreiben. Er wagt sich wieder einen Schritt über das Private in die politische Sphäre hinaus, aber an den Krücken eines ihm fremden

Bühnenstils; und indem er die heilsamste Warnung formuliert, allem politischen Terror zu widerstehen, nutzt er eine antiseptische und geliehene Technik, die eine Epoche nachlassender dramatischer Kraft verrät.

Andorra soll es mit dem Antisemitismus zu tun haben, aber da Frisch zu seinem privaten Problem des spontanen Ich und der ihm aufgezwungenen Vorstellungsbilder zurückkehrt, weicht er den konkreten Fragen der Gewalt und der Geschichte im Bogen aus. In einem kleinen Land Andorra, das an ein feindliches Reich grenzt, hat ein Lehrer einen Sohn von einer Señora aus dem anderen Land; um sein Geheimnis zu wahren, erzählt er der Gemeinde, der kleine Andri sei Jude, und er habe ihn vor einer Verfolgung jenseits der Grenzen gerettet. Die Bürger von Andorra lieben ihren kleinen »Juden« zuerst, um zu beweisen, daß sie sich von den anderen drüben unterscheiden, aber als Andri heranwächst, und die Feinde drohen, in Andorra einzufallen, beginnen sie geringschätzig von seinem »Anderssein« zu reden. Der stolze Andri entschließt sich, eben jenen Charakter zu inkarnieren, den ihm die Gemeinde aufdrängt, verkörpert sogenannte jüdische Charakterzüge, Gesten und Haltungen, und nimmt sein Schicksal gleichsam als Sündenbock auf sich. Vergeblich versucht Andris Vater, seinen Sohn davon zu überzeugen, daß er überhaupt nicht jüdischer Herkunft sei, aber Andri will nicht mehr hören; und als die Feinde in Andorra einfallen, und die Gemeinde sich widerstandslos ergibt, wird Andri abgeführt, und sein Vater (vielleicht die einzige wirklich tragische Figur dieses Stückes) hängt sich auf. Frischs Kritiker waren irritiert von den Widersprüchen, die gegen die Intention des Stückes arbeiten, und damit meine ich nicht den ersten Widerspruch, mit Leim, Scheinwerfern und Kulissen den Mord an sechs Millionen Menschen ins Gedächtnis zurückrufen zu wollen. Ich bezweifle die fundamentale dramatische Analogie: In Andorra wird ein junger Masochist, der von dem Wahn besessen ist, ein Jude zu sein, abgeführt, in den Konzentrationslagern jedoch wurden Millionen von Juden getötet; in der Geschichte hat Jude sein nichts mit selbstprojizierten Vorstellungsbildern zu tun, sondern mit gemeinsamen Wechselfällen des Lebens und religiöser Substanz. In Wahrheit hat Frisch versucht, sein privates Problem von Ich und Bildnis (das er in *Stiller, Don Juan* und anderen Arbeiten behandelte) zur öffentlichen Relevanz zu erheben, aber es mißlingt ihm unausweichlich, die hi-

storischen Ereignisse zu psychologisieren. Sein projüdisches Stück
ohne wirklichen Juden gab, wie der amerikanische Theaterkritiker
Robert Brustein sagt, »Deutschland, das in abstoßender Weise zur
Selbstgeißelung drängt, eine Peitsche aus Samt.«

Frischs eigene Vorstellung von seiner Kunst neigt dazu, »private« Prioritäten in ihren öffentlichen Funktionen zu verfechten. Er
gesteht selbst, aus persönlicher Notwendigkeit und nicht auf Grund
sozialer Herausforderungen zu schreiben; im Schreibakt trifft der
Wille, die Welt zu erdulden, mit dem Wunsch nach Kommunikation und dem Verlangen nach anderen Menschen zusammen. Botschaft und Lehre sind dabei nicht in erster Linie von Bedeutung;
Frisch macht sich über ein Publikum lustig, das nach geheiligter
deutscher Tradition im Dichter einen Pseudopriester, Eheberater
oder Jugendführer sehen will, und polemisiert gegen Kritiker, die
einen Autor, der schreibt, nur weil es ihm Spaß macht, nicht dulden. Aber es ist falsch, von dem Vorrang privater Interessen auf die
Abwesenheit sozialer Funktionen zu schließen: Öffentliche Verantwortung »packt« den Schriftsteller, »schlüpft« in seine Arbeit,
drängt sich ihm auf. Frischs Schlüsselwort, mit dem er die öffentliche Funktion des Schriftstellers charakterisiert, heißt *zersetzen;*
dieses Wort, mit dem die Nazis die Intellektuellen verdammen
wollten, wird zu einem Ehrentitel. Des Schriftstellers bedingungslos
loyale Neigung gehört allem, was lebt und daher voller Widersprüche steckt: er hofft, die abstrakten und monolithischen Konflikte, die die Welt beherrschen, durch seine Arbeit zu zersetzen:
und indem er von der »kombattanten Resignation« des Schriftstellers spricht, glaubt er in seinem präzisen und treuen Interesse am
einzelnen, wie er wirklich ist, eine Antwort auf die präfabrizierten
Argumente der Macht (aber auch auf die »kanalisierte Intelligenz«
der sympathischen SDS-Besucher in Berzona) bereitzuhalten.
Frisch hat sich dem ruhelosen Einzelnen verschrieben, und es
drängt ihn immer wieder, die Raumangst des endlos empfindsamen
Ichs zu erforschen, das in einer Welt voller Vorbehalte gefangen ist.
Zu *sein* bedeutet Gefangener sein, und die Gefängnismauern haben
viele Farben und Formen: Schloßmauern, Schneeverwehungen,
melancholische Nebel, unbarmherzige Reihen von Aktenschränken
oder, vielleicht noch fataler, die leblosen Bilder, welche die Menschen voneinander formen – das tödlichste Gefängnis ist die stolze
Zeit selbst. In Frischs Welt glauben die Menschen grundsätzlich,

das Leben jenseits der Mauern sei glücklicher: sie suchen unaufhörlich nach entfernten Inseln, blauen und weißen, überreich an Früchten und Licht (Hawaii, Öderlands Santorin, Pelegrins und Fabers Kuba); und auf einer höheren Bewußtseinsebene erkennen Don Juan und Stiller, daß es noch gefährlicher ist, in Bildern, die von anderen gemacht werden, gefangen zu sein und innerhalb jener Mauern zu ersticken, welche die Menschheit in ihrem Kopf errichtet. Aber die Mitte des geographischen und psychologischen Gefängnisses ist die Zeit, welcher der Lebende nicht entkommen kann; und mit der wahren Hartnäckigkeit gequälter Seelen suchen sie alle auf blauen Inseln und jenseits verhärteter Bilder nach dem unsagbaren Glück eines einzigen und paradoxen Augenblicks ohne Zeit und Wiederholung. In ihrer romantischen Besessenheit nach glühend einmaliger Erfahrung und ihrem Drang, dem Teufelskreis Leben und dem Alptraum der zyklischen Gesichte zu entgehen, wie z. B. in *Santa Cruz, Die chinesische Mauer* und *Graf Öderland* sind sie alle dilletantische Mystiker in einem Universum ohne Gott und suchen letzte Erlösung von der Zeit in einem brennenden Augenblick durchdringend ästhetischer Freude.

Die literarische Bedeutung von Frischs späterem Roman *Mein Name sei Gantenbein,* 1964, steht meiner Meinung nach in unmittelbarer Beziehung zu seinem langanhaltenden Streit gegen die quälenden Determinationen von Zeit und Raum. In *Stiller* war der Protagonist (der eine starke Familienähnlichkeit mit Frisch selbst nicht leugnen konnte) noch unentwirrbar in ein Netz von Bildern verstrickt, die Gesellschaft und politische Institutionen entwarfen, aber in *Gantenbein* schwingt sich die Phantasie des Erzählers leicht und schwerelos über die Massen der räumlichen und zeitlichen Ordnung hinweg und bricht (wie Fichtes philosophisches Ich, das die Welt setzt) programmatisch mit den einengenden Bindungen an »Story«, »Charakter« und »Erfahrung«, wie sie der traditionelle Roman vorschrieb. Den neueren Filmen folgend, in denen eine ruhelos fahrende Kamera Bilder schafft und erforscht, erfindet der Erzähler seine eigene Art des *nouveau roman* und versucht, seinen Gedanken zu bekräftigen, daß sich jedes »Ich« die eigene Rolle erfindet, seine Identitäten zurechtlegt, sie nützt und je nach Laune wieder ablegt. Ob er die Rolle Gantenbeins für sich skizziert, eines Mannes, der vorgibt, blind zu sein, um zu sehen, wie die Menschen wirklich sind (und der die unstete Schauspielerin Lila heiratet, die

ebensogut eine *contessa* wie eine Hausfrau sein könnte), oder ob er
es vorzieht, für einen Augenblick den Intellektuellen Enderlin zu
spielen, der nicht nach Harvard will, oder in die Gestalt des bären-
haften Architekten Svoboda schlüpft – diese Rollen sind von
jeder Endgültigkeit geschieden und werden beständig neu formuliert, korrigiert oder durch unterhaltsame Nebenerzählungen modifiziert, die Gantenbein oder eine andere Gestalt einem neugieri-
gen Callgirl oder einem Barmann berichten. Der Roman ist arm an
Handlung alten Typs und reich an humaner Erfahrung; und der
Erzähler, der seine Angst vor dem Alter und seine bittere Eifer-
sucht gleichzeitig verbirgt und enthüllt, triumphiert kunstvoll über
die träge Masse, den erstickenden Raum und die Fesseln der zeitlichen Folge. Im bemerkenswerten Gegensatz zu Robbe-Grillet und
manchmal Uwe Johnson demonstriert Frischs »Neuer Roman«
sehr erfolgreich, daß sich kühne Experimente und ironische Sympathie mit dem Menschlichen nicht unbedingt ausschließen.

Frischs problematische Komödie *Biografie* [1967] ist nicht allein
den Kümmernissen Gantenbeins verbunden, sondern weist in ihrer
szenischen Struktur und Leitmotivik auf die frühesten Stücke zurück. Die Bühne wird zum Laboratorium der Verhaltensfor-
schung, denn, so meint der Autor, dem Theater sei es gestattet, »zu
wiederholen, zu probieren, zu ändern«, und Frisch kommt uns als
Herr Kürmann, Psychologe und Professor des Behaviorismus, der
sich gegen die Begrenzungen seiner Lebensgeschichte zur Wehr
setzt. Auch Kürmann akzeptiert seine eigene Geschichte nur als
»eine von vielen, die ebenso möglich wären unter denselben gesellschaftlichen und geschichtlichen Bedingungen«, und spielt mit Hilfe
eines Registrators (der aus dem Texte seines Bewußtseins liest) die
szenischen Wendepunkte seines Lebens wie zur Probe durch, um
die potentiellen Alternativen einer anderen Existenz zu prüfen.
Auch Kürmann, d. h. der Wählende, repräsentiert wieder die ro-
mantisch postulierte Freiheit des Ego, die Erfahrung als Akte der
Entscheidung setzt und durchaus nicht bereit ist, den Trost aller
Geschlagenen hinzunehmen: »So und nicht anders hat es kommen
müssen« – nicht in seinen Erfahrungen mit der dunkelhäutigen
Helen, der leidenden Katrin und der Adorno-Schülerin Antoinette;
nicht in der Politik, die er neuerlich in Akte privater Entscheidungen transformiert; nicht in seiner Karriere als Professor und Insti-
tutsvorstand. Kürmann will ausbrechen und verrät die Gefangen-

schaft Frischs in der Geschichte seiner eigenen Produktivität: Kürmann ist ein Herzbruder Stillers, Öderlands, Gantenbeins (von
Hotz gar nicht zu reden). Die wieder an Thornton Wilder orientierte szenische Struktur reduziert das Muster der *Chinesischen
Mauer* radikal ins Intime; und die instinktiven Selbstzitate (z. B. die
Spieluhr) verraten, wie sich die Produktivität des Autors selbst dem
geschlossenen Kreis ihrer eigenen Leistungen anheimgibt. Ich
fürchte nur, Frisch unterschätzt die materielle Zähigkeit der Bühne,
die experimentalen Wiederholungsvorgängen ihren eigenen Widerstand entgegensetzt: *Biografie* versucht vergeblich, die poetische
Freiheit Gantenbeins ins Szenische zu übersetzen, aber es ist eben
diese Vergeblichkeit, welche die älteste und unheilbare Wunde im
Bewußtsein des Dramatikers entblößt.

Als Künstler suchte Frisch nie den leichten Weg; seine Erfolge
führen ihn immer wieder an die Grenzen des Fehlschlags. Vor
einer Generation begann er als Traditionalist, in seinen Dramen
oft von Strindberg beeindruckt, in seiner Prosa von seinen Landsleuten Gottfried Keller und Albin Zollinger. Aber im Gegensatz zu
anderen deutschen Schriftstellern arbeitete er von der Tradition
zum Experiment hin; und zwischen seiner frühen Prosa und *Gantenbein* liegen fast hundert Jahre Literaturgeschichte. Als Theaterschriftsteller lernte Frisch von Thornton Wilder, Brecht, Büchner
und, in weniger glücklichen Augenblicken, von Dürrenmatt; und
obwohl man ihn oft einen Schüler Brechts nennt, basiert seine
»epische« Technik weitgehend auf Wilders Stücken, denn er lernte
Brecht erst später kennen, begann seine Arbeiten zu studieren und
ihn zu bewundern; seine Erinnerungen an Brecht (»die klein-run-
den Augen irgendwo im flachen Gesicht vogelhaft auf einem zu
nackten Hals«), aber auch seine Kritik an Brechts anachronistischen Parabelstücken als »Kindertheater für Intellektuelle«, beide
im *Tagebuch 1966–1971,* wiegen eine halbe Bibliothek der üblichen Sekundärliteratur auf. Ungeachtet seines wiederkehrenden
Engagements für öffentliche Interessen ist Frisch ein Schriftsteller
der privaten Sensibilität: Treffen seine privaten Probleme und
öffentliche Streitfragen zusammen, schreibt er seine besten Stücke,
wo nicht, ist das Ergebnis problematischer. Zu seinen hervorra-
gendsten Stücken zählen *Die chinesische Mauer* (in der sich die
freieste szenische Imagination mit unergründlichem Skeptizismus
verbindet) und *Don Juan oder Die Liebe zur Geometrie,* die ur-

banste der neueren deutschen Komödien. Als Erzähler hat sich Frisch stets fortgebildet: von *Stiller*, in dem er sich noch eng an die Romantradition des neunzehnten Jahrhunderts anlehnte, zu *Gantenbein*, in dem er neue strukturelle Elemente mit unerschütterlicher menschlicher Sympathie zu mischen weiß. Vielleicht ist es Frischs tiefstes Geheimnis, daß er im Grunde seines Herzens ein Lyriker ist, der seine Lieder vom Ich, in unserem Zeitalter der Prosa und des Engagements, fast schüchtern hinter der Maske seiner Romane und Stücke verbirgt.

3. PETER WEISS

Peter Weiss' Stücke sind die objektiven Korrelate eines unauflöslichen inneren Dramas, in dem der Revolutionär, der eine unerträgliche Welt zu ändern sucht, mit dem Künstler in Widerspruch gerät, und seine »Dokumentarstücke« sind asketische Übungen einer um das Menschliche besorgten Seele. Peter Weiss erkannte die Einsamkeit langsam, unausweichlich und gnadenlos: Als die Nazis in den Berliner und Bremer Straßen marschierten, erfuhr der Junge, daß sein Vater Jude war, und die folgenden Exiljahre in London, Prag und Stockholm waren mehr als nur eine Zeit der geographischen Trennung von einer glücklicheren Vergangenheit. Der jüngere Peter Weiss war besessen von dem Drang des Heranwachsenden nach romantischem Selbstausdruck: er malte, schrieb lyrische Prosa (eine Zeitlang in Schwedisch) und zog sich aus einer Welt zurück, in der die alliierten Armeen gegen die Deutschen kämpften und die Feuer in den Konzentrationslagern brannten. Erst als er begann, seine intimen Erfahrungen in autobiographischen Texten zu analysieren und zu prüfen, kehrte er zögernd zu seiner Muttersprache zurück, und dachte darüber nach, ob er sich der Unmenschlichkeit schuldig gemacht habe, als er den Launen eines privaten Ichs nachgegeben hatte, wärend die anderen litten und starben. In Marat/Sade [1964]* vermochten die einander bekämpfenden Stimmen des Introvertierten und des Aktivisten diese fundamentale Frage noch nicht in einheitlicher Entschiedenheit zu beantworten, aber Mitte der sechziger Jahre formulierte Weiss eine bestimmte Antwort auf die Herausforderung seiner Vergangenheit. In seinen »Zehn Arbeitspunkten für einen Schriftsteller in einer geteilten Welt«, die er am 1. September 1965 zum erstenmal in einer schwedischen Zeitung veröffentlichte (später in vielen Sprachen übersetzt), bekannte sich Weiss zu den leninistischen Kräften der historischen Entwicklung und den politischen Potentialitäten der »Dritten Welt«, verband seine Untersuchung der Existenz-Strukturen im Konzentrationslager Auschwitz mit einer ökonomisch vereinfachten Interpretation des deutschen Faschismus und bildete in den späten sechziger Jahren, in Anlehnung an Agitprop und den

---

* Die Verfolgung und Ermordung Jean Paul Marats, dargestellt durch die Schauspielertruppe des Hospizes zu Charenton unter Anleitung des Herrn de Sade.

frühen Piscator, seine eigene Art des Dokumentartheaters. In seinem revolutionären Maskenspiel *Gesang vom lusitanischen Popanz* [1967] und in seinem *Viet Nam Diskurs* [1968] präsentiert er monolithische politische Argumente, die eher darauf angelegt sind, den Glauben der Überzeugten zu stärken als die Skeptiker zu überzeugen, durch theaterwirksame Chor-Rezitation, Gruppenbewegungen und Pantomimen. Ich glaube, daß Peter Weiss in seinen jüngsten Stücken selbst im historischen Element zu persönlichen Problemen zurückkehrt; in *Trotzki im Exil* [1969] prüft er seine eigene politische Entwicklung und fragt in *Hölderlin* [1971] nach der Berechtigung der Dichtung in einer bösen Welt, die der tätigen Veränderung bedarf. »Solang ich nichts/ bessres vermag als schreiben« (sagt Hölderlin für den Schriftsteller Peter Weiss) »will ich das ganz elendigliche Werk/ von Verfassung und Gesetzgebung/ bis auf die Haut entblößen/ und meinen Haß ausschütten/ auf die Stubenheizer Speichellecker/ und Schmarotzer unseres Fürsten.«

In seinen autobiographischen Berichten *Abschied von den Eltern,* 1961, und *Fluchtpunkt,* 1962, kehrt Peter Weiss in die Villen und Gärten einer zarten Kindheit zurück, zu der Einsamkeit eines Jungen, der seine Schwester bei einem Autounfall verliert, zu den wiederholten, aber fruchtlosen Versuchen des Emigranten, Freunde zu finden, Frauen treu zu sein und Kunstwerke zu schaffen. In der Vorgeschichte seiner Konversion zum sozialen Engagement dominiert die Metapher eines geschlossenen, engen und lichtlosen Raumes, in dem Stimmen von draußen nach fernen Erfüllungen rufen; als die Familienbande durch Zeit und Tod zerstört sind, findet sich der junge Mann im tieferen Gefängnis einer scheinbar ausweglosen Introversion, die er in der privaten Konzentration auf seine Graphik zu durchbrechen sucht. Er findet rare Augenblicke des Glücks in Hermann Hesses Schweizer Landschaft der Berge und des Gefühls, aber das schwedische Exil (ein kaltes Land der verhärteten bürgerlichen Konventionen) stößt den tastenden Künstler weiter in seinen »Monolog ins Leere«. Sein radikaler Freund Hoder (d. h. der bekannte sozialistische Arzt Max Hodann) spricht von der Notwendigkeit, die alte Welt zu verändern, aber der junge Maler, der Kafka liest, spricht in seiner Antwort von der Verfolgung der experimentellen Kunst in der Sowjetunion; und nach dem Tod seines Freundes versucht er vergebens, in romantischer Art in die weiten schwedischen Wälder zu entfliehen und dort das ungeistige Dasein wortkarger Holzfäller zu leben. Doch die Veränderung ist nahe: Weiss entdeckt Henry Millers *Wendekreis des Krebses,* entzieht sich Franz Kafkas Welt der drohenden Beamten und begreift plötzlich, als er in den ersten alliierten Filmen die Leichen in deutschen Konzentrationslagern sieht, in welcher Hölle seine Freunde ihr Ende gefunden haben. Im ersten Akt seiner Selbstbefreiung aus Introversion und Vereinzelung reist er von Stockholm nach Paris und entdeckt in den Straßen der Stadt in einem extremen Augenblick »absoluter Freiheit«, daß er endlich bereit ist, sich den mehr als privaten Wirklichkeiten zu stellen und weit über sein privates Ich hinaus teilzuhaben »an einem Austausch von Gedanken«.

In der Chronik über sein Exil sagt Peter Weiss, manche Kritiker hätten dem Epigonalen seiner frühen Gemälde gesprochen; und ich glaube, daß auch seine frühen deutschen Stücke (1968 in einer zweibändigen Ausgabe erschienen) die eines Epigonen sind, der in seiner Isolation zu kombinieren versucht, was andere vor ihm in vielen Künsten entwickelten. Da sind die Spuren Strindbergs, den Peter Weiss übersetzte, und Franz Kafkas; in späteren Stücken wirken die surrealistischen Schocktechniken, die Alfred Jarry in seinem *König Übü* nützte und die Buñuel und Vigo in ihren Filmen fortentwickelten. Der *Turm,* 1949, eine poetische Parabel in der Art von Strindbergs *Traumspiel,* zeigt Leben und Tod des Zirkusartisten Pablo, der (ein entfernter Verwandter von Kafkas Hungerkünstler) Fesseln und Ketten zerreißt. Pablo kehrt instinktiv zu dem mystischen Heimat-Turm zurück, dem er einst eher in seiner Körperlichkeit als im Geiste entkam, verlangt danach, seine Stärke und Kunst darzubieten, und erstickt, indem er seine Fesseln wie spielend zu entwirren sucht: Die Flucht aus den Fesseln ist gleichbedeutend mit dem Tod. *Die Versicherung* (geschrieben 1952), eine unterhaltsame Collage aus neunzehn chaotischen Szenen voller Farben, Schreie und literarischer Reminiszenzen, baut auf der theatralischen Tradition der Surrealisten auf und antizipiert das deutsche Interesse am »Theater des Absurden« um fast zehn Jahre. Auf einer gutbürgerlichen Party, die an George Grosz oder Elias Canetti erinnert, verschlingen Gäste und Hunde eine fette Gans, der Polizeidirektor (dessen Schlafzimmer von einer Bombe zerstört wird) will eine komplette Versicherung gegen alle Gefahren der Weltgeschichte abschließen, Liebespaare haben ihre Gele-

genheit hinter Kohlenhaufen, die Revolution kommt wie der
Frühlingsregen, und am Schluß triumphieren Sonnenschirme und
summende Nähmaschinen in schöner Dada-Vitalität. Aber Peter
Weiss ist mit dem Überfluß der Kunst konstitutiv unzufrieden; in
seiner *Nacht mit Gästen* [1963] arbeitet er mit den naiven Techniken des Puppenspiels gegen surrealistische Verführungen und erzählt eine Geschichte von Diebstahl, Raub und Mord in rauhen
Knüttelversen; ein Kinderchor singt dazu, völlig ungerührt von
Blut und Gewalt, »ene mene eia weia / acke wacke weck«. Von
seinem frühen Mißtrauen gegen Glanz und Vielfalt der Kunst getrieben, entscheidet sich Peter Weiss (wie Thomas Manns Adrian
Leverkühn) für das Archaische, aber ich frage mich, ob er spürt, wie
eng das Archaische dem Barbarischen verwandt ist.

Mit seinem *Marat/Sade* erreichte Peter Weiss einen entscheidenden Wendepunkt seiner Entwicklung als Dramatiker und Gesellschaftskritiker; und indem er die Proben des Stücks auf der Bühne
des Rostocker Theaters beobachtete, begann er sich stärker mit den
politisch radikalen Gestalten seiner eigenen Phantasie zu identifizieren. *Marat/Sade* arbeitet im Grunde mit dem Prinzip des Theaters auf dem Theater: Der alternde und beleibte Marquis de Sade
führt, zur Erbauung von Patienten und Verwalter der Irrenanstalt
zu Charenton, sein eigenes Stück über Charlotte Cordays Mord an
Jean Paul Marat auf; und in einem komplexen Zeitmodell, das den
historischen Tag der Tat (13. Juli 1793), den Moment der Ge-
denkaufführung (13. Juli 1808) und die Stunde des gegenwärtigen
Zuschauers einschließt, tritt die Geschichte selbst als Gegenkraft zu
den theatralischen Interessen. Der aus politischen Gründen in Charenton internierte de Sade hat keine leichte Aufgabe: Über Leben,
Tod und die Revolution meditierend, tritt er als Gegenspieler des
von einem paranoischen Patienten gespielten Jean Paul Marat in
sein eigenes Stück; und als Spielleiter muß er seinen Text ständig
gegen Monsieur Coulmier, den Direktor der Anstalt, verteidigen, der
radikale Formulierungen nicht tolerieren will, denn sie demaskieren
die Diskrepanzen zwischen der revolutionären Rhetorik und den
gesättigten Praktiken des etablierten liberalen Regimes, das er repräsentiert. In Peter Weiss' überarbeitetem Text (1965) lacht de
Sade spöttisch über seine Unfähigkeit, die Wut der Patienten, die
er mit seinem therapeutischen Stück provoziert, zu besänftigen:
stampfend und schreiend (»Revolution / Revolution / Kopulation

/ Kopulation«) wälzen sie sich voran, auf Befehl Coulmiers stellen sich ihnen die Pfleger hilflos in den Weg, und nur der fallende Vorhang des wirklichen, nicht fiktiven Theaters rettet den modernen Zuschauer vor dem wütenden Chaos. Gegen uns, die neuen Komplizen Coulmiers, ist der Stoß gerichtet.

In den Dialogen des Marquis mit dem Volkstribunen berührt Peter Weiss fundamentale Interessen der modernen Intellektuellen. Die Antagonisten sprechen selten miteinander, sondern sind eher geneigt, ihre Meinungen von Menschheit und Geschichte wie für sich selbst zu artikulieren: de Sades Weltentwurf wird von romantischem Selbstmitleid, »existentialistischem« Solipsismus und von der Idee der Wiederkehr in der Geschichte getragen; Marat verkörpert die abstrakte Rhetorik der Revolution, eine wissenschaftliche Konzeption der Geschichte und den unbeirrbaren Glauben an die produktive Tat. De Sade wütet gegen die Indifferenz einer sinn- und bedeutungslosen Natur, die in kalter Monotonie blind dahinmordet (ein individueller Tod ist deshalb eine große Tat); Marat glaubt, daß de Sades Apathie ihn davon abhalte, das Elend der Welt zu bekämpfen. Aber de Sade weist den Gedanken zurück, der Mensch vermöchte sinnvoll über sich selbst hinaus zu handeln: Da der Mensch sich selbst unbekannt ist, hat er vor allem sein eigenes Ich zu erforschen und die unpersönlichen Fragen des Augenblicks (sei's Patriotismus, Nationalismus oder der Aufruhr der Massen) als Schattenspiele von sich zu weisen; Marat wieder besteht darauf, daß es unausweichlich notwendig sei, im historischen Augenblick zu handeln und daß dieser besondere Augenblick die Verteidigung der Revolution gegen die Bürger fordere, die von der Ausbeutung des vierten Standes leben; ein zweites Stadium der Revolution ist herbeizuführen. Der Marquis kann weder in einem ersten noch im zweiten Stadium der revolutionären Entwicklung Sinn oder Bedeutung sehen (für ihn ist alle Geschichte nur eine Sackgasse und ein verzweiflungsvolles »Immer-Wieder«); das wirkliche Gefängnis, in dem das Menschliche dahinlebt, ist das introvertierte Ich, und wo diese unsichtbaren Mauern nicht durch das kopulierende Fleisch geöffnet werden, sind Revolutionen bloße Gefängnismeutereien, die von korrupten Mitgefangenen leicht verraten werden. In den Monologen deckt de Sade seinen Narzißmus und Marat sein Engagement auf; die Frage bleibt, ob ihre Alternativen nicht von dem radikalen Sozialisten Jacques Roux überholt

werden, der als Leninist vor dem Leninismus die Revolution durch
strikt ökonomische Prinzipien interpretiert, konkrete Maßnahmen
zur Verteilung der Produktionsmittel vorschlägt und in einer Sprache ohne jede klassizistische Rhetorik die gutgezielte und gewaltsa-
me Aktion *jetzt* fordert. Ungeachtet aller thematischen Relevanz
aber hat Peter Weiss' *Marat/Sade* seine bemerkenswerten Schwierigkeiten, und es bedarf eines vitalen Regisseurs (in der Artaud-
schen Tradition des »totalen Theaters«), der die vielen szenischen
Möglichkeiten dieses Stücks ergreift, um über den Mangel an dramatischer Bewegung und die Abwesenheit einer energischen
und präzisen Sprache hinwegzutäuschen; im ganzen Text dieses
Stücks, das aller kulinarischen Reichtümer der modernen Bühne
bedarf, steht nicht eine einzige Zeile, deren man sich wieder erinnert.

Im Frühsommer 1964 besuchte Peter Weiss den Frankfurter
Prozeß gegen Verwalter und Wachmannschaften des Konzentra-
tionslagers Auschwitz und sammelte Daten und Materialien für
sein Oratorium *Die Ermittlung* [1965]. Unaussprechliche Leiden
und die brutalen SS-Männer stehen einander noch einmal gegenüber, und das Gerichtsereignis, frei von allem theatralischen Kram,
wird zu einem leidenschaftlich-nüchternen Ritual, das die Erinnerung an jene wachhält, die in den Lagern, Gräbern, Kellern und
Gefängnissen ihren Tod fanden. Der Dramatiker preßt das umfangreiche Material der langen Gerichtsverhandlung mit unauf-
dringlicher Energie zusammen und verwandelt die juristischen
Vorgänge zu Strophen eines Klageliedes, in dem die Mörder sich
selber richten. Die achtzehn Angeklagten nennt Weiss bei Namen
(sie trugen ihre Namen auch in den Lagern), den neun Zeugen
weist er Nummern zu (sie waren im Lager auch nur Nummern), und
sie sagen, was hundert andere vor den Richtern aussagten. Der
dramatische Schriftsteller sagt selbst, er habe nur *ein Konzentrat* zu
bieten, in Wirklichkeit aber tut er viel mehr. Er bildet die Aussagen
der Gerichtsverhandlung, wie sie in den stenografischen Berichten
erhalten sind, folgerichtig zu freien Versen von drei oder vier Hebungen und vermeidet damit sowohl die Prosa der Alltagssprache
als auch den heroischen Blankvers. Seine Ermittlung hat ihre
eigene Struktur: er führt die Hörer durch die berüchtigte Rampe ins
Lager (Cantos 1–2), erforscht die tägliche Hölle der Häftlinge
(3–4), konfrontiert eines der Opfer mit einem der Mörder (5–6)

und zeigt, im zweiten Teil, die schreckliche Sequenz der Mordmethoden: Tod durch Erschießen an der schwarzen Wand (7), Tod durch Giftinjektionen (8), Tod durch Verhungern (9), Tod durch Gas (10), Tod in den Feueröfen (11); wenn das noch Theater ist, ist es gewiß mehr eines der »totalen Austrocknung des Emotionalen« (Adolf Klarmann) als ein Theater der Verfremdung oder der Einfühlung. In seinem gedankenreichen und sehr persönlichen Essay *Gespräch über Dante,* 1965, nennt Weiss die Quelle seiner formalen Absichten: Die dreiunddreißig Teile seiner Untersuchung weisen auf die Struktur von Dantes *Inferno* hin, und die mystische Zahl selbst ist ein Zeichen der Verstrickung und Verzweiflung. Dante schuf sein Universum in Gedenken an Beatrice, und sein später Erbe denkt an das Schicksal eines jüdischen Mädchens, das er (hätte er sich ihrer nur entschiedener angenommen) vor dem Lager vielleicht hätte retten können. Die Struktur der dreiunddreißig Teile, die der teuflischsten Substanz der menschlichen Geschichte ihre Form geben, sind sein Schrei um Vergebung und (wie so oft in seinem Werk) enthält die unpersönlichste Chiffre sein persönlichstes Geheimnis.

Aber die artistisch zugespitzte Untersuchung besteht, in ihrer eigenen Art, auf einer bestimmten Interpretation des Konzentrationslagersystems. Peter Weiss stellt die Aussagen des Zeugen 3 in Zusammenhänge, die ihnen eine unausweichliche Dominanz sichern. Der Zeuge 3 charakterisiert sich selbst als Arzt, der schon lange bevor er ins Lager kam, politisch aktiv war; weil er sich mit politischer Theorie befaßt hat, vermag er die Relationen zu erkennen, welche die Lager-»Gesellschaft« mit der Gesellschaft jenseits der Stacheldrahtzäune verbinden. Die Welt, die er im Lager entdeckt, unterscheidet sich ontologisch nicht von der Welt draußen: die Haltung, die im Lager herrscht, kennzeichnet auch die Wettbewerbsgesellschaft draußen, und ihre unmenschlichen Prinzipien sind in den Todesmühlen in schärfster Realität »verwirklicht«. Viele Häftlinge (Zeuge 3 denkt offenbar an die deutschen Juden) mochten einst die nationalen Überzeugungen und gewinnsüchtigen Bestrebungen jener geteilt haben, die später Bewacher wurden; innerhalb des gewinnsüchtigen Systems sind ihre Funktionen austauschbar. Peter Weiss sorgt dafür, daß diese Analysen ohne überzeugenden Widerspruch bleiben: die Zeugin 5, die eine Art »existentialistische« Interpretation der Lager andeutet, meint zwar, daß sich das Leben im Lager radikal von der Gesellschaft draußen unterscheidet, unterstützt aber die Auslegungen des Zeugen 3, indem sie Diebstahl, Brutalität und Enteignung als die »radikal verschiedenen Gesetze« der Lagergesellschaft nennt. Allein die Mörder selbst oder ihre Verteidiger widersprechen dem Zeugen 3.

Ich kann Zeuge 3 nicht völlig zustimmen, denn meine Mutter, die in einem Lager starb, zählte auch potentiell nicht zu den Wachmannschaften. Er spricht zu Recht von der späteren Zusammenarbeit der deutschen Industriefirmen und der Lagerverwaltungen (eine Tatsache, die in den Nürnberger Prozessen längst klar zutage lag), aber ich glaube, daß er wenig von den ökonomischen Anstrengungen der SS weiß, die nach 1939 über eine eigene ökonomische Organisation verfügen wollte: Die SS plante ihr Machtmonopol und versuchte deshalb, ein Produktionssystem zu bilden, das die private Industrie (die Schreiberlinge der SS nannten sie »liberal«) und die konkurrierende Macht der Parteiorganisation Hitlers unterlaufen sollte. In ihrer ökonomischen Praxis und in ihren Plänen (obwohl andere Befehle sie oft vereitelten) erinnerte die Politik des SS-Wirtschaftsverwaltungshauptamtes in den späteren Kriegsjahren an die stalinistische politische Polizei, die ihre riesigen Bau- und Metallindustrien mit Sklavenarbeitern versorgte, deren Schuld es war, Polen, Litauer oder Esten zu sein. Weder altmodische Vorstellungen von kapitalistischer Ausbeutung noch der schäbige Sadismus der Wachmannschaften erklären den Ursprung der deutschen oder anderen Lagersysteme ganz; und durch seine Behauptung, die Gefangenen seien nichts anderes als potentielle Wachmannschaften, nimmt der theoretisierende Zeuge 3 den Toten die unsichtbare Würde ihres Sterbens.

Peter Weiss' *Hölderlin* [1971] ist dem *Marat/Sade* [1964] in gelegentlicher Motivik und im thematischen Grunde verbunden; der Gedanke an Marat (und Jacques Roux) lebt im Gedächtnis der deutschen Tyrannen und Radikalen fort, ja Hölderlin selbst ist wie ein württembergischer Marat, den die deutsche Misere und der Triumph des Militärdiktators Napoleon in Schweigen und Wahnsinn gedrängt haben. Er entbehrt allerdings seines dramatischen Gegenspielers de Sade, der, in diesem Stück, in die vielen Charaktere der deutschen Klassik und des Idealismus zersplittert; und noch im Wahnsinn erhebt sich Hölderlin über Hegel, Schelling, Fichte, Schiller und den Geheimrat Goethe, die alle das Bestehende auf ihre besondere Art fördern. Prolog und Epilog, welche das Theater auf traditionell »epische« Weise als Theater entlarven, täuschen nicht darüber hinweg, daß Peter Weiss sein Dichterstück (wie einst Hanns Johnst das seine über Grabbe, den *Einsamen)* als Stationsdrama angelegt hat; auch hier geht die dramatische Entwicklung aus dem lebendigen Kreis der Freunde, subjektiven Verstrickungen, alltäglichen Bedrängnissen ins Einsame, Hohe, Reine, und in jene Apotheose, welche die Zukunftsträchtigkeit des einsamen Dichters bestätigt. Bei Hanns Johnst besorgt das ein Musikus aus den Reihen der bündischen Jugend, bei Peter Weiss der Redakteur Karl Marx selbst.

In Akt 1 (Bild 1–5) arbeitet Peter Weiss noch mehr oder minder mit den verbürgten Details der Biographik und der Literaturgeschichte (wie sie insbesondere Pierre Bertaux zutage gefördert hat): Hölderlin im Kreise der theoretisierenden »Stiftler« in Tübingen (der Autor hat Takt genug, uns den Freiheitsbaum zu ersparen); der junge Dichter als Hauslehrer bei Charlotte von Kalb, in deren Haus er sich mit Wilhelmine von Kirms, einer früheren Repräsentantin des *Womens' Liberation Movement* konfrontiert sieht; Besuche in Weimar und Jena (bei den Dichterfürsten und bei Fichte, der die nationalistischen Studenten enthusiasmiert); Hölderlin im Frankfurter »Labyrinth«, problematische Idylle mit Suzette Gontard, und der Chor der triumphierenden Handelsherren. Im zweiten Akt (Bild 6–8) setzt sich Peter Weiss entschlossen und plötzlich über das historisch Verbürgte hinweg und demonstriert, daß er seinen Hölderlin ohne Rücksicht auf die historische Realität so angelegt hat, daß er »nicht nur vergangene Tage spiegle / sondern als ob [er] die gleichen Aufgaben vor sich habe / wie sie sich manchen von den Heutigen stelle«. Hölderlin interpretiert den Freunden seinen Empedokles als Che Guevara, der in die antikisch-bolivianischen Berge aufsteigt, um seine Partisanen zu trainieren; und die medizinische Untersuchung ergibt mit unerwarteter Eindeutigkeit, daß es Hölderlins französische Erfahrungen in Bordeaux und Paris waren, die seinen labilen Geist vollends zerrütteten; dort sah er, wie (1801) »die Welt« der Großen Revolution »zerschmettert war«; wie Bonaparte, als neuer Diktator, eine Herrschaft der Macht und des Reichtums errichtete, während die Armen hungerten – »und liegt verödet da die Cammer / wo vom Marat noch steht die Wanne / drinn er gesessen als Corday / ihms Messer

in die Brust gehaut«. Im Tübinger Turm sieht sich der Wahnsinnige
noch einmal falschen und wirklichen Freunden gegenüber: Hegel
und Schelling sind ihm ganz entfremdet (der eine als Apologet des
Systems, der andere als Obskurant); die nationalistischen Studenten
verbrennen die Bücher der Aufklärung, aber der junge Redakteur
Karl Marx bekräftigt, Hölderlins Dichtung habe ihm die Augen für
das Reale geöffnet (Weiss schreibt also Hölderlin jene Funktion zu,
die in der Entwicklung des jungen Marx eigentlich Feuerbach zukommt) und erklärt, der Dichter und der Denker gingen gleichbe-
rechtigte Wege, der eine den Weg der »politischen Analyse historischer Situationen«, der andere den Weg »visionärer Formung tief-
ster persönlicher Erfahrung«; so ist Hölderlins Dichtung, in diesem
Hohenzollerndrama linksherum, durch den Weltgeist gerettet, und
selbst Weiss' unstillbarer Solipsismus (der unwillens ist, das andere
in Hölderlin und der Geschichte zu respektieren) hat plötzlich seine
politische Legitimität.

Peter Weiss' Entwicklung als Dramatiker vollzog sich gegen
schwere Bürden und Hindernisse: er zögerte lange, sich wieder seiner Muttersprache anzuvertrauen, nützte seine Talente lange auf
scheinbaren Abwegen in den graphischen Künsten und in der
Filmproduktion und brauchte seine Zeit, um sich von Strindberg,
Hesse und Kafka zu befreien. Er kam spät vors Ziel, brachte aber
der Bühne seine mitreißende Auffassung der Geschichte und seine
bedeutende szenische Sensibilität; seine Sprache ist flach (und daher
bewundernswert wirksam in *Die Ermittlung*), aber er kompensiert
die Abwesenheit eines persönlichen Idioms durch eine kraftvolle
theatralische Phantasie, welche die besten Regisseure unserer Zeit
herausfordert. Abgestoßen und fasziniert durch Bilder von Krankheit, Folterung und Tod und dumpf besessen von der Überzeugung
seines einstigen Versagens, die Unmenschlichkeit zu bekämpfen,
versucht Weiss heftiger als alle anderen seiner Zeitgenossen, den
introvertierten und bürgerlichen *Bohemien* in sich selbst zu unter-
drücken und sich nach sozialen Zielen zu spannen, die seine ver-
wundbare Sensibilität provozieren; er bewegt sich zwischen absoluten Wertungen und wählt eher das totale Engagement als die totale
Versenkung in das Selbst. In seinem Charenton-Stück vergleicht de
Sade den in seiner Badewanne liegenden Marat mit einem Embryo,
das im Fruchtwasser des Mutterleibes schwimmt und so vor der
verwirrenden äußeren Welt geschützt bleibt, und bedauert, daß der

Volkstribun sein starres und unbeugsames Denken von der unvorhersehbaren Wirklichkeit trennt. Für beide, den einsamen Marat
und den selbstquälerischen Peter Weiss, ist die revolutionäre Ideologie zu einem zweiten schützenden Mutterschoß geworden.

4. PETER HACKS

Peter Hacks (geb. 1928), Brechts intelligentester Schüler, wuchs in Westdeutschland auf, beschloß aber nach seinem ersten Erfolg als Dramatiker, in die Deutsche Demokratische Republik zu übersiedeln. Wie Brecht stammt Hacks aus einer Familie des gehobenen Mittelstandes und studierte in München bei Brechts einst widerstrebendem Lehrer Artur Kutscher (1878–1966) Theorie und Geschichte des Dramas; anders als Brecht aber schloß Hacks seine Studien ab und promovierte 1951 mit einer Arbeit über das Theater des Biedermeiers. Dem belesenen Hacks fehlt die lyrische Kraft, die aus den frühen Stücken seines Lehrmeisters hervorbricht; und obwohl er theoretisch mit Brechts vitalem Baal sympathisiert, scheint mir sein trockenes und alexandrinisches Talent eher von Druckerschwärze provoziert als vom feuchten Fleisch. Hacks ist seiner Rolle als Ulbrichts theatralischer Störenfried nicht eben abgeneigt und liebt es, die herrschenden Kulturfunktionäre durch demonstrativen Mangel an Respekt, die wohlkalkulierte Sinnlichkeit seiner Bühnencharaktere und seine theoretische Intelligenz, der ein Gran Snobismus nicht fehlt, energisch herauszufordern. Seine besten Stücke resultieren gewöhnlich in heftigen Diskussionen, die immer wieder Fragen von intellektueller und politischer Relevanz berühren.

Hacks begann mit Imitationen, Parodien und Bearbeitungen. Sein Stück *Die Eröffnung des indischen Zeitalters,* das 1955 in München uraufgeführt wurde, erzählt die Geschichte von Columbus, der den Spuren von Brechts *Galilei* folgt: Columbus, fasziniert wie Galileo durch neue wissenschaftliche Entdeckungen und den befreienden Ruf des offenen Meeres, führt durch unermüdliches Fragen und dialektischen Zweifel das »indische Zeitalter« herauf, in dem die klärende Vernunft und die noch Rechtlosen enge Verbündete sind. In seiner dreiaktigen Komödie *Die Schlacht bei Lobositz* [1956], die Peter Hacks als »einen Teil der menschlichen Bemühungen zur Abschaffung des Krieges« aufgefaßt sehen wollte, tritt sein Talent in seiner besonderen Gestalt zum ersten Male deutlich zutage: Brecht-Anklänge fehlen nicht ganz, aber die Geschichte des armen Tockenburgers Ulrich Braeker, der sich nach langem Zögern dazu entschließt, aus der friderizianischen Armee zu desertieren und seine »Flint / An den Weidenbaum in hellen Wind« zu hängen, ist von einer kargen Spröde des Tones, die durch ihren antiromantischen Affekt eine Romantik der Nüchternheit schafft. Zu Hacks' unterhaltsamen Fingerübungen zählen seine Parodie des mittelalterlichen Volksbuches von Herzog Ernst (die italienischen Kaufleute, welche die Kreuzzüge planen, wissen nicht recht, ob sie das neue Unternehmen »Segenundseidegesellschaft« oder »Christexport« nennen sollen), seine Bearbeitung von John Gays Fortsetzung zu *Beggar's Opera,* in der Polly Peachum einen edlen amerikanischen Wilden heiratet, und die geschickte Umarbeitung von Offenbachs Operette *Die schöne Helena.* Aber die Parodie funktioniert, auf dem Höhepunkt ihrer intellektuellen Angriffslust, immer wieder gegen die Intention des Autors, und wird selbst zu einem neuen, fortführenden Element der negierten Tradition. Die Komödie *Amphitryon* (1967), Hacks' geistvollste Bearbeitung eines vorgegebenen Stoffes, prüft den alten Konflikt zwischen Jupiter und Amphitryon auf dialektische Art und verteidigt die Ansprüche des einen wie des anderen: Jupiter hat die Größe des kreativen Chaos, aber er steht über der Geschichte; und obwohl sich Alkmene in seine Umarmung flüchtet, weil er die reine Idee Amphitryons (oder den Gatten, wie er sein *sollte*) inkarniert, bleibt sie doch mit Amphitryon auf Erden zurück – er mag seine Mängel haben, aber besitzt doch das Wesen des geschichtlichen Menschen. Hacks hat sich so sehr in die Intensität des Kleistschen Verses eingelebt, daß selbst die intendierten modernen Störungen des Vokabulars (z. B. Kladde, Gammler) die Norm nur noch betonen und Vorbild und Parodie poetisch wetteifern: ». . . daß ich dich liebe, / So sehr, daß wie in einem Baum, gefüllt / Mit wildem Honig, außer diesem süßen / Gefühl sich nichts in meiner Rinde birgt.«

In den frühen sechziger Jahren provozierte Peter Hacks das DDR-*Establishment* mit seinem politischen Stück *Die Sorgen und die Macht* [1960], in dem er die industriellen Beziehungen zweier benachbarter Fabriken untersucht; die Funktionäre, die eben damit beschäftigt waren, widerspenstige Intellektuelle zur Disziplin zu rufen, entließen Hacks' Freunde, die an der Aufführung beteiligt waren, und verdammten die Gedanken dieses Stückes auf einer wenig versöhnlichen Parteikonferenz. Sie fanden Peter Hacks' Irrtümer nicht in seiner herablassenden Kritik der ungarischen Revolution, sondern in seinem Bilde des Menschen und seiner Anwendung Brechtscher Verfremdungstechniken in der Darstellung aktu-

eller ökonomischer Probleme. Hacks' Welt ist nahezu frei von positiven Helden: seine Glashüttenarbeiter und ihre Mädchen sind
Menschen, »turbulent, irdisch, sinnlich, fressend, trinkend und ge-
bärend« (Walt Whitman), doch *minus* und *minus* gibt *plus,* die
vielen Egoismen arbeiten einander wirkungsvoll entgegen und tra-
gen produktiv zu den Endzielen der sozialistischen Gesellschaft bei.
Die Parteikritiker bemerkten mit einiger Verspätung, daß Peter
Hacks aus einer bürgerlichen Familie stamme und die Rolle der
Partei in der Führung der arbeitenden Massen in gefährlicher
Weise unterschätze, und sie wurden noch deutlicher, indem sie *Die
Sorgen und die Macht* ein »kaltes« Stück nannten, weil es mit dem
Verfremdungseffekt arbeitete und die Gefühlsbindung des Zuschauers an die Sache des Fortschritts gefährde. Offenbar ist der
Brechtsche Verfremdungseffekt gut genug, um Widersprüche im
fernen Chikago oder in Hitlers *Reich* aufzudecken, sobald aber der
denkende Dramatiker die wirtschaftlichen Interessen des Volks-
staates berührt, wird er von den Funktionären dazu angehalten, zu
kulinarischen Stücken, der altmodischen Illusion und zum unkriti-
schen Einfühlungsvermögen zurückzukehren.

Peter Hacks ist ebenso klug wie störrisch; und während er die
Angriffe der Funktionäre mit ihren theoretischen Normen des
Realismus pariert, setzt er sich hohe dramatische Ziele. Seine
Blankvers-Komödie *Moritz Tassow* [1965], sein bisher bestes
Stück, lehnt sich im Stoff gelegentlich an Erwin Strittmatters (geb.
1912) Roman *Ole Bienkopp,* 1963, an, der bei seinem Erscheinen
manche Auseinandersetzungen verursachte. Strittmatters Ole Bienkopp, ein wortkarger, Baal-gleicher Kerl, der mit allen produktiven
Naturkräften im Bunde steht, gründet aus eigener Entschließung
und gegen die Direktiven der Partei eine Bauernkommune. Er wird
erst gerechtfertigt, nachdem die Partei beschließt, die kleinen Lie-
genschaften, die durch die Aufteilung der großen Güter geschaffen
worden sind, zu leistungsfähigen Produktionseinheiten zusammenzuschließen, und der von der stalinistischen Maschinerie verfolgte
»Abweichler« wird auf einmal zum politischen Vorbild, denn er hat
den wahren Weg des sich entwickelnden Sozialismus instinktiv
vorausgesehen. Während Strittmatter (der auf Brechts Empfehlung
schon im Jahre 1954 eine politische Komödie über landwirtschaftliche Fragen im Blankvers schrieb) den Gegensatz zwischen stalini-
stischer Unbeweglichkeit und der Lebendigkeit der regenerierten

nachstalinistischen Parteiorganisation betont, nähert sich Peter
Hacks dem Konflikt eher dialektisch, ändert den Charakter des
Protagonisten und berührt Fragen von mehr als landwirtschaft-
licher Relevanz. Hacks' *Moritz Tassow* teilt zwar Ole Bienkopps Vitalität, aber er ist ein sprachmächtiger Intellektueller. Die zwölf
Jahre des Nazi-Reiches verbrachte er schweigend und meditierend
als Schweinehirt, und nach der Befreiung des kleinen Dorfes Gar-
gentin durch die Sowjetarmee erhebt er sich selbst zum Befreier
aller Armen. Er enteignet den Junker, proklamiert die totale Revolution der Menschheit und übernimmt, zusammen mit einigen
Dorfarmen und einem Landstreicher, das große Gut. Unausweichlich gerät er in Konflikt mit dem Parteifunktionär Mattukat, der
das Gut gemäß den Parteidirektiven in kleine individuelle Liegen-
schaften aufteilen will, obwohl er selbst fühlt, daß große und inte-
grierte landwirtschaftliche Produktionsgemeinschaften in der Zukunft effektiver sein werden. Hacks meidet jeden melodramatischen
Kontrast: Mattukat, ein nüchterner und ein wenig spröder Mensch,
der aus einem Konzentrationslager zurückgekehrt ist, glaubt ernst-
haft daran, daß das neue Gesetz über die Landverteilung aus wesentlicher revolutionärer Erfahrung entstanden ist, und versucht
den Forderungen der konkreten Situation gemäß zu handeln; und
Tassow, der seine pathetisch lyrischen Bilder liebt, behält sein Ziel,
die ideale und utopische Veränderung aller Menschheit, fest im
Auge. Mattukat sucht nach Gründen, um jetzt und hier zu handeln;
Tassow fragt spöttisch, ob auch Lenin die Revolution nach Geset-
zen gemacht habe, und beklagt »die täglich wechselnden ewigen
Wahrheiten«, die sich die Funktionäre zum Leitfaden ihrer administrativen Handlungen wählen. Mattukat hat seinen Sieg, denn die
utopische Kommune scheitert, und das Land wird unter die erfah-
renen Knechte und Häusler aufgeteilt. Moritz Tassow, geschlagen
auf landwirtschaftlichem Gebiet, beschließt, Schriftsteller zu werden, und will die Funktionäre fortan durch seine Unverantwortlichkeit, seine Metaphern, seinen sinnlichen Appetit und seine
Ideen provozieren, die sich über die täglichen taktischen Verord-
nungen erheben. Die Mattukats und die Tassows werden auch in
Zukunft aneinandergeraten, denn Tat und Intellekt sind zwei verschiedene Dinge; und die Funktionäre, impliziert Hacks, wären im
Dickicht der täglichen Erfordernisse verloren, verfolgten die reiz-

baren Dichter nicht ihre dauernde Suche nach Utopie und Spontaneität.

In seinem lebhaften *Versuch über das Theaterstück von morgen,*
1960, formuliert Peter Hacks einige Gedanken, welche gelegentlich
von seiner Loyalität zu Brecht divergieren. Hacks spricht so herablassend wie der junge Brecht über die Hügel (nicht Gipfel) Ibsen
und Hauptmann und spottet über Hofmannsthals törichte Wiener
Melancholiker. Aber die bilderstürmende Attitude vermag seinen
Wunsch nach einer neuen proletarischen Klassizität nicht zu ver-
decken; sie schließt überraschend genug eine Renaissance des alten
heroischen Blankverses ein, der jetzt im Rhythmus der fortschritt-
lichen Kräfte pulsiert. Der proletarische Klassizismus erfordert
keine »hohen« Figuren mehr, denn im Sozialismus kann jeder
(auch ein Schweinehirt oder Schriftsteller wie Tassow) in Probleme
von mehr als nur privater Bedeutung verstrickt sein; der proletarische Klassizismus, versichert uns Hacks, ist der erste, der aller
konservativen Elemente entbehrt. Hacks' provokativer Antitradi-
tionalismus hat kein Leben ohne Tradition, selbst sein Moritz Tassow (das »w« wird ja nicht ausgesprochen) wäre keine so geistvolle
Figur, hätte sich sein Autor nicht von seiner implizierten Polemik
gegen Goethes Dichter *Torquato Tasso,* 1790, mitreißen lassen, der
seinen eigenen Kampf gegen den Diplomaten Antonio, den Mann
der Tat, erleidet. Ich bin nicht sicher, ob Brecht ganz mit Hacks'
Äußerungen über die proletarischen Tugenden des Blankverses
einverstanden wäre, aber er hätte gewiß nichts gegen den Vorsatz
einzuwenden, ein neues Theaterstück auf einer dialektischen Auf-
hebung von Goethes bestem Schauspiel zu bilden.

5. ROLF HOCHHUTH

Ich kann den selbstquälerischen Intellektuellen Peter Weiss in meiner Vorstellung von den verschiedenen Werken trennen, in denen er seine privaten Fragen in immer unpersönlicherer Gegenständlichkeit zu beantworten sucht, aber es gelingt mir nicht, Rolf Hochhuth von seinen Stücken zu scheiden: er ist ganz eins mit dem feurigen Zorn, dem ruhelosen Drang und der großen und noblen Simplizität seines altmodischen Dramas, das jüngst das Theater veränderte, uns alle öffentlich an unsere schweigende Mitschuld am Bösen erinnerte und neue und alte Staatssysteme herausforderte. Hochhuth wurde 1931 in Eschwege an der Werra geboren und teilte zunächst die täglichen Lebenserfahrungen des protestantischen Mittelstandes. Wie er selbst in einem instruktiven Interview mit dem *Partisan Review* sagte, empfand er die Geschichte früh als ein Verhängnis, das hilflose Menschen in ihre Strudel zieht. Nach dem Krieg besuchte Hochhuth das Gymnasium, wollte aber das Abitur nicht ablegen und arbeitete in akademischen Buchhandlungen in München, Heidelberg und Marburg und später in einem Verlag. In diesen Jahren war er ein unersättlicher Leser und versuchte sich an autobiographischen Prosa-Experimenten und an einem mißglückten Familienroman in Briefform. Er ist mehr oder minder ein Autodidakt, der, so glaube ich, seine intellektuellen Landsleute der Herzenskälte verdächtigt; zu seiner weitreichend planlosen Lektüre zählen konservative Historiker und Beobachter der deutschen Vergangenheit, z. B. Bismarck und Theodor Mommsen, und von den Schriftstellern Thomas Mann, Robert Musil, George Bernard Shaw, Ernst Jünger und Gottfried Benn, dessen beste Gedichte er über jene Brechts stellt. Erwin Piscator, der große alte Mann des politischen Theaters, inszenierte am 20. Februar 1963 in Berlin als erster eine stark gekürzte Fassung von Hochhuths *Der Stellvertreter*. Die Kritiker waren geteilter Meinung, aber Berliner Studenten diskutierten Hochhuths Anklage gegen Papst Pius XII., Kardinal Montini nahm mit einem offenen Brief für die Kirche Partei, und die folgenden Aufführungen in Basel und New York mußten von starken Polizeikommandos in den Straßen geschützt werden; allein in Paris wurde *Der Stellvertreter* öfter aufgeführt als in allen westdeutschen Theatern zusammen. In *Soldaten*, seinem zweiten Stück, das am 9. Oktober 1967 in Berlin von Piscators Nachfolger urauf-

geführt wurde, beschäftigt sich Hochhuth mit Churchills hypotheti-
scher Mitschuld am Tod des polnischen Premierministers Sikorski
und mit seiner Verantwortung an der Bombardierung der deutschen Zivilbevölkerung im Zweiten Weltkrieg und stellt grundle-
gende Fragen über die individuelle Verantwortlichkeit im technologischen Krieg; sie sind gleichermaßen an die britische Regierung,
die Angehörigen der deutschen Luftwaffe und an die amerikanischen Bomberpiloten in Vietnam gerichtet. Die Diskussion war von
einiger Heftigkeit, und der bescheidene Dramatiker verschwand
fast hinter den Staubwolken einer weithin unliterarischen Mei-
nungsschlacht.

Ich habe einige Mühe, mich in Hochhuths drittem universalhi-
storischen Stück *Guerillas* [1970] zurechtzufinden: Amerikas Ge-
sellschaftsverhältnisse sind ja vielschichtig, regional determiniert,
politisch paradox, und der Versuch des Dramatikers, europäische
Normen und Wünsche in die amerikanische Realität zu projizieren,
läuft in eine märchenhafte Leere aus. Hochhuths Guerilla ist ein
amerikanischer Senator, der mit seinen Verbündeten den amerikanischen Regierungsapparat unterwandert, um die Macht der Finanz-
oligarchie zu brechen und endlich jene Revolution durchzuführen,
welche das System in eine wirkliche Demokratie verwandelt. Ich
frage mich nur, welche Amerikaner dieser Washingtoner Stauffen-
berg, der in seinem Sieben-Punkte-Programm die Verstaatlichung
des Fernsehens und der Universitäten fordert, für sich gewinnen
will (die Neuverteilung der Einkommen war ja inzwischen, ohne
Tupamaros, Drohungen mit Atom-U-Booten und düsterer CIA-
Romantik in McGoverns Programm zu finden). Problematischer,
daß Hochhuth als dramatischer Schriftsteller hinter die Prägnanz
der *Soldaten* zurückfällt; da es ihm nicht gelingt, die legitimen
Konflikte zu personalisieren, richtet sich sein Protest gegen einen
Windmühlen-Staat aus lauter Papier, und das Stück zerfällt, wie
keines seiner anderen sonst, in Einzelauftritte, Monologe, abstrakte
Diskussion.

In *Der Stellvertreter,* seinem ersten Stück, beschuldigt Hochhuth
Papst Pius XII., kalten Blutes seine christlichen Pflichten verletzt
zu haben, und konfrontiert den Stellvertreter Christi auf Erden, der
sich nicht für die sterbenden Juden einsetzt, mit dem jungen Jesuiten Riccardo Fontana, der das Schicksal der Leidenden freiwillig
teilt. Hochhuth baut sein Stück mit Bedacht als eine Folge von

Konflikten auf, die stufenweise zu einer dramatischen Konfrontation Riccardos mit dem Papst und schließlich zu Riccardos Opfertod führen. In Berlin begegnet Riccardo Fontana dem päpstlichen Nuntius Cesare Orsenigo, der nicht gegen die diplomatischen Konventionen verstoßen will, und dem SS-Offizier Kurt Gerstein, einem Mitglied des protestantischen Widerstandes, der die Würdenträger der Kirche über den Massenmord in den Konzentrationslagern informiert. In seinem Vaterhaus in Rom (2. Akt) stößt Riccardo mit dem Kardinal zusammen, der die politischen Rücksichten der Kirche repräsentiert, nicht auf seinen jungen Untergebenen hören will und ihm rasch einen unbedeutenden Posten in Lissabon zuweist. Riccardo aber kehrt nach Rom zurück, wo (3. Akt) die Gestapo die Juden zusammentreibt. Gemeinsam mit seinem Vater, den er von der moralischen Substanz seiner Ideen überzeugt hat, trägt er Papst Pius XII. seine Forderung nach einem politisch wirkungsvollen und unmittelbar an Hitler gerichteten Protest vor. Der Papst spricht über Finanzprobleme, das Machtvakuum in Italien nach dem Sturz Mussolinis, die Notwendigkeit, das politische Gleichgewicht in Europa wiederherzustellen, und diktiert dann ein hochstilisiertes Dokument in eleganter Prosa, das sich jeder konkreten Unterstützung der Menschen, die in den Konzentrationslagern sterben, versagt. (4. Akt.) Riccardo heftet den gelben Judenstern auf seine Soutane, schließt sich einem Transport an und behauptet sich in Auschwitz (5. Akt) mutig und verzweifelt gegen den satanischen Doktor, der den Todesmühlen vorsteht. Er weigert sich, das Lager zu verlassen, und wird von einer SS-Wache erschossen, bevor er selbst die Chance hat, den Doktor zu töten.

Hochhuths unerbittlicher Zorn und seine ruhelosen Verse halten auf ihre labile Art eine dramatische Stil-Mischung zusammen, die Elemente des alten Mysterienspiels, Schillers (und Racines) große Konfrontationen vornehmer Antagonisten, ein gut Teil Naturalismus (die Nazifunktionäre im Kegelkeller erinnern an Akt I von Carl Zuckmayers *Des Teufels General*), Shaws polemische Bühnenanweisungen und einige Strophen expressionistischer Lyrik (5. Akt, I. Szene) einschließt. Willy Haas behauptete einmal, daß Hochhuth ein historisches Stück mit einem theologischen Kern geschrieben habe, aber ich vermute, daß das Gegenteil der Fall ist: Im ersten und im letzten Akt, der immer ausschließlicher von dem teuflischen Doktor beherrscht wird (komplett mit seinem lächerli-

chen schwarzseidenen Umhang, Stendhal- und Valéry-Zitaten, und
seinem ontologischen Lebenshaß), zimmert der Dramatiker einen
metaphysischen Rahmen, in dem er sich mit ontologischen Fragen
über Menschheit und Geschichte, Gut und Böse beschäftigt. In die
Mitte (2.–4. Akt) setzt er ein historisches Stück, das bei Gelegenheit ins billige Melodrama kindlicher Räuber- und Gendarme-
Spiele abgleitet. Hochhuth polemisiert zu Recht gegen Paul Celans
allzu schöne »Konzentrationslager-Lyrik«, aber seine blonde Helga
kann es sich nicht versagen, ihre mit SS-Runen gezierten Schlüpfer
vor dem Horizont des Todesrauches anzulegen. Ärgerlich, daß die
unvereinbaren Neigungen des Mysterienspiels und des historischen
Dramas mit Hochhuths divergierenden moralischen und historischen Argumenten zusammenfallen, die einander eher neutralisie-
ren als steigern. Sein Vorwurf der Gefühlskälte, den er gegen den
Papst erhebt, vermochte selbst von den glühendsten Verehrern
Pius' XII. nicht ganz widerlegt zu werden, sein historisches Argument aber, der Protest des Papstes wäre politisch von hoher Wirksamkeit gewesen und hätte das Leben vieler Menschen gerettet,
scheint mir eine rückwärts gerichtete Prophetie zu artikulieren, die
unter anderem voraussetzt, Hitlers Reich wäre ein monolithisches
System einheitlicher und berechenbarer politischer Reaktionen gewesen.

Diese Streitfragen sind schwierig, und ich kann dem verspäteten
moralischen Absolutismus jener nicht zustimmen, die meinen, der
Papst hätte *ohne jede Rücksicht* protestieren müssen: Ich weiß, daß
jenen, die in Mitleidenschaft gezogen waren, das Leben eines einzelnen Juden zu Recht entscheidender war als eine Geste von
höchst abstrakter Bedeutung. Wir Gestapo-Gefangene von 1944
waren wohl ein traurig irreligiöser Haufen; ich kann mich an keinen
erinnern, der mit dem Papste rechtete, aber an viele, die sich fragten,
warum die Alliierten die Verkehrswege der Nazis nicht präziser bom-
bardierten. Hochhuths Jacobson, der fragt, warum die Alliierten
nicht die Eisenbahnlinien zu den Toren der Konzentrationslager
zerstören, definiert ein Problem, das damals viele bedrängte.

Der amerikanische Philosoph Walter Kaufmann, der den Dramatiker Hochhuth geistvoll verteidigt, behauptet, daß Hochhuth
versucht habe, eine Tragödie mit einem »wahrhaft tragischen«
Helden zu schreiben und konzentriert sein Argument vor allem auf
den Nachweis, daß der mit dem satanischen Doktor konfrontierte

Riccardo Fontana »seinen Glauben verliere« und als reuiger Sünder sterbe; wir sollen glauben, daß der eifrige junge Jesuit plötzlich an seinem Glauben irre wird. Doch es ist schwierig vom Text her nachzuweisen, daß Riccardo ein scheiternder Held ist und daß *Der Stellvertreter* eine wahre Tragödie im traditionellen Sinn konstituiert. Hochhuth bemüht sich, Riccardo als einen sensiblen und sehr gefühlsbetonten jungen Menschen zu zeichnen (Riccardo entwickelt sogar den Plan, man sollte den Papst töten und die SS für den Mord verantwortlich machen), aber er unterwirft sich dem Doktor nicht, der seinen Glauben brechen will; für Riccardo bestätigt ja die Erfahrung des absolut Bösen die notwendige Existenz Gottes. Nachdem er auf Befehl des Doktors zehn Tage lang Leichen verbrannt hat, erhebt er wie Hiob seine Stimme gegen Gott, »der seine Jungen frißt«, aber als sich ihm die Chance bietet, zu entkommen, beschließt er zu bleiben, denn er begreift sich als Christi wahrer Stellvertreter, »der hier die Kirche vertritt«, und bittet darum, seinem Vater mitzuteilen, daß er in den Todeslagern seine geistliche Erfüllung gefunden habe. In diesem Kontext spricht aus seinen letzten Worten (»In hora mortis meae voca me«) nicht die Reue des Todsünders, sondern die rückblickende Demut eines Christen, dessen Glaube die grausamsten Prüfungen überlebt hat. Wir blicken auf einen standhaften Märtyrer, der (wie er selbst sagt) die Ehre der Kirche retten will und uns nur wenig Anlaß zu dem Glauben gibt, er sei gescheitert, oder, wie andere Kritiker annehmen, Hochhuth habe nichts als ein antiklerikales Stück geschrieben.

In *Soldaten* greift Hochhuth ein Thema auf, das er schon in seinem ersten Stück streifte. Er prüft den anderen unverzeihlichen Akt der Unmenschlichkeit in unserer Zeit – die Bombardierung feindlicher Städte, in deren geborstenen Kellern, schmelzenden Straßen und einstürzenden Häusern Zehntausende von Zivilisten verbrannten und erstickten. Viele Kritiker sind der Meinung, daß Hochhuth die szenische Wirksamkeit seiner Argumentation gegen Bomberpiloten, die zu Verbrechern werden, entscheidend schwächt, weil er seine Gedanken über die Zerstörung der Wohngebiete von Coventry, Hamburg und Dresden mit einer dramatischen Untersuchung des Falles Sikorski verbindet, der unter problematischen Umständen am 5. Juli 1943 bei einem Flugzeugunglück in der Nähe Gibraltars ums Leben kam. Hochhuths Arbeit basiert auf historischen Berichten oder, im Falle Sikorski, auf bloßen Vermutungen, vollführt aber eine merkwürdig introspektive Wendung, denn sie arbeitet, wie Weiss' *Marat/Sade* mit einem Dramatiker, der im Stück sein eigenes Stück präsentiert. Der Regisseur und Schriftsteller Peter Dorland (ein ehemaliger Bomberpilot der Royal Air Force) weiß, daß er an einer unheilbaren Krankheit leidet und will seiner persönlichen Verantwortung in einer inhumanen Welt als moderner Jedermann auf den Grund gehen; sein Stück mit dem Titel *Londoner kleines Welttheater*, das er als Auftragsarbeit für eine Festveranstaltung in Coventry zum hundertjährigen Bestehen des Roten Kreuzes schrieb, »soll«, so hofft er, »unter seinen Zeitgenossen, Feinden und Mitpiloten aus dem Zweiten Weltkrieg und in der Generation seines Sohnes darum werben, dem vom Roten Kreuz entworfenen Luftkriegsrecht zum Schutz der Städte internationale Gesetzeskraft zu geben«. Im *Vorspiel,* das der Generalprobe des *Londoner kleinen Welttheaters* vorangeht, werden die dumpf drängenden Ideen, die Dorlands Geist beherrschen, artikuliert: Visionen von Luftangriffsopfern und Zerstörungen; von den Reden eines westdeutschen Luftwaffenobersten, der seine Auszeichnungen in den Jahren zwischen Guernica und Stalingrad verdiente; einer Unterhaltung mit seinem Sohn, der bei der NATO dient, und dem »Traumpartner«, Luftwaffenmarschall Harris, der durch einen Befehl Dorland einst über die Stadt Dresden schickte. Die drei Teile des eigentlichen Stückes (das vor den Ruinen der Kathedrale von Coventry geprobt wird) konvergieren auf die überragende Gestalt Churchills, der sich in die Dialektik seines Kampfes gegen Hitler verstrickt und seine Macht »auf dem Niveau des Gegners« ausübt; Dorland (und mit ihm Hochhuth) weist ausdrücklich auf Churchills Verantwortung für die Bombardierung von Zivilisten und den geplanten Mord an Sikorski hin. Lord Cherwell (der wie der Auschwitzer Doktor einen schwarzseidenen Umhang trägt) arbeitet die Pläne für die »Operation Gomorra« aus, die das Stadtzentrum Hamburgs vernichten und die Stadt in einen Feuerwirbel verwandeln soll. Gegen den Rat seines militärischen Stabschefs ordnet Churchill die Verwirklichung der Pläne an, weil er sie für den besten Ersatz einer »Zweiten Front« hält, die der ungeduldige Stalin seit langem fordert. Das Kriegsbündnis ist auch aus anderen Gründen in Gefahr (Dorland/Hochhuth verschieben die geschichtliche Chronologie ein wenig): Die von Sikorski geführten Polen mißtrauen den Russen, fordern eine Garantie ihrer östli-

chen Grenzen und weisen immer wieder auf die Gräber von Katyn
hin, in denen eben Tausende von den Russen erschossene Polen
entdeckt worden sind. Sikorski trägt Churchill seine Forderungen
vor, aber Churchill rät ihm, die politischen Realitäten zu akzeptieren; und als Stalin dann mit den Polen bricht und Sikorski zwischen
den Alliierten steht, deutet Lord Cherwell seinen Plan an, den
polnischen General auszuschalten. Churchill, der das Bündnis retten will, gibt durch stumme Gestik eher als durch ausdrückliche
Befehle seine Zustimmung zu Cherwells Plan; und Sikorski kommt
in seinem abstürzenden Flugzeug um. Im letzten Teil von Dorlands
Stück muß sich Churchill, der Mann der Macht, vor dem Bischof
von Chichester gegen die Anklage rechtfertigen, er habe die ab-
scheuliche Methode seiner Feinde übernommen und Soldaten in
Verbrecher verwandelt; seine Bomberpiloten haben die Menschen,
die sie getötet haben, nicht einmal gesehen. Im *Epilog* jedoch weigert sich Peter Dorland (nun wieder mehr Regisseur als RAF-
Fliegeroberst), ein letztes Urteil über Churchill zu sprechen, der
den Krieg gegen Hitler gewonnen hat. Er hat seine eigene Vergangenheit geprüft und seinen Teil zur Bestimmung dessen beigetragen, was eine kriminelle Tat ausmacht, sein Prozeß gegen Churchill
aber bleibt in der Schwebe.

Siegfried Melchinger glaubt, Hochhuths Stück kranke daran, daß
er einen »visionären« Rahmen mit einem massiveren »realistischen« Kern verknüpfe. Ich glaube eher, daß die Doppelstruktur
Peter Dorlands seelische Unruhe wirkungsvoll akzentuiert und den
dramatischen Impetus aus Dorlands chaotisch drängenden Gedanken langsam auf eine intensive und scharf umrissene Begegnung
mit dem Mann der Macht hinlenkt; Dorlands Vision muß sich
notwendig in ihrem Modus der Realität von Churchills massiver
politischer Welt unterscheiden. Die größte Tugend des Stückes liegt
darin, daß Hochhuth seinen Churchill als festen, lebendigen,
mächtigen Charakter zeichnet; im Gegensatz zu der polemischen
Vereinfachung der Gestalt Papst Pius' XII. strahlt Hochhuths
Churchill Größe, Zorn, Selbstgefälligkeit, Mut, Trauer und Spann-
kraft aus, und indem er seinen Prozeß gegen den Premierminister
vorbereitet, arbeitet Hochhuth mit wachsendem Einblick in den
Druck einer historischen Situation zugleich an einer Apologie für
ihn, der sich die Verantwortung für die abscheulichsten Dinge auf
die Schultern lädt, um den Krieg gegen den unmenschlichsten

Feind, der die Auseinandersetzung vom Zaune brach, zu gewinnen. Hochhuth, der Geschichte *schreibt*, kann sich der starken Faszination durch den Mann, der sie *macht,* nicht entziehen; gewiß, da ist Lord Cherwell mit seinen billig satanischen Effekten, aber er verblaßt neben der mythischen Figur des Premierministers, den Hochhuth mit Neptun oder Atlas vergleicht, der das Universum auf seinen Schultern trägt. Er ist mit Heinrich Mann einer Meinung, der von Churchill sagte, er sei »ein Held von Corneille, unter der Maske des Zeitalters«. Hochhuths Mann der Macht wird zu einer tragischen Gestalt: er akzeptiert seine qualvolle Verantwortung mit offenen Augen, erkennt trauernd, daß in der Geschichte Pläne und Resultate fatal divergieren, ja, daß er sein Land zum Sieg *und* zum späteren Verfall führt. Churchill als »personifizierter Kriegstrieb« sichert die Einheit des *Londoner kleinen Welttheaters,* denn seine Entschlüsse über die Bombardierung der Städte und Sikorskis Schicksal sind politisch und dramatisch verbunden: Churchill ordnet die Operation »Gomorra« an und stimmt Cherwells Sikorski-Plänen zu, um das Bündnis zu retten, und im Tod des polnischen Generals wird deutlich sichtbar (ebenso im Bild einer in Dresden verbrannten Frau oder der jüdischen Familie im dritten Akt des *Stellvertreters),* was abstrakte Befehle für den einzelnen bedeuten. Hochhuths historisches Stück, das die Konflikte der obersten Instanzen isoliert und doch die Opfer unten nicht übersehen will, sucht seine Erfüllung in genauen Bildern vom Leiden des einzelnen. *Veranschaulichen* ist eines der ständig wiederkehrenden Schlüsselworte und eine der Grundtechniken in Hochhuths Theater, denn er versucht verzweifelt, uns das Leid des einzelnen und wirklichen Menschen unverlierbar einzuprägen.

Aus dieser brennenden Sorge für den einzelnen lebt und handelt in Hochhuths Komödie *Die Hebamme* [1971] die siebenundachtzigjährige Oberschwester Sophie, die gegen Bürokratie, Gesetz und Welt ihr Rechtes und Gutes tut; merkwürdig, daß in dieser offenbaren Antwort auf Brechts *Guten Menschen von Sezuan* der Pessimist Hochhuth, ganz im Gegensatz zum theoretischen Optimisten Brecht, des bösen Doppelgängers nicht bedarf und die Möglichkeiten der guten Sophie, den armen Menschen zu helfen, durch eine edle Doppelgängerin nur noch steigert. Sophie, Hebamme und Vorsitzende (CDU) des Sozialausschusses der nordhessischen Stadt Wilhelmsthal, hat sich in ihr Herz gesetzt, den Obdachlosen der

Stadt, die man in heillosen Baracken zusammengepfercht hat, in
menschenwürdige Wohnungen zu bringen, und verfolgt ihr
freundliches Ziel mit List, Mitleid und unbeirrbarer Energie; und
da sie sich nicht scheut, »im Lande der Vorschriften-Erlasser« das
Recht der Obdachlosen über das geltende Gesetz zu stellen, hat sie
bald ihre eigenen Fraktionskollegen von der CDU, die Stadtverordneten der SPD, und den Staatsanwalt gegen sich. Sie hat schon
vor Jahren ihre verstorbene ostpreußische Freundin Emilie Freifrau von Hossenbach mit gefälschten Papieren zu amtlich-neuem
Leben erweckt (um arme Menschen von ihren erschwindelten Pen-
sionsgeldern zu unterstützen), und nun fordert sie ihre Pläne bald
in der Rolle der Freifrau (ihre gute Shui-Ta) bald als wirkliche
Sophie. Sie sichert den Alten unter den Barackenbewohnern
Wohnplätze in einem katholischen Heim im benachbarten Städt-
chen, überzeugt die Männer der Bundeswehr-Kapellmeister-Akademie bei diesem Umzug mitzuhelfen (indem sie ihnen, als Freifrau, einen neuen Schellenbaum spendiert) und versucht, wiederum
als Schwester Sophie, den hessischen Innenminister durch das
Fernsehen unter Druck zu setzen – aber die Stadtverordneten, die
einmal die Große Koalition bilden werden, sind nicht untätig, ope-
rieren auf ihre eigene Art (indem sie die Obdachlosenkinder zu
einem Besuch in den Frankfurter Zoo schicken, den Fernsehredak-
teur belügen, und die zur Barackensiedlung führenden Straßen unter
einem fadenscheinigen Vorwand sperren); Schwester Sophie hat
keine andere Wahl als gemeinsam mit den Barackenbewohnern ihren eigenen Gegenschlag zu organisieren. Die Obdachlosen ziehen
nachts in die neuen Reihenhäuser, die eben für die Angehörigen
der Bundeswehr-Kapellmeister-Akademie gebaut wurden, und
brennen, auf Sophies Rat, die verlassene Barackensiedlung nieder.
So können sie nicht mehr zurück, aber der Verteidigungsminister
stellt keinen Räumungsantrag, »um die Beziehungen der Bevölkerung zur Bundeswehr keinen untragbaren Belastungen auszuset-
zen«, die Häuserbesetzung wird durch Mietverträge legalisiert, und
Sophie stirbt während des Prozesses, den sie durch Selbstanzeige in
Bewegung gesetzt hat, um den »städtisch-behördlich-wirtschaftlichen
Interessendschungel« zu lichten. Sie hat ihren Triumph, aber selbst
ihr Triumph noch wird manipuliert: obgleich ihr die Hilflosigkeit
Shen-Te's erspart bleibt, stirbt sie als eine heilige Sophie der Obdachlosen, und die politischen Parteien und Bankdirektoren ziehen

aus ihrer Tat noch Gewinn. Sie stehen alle als Menschenfreunde da, und da die Bundeswehr neue Reihenhäuser benötigt, fällt auch noch für die Grundstückspekulanten und die Vermittler einiges ab.

Hochhuths bittere Komödie hat ihre Höhepunkte wieder in melodramatischen Konfrontationsszenen (z. B. Sophie und der SPD-Oberstadtdirektor / Bild 4) und im Gerichtsfinale, in dem Sophie, schon am Rande ihres vergehenden Lebens, die ehemaligen Barackenbewohner als ihre Verteidiger mitbringt und der sächselnde Staatsanwalt mit den Stadtverordneten (die den Prozeß am liebsten niederschlügen, um ihre Geschäfte zu machen) in Streit gerät. Die feinen Ironien sind nicht Hochhuths Sache; sein Zorn hat rasche Intensität und fordert heftige Effekte, Chargen, Karikaturen: hessischer Anzengruber »mit aggressivem Herz« und, im naturalistischen Sinn, deutlichen Bühneneffekten, die sich, ganz besonders in diesem Stück, auf des Autors geübtes Gehör für die komischen Kontraste der regionalen Dialekte gründen (nur die Heldin spricht hochdeutsch). Sophie ist eine ältere Schwester Fontanas; »sie gehört«, so sagt der Autor in einer fast autobiographischen Bühnenanweisung, »zu den Aussterbenden, die politische Konflikte personalisieren bis zur totalen Identifizierung mit der eigenen Person«. Als sie der SPD-Oberstadtdirektor auffordert, »das Ganze« im Auge zu behalten, antwortete sie ihm mit Hochhuths eigenem Axiom: »Menschen sind einzelne – / deshalb sieht sie der Statistiker nicht: / der sieht das Ganze . . . ich weiß gar nicht / was das ist – und will es auch nicht wissen« (Zuckmayers Hauptmann von Köpenick argumentiert ähnlich gegen seinen Schwager, der das staatliche Ganze verteidigt). Ich zweifle allerdings daran, ob ich Sophiens Entschluß, das geltende Gesetz zu brechen, »um dem Recht zum Recht zu verhelfen«, ohne Zögern zu folgen vermag; ich weiß, daß bei der von ihr organisierten Häuserbesetzung (die wieder wirklichen Ereignissen in Kassel und Rom nachgebildet ist) niemand Schaden nimmt, frage mich aber, wie ein Gemeinwesen funktionieren soll, in dem jedermann als sein eigener Michael Kohlhaas agiert – die entschiedene Frage nach Gesetz, Recht und Gewalt bedarf gerade in der Epoche des politischen Terrors noch feinerer Unterscheidungen, die uns der Autor schuldig bleibt. In dieser Komödie denkt Hochhuth mehr denn je mit seinem Gefühl, aber seine Neigungen folgen, zu unserem Glück, keinem Dogma oder System: als Protestant sympathisiert er mit den Tugenden des

alten Preußen und mit jenen rotweintrinkenden katholischen Pfar-
rern, die ihr Herz auf dem rechten Fleck haben; liebt geplagte
Proletarierfrauen eher als ihre Männer, deren Interessen sich in
Fußball und Farbfernsehen erschöpfen, und hat die unmodische
Kühnheit, das romantische Idealbild vom couragierten Proleten
anzuzweifeln. Es könnte sein, meint er, »daß die Geschichte ... die
Arbeiterklasse einmal als jene Klasse registrieren muß, die sich von
den anderen vor allem dadurch unterschied, daß sie überdurch-
schnittlich viele Verräter der Interessen jener Menschen, die ihr zur
Macht verholfen haben, hervorgebracht hat.«

Hochhuths Individualismus ist dem deutschen Existentialismus
der frühen fünfziger Jahre enger verbrüdert als dem Linkshegelia-
nismus des folgenden Jahrzehnts; er hat wenig gemein mit den
jüngsten Intellektuellen, die sich auf Hegel, Theodor W. Adorno
und Herbert Marcuse berufen, oder mit Peter Weiss, der sich mit
den Gedankenmotiven eines älteren Marxismus zufrieden gibt.
Hochhuths Geschichtsbild ist ganz und gar nicht monolithisch: eine
fast manichäische Vision von der Welt als einem Schlachtfeld von
Gut und Böse (verkörpert in den vielen allegorischen Gestalten und
eingefangen in dem metaphysischen Rahmen seiner Stücke) geht
eine problematische Verbindung mit seinem Glauben an die großen
Täter ein, die Geschichte schaffen und doch Gefangene eines historischen Prozesses sind, der immer wieder Millionen von schwei-
genden Opfern fordert – jene Opfer, die von den traditionellen
Historikern in einem einzigen lakonischen Satz genannt werden. Im
geschichtlichen Kern seiner Stücke klammert sich Hochhuth an seine historischen Herren, befindet sich aber als ein um die Leiden der
vielen besorgter Dramatiker zugleich in der schwierigen Lage, auf
der engen Bühne riesige Konzentrationslager oder brennende
Städte rekonstruieren zu müssen. Er kämpft mit dem Mute der
Verzweiflung gegen die technischen Grenzen der Bühne an, wagt
melodramatische oder amateurhafte Lösungen (z. B. im 3. Akt des
Stellvertreters) und kann doch nicht mehr tun, als das einzelne Indi-
viduum als leidendes Beispiel zu zeigen; anderswo muß er sich mit
dem traditionellen Boten zufriedengeben, der berichtet, was das
altehrwürdige Theater nicht darzustellen vermag. Hochhuths Verhältnis zur theatralischen Sichtbarkeit verrät seinen bitteren Unmut
über die Grenzen einer Bühne, der noch immer die materielle
Weite fehlt, Millionen stöhnender, brennender, erstickender, hin-

gemetzelter Menschen einzuschließen.

Riccardo, Gerstein, Churchill, Dorland und der Bischof von Chichester stimmen alle darin überein, daß die Geschichte grausam ist. Sie ist ein »Strategum der Natur«, ein See von Tränen, eine Herde von Lemmingen auf der Suche nach dem Tod, oder in Riccardos und Sikorskis wiederkehrendem Bild »ein Fleischwolf«, der lebende Körper zermalmt. Es zeugt für Hochhuths existentialistisches Weltbild, daß er sich weigert, den leichten Trost der Philosophen (wie Hegel) zu akzeptieren, und lieber versucht, energisch die Würde des Menschen gegen den düsteren Horizont des geschichtlichen Fortganges zu verteidigen; wahrscheinlich ist er Albert Camus' letzter deutscher Schüler. Seltsam genug, daß die beiden eingefleischten Feinde, Riccardo und der Doktor, die ihren metaphysischen Kampf austragen, einmütig (wenn auch aus verschiedenen Gründen) Hegels Versuch ablehnen, der Geschichte einen intelligiblen Sinn zu verleihen. Der Doktor liest Hegel in Auschwitz (Hochhuths Bösewichter lesen immer zuviel) und verspottet »die Philosophen, die die Greuel / der Weltgeschichte solange durch ihre Hirnwindungen / drücken, bis sie versöhnlich anzusehen sind«, und Riccardo, der den Gedanken seines Vaters entgegenzuwirken versucht (daß nämlich im menschlichen Leiden eine höhere Bedeutung liege), protestiert leidenschaftlich gegen jene, die »mit dem berühmten Glasauge / des Begriffs souverän und / versöhnend Vernunft in dieses Morden / (hineinhegeln)«. Ähnliche Worte fallen auch in dem anderen Stück: Churchill behauptet (in Unkenntnis Hegels), der »Weltgeist« selbst habe Hitler dazu getrieben, alle begabten Physiker ins Exil zu schicken, aber Sikorski, der die Ansichten des Dramatikers teilt, weist diese »barbarische Kalkulation« zurück. Wohlgeordnete Sinngebungen sind illusorisch, und Hochhuths wiederkehrende Polemik gegen Hegel spitzt sich auf die Frage zu, die ihn am stärksten beschäftigt, ob alles Leiden in Auschwitz, Dresden und anderen von Menschen gemachten Höllen nicht jeden Sinnes entbehre und ob, wie der von Hochhuth erwähnte Philosoph Theodor Lessing in seiner *Geschichte als Sinngebung des Sinnlosen*, 1919, impliziert, alle Geschichtsschreibung ein hoffnungsloser Versuch sei, das unerträgliche Chaos tröstlich zu verschleiern. Hochhuths vorläufige Antwort, das Schicksal des Menschen in der Geschichte sei »absurd«, aber dennoch »voller Hoffnung«, scheint mir nur eine Flucht vor der schrecklichen Einsicht, die in seinem Geist dunkel lauert.

Aber Hochhuth spricht seine Gedanken als Dramatiker und nicht als Philosoph aus, und es ist schwer, die grundsätzliche und scharfe Diskrepanz zwischen seinen bohrenden Fragen und seiner ungelenken Kombination theatralischer Mittel zu übersehen, die er aus dem Repertoire der klassischen und modernen Bühne herleitet. Peter Weiss arbeitet in seinen neueren Stücken mit einem angestrengt einfachen Stil, der sich den ermatteten Nerven der Intellektuellen empfiehlt, aber Hochhuth zieht seine Kräfte aus dem traditionellen und anachronistischen Volkstheater, das an Schillers Konfrontationsszenen zwischen historischen Persönlichkeiten und ihren idealen Antagonisten erinnert; er schreibt freie Verse, welche den Gedanken leichter Ordnung und Gestalt geben, aber seine Sprache hat selten Vitalität, Strenge und Profil. Er schwankt zwischen Mysterien-Spielen, historischen Dramen und reschem Volkstheater und entwickelt dabei ein sicheres und überraschend theaterwirksames Gefühl für die ›große Szene‹. Seine Stärke wuchert ohne kontrollierte Ökonomie; er verschwendet seine Energie an naturalistische Episoden (die allerdings in seiner Komödie eine legitime Funktion erfüllen), naive Gangster-Spiele (gelegentlich in politischer Gestalt) und viele Frauengestalten ohne jeden Lebensfunken; paradoxerweise hat der Dramatiker, der fast allein unter seinen Zeitgenossen den einzelnen über alles stellt, nicht viele unverwechselbare Individualitäten für die Bühne geschaffen – in *Guerillas* ist außer dem tragischen Liberalen Professor Werner kein einziger Mensch zu finden, und selbst die lebenssichere Hebamme Sophie ist mehr Rolle als Vitalität, mehr Idee als Frau. Die lärmenden Diskussionen über den historischen Papst und den britischen Premierminister haben lange verborgen, daß Hochhuth aus seiner Praxis lernt und sein zweites Stück (ebenso wie die Komödie) mehr an spezifischer Bühnenbegabung verrät als *Der Stellvertreter*. Hochhuth verzichtet zumindest auf den störenden Überfluß an naturalistischen Nebenrollen und zeichnet seinen Churchill als ambivalenten und theaterwirksamen Charakter, an dem selbst die Kunst des verstorbenen Charles Laughton nicht verloren gewesen wäre. Hochhuths fruchtbar-weitreichende Fragen über den letzten Sinn der Geschichte und sein szenischer Mut sind nicht mehr ganz so inkompatibel wie noch vor wenigen Jahren. Er ist ein Schriftsteller zwischen allen Stühlen und bedarf der geduldigen Kritik.

6. FRIEDRICH DÜRRENMATT

Als Friedrich Dürrenmatt in seinem Vortrag über *Theaterprobleme* (1954) zum erstenmal über seine frühen Stücke sprach, klagte er über »die Schwierigkeiten, die ein Protestant mit der Kunst des Dramas hat«, und meinte in einer etwas verwickelten Syntax, katholische Autoren erfreuten sich dramatischer Möglichkeiten, die anderen fehlten. Dürrenmatt ist (im Augenblick) der letzte Theologe unter den deutschen Dramatikern, aber er zögert nie, seine Schwierigkeiten in Tugenden zu verwandeln. Er geht den Problemen des Glaubens und des Theaters auf den Grund, provoziert sein Publikum durch den listigen Gebrauch grotesker Bühnentechniken, verwirrt seine Kritiker mit einer Eigenbautheorie, in welcher er Gemeinplätze zu seiner Selbstverteidigung mit epigrammatischen Einsichten wirksam verbindet, und verschleiert seine geistlichen Interessen mehr, als sie zu enthüllen.

Friedrich Dürrenmatt stammt aus einer alten Schweizer Familie, die seit dem frühen siebzehnten Jahrhundert im Berner Land zu Hause ist. Er wurde 1921 in dem Dorf Konolfingen, wo sein Vater Pfarrer war, geboren und zog mit dreizehn Jahren nach Bern. Dürrenmatts fragmentarische Studien der Literaturgeschichte, der Philosophie und der Naturwissenschaften an den Universitäten Zürich und Bern waren offenbar eher persönlicher als systematischer Art; er liebte die Astronomie, las Kierkegaard, Franz Kafka und Ernst Jünger und versuchte sich als expressionistischer Graphiker. In der Mitte der vierziger Jahre schrieb er seine ersten Prosaskizzen (später gesammelt in *Die Stadt,* 1952) und verdiente, nachdem er nach Basel und dann nach Ligerz übergesiedelt war, seinen Lebensunterhalt als Theaterkritiker, als freier Mitarbeiter des Züricher Kabaretts und als Autor von gängigen Detektivgeschichten, die sich unter seinen Händen in metaphysische Untersuchungen von Schuld und Sühne verwandelten. Einige Jahre lang schrieb er auch Hörspiele für westdeutsche und andere Rundfunkanstalten.

Dürrenmatts Prosa ist mit seinen Stücken eng verwandt: in *Der Richter und sein Henker,* 1952, nimmt er fundamentale Situationen seiner späteren dramatischen Werke vorweg; sein Beinahe-Roman *Grieche sucht Griechin,* 1955, arbeitet mit dem ganzen Reichtum seiner bizarren Phantasie. In seiner besten Erzählung *Die Panne,*

1956, wird Gerechtigkeit wie in einem Spiel zugemessen, und Alfredo Traps, ein zeitgenössischer Jedermann, der mit Textilien handelt, wird durch eine Begegnung mit dem absoluten Schicksal geadelt und hängt sich bei Tagesanbruch auf.

In seinen ersten drei Stücken *Es steht geschrieben* [1947], *Der Blinde* [1948] und *Romulus der Große* [1949] wetteiferte Dürrenmatt noch mit Max Frisch, aber nach der Münchner Premiere von *Die Ehe des Herrn Mississippi* (26. März 1952) öffneten sich ihm westdeutsche und europäische Bühnen; und nach den Aufführungen von *Der Besuch der alten Dame* [1956] und *Die Physiker* [1962] war Dürrenmatt der erste deutschsprachige Dramatiker nach Brecht, den man in der Sowjetunion und in den Vereinigten Staaten mit Eifer diskutierte. Dürrenmatt übt beißendere Kritik an seinen Schweizer Landsleuten als der melancholischere Max Frisch, aber er ist lange nicht so ruhelos wie sein Züricher Kollege. Er lebt in Neuchâtel (nicht in Bern) und reist gelegentlich, um mit ausländischen Regisseuren seiner Stücke zusammenzuarbeiten; an Frischs romantischem Fernweh laboriert er nicht. Er bezeichnet sich gern als einen »Dörfler«, aber seine autobiographischen Charakteristiken sind mit einiger Skepsis zu genießen.

Es steht geschrieben [1947], Dürrenmatts erstes Stück, verrät viel von seinen Vorstellungen von Gott und dem Menschen und nicht weniger von seinen Bühnentaktiken, die er später genauer diszipliniert. In der Stadt Münster gründen die feurigen Wiedertäufer, die ihr persönliches Leben und die Gesetze der Gesellschaft streng nach den Worten der Offenbarung zu gestalten versuchen, Gottes Neues Jerusalem; und während ihre Sehnsucht nach absoluter Reinheit sich rasch in Terror gegen Katholiken und Lutheraner verwandelt, sammeln ihre Gegner eine Armee, um die rebellische Stadt zu belagern. Der katholische Bischof von Münster, ein nachdenklicher Humanist, verläßt die Stadt, und in ihrer fiebrigen Luft stehen wahrer Glaube und offener Verrat gegeneinander: Jan Matthison, der Führer der Wiedertäufer, wird bei einem Versuch getötet, die Stadt allein gegen den Feind vor den Mauern zu verteidigen; Bernhard Knipperdollinck, der reichste Mann der Gemeinde, verschenkt freiwillig sein Gold, um das wahre christliche Leben zu suchen; und der habgierige Johann Bockelsohn reißt die Macht an sich und krönt sich selbst zum König des Neuen Zion. Nach einem großen Fest tanzen er und der arme Knipperdollinck ekstatisch auf den Dächern unter dem großen bleichen Mond, um die Erfüllung ihres Lebens zu feiern, aber der Feind dringt durch die zerfallenen Mauern ein, und beide werden zum Tod auf dem Rad verurteilt. Sie sterben Seite an Seite, doch Knipperdollinck spricht in seinen Todeskämpfen die letzte Wahrheit aus: auf dem Rad wird sein gepeinigter Körper zu einer »heiligen Schale«, welche Gott mit seiner Gnade »bis zum Rande« füllt.

Dürrenmatt schafft eine reiche Welt der Heiligen und Narren und lenkt den Blick auf Knipperdollinck und Bockelsohn, die im Kontrapunkt des Schicksals steigen und fallen, fallen und steigen; der reiche Knipperdollinck wird zum armen Lazarus, und der arme Bockelsohn (von zwei münsterischen Straßenkehrern buchstäblich aus der Gosse aufgelesen) steigt als neuer König Salomo empor. Knipperdollinck lebt mit seiner Frau Katherina und seiner Tochter Judith in einem Patrizierhaus, verzichtet aber auf seine goldene Kette, wirft sein Gold auf den Marktplatz und macht sich in Lumpen und nur von seiner Tochter begleitet (seine Frau hat sich inzwischen Bockelsohn angeschlossen) auf einen einsamen Weg, um »Armut und Frieden« zu suchen. Bockelsohn will ihm das Schwert der Gerichtsbarkeit anvertrauen, aber Knipperdollinck verläßt sein dunkles Gewölbe nicht, denn er ist dort frei, »mit seinen Ratten und mit seinem Gott« zu sprechen. Bockelsohn greift nach den Schätzen der Macht, singt das Loblied des Fleisches (das ihn in Gestalt von fünfzehn neuen Frauen umgibt), schafft aus seinen treuen Gefolgsleuten einen neuen phantastischen Adel und beginnt, die Welt nach einer alten Landkarte aufzuteilen. Er nennt sich selbst »den Sohn der Erde« und will »wie ein Meteor« durch die dunklen Nächte fliegen. Dürrenmatt hat nicht die Absicht, zwischen Gut und Böse moralische Unterschiede zu treffen: der Mensch der weltlichen Freuden und der radikale Christ tanzen und sterben zusammen unter einem unerforschlichen Himmel, und das Stück sagt nicht, daß allein Knipperdollinck auf Gnade hoffen dürfte. Die Gnade fließt frei und unvorhersehbar von oben und antwortet nicht auf Gründe oder Verdienste; sie bleibt den Menschen ein unergründbares Geheimnis.

Dürrenmatt mag ein später Erbe des Berner protestantischen Dramatikers Nikolaus Manuel (1484–1530) sein, aber als Schriftsteller unserer Zeit fühlt er sich »vom Tumor des Zweifels gequält«; und während er an das Geheimnis der Gnade rührt, trifft er seine klugen Vorkehrungen, um jedem Pathos entgegenzuwirken und die inneren Konflikte hinter einer Taktik störrischer Techniken zu verstecken. In der szenischen Technik seines ersten Stückes operiert er mit Gegenmaßnahmen verschiedener Art: er arbeitet, wie Max Frisch, mit Thornton Wilders anti-illusionären Effekten, macht einige seiner Charaktere zu spröden oder ernsten Spielkommentatoren, setzt die szenische Musik gegen die gehobene Sprache der Schauspieler ein und konfrontiert Vorgänge des intensivsten Gefühls mit Szenen, welche die schäbigen Realitäten der Geschichte sachlich demonstrieren. Aber der Glaube siegt, selbst gegen die theatralische Intention des Autors: Thornton Wilder bleibt auf der Strecke, und Knipperdollinck und Bockelsohn erheben sich zu Tanz und Tod, singen lange Zeilen expressionistischer Verse, und aus dem selbstbezogenen szenischen Arrangement steigt triumphierend das reine Geheimnis einer verborgenen Religiosität. Ich glaube fast, daß ihre Kraft zu Dürrenmatts zweitem Stück *Der Blinde* [1948] hinüberführt, in dem der blinde Glaube im wahren Sinne des Wortes über den Satan triumphiert: Ein blinder Herzog weiß sich erst in seiner Vernichtung von Gott begnadet. Dieser theologisierende Dürrenmatt entzieht sich seinem eigenen Mißtrauen gegen die Welt, das Theater und die Religion, und seine Sprache wird zum Psalm.

Die Ehe des Herrn Mississippi [1952] bezeichnet einen entscheidenden Wendepunkt in Dürrenmatts Intentionen als Dramatiker. Er bleibt den metaphysischen Fragen seiner früheren Werke treu, zieht aber zum erstenmal aus der historischen Sphäre vergangener Jahrhunderte in seine und unsere Zeit, oder zeichnet zumindest eine zeitgenössische (wenn auch äußerst abstrakte) Konstellation moralischer und politischer Kräfte. Seine Welt ist schematisch geordnet, und in dem modischen Salon, in dem sich die komplizierten Geschehnisse wie in Sartres *Bei geschlossenen Türen* im Kreise drehen, gibt das eine Fenster den Blick auf einen Obstgarten und eine nördliche Kathedrale frei, das andere auf eine Mittelmeerlandschaft mit Zypressen und einem alten Tempel. Anastasia, deren Ehemann eben an einem angeblichen Herzanfall gestorben ist, empfängt den Besuch des Staatsanwalts Florestan Mississippi, der ihr erbarmungslos nachweist, daß sie mit Hilfe des ihr ergebenen Grafen Bodo ihren Mann vergiftet hat (der sie mit Florestans Frau Madelaine betrog); und nachdem sie ihr Verbrechen unter dem

Druck seiner Argumente eingesteht, bekennt der Staatsanwalt seinerseits, daß er seine ungetreue Gattin Madelaine tötete und jetzt zur Buße Anastasia auf der Stelle heiraten will. Durch die neue Heirat glaubt er sich für die private Hinrichtung seiner Frau selbst zu bestrafen; auch Anastasia wird, so hofft er, sittliche Besserung erfahren, wenn sie Hinrichtungen beiwohnt und tägliche Besuche bei Gefangenen abstattet: sie soll als »Engel der Gefängnisse« ihr Verbrechen sühnen. Die Qualen seiner Ehe aber treiben Mississippi zu einer immer härteren Verfolgung aller Verbrecher, und nachdem er sein dreihundertundfünfzigstes Todesurteil unterschrieben hat, ist er längst zu einer politischen Belastung für die Regierung geworden. Aber die wieder mächtiger werdende Kommunistische Partei (jetzt die »Partei für Volk, Glaube und Heimat«) wirft ihr Auge auf ihn, denn sie will einen Mann, der so entschlossener Handlungen fähig ist, zu den ihren zählen. Der kommunistische Organisator Saint-Claude präsentiert Florestan ein Ultimatum: entweder wird er der Partei dienen, oder seine Vergangenheit wird enthüllt; Saint-Claude und Florestan waren ja einmal Zuhälter und boten »fetten Bürgern weiße Opfer« an. Mississippi weist die Wünsche der Regierung und die Forderung der Partei zurück; Saint-Claude löst die Revolution aus (nirgends machen sich Revolutionen leichter als in zeitgenössischen Schweizer Theaterstücken), und nachdem sie fehlgeschlagen und eine neue Regierung an die Macht gelangt ist, kehrt der von Demonstranten übel zugerichtete Mississippi in seinen Salon zurück und findet dort Anastasia mit dem Grafen von Übelohe-Zabernsee, der ihm die ganze Wahrheit über sein früheres Verhältnis mit Anastasia zu erzählen die Absicht hat. Die Regierung versucht, Florestan in eine Irrenanstalt abzuschieben, aber er flieht nach Hause, weil er von Anastasia wissen will, ob sie den Grafen wahrhaft liebte. Er vergiftet ihren Kaffee, um der Sterbenden die Wahrheit zu entlocken, aber auch sie hat seinen Kaffee vergiftet, und am Ende fehlt es, wie in einem elisabethanischen Stück, an Toten und Sterbenden nicht. Saint-Claude wird von einem kommunistischen Exekutionskommando erschossen, und doch sind alle in einem *Chorus mysticus* vereint, in dem äußersten Scheitern zu einem Zeichen der Gnade wird, und der trunkene Graf erscheint als der letzte christliche Ritter in der Maske des irrenden Don Quijote, um eine zeitlose Suche nach dem Wunder der Liebe fortzusetzen.

In der Gestalt dieser metaphysischen Horrorshow (mit einigen Anklängen an Frank Wedekind) arbeitet eine neue Ökonomie Dürrenmatts unerschöpflicher Liebe für Marx-Brothers-Gags entgegen; alle Ereignisse konzentrieren sich um einen kleinen Kaffeetisch in einem Salon, der immer mehr an Eleganz verliert. Dürrenmatt nützt noch Thornton Wilders Technik der gebrochenen Illusion, aber er hat gelernt, wie man *mit der Bühne* arbeiten kann, und macht die technischen Möglichkeiten des Bühnenapparats zu einer Komponente des Stücks. Porträts der Hauptdarsteller werden rasch herabgelassen und verschwinden plötzlich wieder aus dem Blickfeld, der trunkene Graf fliegt schwerelos durch den Raum, und Dürrenmatt bewegt sich als Schüler des Wiener Volksstücks des 19. Jahrhunderts, Alfred Jarrys und Eugène Ionescos, auf den Rand eines bitter poetischen Theaters zu. Aber er will die streng allegorische Struktur seines Stückes gar nicht verbergen: seine drei ungewöhnlichen Männer haben alle beschlossen, die Welt nach ihren absoluten Ideen zu ändern und zu retten, und es ist ihr Verhängnis, daß sie alle auf Anastasia treffen, deren fatale und leblose Schönheit die Unveränderlichkeit der Welt inkarniert. Florestan Mississippi kämpft für die schreckliche Gerechtigkeit des Alten Testaments: er widmet sein Leben dem Ziel, »das Gesetz Moses wieder einzuführen«, denn als er einst in Saint-Claudes Bordell arbeitete, fand er eine Bibel und wurde zur Welt der Propheten bekehrt. Er weist den Vorschlag seiner Freunde zurück, der transzendentalen Gerechtigkeit zu entsagen und Gott zu verbrennen (»Man kann nicht Gott ins Feuer werfen. Er selbst ist das Feuer«, erwidert Florestan kühn), und sieht in seiner Ehe mit Anastasia eine unwiederholbare Gelegenheit, der Welt zu beweisen, striktester Gehorsam vor dem Gesetz könnte eine Mörderin in einen höheren und besseren Menschen verwandeln. Saint-Claude, der einmal ein Exemplar von Marx' *Kapital* in der Tasche eines ermordeten Zuhälters fand, ging seinerseits durch eine Konversion, schloß sich der Kommunistischen Partei an und träumt von der letzten Schlacht, in der – er ist der Neuen Linken um zehn Jahre voraus – gläubige Marxisten die Sowjetunion als Verzerrung der reinen Idee bekämpfen. Der Dramatiker sympathisiert noch am ehesten mit dem verarmten Grafen Bodo, den er in den »Schmelztiegel der Komödie« wirft, um nach der Gnade Gottes zu forschen: Graf Bodo, trunken, töricht und von tropischen Krankheiten geplagt, akzeptiert seine Erniedrigung in den Augen der Menschen, verdammt Florestan, der das Gesetz über die Vergebung stellt, und liebt Anastasia (die ihn prompt betrügt) aus tiefstem Herzen, nicht als gerechte, aber als *unglückliche* Frau. Dürrenmatt betont, daß alle drei in ihrer Begegnung mit der Welt versagen: Florestan stirbt im falschen Glauben, sie sei ihm treu gewesen; Saint-Claude wird von der Macht vernichtet, die er sich selbst organisiert hat; und der Graf ist verdammt dazu, seine Suche ohne Ende fortsetzen zu müssen. Wieder schließt das Stück mit expressionistischen, ja mystischen Strophen, der christliche Graf (wie Knipperdollinck und der blinde Herzog) lobt Gott, der ihn an den Balken des Kreuzes drückt und ihn auf dem mystischen Holz zu seinem unerforschlichen Antlitz erhebt. Der Graf und seine ungewöhnlichen Freunde sind hier und jetzt gescheitert, aber gerade ihr Scheitern kündet die Gegenwart der Gnade an.

Die Stücke der fünfziger Jahre zeigen Dürrenmatts Interesse an der fundamentalen Begegnung des Menschen mit der »anderen Welt«; das Neue ist die sehnige, ja klassizistische Eleganz der dramatischen Konstruktion. Der Mensch wird mit dem Absoluten konfrontiert, sei es verflucht, heilig oder beides, und wird in seiner Antwort auf die absolute Herausforderung seiner selbst völlig bewußt; er verwirklicht die beste oder übelste seiner Möglichkeiten. In der literarischen Komödie *Ein Engel kommt nach Babylon* [1953] sendet Gott sein Licht und seine Liebe in Gestalt eines jungen Mädchens auf die Erde. König Nebukadnezar, der beleidigt ist, weil sie für einen Bettler und nicht für ihn, den einsamen Herrscher, bestimmt ist, mißhandelt sie, und später kann sie mit ihm (den sie liebt) nicht leben, weil ihr Verrat durch den Oberpriester, den intrigierenden Kanzler und den König selber droht. Hand in Hand mit dem Bettler Akki (der allerdings an Brechts Azdak erinnert) setzt sie ihre Suche nach antwortender Liebe in der Wüste fort und beweist mit ihrem Schicksal, daß diese Erde (wie in Georg Bernard Shaws *Heiliger Johanna*) noch nicht bereit ist, ihre Heiligen willkommen zu heißen.

Im Stück *Der Besuch der alten Dame* [1956], das Dürrenmatt auch außerhalb Europas bekannt machte, bringt nicht ein junges Mädchen den Widerspenstigen Liebe, sondern eine beleidigte, unbiegsame und alterslose Frau fordert Gerechtigkeit und Vergeltung. Die kleine Stadt Güllen stagniert wirtschaftlich, während andere Orte blühen; die lokale Industrie ist ruiniert, die Stadtverwaltung bankrott, die meisten Bürger arbeitslos. Jeder hofft auf die Hilfe der Güllenerin Claire Zachanassian, der reichsten Frau der Welt. Sie hat den Wunsch geäußert, nach fünfundvierzig Jahren wieder in ihre Heimatstadt zurückzukehren, und man trifft Vorbereitungen für einen festlichen Empfang. Der Krämer Ill, der früher ihr Geliebter war, soll Bürgermeister der Stadt werden, um über die Details ihrer Schenkungen, Darlehen und Investitionen verhandeln zu können. Claire trifft mit ihrem seltsamen Gefolge (einschließlich Eunuchen, Ehemann Nummer sieben, einem Sarg und einem schwarzen Panther) in Güllen ein, aber nachdem alle Begrüßungsfloskeln gesprochen sind, verkündet sie, daß sie nur deshalb in ihre Heimatstadt (die sie mit Absicht ruiniert hat) zurückgekommen sei, um »Gerechtigkeit zu kaufen«. Im Jahre 1910 hatte Ill vor Gericht geleugnet, der Vater ihres Kindes (das später starb) zu sein, und sie bietet nun der Stadt fünfhundert Millionen und auch den einzelnen Familien fünfhundert Millionen an, wenn jemand Ill tötet. Der Bürgermeister weist das Angebot im Namen der Gemeinde zurück, aber bald werfen die Leute, auch die Arbeitslosen, das Geld zum Fenster hinaus; plötzlich trägt jeder auffallende, neue gelbe Schuhe. Vergeblich sucht Ill den Schutz der Gemeinde, beschließt aber dann, seine Selbstverantwortung zu tragen. Die Bürger Güllens können der Versuchung nicht lange widerstehen; sie fordern, daß Gerechtigkeit werde (wie Claire will), und Ill, der sich dem Urteil der Gemeinde unterwirft, wird von dem stärksten Mitglied des Turnvereins erwürgt. Der Arzt gibt zu Protokoll, Ill sei aus Freude, seine Stadt vor dem Ruin gerettet zu wissen, an einem Herzanfall gestorben; der Bürgermeister nimmt Claires Scheck über Ills Leichnam entgegen, dann läßt Claire den toten Geliebten zur Erinnerung an bessere Tage einbalsamieren. Die Zeit für das *Happy-End* ist gekommen, die Güllener versammeln sich in ihrem reichgeschmückten Bahnhof und rezitieren Sophokles' Chor zum Lob des Menschen. Ihr Text ist allerdings ebenso pervertiert wie ihr käufliches Leben.

Dürrenmatt präsentiert seinen dramatischen Bericht über eine »absolute Rache« in einer einfachen Konstruktion, die allen seinen früheren und vielen seiner späteren Stücke an Eleganz überlegen ist. Die Sprache, einschließlich der wenigen lyrischen Einblendungen, ist von perfekter Sparsamkeit, und die szenischen Erfindungen nützen die Synchronie, wie es die Wiener Volksdramatiker des neunzehnten Jahrhunderts taten. Doch die sparsame Struktur wirft Interpretationsfragen auf, denn es ist leicht, die Andeutungen des mageren Textes zu ignorieren und, wie es oft geschieht, den *Besuch* entweder als soziale Satire gegen die zeitgenössische Konsumgesellschaft zu betrachten (als gäbe es solche Satiren nicht zu Dutzenden) oder als Passionsspiel, das ein zeitlos biblisches Ereignis neu artikuliert. Vielleicht ist es fruchtbar, beide Interpretationsmöglichkeiten zu kombinieren: Claire Zachanassian spielt alle gegeneinander aus, die geldgierige Gemeinde und ihren früheren Geliebten, und beobachtet dann ruhig, was geschieht. Sie hat ihren teuflischen Charme und herrscht durch ihre Reichtümer, ihre künstlichen Gliedmaßen aus reinem Elfenbein und ihre Bordell-Erfahrungen über alles unbedeutende Leben; den Plan für den Prozeß gegen Ill hat sie seit vielen Jahren ausgearbeitet. Claire weiß, daß die Menschen der Versuchung nur schwer widerstehen, und hat nicht unrecht; kurz nach ihrer Ankunft beginnt der große Konsum, und die Repräsentanten der politischen, religiösen und intellektuellen Ordnung bleiben von dem allgemeinen Fieber nicht verschont. Im Gegenteil: der Polizist hat einen neuen Goldzahn, der Bürgermeister will eine neue Stadthalle bauen, der Pastor kauft eine neue Kirchenglocke, die in täuschender Gloria über der Stadt läutet, und der Lehrer, ein gelehrter Humanist, stolz auf seine Kenntnisse der griechischen Mythologie, sucht Besinnungslosigkeit im Trunk: er spürt, wie sein Humanismus zerbröckelt, und weiß, daß auch er, der gelehrte Freund antiker Tugenden, zu einem habgierigen Mörder wird. Aber während der Hunger nach materiellen Gütern die Bürger der Gemeinde korrumpiert, erhebt sich Ill zu tragischer Einsicht und sittlichem Mut: er war zunächst entschlossen, seine Schuld an Claires Leiden und dem Tod seines Kindes zu beschönigen und vage von den Schwierigkeiten des Lebens zu reden, ist aber mehr und mehr bereit, die Schuld zu sühnen. Auf der Gemeinderatssitzung deutet er mit seinem gequälten und einsamen Schrei nach Gottes Gnade an, daß er seinen Tod selbst wählt. Sein Schicksal und das Schicksal seiner Mitbürger sind durch den Knoten der Erlösung und Gewalt verknüpft; von ihrer Habgier getrieben, begehen die modernen Konsumenten Güllens einen Mord, aber was von außen als Mord erscheint, hat von innen die Realität eines bedeutungsvollen Todes, welcher einen schäbigen Krämer in einen tragischen

Helden alter Größe verwandelt. Die brutale Vernichtung eines menschlichen Lebens aus materiellen Gründen und ein freiwilliger Tod sind eins, und es ist schwierig, sich Dürrenmatts schrecklicher Implikation zu verschließen, die Gerechtigkeit des unsichtbaren Gottes gehe ihren mühsam widersprüchlichen Weg.

Der Kritiker und Philosoph Lucien Goldmann verbindet die Ideen der französischen Jansenisten des siebzehnten Jahrhunderts mit ihrem überwältigenden Mißtrauen gegen eine politische Wirklichkeit, die sich massiv gegen jeden Wandel stemmt; und ich vermute, daß Dürrenmatt der Welt Pascals näher steht, als die gesellschaftlich orientierten Interpreten seiner Stücke zuzugeben bereit sind. Auch ihn fasziniert der Gedanke eines Rückzugs aus der feindlichen Welt, aber er kennt die unvorhersehbaren Konsequenzen dieses Rückzuges in einem Jahrhundert des organisierten Terrors und des dauernden Kriegs. In seiner frühen »unhistorischen historischen Komödie« *Romulus der Große* [1949] prüft Dürrenmatt einen »Kaiser der Hühner«: Romulus Augustus haßt das Imperium, das sich auf Blutvergießen und Sklaverei gründet, und er entschließt sich (als germanische Stämme das Land bedrohen), lieber auf einer Hühnerfarm zu leben, als die Gewalten des Kaisers auszuüben. Er glaubt, das Ende des verhaßten Imperiums so zu beschleunigen, und nimmt die Möglichkeit in Kauf, seine kontemplative Passivität mit dem Leben bezahlen zu müssen. Aber Dürrenmatt nimmt dem Rückzug seines Helden jeden heroischen Glanz: als Odoaker, der feindliche General, auf der Farm anlangt und Romulus seinen Tod erwartet, ergibt es sich, daß auch Odoaker nichts mehr liebt, als in Frieden Hühner zu züchten. Er überzeugt Romulus davon, im Dienste des Friedens die Unterwerfung der germanischen Stämme in aller Form zu akzeptieren und sich dann in Ehren und mit einer guten Dotation zurückzuziehen. So vollzieht Romulus wie spielend den ernsthaftesten Lebens-Entwurf und entdeckt, daß seine wesentlichsten Entscheidungen durch die unerwartete Verkehrung seines Schicksals aller heroischen Bedeutung entbehren.

Mit seinem Stück *Die Physiker* [1962] tritt Dürrenmatt aus dem komödienhaften fünften Jahrhundert des Romulus in das Jahrhundert von Hiroshima. Der Horizont verdüstert sich, und jeder Rückzug aus der Welt läßt alle Macht in den Händen jener, die den Menschen zum Sklaven degradieren. In einer Irrenanstalt (die

Dürrenmatt in Neuchâtel lokalisiert) sind drei Physiker interniert, die ihre drei Pflegerinnen erwürgen, um nicht durch persönliche Gefühle von ihren eigentlichen Interessen abgelenkt zu werden. Während die Behörden neue Sicherheitsmaßnahmen fordern, gestehen einander die drei Physiker, daß sie nicht wirklich verrückt seien, sondern ihre besonderen Gründe hätten, verrückt zu spielen. Johann Wilhelm Möbius, der sich schon lange Jahre in der Anstalt befindet, hat theoretische Entdeckungen gemacht, die in ihrer praktischen Anwendung die Existenz der ganzen Welt gefährden könnten; deshalb beschloß er, den Verrückten zu spielen und zu behaupten, daß ihm König Salomo erscheine. Auch seine beiden Mitpatienten sind hochbegabte Physiker, die seine frühen Veröffentlichungen gelesen und die Geheimdienste ihrer Länder alarmiert haben; es war ihr Auftrag, ihn aufzuspüren und dazu zu überreden, für die eine oder andere Macht zu arbeiten; ihre Angebote, sei's ein Laboratorium in der Nähe Moskaus oder eines in Neu-Mexiko, unterscheiden sich nicht wesentlich. Möbius gelingt es, seine Kollegen davon zu überzeugen, daß die Welt ihre Entdeckung nur mißbrauchen würde, und der Amerikaner Kilton (der vorgibt, Newton zu sein) und Genosse Eisler (der Einstein spielt) sehen ein, daß der Wissenschaft am besten gedient sei, wenn sie aus freiem Willen in der Irrenanstalt bleiben und weiterhin Wahnsinn vortäuschten; die ermordeten Pflegerinnen, behauptet Möbius ein wenig leichthin, waren Opfer, welche die Menschheit vor weiteren Morden bewahrten. Aber die drei Physiker haben Dr. Mathilde von Zahnd, die machtgierige Chefärztin, unterschätzt. Sie, die bucklige Jungfrau Mathilde, erklärt ihnen plötzlich, ihre Unterhaltungen seit langem aufgezeichnet und alle Manuskripte des unter Drogen gesetzten Möbius kopiert zu haben, bevor er sie selber vernichtete; Mathilde ist daran, durch die Mittel der totalen Technologie, die sie aus Möbius' Entdeckungen gewann, die Weltmacht zu ergreifen. Die drei Physiker müssen ihre Rollen weiterspielen, aber diesmal für immer, und ihr Akt der freiesten Wahl verwandelt sich in unausweichlichen Zwang. Möbius hat zu handeln versäumt, und die verrückte Mathilde hält die unglückliche Welt in ihrem Terrorgriff.

Kilton und Eisler mögen ausgezeichnete Physiker sein, aber politisch denken sie so simpel wie Dürrenmatt, der (wie so mancher europäische Intellektuelle) der Versuchung nicht widerstehen kann, die Sowjetunion und Amerika gleichzusetzen – ein Vergleich, den jene lieben, die weder in dem einen noch in dem anderen politischen Kontinent gelebt haben. Kilton glaubt an die reine Forschung und unterscheidet scharf zwischen abstraktem und nützlichem Wissen, aber als er Möbius nicht finden kann, zögert er nicht, sich vom Geheimdienst für die pragmatische Aufgabe schulen zu lassen, den talentiertesten Physiker aller Zeiten aufzustöbern. Er verlangt die von ihrem praktischen Nutzen absolut unabhängige Freiheit für die Forschung, und doch funkt er seine Ergebnisse über einen geheimen Sender an seine Vorgesetzten (er weiß nicht, daß Mathilde seine Sendungen mitschneidet oder stört). Der Leninist Eisler nennt Kilton einen »jämmerlichen Ästheten«, der seine soziale Verantwortung aus dem Auge verloren hat; als Möbius ihn aber fragt, wie er seine eigene soziale Verantwortung praktisch handhabe, gibt Eisler freimütig zu, er hätte die politischen Interessen der Partei überlassen und hoffe, die Taten der Partei entsprächen seinen Vorstellungen. Weder Eisler noch Kilton können Möbius mehr als einen komfortablen Arbeitsplatz in einem goldenen Käfig bieten, den ihre jeweiligen Verteidigungsapparate eingerichtet haben; und Möbius kommen die Worte sehr leicht von den Lippen, ihre einzige gemeinsame Hoffnung liege darin, den totalen Rückzug zu wählen und einsam zu bleiben: »verrückt, aber weise. Gefangen, aber frei. Physiker, aber unschuldig«. Die Vernunft selbst, meint er, verlange diese Wahl; die wissenschaftliche Forschung hat einen Punkt erreicht, an dem sie der Menschheit todbringend wird; und der Wissenschaftler soll in seiner Sorge für die Menschheit nur »treu bewahren«, was er weiß.

Zwei Stimmen aber stellen Möbius' Forderung nach Rückzug in Frage, und jede sagt auf ihre eigene Art, der Rückzug bringe fatale Gefahren mit sich; wo in dieser Welt der eine nicht handelt, handelt ein anderer an seiner Statt. Möbius' Pflegerin Monika, die den einsamen Mann liebt, hat die Wahrheit entdeckt und bittet Möbius, mit ihr in die Welt zurückzukehren: Er besitzt die Gabe des höchsten Wissens und muß deshalb in der Welt draußen für seine Entdeckungen kämpfen, selbst wenn ihm dieser Kampf Schande und Unheil brächte. Um dieser Worte willen stirbt Monika von seiner Hand, aber sie irrt nicht, und ihr Glaube wird mittelbar von der anderen bösen Stimme bekräftigt: das »Bewahren« öffnet nur der anderen Macht den Weg. Dr. Mathilde von Zahnd bekennt, dort gehandelt zu haben, wo sich Möbius aller Taten begab: Da er sich

für die Entdeckungen, die König Salomo ihm eingab, nicht einsetzte, übertrug es König Salomo ihr, an Stelle des unloyalen Jün-
gers zu handeln. Was einmal gedacht wurde, kann nicht mehr
widerrufen werden, und in einer düsteren Vision, die textlich an
Romulus' Bilder von dem zerfallenden Imperium erinnert, wird
Möbius bis zu seinem Tod von des Menschen Abfall von der
Weisheit träumen, von einer verseuchten, dürren und bewußtlos
durch ein unmenschliches Universum geschleuderten Welt. Die
technische Perfektion des Stücks widerspricht dem Schrecken seiner
letzten Vision durchaus nicht, denn seine Perfektion grenzt an arti-
stische Sterilität. Das klassizistische Arrangement ist rein alge-
braisch, die gewohnten Techniken des plötzlichen Handlungsumschwungs und der Wiederholung funktionieren fast automatisch,
und durch den trockenen Mechanismus der symmetrisch angeord-
neten Ereignisse hallt der Verzweiflungsschrei des Dramatikers.
Die Visionen vom Nichts und eine sterile Bühne weisen beide darauf hin, daß Dürrenmatt einen kritischen Punkt seiner Entwicklung
erreicht hat. Da der Rückzug aus der Welt, aber auch das streitbare
Leben in ihrer Mitte, die zerbrechliche Integrität des Menschen
gefährden, stehen die grundsätzlichen Voraussetzungen der Dür-
renmattschen Gedankenwelt auf dem Spiel.

Dürrenmatts Theorie vom Theater, die er zehn Jahre nach der
Niederschrift seines ersten Stückes skizzierte, untersucht in gelegentlich obskurer Art, warum ein moderner Autor keine traditionellen Tragödien mehr schreiben kann und doch das Tragische
nicht übersehen darf, das sich im Kern der Komödie »als ein
schrecklicher Moment, als ein sich öffnender Abgrund« realisiert;
in der Praxis kommt Dürrenmatts Unbehagen am Genre, wie Jakob Steiner zeigt, darin zum Ausdruck, daß er seine Stücke »fragmentarische« oder »tragische« Komödien nennt. In seinem Haupt-
argument gegen die reine Tragödie, der seine besten Stücke sich
nähern, mischt Dürrenmatt Problematisches und Legitimes: er hält
an einer idealistischen Vorstellung vom Helden als einem großen
historischen Tatmenschen fest (den schon Georg Büchners Woyzeck
und Gerhart Hauptmanns proletarische Protagonisten von der
deutschen Bühne vertrieben) und meint, Napoleon wäre der letzte
Held in einer Welt der sichtbar konkreten Figuren gewesen. Im
Zeitalter Hitlers und Stalins machen aber die »Weltmetzger« Geschichte; und nachdem klare Konturen, unverwechselbare Persön-

lichkeiten und unmittelbare Verantwortung immer rascher verschwinden, ist auch die persönliche Schuld, diese erste Vorausset-
zung der Tragödie, immer weniger zu greifen: wir sind schuldig,
aber kollektiv. Die alte Welt und ihre literarischen Spiegel gedeihen
im Konkreten, aber in der neuen, anonymen, statistischen Welt
(Dürrenmatt klingt manchmal wie ein deutscher Kulturpessimist)
ist es die erneute Aufgabe des Schriftstellers, Sichtbares zu schaffen.
In der Komödie sollen wir die Welt als ein »Rätsel an Unheil«
sehen: Wir brauchen deshalb die produktive Distanz, die der Autor
durch seine Einfälle, das erfundene Material, die Parodie und die
Groteske schafft. In den Anmerkungen zu der überarbeiteten Version seines ersten Stückes (1969) spricht Dürrenmatt über Brecht,
Hochhuth und Peter Weiss und kommt dabei einer Definition seiner eigenen dramatischen Strategien näher. Er entwirft eine technische Typologie des Komischen und plädiert für ein Stück, in dem
das Komische nicht allein im Charakter liegt oder, wie in der Sit-
tenkomödie, in der Situation, sondern in eigentlich tragischen Gestalten, die in komischen Situationen erscheinen. Diese dritte und
umfassende Art der Komödie, gibt er zu verstehen, wird zum
wahren »Welttheater« und weckt Erinnerungen an die alten My-
sterienspiele.

In seiner Antwort auf die Herausforderungen Brechts artikuliert
Dürrenmatt seine theoretischen Interessen (und vielleicht auch sei-
ne Enttäuschungen als Autor) mit einiger Schärfe. Er spottet über
Brechts Opposition zu Schiller und meint trocken, daß Brecht in
Wirklichkeit Schillers Wege ging, nur eben viel weiter: Brecht war
der Extremste der »sentimentalischen« Dichter, welche die Wirk-
lichkeit nicht so zu akzeptieren vermögen, wie sie ist. Während
Schiller gegen eine Welt rebellierte, deren Übel er aufdeckte, ging
Brecht einen Schritt weiter und wandelte sich vom Rebellen zum
Revolutionär, der zeigen wollte, daß die Welt veränderbar sei; er
gab seinem Publikum genaue Ratschläge, wie man diese Veränderung beginnen und durchführen könnte. Aber Dürrenmatt teilt
Brechts Grundvoraussetzungen nicht: die Welt, so glaubt er, wird
weniger durch politische Aktionen verwandelt als durch die Be-
völkerungsexplosion und die Massentechnologie; die Forderung
nach der Veränderung der Welt bedeute dem einzelnen nichts und
sei den Massen ein bloßer Slogan – dem einzelnen bleibt nichts als
ein Gefühl der Machtlosigkeit und das Wissen, daß eine Zeit her-

annaht, in der jeder das Seine »kühn und tapfer« tun sollte. Dürrenmatt lobt Brechts technische Kühnheit und Präzision, befaßt sich aber, in jüngsten Kommentaren (1969), mit Brechts Bühnentechnik auf merkwürdig gereizte Art. Er bezeichnet den Verfremdungseffekt zu Recht als eine Notbremse, welche die Handlung zum Stehen bringt, damit die Leute denken können und behauptet, daß in seinen eigenen Stücken der Verfremdungseffekt in dem Material selbst liege und nicht (bloß) in der Art, in der das Stück produziert wird; seine eigenen Stücke könnten deshalb, fügt er hinzu, Brechtscher Produktionsweisen entbehren. Er geht fast so weit, den wahren Verfremdungseffekt für seine eigenen Stücke zu beanspruchen, und erliegt der Versuchung, mit Brecht eher in der Sprache des Schiffbauerdamms als auf seinem eigenen Niveau zu wetteifern.

Aber Dürrenmatts Geist spricht mehr aus seinen Stücken als aus seinen theoretischen Abhandlungen, und ich schließe mich jenen an, die glauben, daß seine Stücke vor dem Horizont religiöser Fragen zu interpretieren sind; Fragen und Gedanken über den unsichtbaren Gott, die rätselhafte Gnade, die nicht zu verändernde Welt und den Menschen, den die Frage martert, ob seine irdischen Mühen vor einer schrecklichen göttlichen Macht von irgendwelcher Bedeutung sind. Während sich Dürrenmatts Gedanken in einem weiteren Spektrum zwischen expressionistischer (um nicht zu sagen »mystischer«) Leidenschaft und der kalten und stolzen Vision des unnennbaren Gottes bewegten, hat seine dramatische Kunst bemerkenswerte Veränderungen durchlaufen. In den Stücken der späten vierziger Jahre wollte der widerstrebende Gläubige seiner metaphysischen Bindung aus Scham entgegenwirken und arbeitete mit historischen Bildern und den komischen Techniken der Wiederholung, des Handlungsumschwungs und der grotesken Entmenschlichung des Lebendigsten. In den fünfziger Jahren disziplinierte er seine Einfälle, befreite sich vom Historischen (oder seiner Abstraktion) und sah sich prompt mit der Frage konfrontiert, ob der zeitgenössische Mensch um Gottes Gnade kämpfen oder für seine Mitmenschen sorgen sollte. Da war die Zeit seiner ausgedehnten Zusammenarbeit mit Max Frisch und später seiner problematischen Experimente mit *Frank der Fünfte; Oper einer Privatbank* [1959]. Ich halte Dürrenmatts Stücke der sechziger Jahre, oder besser jene, die auf das glatt konstruierte, aber provozierende Stück *Die Physi-*

ker folgten, für ein wenig enttäuschende Variationen früherer Werke: das erweiterte Hörspiel *Herkules und der Stall des Augias* [1963] klagt bitter über die Ställe der Schweizer Bürokratie; und *Der Meteor* [1966] repetiert einige oft erprobte Wiederholungsszenen und flieht dann eigentümlich egoistisch in eine Diskussion über Dichterruhm, Veröffentlichungen und mißgünstige Literaturkritiker. Dürrenmatts jüngste Überarbeitung seines ersten Stückes über die Wiedertäufer (1947) verrät den stetigen und oft lähmenden Kampf, der in seinem Geist vor sich geht; in der überarbeiteten Fassung schiebt die Frage, ob die Welt ein menschlicher Ort für alle sein wird, die Frage nach dem durch Gnade erlösten einzelnen zur Seite, und die transzendentalen und sozialen Stöße der dramatischen Imagination divergieren. Der Dramatiker selbst, gefangen zwischen den sich bekämpfenden Forderungen des Himmels und der Erde, wird zu einer gequälten Gestalt, die unseren Sorgen näher steht als alle Charaktere seines späteren Werks.

7. PETER HANDKE

In einem seiner frühen Aufsätze bemerkt Peter Handke, die Literatur wäre seine eigentliche Erzieherin gewesen, die ihn »aufmerksam machte für die wirkliche Wirklichkeit«, ihn »durchschaute«, ihm das »Bewußtsein seines Selbstbewußtseins« gab; das Literarische ist auch, anders als bei den älteren Schriftstellern deutscher Zunge, die einzige Konstante seiner Biographie. Handke, der in den späten sechziger Jahren »die deutsche Bühne stürmte« (nichts über die Waschzettel-Metaphorik der Suhrkamp-Lektoren) zählt zu jener Autorengeneration, deren Entwicklung, zu ihrem und unserem Glück, rasch und ungestört zu Buche schlägt; keine Rede mehr von Gefangenenlagern, Hunger, Kriegsfronten, oder illegalem Widerstand – eher von *Spiegel*-Rezensionen, dem von den Massenmedien popularisierten Protest, nützlichen Theaterskandalen, dem Taschenbuch-*Blitzerfolg*. Handke wurde in Griffen/Kärnten (1942) geboren, verbrachte vier Kindheitsjahre in Berlin (die in seinen Erinnerungen noch gänzlich ausgespart sind), kehrte in die Kärntner Volksschule zurück, absolvierte das humanistische Gymnasium in Klagenfurt, studierte Rechtswissenschaften in Graz, beteiligte sich an der literarischen Arbeit der Gruppe *Forum Stadtpark,* und publizierte seine ersten Texte in den von Alfred Kolleritsch edierten *Manuskripten* und in der Zeitschrift *konkret*. Schwierig zu entscheiden, ob Handke die spektakuläre Aufmerksamkeit der Öffentlichkeit eher seiner Princetoner Schimpfrede (1966) gegen die etablierten Autoren der Gruppe 47 (er beschuldigte sie eben jener »Beschreibungsimpotenz«, deren er selbst noch schuldig war) oder seinem ersten Roman zu danken hatte; die Kritiker, links und rechts, waren im Grunde irritiert von seinem fortgesetzten Versuch, das »Generationsverhalten« der Nein-Sager (Heissenbüttel) öffentlich darzustellen, und beschäftigten sich lange mit seinen Auflageziffern, seinem »Image aus wohlcoiffiertem Pilzkopf, Twen-Mode und ›mädchenhaft weichem Gesicht‹« oder der irrelevanten Frage, ob er ein wahrhaft authentischer Linker oder nur ein »pseudolinker Opportunist . . . mit Talent zur Mimikry« (Baier) sei. Hoch an der Zeit, nach den ersten Etappen seiner literarischen Entwicklung zu fragen, die ihre eigene Beweglichkeit hat, das Produktive von der Spreu zu trennen, und auch ihn, der (in seinen ersten Arbeiten zumindest) alles auf nur eigene Faust verfertigen wollte, in den literarischen Kontinuitäten der experimentellen Tradition zu sehen.

Handkes frühe Arbeiten (geschrieben in den Jahren 1963–66) sind Polemiken gegen automatisierte Literaturformen, welche sich mit den falschen Ansprüchen des Realismus vor das reine und ungetrübte Wahrnehmen stellen; im Roman *Die Hornissen*, 1966, der Versuch, die üblichen Schemata des Epischen zu enthüllen und zu überwinden; in *Der Hausierer*, 1967, die Wendung, halb spielend ironisch, gegen die spezifische Struktur des trivialen Kriminalromans; in den »Sprechstücken«, einschließlich *Weissagung* [1966], *Selbstbezichtigung* [1966] und *Publikumsbeschimpfung* [1966] aggressive Argumente gegen ein traditionelles Theater, das sich an Fabel, Handlung und Bedeutung verliert anstatt durch das unendliche ›Jetzt‹ des Sprach-Spieles das Bewußtsein des Zuschauers zu schärfen. In den späteren sechziger Jahren geht Handkes Interesse energisch über die formalen Probleme des traditionellen Erzählens und des realistischen Theaters hinaus; seine Aufmerksamkeit richtet sich, in anthropologisch-linguistischer Zeitgenossenschaft, auf die Struktur der Sprache und auf die fatalen Fallen, die sie den sprechenden Menschen stellt; steril und aus zweiter Hand experimentierend in *Die Innenwelt der Außenwelt der Innenwelt* (geschrieben 1965–68); unabhängig, szenisch einfallsreich, radikal in der Analyse in *Kaspar* [1968] und in der ihm in ihrer Frage nach Herr und Knecht folgenden Pantomime *Das Mündel will Vormund sein* [1969]; analytisch, konkret, den Zerfall des Sprach- und Wirklichkeitsbewußtseins in die Verhängnisse eines arbeitslosen Monteurs projizierend, in *Die Angst des Tormanns beim Elfmeter*, 1970. Aber die Wendung gegen sich selbst ist Handkes fruchtbarstes Prinzip; merkwürdig, wie er, als ob er ganz von vorne beginnen wollte, in seinem *Kurzen Brief zum langen Abschied,* 1972, eben zu jenen realistischen Intentionen des Epischen zurückkehrt, die vor acht Jahren er ausdrücklich verdammte, und einen Hunger nach persönlicher Erfahrung verrät, den er durch methodologische Überlegungen allein nicht mehr zu stillen vermag; das Ich und das Wir haben neue, substantielle Bedeutung, und der Erzähler lernt, auf einer empfindsamen Reise durch Amerika, Geduld und Weltoffenheit mit Gottfried Keller und Adalbert Stifter.

Peter Handkes frühe Arbeiten szenischer und epischer Art protestieren gegen ererbte, beschränkende, bewußtseinsfeindliche literarische Formen, die sich sperrend und fälschend vor die erfahrbare

Wirklichkeit stellen; und indem es der Epiker und Dramatiker unternimmt, diese besonderen Formen zu definieren, als »literarische Schemata« im wahrsten Sinne des Wortes bloßzustellen, und durch seine syntaktischen Anordnungen (oft redundanter Art) alle Automatismen zu zerstören, verwirklicht er, ob er's weiß oder nicht, die Postulate der russischen Formalisten und ihrer Nachfolger mit einiger Genauigkeit. In Handkes erstem Roman *Die Hornissen,* 1966, wählt der Erzähler einen »unwegsamen Weg«, aber dieser Weg ist, solange man dem Erzähler vertraut, von deutlicher Kontur. Noch in der radikalen Verneinung ist eine epische Situation, ja Fabel gegenwärtig, an der sich, auf andere Art, Franz Nabl oder Paula Grogger zu erproben vermöchten: der kleine Ort, Wald, Wirtshaus, Kino (wie immer bei Handke), die Familie Benedikt, Vater, Schwester, die andere Frau, und die drei Brüder Gregor, Hans und Matt. »Das Buch erzählt«, so sagt der Epiker, »von zwei Brüdern, von denen später der eine, als er allein nach dem abgängigen, zweiten sucht, erblindet.« Der blinde Gregor sucht sich also in seiner Erinnerung Rechenschaft zu legen über den Tod seines Bruders Matt, der in einem Wildbach ertrunken ist, und will doch seine Schuld an diesem Tode zugleich instinktiv verhüllen; in seiner schweifenden Erinnerung kehrt er immer wieder an jenen trüben Novembertag zurück, da Matt nicht mehr aus dem Walde zurückkehrte und er, Gregor, wie um sich selbst zu strafen, plötzlich sein Augenlicht verlor. »In seinem Gehirne wechseln die Stellen, an die er sich zu erinnern glaubt, ohne Ordnung durcheinander«, aber er weiß genau, daß er zu lügen versucht, wenn er die Schuld an Matts Tod seinem Bruder Hans zuschiebt. Der Blinde hat eine brennende Schärfe der isolierten Erinnerung, da ihn die sichtbare Welt nicht mehr trifft, und übt sich in der gefährlichen Unmittelbarkeit der Sinne: Die Oberfläche der Gegenstände, Geräusche, Gerüche verletzen sein Bewußtsein wie die Stachel der Hornissen; und wo die widerstrebende Erinnerung an die einstigen Geschehnisse in vorgeprägten Sätzen oder Erzähltaktiken zu artikulieren droht, treibt sich der blinde Gregor, als Seher, zu immer neuer Genauigkeit an: »Ich erzähle« ... »Ich fange noch einmal zu erzählen an« ... »Man könnte so fortfahren« ... Er beschreibt, und will doch nichts anderes als die genaue Wahrnehmung einer Präsenz, die sich aller traditionellen Beschwörung durch das Imperfekt entzieht; da sind Realitäts-Partikel, bloßgelegt in lyrisch leuchtender Genauigkeit, aber anderswo zerfällt Genauigkeit in das ungebundene *staccato* der Einzelheiten; und wenn jemand Geschirr wäscht, zersetzt sich das Alltägliche in zeremoniöse Manier: »Mit der zuckenden Hand wird das Naß in das weißliche Pulver geschüttet, das zunächst trocken und körnig in die obere Fläche einsinkt, jedoch dann, als das rings sich wölbende Wasser es aufschluckt, zerstäubt und strahlend hinabfährt.« Der Erzähler will nüchtern und modern reden und schreibt doch wie auf Stelzen.

Ich glaube, daß Handke in seinen frühen szenischen Arbeiten gegen die traditionelle Theaterpraxis zu unabhängigeren und radikaleren Ergebnissen gelangt als in seiner Prosa (obwohl er selbst noch im mißglückten *Hausierer* eine literarische Strukturanalyse der Kriminalgeschichte formuliert, um die ihn Roland Barthes und Umberto Eco beneiden dürften). Im Roman arbeitet Handke noch als verspäteter Verbündeter jener mißtrauischen Autoren, die seit dem Jahrhundertbeginn die Realität jenseits der realistischen Erzählschablonen zu fassen suchen und ihre Experimente von Jahrzehnt zu Jahrzehnt kompromißloser forttreiben; im Szenischen ist er eher auf sich selber angewiesen und polemisiert gegen theatralische Formen, die ein noch bedeutenderes Beharrungsvermögen besitzen als der realistische Roman; selbst Brecht, bemerkt Handke, vermochte seine Desillusionierungsprozesse nicht ohne theatralische Illusion durchzuführen, und Brecht und andere wollen ideologische Botschaften nicht missen, die in ihrer Sinnhaltigkeit auf die Welt jenseits der Bühne verweisen. Wie Brecht vor vierzig Jahren zwischen dem schlechten (dramatischen) und dem guten (epischen) Theater unterschied, so scheidet Handke die Möglichkeit des Szenischen in das schlechte (vermittelnde) und das gute (unmittelbare) Theater; das vermittelnde Theater zerstreut sich in mimetische Intentionen, Fabel und semantische Funktionalität, d. h. eine Bedeutsamkeit, die »hinter« der Bühne liegt; das unmittelbare Theater begnügt sich mit Vorgängen »für sich«, optiert für eine Präsenz, die keine Vor- und Nachgeschichte(n) kennt, und bietet statt Bedeutungen, die sich letzten Endes auf die Nachahmung von Handlungen stützen, »akustische Dichte« als maximale Provokation der Sinnlichkeit – also nicht nur Anti-Mimetisches, sondern auch, wie in den halb verschütteten Ansätzen des Dada-Theaters des Ersten Weltkrieges, die Negation aller Semantik. In der berühmten *Publikumsbeschimpfung* [1966] inkarniert Handkes Abneigung gegen theatralische Fabel, Mimesis und Semantik selbst zum theatralischen Vergnügen besonderer Art; die Vorstellung (wenn es noch eine ist) beginnt mit dem Eintritt des Publikums in den Zuschauerraum, und der Dramatiker steigert die üblichen Erwartungen noch durch »flüsternde Platzanweiser, Programme in vornehmer Ausstattung und wiederholte Klingelzeichen«, um sie sogleich abrupt zu enttäuschen. Die Bühne ermangelt allen Zaubers, und Handke drängt seine vier Sprecher (denen er empfiehlt, ihre Rezitationstechnik durch katholische Litaneien, Betonmischmaschinen und die *Rolling Stones* zu schulen) gegen das Publikum, das allerdings auch diesen Schock, wie so vieles im Theater, lustvoll auskostet; und auf die programmatischen Erklärungen gegen Mimetisches und die Erbschaft Stanislawskijs (». . . wir tun nicht so, als ob sie nicht anwesend waren . . .«), gegen das traditionelle *Plot,* das Vergangenes rekapituliert (». . . hier gibt es nur ein Jetzt und ein Jetzt und ein Jetzt . . .«), und gegen alle theatralische Bedeutsamkeit, folgt die akustisch dichte Beschimpfung des Publikums in allen Idiomen der Politik, der Gosse, und der Pathologie (ein älterer Autor hätte gezögert, den *Saujuden* ins theatralische Vokabular aufzunehmen). Theater verkehrt, und doch in seinen Gedanken an individuelle und gesellschaftliche Funktionalität immer noch die gute alte »moralische Anstalt«; die akustische Dichte, selbst wo sie des Semantischen entbehrt, soll uns noch »aufmerksam, hellhörig, hellsichtig« machen. Wenig Zuckerbrot, und wieder eine lange Peitsche, die uns zur Bewußtseinsveränderung zwingen will, und »nicht nur als Theaterbesucher«.

In den späten sechziger Jahren (ich bin fast versucht, von einer zweiten Etappe seiner Entwicklung zu sprechen) wendet sich Handke von seiner Polemik gegen literarische Formen ab und stellt, als Zeitgenosse der neueren Anthropologie, Wittgensteins und der Linguistik, die radikalere Frage nach der Sprache und dem Menschen; die Sprache, oder genauer: die der Sprache inhärente Ordnung, die sich den einzelnen Sprecher unterwirft (weil sie ihm Denken und Erfahrung strukturiert) wird zum fundamentalen Thema, das Handke in immer neuen Variationen, im Sprechspiel, Pantomime und Erzählung abwandelt. Der Protagonist seines Stückes *Kaspar* [1968] hat nicht viel mit dem historischen Kaspar Hauser zu tun; Handke bemerkt, daß er für seine Zwecke Anselm von Feuerbachs juristisches und kriminalistisches Werk mit bedeu-

tenderem Nutzen las als Trakls Gedicht. Im Grunde interessiert
Handke, wie er Artur Joseph bestätigte, Kaspar als Prototyp eines
linguistischen Mythos von den Möglichkeiten und den Gefahren
der Sprache; der ursprüngliche Titel des Stückes war ja *Sprechen*.
Kaspar wird durch Sprache »zum Sprechen gebracht«, akzeptiert
die Ordnung der Sprache, und unterwirft sich und seine Erfahrung
ihrer Struktur, die ihm seine eigene Menschheit raubt; die Frage ist
nur, ob er sich einen Funken Widerspruchsgeist gegen diese Ordnung zu bewahren vermag.

Handke hat lange gegen Handlung, *plots* und Kausalitäten auf
der Bühne protestiert, aber in *Kaspar* zwingt ihn das Thema selbst,
zum großen Bogen einer Entwicklung zurückzukehren und Schritt
für Schritt zu zeigen, welche Gefahren Kaspar drohen, sobald er
nur den Mund auftut; und in der konventionellen Theaterpause
wird (um die Moral des Stücks noch einmal zu akzentuieren) der
Zuschauer selbst zu einem gepeinigten Kaspar, der dem Ansturm
aus Sprachfetzen, Clichés und »Stummelsätzen« durch »alle Laut-
sprecher, im Zuschauerraum wie auch in sämtlichen Vorräumen
ausgesetzt« wird. Handke arbeitet mit Licht und Dunkel, um die
einzelnen »Akte« in der fatalen Spracherziehung Kaspars zu demonstrieren; Kaspar erlebt, indem er durch den Spalt des Vorhan-
ges tritt, seine neue Geburt und steht, die fleischgewordene Ver-
wunderung, wie Frankensteins Monster in einer noch unbegriffenen
Welt (1–3). Er versucht (4–7), den einzigen Satz, den er zu sagen
weiß, in »allen möglichen Spielarten von Ausdruck« zu wiederholen (»Ich möcht ein solcher werden wie einmal ein anderer gewesen
ist«, abstrahiert aus dem historisch dokumentierten »A so scheene
Reiter mecht ich wern wie mei Voter gwahn is«); die Einsager, als
das unpersönliche und ›abhebbare‹ Man der Sprache, belehren ihn
über die Ordnung, die schon seinem ersten Satze innewohnt,
(8–16), und beginnen, während er sich verzweifelt bemüht, seinen
eigenen Satz gegen sie zu verteidigen, mit ihrer Sprachfolterung
(17–18). Sie sagen ihm neue Sätze ein (19–25), Kaspar wieder-
holt sie und bringt seine kleine Welt, Kleider und Möbel in Ordnung, »eine Puppe in einer Wohnkulturausstellung« (26–32).
Nicht genug: die Einsager setzen ihren gewaltsamen Sprachunter-
richt fort, die anderen Kaspars erscheinen, der eine wie der andere,
und demonstrieren Ordnung als das Konforme (33–50), und der
von Sprache überwältigte Kaspar spricht seinen großen, gereimten,

törichten Triumphmonolog von Ordnung, Besitz und Vernunft, die ihm die Sprache verliehen. Ein totaler Triumph der schlechten Ordnung über Spontaneität? Diese Frage hat Handke im zweiten Teil seines Stücks zu beantworten, aber seine Antwort ist wie schwankend, entbehrt des Linearen und Entschiedenen, und seine Text-Korrekturen (eine spätere Version des Stücks unterscheidet sich von der ersten) demonstriert seine legitimen Schwierigkeiten; darf er, da er ja selbst in seinem Stück gegen die absolute Anpassung handelt, seinen Kaspar (der auch für ihn steht) ganz an diese gedankenlose Anpassung ausliefern? Noch einmal, in 62–63, ein Hymnus der Dummheit und der Gemeinplätze, in welchem sich das Einverständnis Kaspars und der triumphierenden Einsager offenbart, aber dann, fast unerwartet (antizipiert nur durch ein verstecktes Horváth-Zitat und die emblematische Schranktür, die sich immer wieder gegen alle Ordnungsversuche öffnet) Kaspars Einblick, schmerzvolle Selbstbefragung, Widerstand (64–65). Er beginnt den Zwang der Sprache zu erkennen, gedenkt der Zeit, da er »als einzelner gelacht«; begreift, daß man ihn, durch Sprache, »in der Hand hat«; und schickt sich an, durch Artikulationen ohne syntaktische Ordnung jedem Zwange und jeder Anpassung entfliehen zu wollen. Gewiß jedenfalls, daß er seine sprachselige Hybris (»ich bin, der ich bin«) klar erkennt und in seinem letzten, gebrochenen Satz »Ich bin nur ...« die Begrenzung aller menschlichen Spontaneität durch Sprache noch einmal bestätigt; unmenschlich *ohne,* fatal *mit* der Sprache zu leben?

In seiner Erzählung *Die Angst des Tormanns beim Elfmeter,* 1970, berichtet Handke, ohne vor dem epischen Imperfekt oder dem realistischen Detail österreichischer Städte und Dörfer zurückzuscheuen, die Geschichte des Monteurs und ehemaligen Tormannes Joseph Bloch, dem die Sprache, und mit ihr die Wirklichkeit ins Ungeordnete und einzelne zerfällt; mit der Sprache geht ihm (der gleichsam die Entwicklung Kaspars rückläufig durchlebt) auch jeder Zusammenhang der Realität unrettbar verloren. Bloch wird aus dem gewohnten Leben gerissen: auf der Baustelle wird er, ohne Angabe von Gründen, entlassen; und er irrt ziellos durch das Wien der *Espressos,* Stundenhotels und der schäbigen Cafés im Zweiten Bezirk. Vergebens sucht er alte Freunde und Frauen, die ihm einst gewogen waren, flüchtet in die Nachtvorstellung eines Kinos am Naschmarkt, kehrt von neuem dorthin zurück, weil ihm die Kino-

kassiererin durch eine wie selbstverständlich antwortende Geste
aufgefallen ist, folgt ihr in ihre Wohnung am Flughafen Schwechat
und verbringt die Nacht mit ihr. Am Morgen erwürgt er sie, ohne
jeden Grund, und sein sinnloser Weg durch Wien beginnt von
neuem, Prügeleien im Prater, Streit im Kino, und endlich, wie getrieben der Entschluß, mit dem Autobus ins südliche Burgenland zu
fahren, wo eine ehemalige Freundin, nah an der Grenze, einen
Gasthof gepachtet hat. Aber auch dort Ruhelosigkeit, Sprachlosigkeit, Ekel; die Menschen, die zu ihm sprechen, bringen ihm seinen
Widerwillen gegen die Sprache nur noch schärfer zu Bewußtsein;
und während er erwartungsvoll in den täglichen Zeitungen blättert,
die von den erfolgreichen Fahndungen der Polizei nach dem Mörder der Kinokassiererin berichten (denn er hat in einem Zimmer
eine amerikanische Münze hinterlassen und den Namen eines
Fußballer-Kollegen auf ein Stück Papier gekritzelt), fühlt er seine
wachsende Lähmung angesichts einer feindlichen Welt, die auf ihn
drohend und gefährlich zukommt wie ein Fußball auf den Tor-
mann beim Elfmeter, wie seine Schuld, seine unabwendbare Entdeckung als Mörder.

Handke sucht Sprach- und Realitätsverlust durch das Porträt
eines schizophrenen Mörders ins Deutliche und Sichtbare zu steigern (wie Stephan Reinhart bezeugt, hat er Conrads wissenschaftli-
ches Buch über die *Beginnende Schizophrenie* studiert), aber die
Wendung ins Pathologische hat (nicht anders als in Hauptmanns
Bahnwärter Thiel) ihre Probleme. Sie drängt Bloch als Charakter
an den pathologischen Rand jener Möglichkeiten, in deren Zentrum Kaspar-Jedermann stand, aber sie eröffnet dem Erzähler auch
die epische Chance, das »apophane Verhalten« Blochs, d. h. sein
Gefühl von dem steten, unausweichlichen, marternden Bezug der
Wirklichkeit auf sich selbst, in produktiven Motivketten zu betonen. Handke legt die verletzliche Offenheit des Bewußtseins bloß
um zu beobachten, wie die Dinge, als Signale der Schuld, auf dieses
Bewußtsein eindringen; deshalb Blochs unablässige Faszination
durch den fallenden Wassertropfen, den niederstoßenden Habicht,
die Symbolik des Elfmeterstoßes. Nicht ein vereinzeltes Zitat erinnert an Kafka, wie kritische Leser gelegentlich meinen, sondern die
fundamentale Erzählperspektive; wie Kafka seinem K., so bleibt
auch Handke seinem Josef Bloch fortwährend auf der Spur, wacht
und träumt mit ihm, und blickt allein in seine Gedankenstrukturen;

die anderen, die Gegenfiguren, sind von außen gesehen, farblos, als Folien, die hörbare Worte und sichtbare Bewegungen haben, aber keine Innerlichkeit. An ihnen aber wird Bloch der Verlust der Wirklichkeit (eine Krankheit klinischer und ontologischer Dimensionen) hoffnungslos klar: der Zollwachbeamte, der wie »auswendig« spricht, bringt ihm seinen Widerwillen gegen Worte schneidend zu Bewußtsein; der Steuerbeamte, der sich Warenpreise merkt und so jeden Gegenstand an seinem Preis wiederkennt, verführt ihn zur »merkwürdigen Sucht, vor allem die Preise der Dinge zu erfahren« (denn der Preis könnte das Wort ersetzen); und die beiden Friseusen, die immer mit kompletten Geschichten aufzuwarten wissen, erinnern ihn an die Unnatürlichkeit seines eigenen Sprechens. »Allmählich schien ihm jedes Wort einer Erklärung zu bedürfen«; je häufiger seine Rede stockt und der syntaktische Konnex zerreißt, desto »auffälliger wird die Umgebung«, und er sieht (da ihm die Ordnung der Sprache zunichte geworden) »überall Einzelheiten«. Sein Erbrechen zeugt nur davon, wie ihm alle Sprache zuwider ist, und ehe er auf den Fußballplatz flüchtet, sind ihm die Dinge zu Hieroglyphen geworden – im Texte selbst stehen anstelle der Worte archaische Bilder isolierter Gegenstände. Er ist, an seinem Ende, dort, wo Kaspar an seinem Anfang war, ehe er den Zusammenhang der Welt durch die Ordnung der Worte und Sätze begriff.

Handke betont noch in den Regiebemerkungen zu *Kaspar,* der theatralische Vorgang spiele nicht in irgendeiner Wirklichkeit, sondern auf der Bühne, aber er vermag nicht zu verhindern, daß der Leser nach der Bedeutung dieser Vorgänge und nach dem Sinn der Geschichte Joseph Blochs für seine tägliche Erfahrung fragt, und für oder gegen Handkes Ideen von der Sprache und den Menschen zu argumentieren beginnt. Offenbar hat der Mensch, sobald er sich der Sprache anvertraut, nur mehr geringe Chancen: – die Sprache ist übermächtig, überspielt alle Individualität des Sprechenden und schlägt, durch das individuelle Sprechen, als Ordnung der Erfahrung und der Welt nieder. Sprachordnung wird Erfahrungsordnung, Weltstruktur, Gesellschaftszwang, gegen den der einzelne nicht viel zu tun vermag; selbst Kaspars Widerstand ist zweifelhaft, und Joseph Bloch findet Rettung vor dem Ordnungszwang allein in der Schizophrenie. Durch seine Einsager-Figuren entwirft Handke Verhältnisse, die in ihren ersten Voraussetzungen deutlich an die

Sapir-Whorf-Hypothese (1939) erinnern (selbst wo er diese Hypothese politisch akzentuiert und jedwede Ordnung *a priori* als unmenschlich verfemt); merkwürdig, zu welchem späten Datum eine wissenschaftliche Hypothese, die man in der gegenwärtigen Linguistik abzuschreiben beginnt, im Kunstwerk eine geradezu entsetzliche Überzeugungskraft entfaltet. Aber Handke gerät noch in anderer Hinsicht mit den Erkenntnissen der neueren Linguistik in Konflikt, denn er stellt den Prozeß des Sprechen-Lernens, durch Einsager, Drill und Wiederholung, mehr oder minder behavioristisch dar und findet sich so, als theoretischer Verbündeter Bloomfields und J. F. Skinners, in einigem Konflikt mit der Gedankenwelt Noam Chomskys, der ja (ähnlich wie die deutschen idealistischen Sprachphilosophen) den Reichtum, die Kraft und die Spontaneität des Menschen gerade in der Sprache erblickt. Chomsky ist der eigentliche Anti-Kaspar, der Handkes literarische Entwürfe von den sprachlichen Verhängnissen des Menschen radikal in Frage stellt. Eine paradoxe Situation: Handke mag den politischen Anschauungen Chomskys nahe stehen, aber im Linguistischen ist er eher geneigt, sich mit den Behavioristen gegen den Apologeten der menschlichen Freiheit in der Sprache zu verbünden.

Handke hat seit jeher alles Erstarrte gefürchtet, auch das Erstarrte des Experiments, und selbst bekannt, daß für ihn »jede Möglichkeit« nur »einmal« bestünde, weil sie sonst zur Manier werde; und da er die Möglichkeiten des Protestes gegen Mimesis und Semantik nicht weniger konsequent erprobt hat als Hans Arp oder Curt Switters, kommt der Umschlag ins Persönliche, Realistische und Bedeutsame nicht von ungefähr. Sein *Kurzer Brief zum langen Abschied,* 1972, der die Kritiker einigermaßen überraschte, verbindet Reisebericht, Eheroman, Kolportage und literarische Selbstprüfung zu einem Prosatext deutlicher Ruhe und einfacher Geschlossenheit; das Gehetzte und Polemische ist wie verschwunden, und die ältesten Erinnerungen an Familie, Kindheit und Heimat kehren wieder. Der Erzähler beginnt seine amerikanische Reise, mit einem entsprechenden Zitat aus Alfred Andersch, in einem kleinen Hotel in Providence (Rhode Island), und weiß doch von Anbeginn, daß seine Frau Judith (deren lakonischen Abschiedsbrief er im Hotel findet) seinen Weg, glühend vor Haß, aus der Ferne verfolgt. Seine Reise führt ihn nach New York, nach Philadelphia, und dann ein Stück Wegs mit der jungen College-Lehrerin Claire

(die er von einem früheren Amerika-Aufenthalt her kennt) und
ihrem Kinde nach St. Louis, wo eine reisende deutsche Theater-
truppe Schillers *Don Carlos* präsentiert. Aber Judith hat seine Spur
nicht verloren; in Tucson entdeckt er ihre braune Wildledertasche
auf dem Flugplatz, nach einer Exkursion nach Xavier del Bac wird
er von einer Bande Halbwüchsiger überfallen und beraubt (der
Überfall ist von Judith arrangiert), aus der Wasserleitung eines
Motels tropft Säure, und da er Judith auf einem kalifornischen
Strand gegenübersteht, zieht sie den Revolver (den er ihr entwindet
und in die Wogen wirft). Ihr Haß ist ausgebrannt, und nach einem
Besuch im Hause des Filmregisseurs John Ford, der die alten Tugenden Amerikas inkarniert, sind die beiden »endlich bereit, friedlich auseinanderzugehen«.

Diese Reise nach Kalifornien ist, wie im klassischen Entwicklungsroman, eine Reise zu sich selbst, und der Erzähler zögert
nicht, in die eigene Vergangenheit zu blicken und sich über sich
selbst Klarheit zu schaffen. Heimat (kein Grund, das Wort zu meiden), Familie, Kindheitserlebnisse sind schmerzlich gegenwärtig;
die transatlantischen Telefongespräche mit der Mutter in Kärnten
laufen wie durch die Nabelschnur, und der Besuch beim Bruder
(den der Erzähler als Holzfäller nach Oregon versetzt) ruft die
ältesten Konflikte der *Hornissen* wach. Der Erzähler fühlt selbst,
wie ihn die Konflikte in der Ehe mit Judith, die amerikanische
Landschaft, und die Traditionen der realistischen deutschen Literatur von seiner Selbstbefangenheit befreien, »von dem Ekel an allem«,
was er »nicht selber war«; von dem Hang, sich überall erst aufzu-
spielen, um eines zweiten Blickes gewürdigt zu werden«, »der Gier,
Gelesenes sofort nachzuerleben«. Der Erzähler spricht, als Schriftsteller, von »seinem Mangel an Erfahrung«: er trieb ihn dazu, sich
über die Dürftigkeit seiner »Kenntnisse und Erlebnisse hinwegzutäuschen«, indem er (wie in den *Hornissen*), die »wenigen Tätig-
keiten, die ihm möglich waren, im Beschreiben so zerlegte, als ob
sie von großen Erfahrungen erzählten«; da er so »wenig« von sich
selbst wußte, war sein Sinn für die Umwelt wie »verschroben«, und
die »einfach vorgegebene Natur« sagte ihm nichts. Das wird anders: er liest Gottfried Kellers *Grünen Heinrich*, der ihn, den halb
widerstrebenden, Geduld, Weltoffenheit und Respekt vor dem Gegebenen lehrt, zitiert Stifter, der zuzeiten auch seinen Blick auf die
Natur bestimmt (»das Gras unter den Bäumen strahlte von einem

Abglanz der untergegangenen Sonne«) und den Rhythmus mancher
Konversationen prägt, und läßt sich von Claire, in einem epigrammatischen Theatergespräch, anläßlich der Aufführung des *Don
Carlos* über den Unterschied zwischen den europäischen Helden
mit »der Hand am Degenknauf« und den amerikanischen Pionie-
ren aufklären, die wirklich handeln und ihre »körperlichen« Aben-
teuer bestehen. Um seine Erziehung zu vollenden, besucht er
schließlich den Filmregisseur John Ford, der ihn »Sinn für Geschichte durch Anschauung von Menschen in der Natur« lehrt.
Ford (dessen Lincoln-Film zum Gegenbild von Schillers *Don Carlos* wird) rühmt die Tugenden des amerikanischen »Wir«, als »Teil
einer gemeinsamen öffentlichen Aktion« und spricht skeptisch von
jener Innerlichkeit, in welcher sich das *Ich* »feierlich« in sich selbst
zurückzieht. Nur die Zypressen der kalifornischen Landschaft hin-
dern uns noch daran zu glauben, daß wir bei Stifters Riesach, im
Rosenhaus, zu Gaste sind. Helmuth Heissenbüttel bemerkte einmal,
Peter Handkes »Berühmtheit« sei »begreifbar allein aus der strikten
und naiven Negation dessen, was vor Handke war« – eine Diagnose,
die für seine frühen Arbeiten ihre Gültigkeit hat, aber durchaus nicht
für die Offenheit und Beweglichkeit seiner Begabung. Sein Problem
ist eher die Diskrepanz zwischen den theoretischen Ansprüchen, die
er erhebt, und der Substanz seiner literarischen Arbeit; sobald er
theoretisiert, wird er (um mit Schiller zu sprechen) zum Sklaven,
nicht zum Sohn der Epoche, gerät selbst in die Falle der zeitgenössischen Gemeinplätze von »Entfremdung«, »bürgerlicher Ideologie« und »Modell«, und kompensiert seinen Narzismus, der sich
mit historischen Kenntnissen zu belasten nicht die Absicht hat,
durch seine Herablassung gegen Golo Mann oder Marcel Reich-
Ranicki, dessen Neigungen für den Realismus er strenge rügt, um
sie nur ein wenig später enthusiastisch zu übertreffen. Seine klugen
Kommentare zum modernen Film haben genauere Sachkenntnis,
und er verteidigt den geliebten Peckinpah, den Mystiker des Blutes
und der Gewalt, selbst gegen die *linken* »Nachtvorstellungsbesu-
cher«, die mit ihren »elend-blöden Zicken« die Vorführung stören.
Im Politischen ähnlich gleitende Begriffe wie in den theoretischen
Kommentaren zur Literatur: als später Schüler der frühen Formalisten, der gegen das Engagement des Schriftstellers (nicht des
Menschen) protestiert, optiert Handke für die »anarchistische Al-
ternative« (1967), nennt sich, nur ein Jahr später, den Angehörigen

einer »Generation, welche das ökonomische Modell des Marxismus
als das einzige noch mögliche Modell einer halbwegs annehmbaren
Ordnung« ansieht (ohne zu verraten, wie er Anarchie und marxi-
stisches Ordnungsmodell zu verbinden gedenkt), polemisiert im
Jahre des Einmarsches der sowjetischen Truppen in die CSSR gegen die »altersschwachen Weihbischöfe, Bischöfe und Erzbischöfe«
(als ob die katholischen Staatsbürger nicht auch ihre Rechte
besäßen) und nennt das *Prager Manifest der 2000 Worte,* die fundamentale Charta einer moralischen Selbstprüfung der Linken,
deshalb naiv und falsch, weil es die Unterzeichneten unternommen
hätten, individuelle Moral der politischen Moral vorzurechnen. Ihm
seien zur Einführung in diese Fragen Manfred Bielers Prager Arbeiten empfohlen. Als Autor ist Handke plötzlich wie verwandelt,
und alles Improvisierte, Ungefähre und Unverbindliche seiner literarischen Essays wird fest, genau, und nüchtern; der Schriftsteller,
der das Theoretische in der literarischen Arbeit selbst impliziert, ver-
fährt in seinen besten Arbeiten mit tagwandelnder Sicherheit des Ein-
falls, der einleuchtenden Kontur, der Ökonomie des Motivs. Seinen
gelegentlich dogmatischen Gesten gelingt es nicht ganz, die ange-
stammte Verletzlichkeit seiner solipsistischen Sensibilität zu verbergen: Die *Außenwelt* bedroht seine Inversion wie in den Tagen seiner
Kärntner Kindheit, und die Chiffren der Hornissen, Bienen, fallenden Wassertropfen, Habichte und Elfmeterstöße bezeugen die Gefahren, denen er sich ausgesetzt sieht – der gefährlichsten eine die
Sprache selbst, die seine Spontaneität, wie ein Film-Vampir, mit
ihren gierigen Zähnen bedroht. Handke führt seine Verteidigung beweglich: in seinen frühen Prosastücken als später Verbündeter Uwe
Johnsons und des *roman nouveau*, in seinen Sprechstücken, in
Kaspar, und anderen szenischen Experimenten kühner, unabhängi-
ger und energischer an den letzten Grenzen des Theaters; und da
er die einen wie die anderen Möglichkeiten erschöpft, einlenkend
zur klaren und einfachen Geschichte und bereit zu lernen von den
menschenfreundlichen Schriftstellern des vergangenen Jahrhunderts. Unlängst sprach er in einem Interview sogar von Gedanken
an einen realistischen und österreichischen Roman, der das Individuelle und die allgemeinen Geschichtsvorgänge zusammenbrächte;
und es klang so, als wollte Handke wieder dort von neuem beginnen, wo Heimito von Doderers Arbeit ein Ende fand. Es ist noch
alles ganz unentschieden.

INTERMEZZO 3: PROBLEME DES ROMANS

Die Nationalsozialisten bevorzugten einen Roman, der den Konventionen des späten neunzehnten Jahrhunderts folgte; ihr faschistischer Realismus erfüllte die Erwartungen jener dumpf aufbegehrenden Kleinbürger, die sich in ihrer Angst vor einer komplizierten industrialisierten Welt gegen die kosmopolitischen Schriftsteller in den großen Städten der Weimarer Republik wandten. Die Nazi-Organisationen bremsten die literarische Entwicklung und bevorzugten Autoren, die in Deutschland noch immer einen Agrarstaat sahen (wie er es im frühen neunzehnten Jahrhundert gewesen war) und eine vorindustrielle Natur der Wiesen und Wälder mit sehnigen Erbhofbauern, blonden Mägden und Wikinger-Heroen belebten; der analytische Intellekt war proskribiert, und Blut und Scholle sollten den Grund des arischen Arkadien bilden.

Nach dem Mai 1945 fiel den Schriftstellern die schwierige Aufgabe zu, den Ereignissen in Hitlers Reich nachzugehen und wieder Anschluß an den europäischen und amerikanischen Roman zu finden. Sie hatten endlich die Freiheit, ungehemmte Fragen nach dem Tod und nach Deutschlands Geschichte aufzuwerfen, und ihre erzählerischen Methoden reichten von einem präzisen Faktualismus, der nicht mehr verhüllte, wie die Menschen wirklich litten und starben, bis zur emblematischen Verdichtung der neuen Kurzgeschichte und der poetisierten Allegorie. Theodor Plivier (1892–1955) berichtete in *Stalingrad*, 1945, dem besten deutschen Kriegsroman, von der Vernichtung ganzer Armeen am entscheidenden Wendepunkt des Weltkonflikts; seine Sprache war von formlosem Mitgefühl, und der Roman folgte den sterbenden Soldaten, verraten von ihrem Führer und der Obersten Heeresleitung, tief in die Keller und Fuchslöcher an den Ufern der Wolga. In seinem *Die Stadt hinter dem Strom*, 1947, erforschte Hermann Kasack (1896–1966) in einem ruhigen, an Kafka erinnernden Prosastil die symbolische Existenz der jüngst Verstorbenen und in das absolute Nichts Versunkenen und sprach aus einer Lethargie, die viele seiner Leser in den ausgebrannten Städten teilten. Thomas Mann veröffentlichte seinen monumentalen und musikalisch fein organisierten *Doktor Faustus*, 1947, aber nur wenige Leser bemerkten, daß seine anspielungsreiche Lebensgeschichte des dämonischen deutschen Komponisten Adrian Leverkühn, wie sie von dem Humanisten Serenus Zeitblohm überliefert wird, ein unwiederholbares »Endbuch« (Erich Kahler) war, das eine Epoche des europäischen Romans beschloß. Zeitgenössische Kritiker (mit der Ausnahme Ernst Fischers, der sich mit einigem Recht gegen die Ästhetisierung des Faschismus empörte) betonten die politische Relevanz des Buches, spätere Interpreten sind eher geneigt, *Doktor Faustus* deshalb als substantielles Werk zu charakterisieren, weil es noch einmal alle Elemente der Kunst Thomas Manns zu einem höchst privaten Ganzen vereint.

In den fünfziger Jahren verkündete eine neue Generation jüngerer Schriftsteller ihre eigene »Epoche des Mißtrauens« – vielleicht einige Jahre später als in Frankreich, aber nicht weniger radikal, denn in Deutschland galt es, die Verstrickung der Väter in die Diktatur zugleich mit den Strategien des älteren Romans kritisch zu prüfen. Den frühen Diskussionen der Gruppe 47 folgend, kam die deutsche Auflehnung gegen den traditionellen Roman in getrennten Angriffswellen; es ist schwierig, die Trennungen durchzuführen, denn die erneute Prüfung der erzählerischen Methoden ging nicht immer mit einer kühnen Konfrontation der neuen Gesellschaft Hand in Hand. Einige Jahre lang schienen die Schriftsteller erzählerische Methoden zu wählen, die dem bürgerlichen Realismus wenigstens um ein Jahrhundert vorangegangen waren oder erst jüngst entscheidend zu seiner Zersetzung beigetragen hatten: Günter Grass griff die vorrealistische Struktur des pikaresken Romans auf, während andere, einschließlich Alfred Anderschs und Heinrich Bölls, gerne mit Formen des inneren Monologs arbeiteten, der die epische Welt in ein Mosaik persönlicher Perspektiven verwandelt und den flächigen Zusammenhang des konsequenten Erzähler-Standpunktes negiert. Aber in der ersten Welle des Mißtrauens waren der methodologische Versuch, die Grenzen des Realismus zu überschreiten, und das Mißtrauen gegen den allwissenden Erzähler nicht immer von einer sachlichen Beobachtung sozialer Veränderungen begleitet. Uwe Johnson erfand seinen *nouveau roman*, um in ihm zu seinen Kindheitslandschaften zurückzukehren; und Günter Grass und Heinrich Böll ignorierten, in ihrer unverbrüchlichen Loyalität zu dem Butterbrot- und Kaffee-Paradies der schon sozial isolierten Kleinbürger, die kalte neue Welt der Manager und Konsumenten, die Martin Walser in seinem Roman lebhaft entwarf. Die Entwicklungen verliefen widersprüchlich und schnell: Nur ein Jahr trennte Grass' *Blechtrommel*, 1959, von Walsers *Halbzeit*, 1960 – zwei völlig verschiedene Romane, die aber beide die Welt aus der begrenzten Perspektive eines ungewöhnlichen Erzählers, in der ersten Person, zu demaskieren suchen.

In diesen Jahren trug Arno Schmidt (geb. 1910) entscheidend zu den technischen Möglichkeiten des Romans bei und antizipierte auf seine eigene Art manche Experimente des folgenden Jahrzehnts. Seine Erzählungen *Brands Haide*, 1951, und *Das steinerne Herz*, 1956, implizieren viele Vorteile und Grenzen seiner aggressiven Methode. Schmidt hat noch immer eine Geschichte zu erzählen (die von mageren Mädchen und seltenen Büchern handelt), aber er optiert für eine radikal subjektive Haltung; und nachdem er ein einziges Stichwort in einem einsamen Wort oder Satz gegeben hat, versucht er den exakten Prozeß psychologischer Assoziierung so genau wie möglich nachzuvollziehen. Er nützt das Vulgäre ebenso wie endlose Zitate in vielen Sprachen und rupft seine Hühnchen mit dem Staat, dem Militär, den Religionen und allen Lesern, die mit den Werken James Fenimore Coopers, Charles Dickens und Christoph Martin Wielands (1733–1813) nicht genügend vertraut sind. Seine Themen und seine Methoden divergieren merkwürdig: Seine einfachen Genre-Szenen zeigen eine Art Robinson und sein Mädchen Freitag in einem norddeutschen Dorf (vor oder nach dem nächsten Atomkrieg), aber der Protagonist löst mit der ausdrücklichen Billigung des Autors einen komplizierten Bewußtseinsstrom aus, der den Angriff eines eher störrischen als nuancierten Intellekts gegen den materiellen Widerstand einer engen Welt vor Augen führt. Provinzialismus und Experiment haben sich selten zu einer produktiveren Mißheirat zusammengefunden.

Die Schriftsteller der fünfziger Jahre wehrten sich instinktiv dagegen, den Weg der älteren Autoren zu gehen; in den sechziger Jahren aber zweifeln die jungen Schriftsteller nicht so sehr an der literarischen Tradition als an der Literatur selbst. Die einen suchen die direkte Wirkung in der politischen Sache (Industriereportagen), die anderen treiben dem Roman das Romanhafte aus und fordern, indem sie sich immer entschiedener an Film und Pop orientieren, die evidente und sinnlichste Unmittelbarkeit der Prosa; und selbst die psychoanalytischen Apologeten des »Neuen Realismus« der Kölner Schule argumentieren gegen die oberflächliche Schematik des alten Romans, das totale Gesellschaftsbild, die festen Leitmotive, die eindeutigen Charaktere, das geradlinige *Plot*, das der chaotischen Erfahrung fälschlich ausgepreßt wird. Aber diese jungen Schriftsteller, die gegen Vergangenheit und Literatur zugleich opponieren, finden sich, in Deutschland, in einer anderen Situation als Robbe-Grillet und seine Freunde. In Deutschland ist die Vergangenheit der Gegenwart näher als in Frankreich; es ist einfach, Balzac (1799-1850) zu verdammen, aber es ist schwieriger, gegen Thomas Mann zu argumentieren, der als Erzähler das 19. Jahrhundert weit in unsere Epoche hineintrug, als Humanist aber eine Tradition verkörpert, die für das deutsche intellektuelle Leben dauernd konstitutive Bedeutung besitzt. Reinhard Baumgart definiert respektvoll die Verlegenheit, mit der seine Generation Thomas Mann begegnet: Mann erscheint ihr als eine »riesige ferne Figur«, »ein Muster in der Vitrine«, dem keine Schüler folgten (abgesehen vielleicht von dem Romanautor Baumgart selbst). Baumgart fühlt sich unbehaglich bei Thomas Manns demonstrativer Gängelung des Erzählens; zu viel ist abgerundet, strukturiert, organisiert, und bei dem Streben, »Ordnung um jeden Preis« zu schaffen, kommt die »undurchschaubare Erfahrung« zu kurz. Ich vermute, daß Baumgarts Einwände gegen den Standpunkt Thomas Manns gleichzeitig eine Kritik der Romane Robert Musils, Hermann Brochs und Heimito von Doderers einschließen; und während deutsche und amerikanische Professoren die Interpretation dieser Autoren eben in wissenschaftliche Industrien verwandeln, teilen nur wenige praktizierende Autoren ihren Respekt vor diesen Patriarchen des modernen deutschen Romans. Die jungen Schriftsteller geben listig vor, überhaupt keine Väter zu haben.

Aber jede Suche nach der Unmittelbarkeit des Erzählten schafft unausweichlich bedeutende Schwierigkeiten; sobald der Erzähler abdankt, muß der Autor die Garantie für seine »Wirklichkeit« entweder in erschöpfenden objektiven Daten im inneren Prozeß seines eigenen, alles absorbierenden Bewußtseins oder gar in einer Dinglichkeit suchen, die jenseits der bloßen Sprache liegt. Alexander Kluge wählt die Vorherrschaft des »Äußeren« als Organisationsprinzip seiner Prosaexperimente; seine *Lebensläufe*, 1962, und seine *Schlachtbeschreibung*, 1964, stellen Gesten des »Zeigens« dar. Wie ein Filmregisseur (er ist ja einer), der sich auf die unpersönlichen Objekte der Welt konzentriert, begreift Kluge die Sprache als

Signal für Wirklichkeit, und anstatt besondere Charaktere oder Situationen zu schaffen, »demonstriert« er Idiome, Berichte oder Protokolle als Formen der zeitgenössischen Existenz. Seine Präsentation der Schlacht von Stalingrad setzt sich (im Gegensatz zu Theodor Pliviers leidenschaftlichem Bericht) aus Interviews, Biografien und Dokumenten zusammen, einschließlich der wörtlich übernommenen Wehrmachtsberichte vom November 1942 bis Februar 1943. Der altmodische Erzähler hat sich in einen Sprach-Demonstrator verwandelt – aber er erklärt uns leider nicht, weshalb wir uns überhaupt mit den flachen Duplikaten totalitärer Clichés und historischer Texte beschäftigen sollen; da sie ja in artifiziell gegliederte Folgen über die Druckseiten verteilt werden, sind sie der Wirklichkeit so nahe oder so fern wie Effi Briests Tränen. In seinen Texten *Felder,* 1964, und *Ränder,* 1968, trifft Jürgen Becker die andere, produktivere Wahl und konzentriert sich auf die anhaltenden Prozesse seiner subjektiven Wahrnehmung. Seine Wirklichkeit ist sein Bewußtsein, das unaufhörlich das Äußere in einen inneren Mahlstrom der Erinnerungen, Träume und Hoffnungen saugt: Aber Bewußtseinsübung wird Wort- und Satz-Exerzitium und verwandelt sich rasch in stilistische, an Raymond Queneau (1947) erinnernde Etüden; die spröd gemiedene Kunst schlüpft in den syntaktischen Arrangements in den experimentellen Text zurück. In *Ränder* gruppiert Becker seine Erinnerungserfahrungen an mediterrane und rheinische Landschaften um eine zentrale Zone des Schweigens, die er durch ein weißes Blatt Papier im Herzen des dünnen Buches andeutet, und die lebhafte Umschreibung einer ständig wechselnden Wahrnehmung unterliegt plötzlich der organisierenden Gewalt einer hochentwickelten Form. Wir sind dabei, die Wiedergeburt des romantischen Ichs zu beobachten.

In den späten sechziger Jahren orientierte sich das Verlangen nach Unmittelbarkeit (das auch die Theaterpraxis Peter Handkes bestimmt) immer energischer an Film, Pop und volkstümlichen Fiktionsformen; es begreift sich selbst als aktives Element einer universalen Bewußtseinsveränderung, wie sie amerikanische Maler und Filmregisseure seit Andy Warhol postuliert haben: die unablässige Provokation des Bewußtseins durch Staccato-Bewegung; den fröhlichen Konsum ohne Askese oder Verzweiflung; Erfahrung als permanente Fernseh-Schau. Rolf Dieter Brinkmann (geb. 1940), Ror Wolf (geb. 1932) und Uwe Brandner (geb. 1942) hantieren lässig und ironisch mit dem Müll des Lebens und der Literatur, montieren Horror, Krimi und Porno, oder optieren für die farbig-abstrakte Welt der *comic strips*; und Peter O. Chotjewitz (geb. 1934), der sich als infantiler Laurence Sterne gefällt, empfiehlt mit einiger Einsicht, der Autor (der die Dinge beschreibt) mußte sich in einen Lieferanten verwandeln, der dem Konsumenten die Dinge selbst (und nicht ihre *Mimesis* allein) ins Haus brächte. Das, und nicht der Mangel an altfränkischer Fortschrittlichkeit (wie sie Jost Hermand den Pop-Autoren ankreidet) ist das eigentliche Problem – das störrische Verlangen nach einer totalen Stimulation des Bewußtseins, die gänzlich jenseits der nur linguistischen Möglichkeiten alles Literarischen liegt. Das bloße Wort ist nicht genug, und es ist nur folgerichtig, daß es die Pop-Artisten zum Film, zum stroboskopischen Lichtergeflimmer, zum *Happening* hindrängt. Pop-*Literatur* impliziert einen verzehrenden inneren Widerspruch, der ihre interessantesten Arbeiten zugleich illuminiert und bedroht.

Eine rationalere Methode, den Menschen in der Industrie- und Konsumgesellschaft zu beobachten, formuliert Dieter Wellershoff (geb. 1925), der in seiner Theorie und in seiner epischen Praxis die Traditionen der Psychoanalyse und der Gesellschaftskritik klug und produktiv vereint. Wellershoff spricht von seinem »Neuen Realismus« als einer polemischen Arbeitshypothese, richtet seine Argumente gegen die »manieristische und groteske Literatur« (Grass) wie gegen das Metaphysische »universeller Daseinsmodelle« (Kafka), und erklärt das Wesen der literarischen Arbeit (ähnlich wie N. G. Tschernyschewskij im Jahre 1855) als »Simulationstechnik«, in der man, als Autor und Leser, »die Grenzen seiner praktischen Erfahrungen überschreitet«. Die konkrete und kritische Prosa des »Neuen Realismus« sucht die »gesperrten« und »verstümmelten Kapazitäten« des Menschen sichtbar zu machen und setzt anstelle »leerer Allgemeinvorstellungen« das gegenwärtige alltägliche Leben in einem begrenzten Bezirk, oder wie Wellershoff jüngst hinzugefügt hat, »die pathologische oder kriminelle Abweichung vom Mehrzahlverhältnis«. Wellershoff ist, wie seine Vorbilder Dostojewski und Hamsun, von den Bruchstellen der Alltäglichkeit fasziniert, aus denen das gewaltsam Verdrängte mit einem Male eruptiv hervordrängt; vom Konflikt zwischen Gesellschaftszwang und Individualität, die ihr Spontanes und Eigenes in

»Kompensationen, Sublimierungen und Regressionen« flüchtet. In der Praxis erneuert Wellershoff, auf seine trockene und ruhige Art, den Familienroman und die psychologische Analyse des Kriminellen; in seinem ersten Roman *Ein schöner Tag,* 1966, skizziert er die scheinbar ereignislose Alltäglichkeit einer zeitgenössischen deutschen Familie und konzentriert seine Aufmerksamkeit genau auf die zwangshaften Verhaltensmuster und die kleinen Empörungen, Revolten und Kapitulationen der Jungen. In Erinnerungen drängt's herauf, die Tage im Kriege, der Tod der Mutter auf dem Treck 1945, aber man hat sich längst wieder zu »eingeübten Gewohnheiten« gefunden. Das lebenshungrige junge Mädchen und ihr haltloser Bruder unternehmen ihre kleinen Ausbruchsversuche und finden doch wieder im gemeinsamen Frühstücksritual zusammen. »Das Bild bleibt in Ordnung, sie stellen ein lebendiges Bild«, »Vater und Tochter und Sohn nun schon jahrelang, das sich selbständig gemacht, es ist ein Muster, nachdem sie sich richten.« Der Erzähler hört ihre und unsere »Schreie nach dem Verlorenen« und deutet sie als Signale einer integralen Humanität.

ACHT ERZÄHLER: PORTRÄTS

1. WOLFGANG KOEPPEN

Wolfgang Koeppen (geb. 1906) begann in den frühen dreißiger Jahren zu schreiben, aber seine Stimme ging »im Lautsprecherbrüllen und im Waffenlärm«, in den »Schreien der Mörder und Gemordeten« unter. In den letzten Jahren der Weimarer Republik schrieb Koeppen für den hervorragenden *Berliner Börsen-Courir* (in dem Brecht einige seiner besten frühen theoretischen Essays veröffentlichte), überlebte die Diktatur, indem er gelegentlich für den Film arbeitete, und überraschte den deutschen Leser in den fünfziger Jahren mit einer Reihe provozierender Romane, in denen er in seiner kompakten Technik unbarmherzig mit der zeitgenössischen Gesellschaft und Politik abrechnete. In einem Augenblick, da noch die meisten seiner Zeitgenossen vor Schrecken gelähmt auf den Krieg zurückblickten oder in neue Idylle entflohen, stellte sich Koeppen fast als einziger die Aufgabe, die sichtbaren Konsequenzen der Hitlerjahre in einer neuen Methodik des Erzählens darzustellen. Traurig und mit wachsendem Zorn betrachtete er die Übergangsjahre, in denen er eine gedankenlose Restauration der alten Mächte im Bündnis mit den überwältigend törichten Versuchungen der Konsumgesellschaft fand, unternahm dann, in den fünfziger und frühen sechziger Jahren, ausgedehnte Reisen in alle vier Ecken der Welt (die wie Fluchtversuche anmuteten) und veröffentlichte eine Reihe von scharfäugigen Reiseberichten – lebhafte Dokumente seiner geographischen Erkundungen, aber auch die bitteren Ergebnisse der Entfernung aus einem Lande, in dem die wirtschaftliche Zuwachsrate nur einen tönernen Ersatz für die intellektuelle Wandlungsbereitschaft bot.

In seinem ersten Nachkriegsroman *Tauben im Gras,* 1951, schuf Koeppen, der sich an Dos Passos und seinem deutschen Schüler Alfred Döblin orientierte, einen kompakten, aber umfassenden Bericht über einen einzigen Tag in der Stadt München, die sich eben von den Hungerjahren erholt. Durch die Luft dröhnende amerikanische Flugzeuge bestätigen, daß irgendwo noch ein Krieg wütet; und unter der Wolke aus Lärm und Angst leben Menschen dahin, die den Versprechungen des Glücks nachjagen: ein alternder Filmstar, der sich von seiner verblühenden Frau abgestoßen fühlt und

seine eigene Vergangenheit bei jungen Mädchen sucht; ein Chemi-
ker, der in dem Keller eines zerstörten Hauses mit Drogen experimentiert; zwei schwarze US-Soldaten; bildungsreisende Lehrerinnen
aus Massachusetts; und Philipp, ein Schriftsteller mittleren Alters,
der eines der reisenden amerikanischen Mädchen kennenlernt, mit
ihr ein billiges Zimmer mietet und doch nichts mehr fühlt als Kälte
und Einsamkeit. Ich glaube, daß Koeppens vielfarbig verzweifeltes
Mosaik eine versteckte Anklage gegen jene ererbten metaphysischen Ideen enthält, die dem modernen Menschen falschen Schutz
anbieten. Zu seinen Hauptgestalten zählt ein amerikanischer Dichter namens Edwin, der (eine unvergeßliche Mischung von T. S.
Eliot und Thomas Manns Gustav Aschenbach) im Münchner
Amerika-Haus vor einem höflichen Publikum Vorträge über Ho-
mer, Vergil, Dante, Goethe und den Menschen hält, aber nicht
sieht, daß die wimmelnde Stadt draußen negiert, was er zu sagen
versucht; übrigens funktioniert auch das Mikrofon nicht. Edwin
streitet vergebens gegen die in Koeppens Roman implizierte Botschaft; einige Intellektuelle, so warnt Edwin sein Publikum, wollen
»den Menschen frei von Gott schildern... sinnlos, wertlos,
frei und von Schlingen bedroht, dem Metzger preisgegeben (wie
Tauben im Gras), aber stolz auf die eingebildete Freiheit von
Gott«. Aber aus dem Roman geht hervor, daß diese Intellektuellen
recht haben und Edwin unrecht; nur zwei Menschen, ein schwarzer
Soldat und ein junges Mädchen, umarmen einander glücklich, während alle anderen weiterhin vergebens nach Sinn und menschlicher
Wärme suchen; und der distinguierte Redner selbst beschließt sei-
nen Tag in der Gesellschaft von käuflichen Homosexuellen in
Münchens dunklen Straßen.

Auf den ersten Blick nimmt es Koeppen in *Das Treibhaus*, 1953,
energisch mit den Machtzentren der neu etablierten Bundesrepublik
auf und wagt es (fast ohne Vorbild in der deutschen Literatur), die
Erzählung in parlamentarischen Sitzungen, Ausschußräumen und
den von hohen Beamten und ausländischen Korrespondenten be-
suchten Kantinen zu lokalisieren. Koeppen ist kein Realist im
eigentlichen Sinn des Wortes, und seine sichere Handhabung des
inneren Monologs und gelegentlicher Visionen nach James Joyce
treibt den Blick weit über die politischen und sozialen Realitäten.
Sein Anti-Held Keetenheuve liebt die Politik und verachtet sie tief;
als früherer Emigrant, der nach Deutschland zurückkehrte, um sei-

nem Land als Mitglied der sozialdemokratischen Bundestagsfraktion zu dienen, fühlt er sich von der täglichen Routine immer mehr gelangweilt und abgestoßen. Er hat eben seine junge Frau begraben und sieht sich steigendem politischem Druck gegenüber: Die herrschende konservative Partei will ihn in ein neues Exil schicken und bietet ihm den Posten eines Botschafters in Guatemala an, aber auch innerhalb seiner eigenen Fraktion wachsen die Konflikte, denn der Parteivorsitzende Knurrewahn (der stark an Schuhmacher erinnert) haßt den Intellektuellen und Pazifisten Keetenheuve, der sich dem Wunsch der Partei widersetzt, eine neue demokratische Armee aufzubauen. Keetenheuve verbringt (als zentrale Sensibilität des Romans) drei ruhelose Tage in Konferenzen und Sitzungen; wieder sucht er Wärme in den Umarmungen eines Mädchens von der Heilsarmee (die von ihrer lesbischen Kameradin genau beobachtet wird) und läuft endlich, von der schäbigen Vereinigung ernüchtert, zum Fluß und stürzt sich von der Brücke. Die Neonlichter eines in der Nähe gelegenen Cafés strahlen das magische Wort *Rheinlust* ironisch in die Nacht hinaus: letzte Lust, letzte Erfüllung, Tod durch Ertrinken im deutschen Rhein.

In Koeppens drittem Nachkriegsroman *Der Tod in Rom,* 1954, gewinnt kalte Wut die Oberhand über melancholische Verzweiflung; und wie die Anspielung auf Thomas Manns *Tod in Venedig* zeigt, tritt ein wachsendes Unbehagen an der Literatur der Vergangenheit zutage, die so wenig tat, um den Zusammenhang zwischen privatem Leid und der brutalen Gewalt der deutschen Geschichte zu akzeptieren. Koeppen entwickelt eine melodramatische Geschichte von erstaunlichen Zufallsbegegnungen und Generationskonflikten: Bürgermeister Pfaffrath, früher ein hoher Nazifunktionär, reist mit seiner ganzen Familie nach Rom, um seinen Schwager, den früheren SS-General Judejahn zu treffen und dessen Rückkehr aus einem der arabischen Staaten (wo er als militärischer Berater dient) in ein neokonservatives und vergessensbereites Deutschland vorzubereiten. Doch die Söhne verweigern ihre Mithilfe bei diesem Geschäft: Siegfried Pfaffrath, ein Komponist, der schwierige Symphonien im Stile Adrian Leverkühns schreibt, träumt von einer Wiedergeburt in fernen afrikanischen Landschaften, und Adolf Judejahn, der Sohn des Generals, studiert in einem Seminar, um sich auf den Beruf des Priesters vorzubereiten. Judejahn aber herrscht mit seiner physischen Kraft, seinem blinden Gehorsam zu vergangenen Befehlen und seiner sexuellen Aggressivität über die individuellen Schicksale: er erschießt, um die letzten Befehle seines Führers zu erfüllen, in einem letzten Ausbruch der Wut und Enttäuschung eine Jüdin und stirbt in der glühenden Mittagshitze an einem Schlaganfall. Koeppen spielt auf Thomas Manns Schlußsätze in *Tod in Venedig* an, die besagen, daß eine »respektvoll erschütterte Welt die Nachricht« vom Tod des Dichters empfing, und meint trocken, daß die geschäftige Welt nicht im geringsten geneigt war, von Judejahns Tod oder dem seines Opfers Notiz zu nehmen.

Energischer als alle anderen Autoren der frühen fünfziger Jahre ging Wolfgang Koeppen der Frage nach der organisierten Macht und der individuellen Sensibilität im Zusammenhang mit der jüngsten Geschichte nach, aber es gelang ihm nicht, sich völlig von der schönen Last der traditionellen deutschen Innerlichkeit zu lösen, welche die subjektiven Begebenheiten eher als die abstoßend monotone Begegnung mit den Erfordernissen des politischen Alltagslebens liebt. Vor Böll und Walser experimentierte er mit den technischen Fortschritten des modernen Romans und blieb doch ein intimer Freund des jungen Werther: hinter den verschlungenen epischen Kombinationen und den Kontrapunkten des Materials lebt noch der vertraute junge Mann des deutschen Entwicklungsromans dahin, der seinen abstrakten Enthusiasmus für die Menschheit mit seinem Erbteil des psychologischen Solipsismus verbindet und, in Koeppens moderner Artikulation, den inneren Monolog und den *style indirect libre* als ausgezeichnetes technisches Mittel nützt, um sein ruhelos grübelndes Ich von der unbarmherzigen Härte der ihn umgebenden Wirklichkeit zu trennen. Philipp, Siegfried Pfaffrath und Keetenheuve, (der den e. e. cummings Lyrik-Band neben seinen politischen Dokumenten aufbewahrt) sind künstlerische Temperamente, die sich von der relativen, schäbigen und unangemessenen Lebenserfahrung ständig bedrängt fühlen; und wie ihre romantischen Verwandten der Vergangenheit sind sie unfähig, der Welt als quälendem und autonomem Gegenspieler ihrer schöpferischen Seelen zu verzeihen.

Marcel Reich-Ranicki wies zu Recht darauf hin, daß Koeppens zentrale Gestalten der deutschen Romantik verbunden sind, doch das ist nicht alles; Koeppen transformiert das romantische Thema auf hervorstechend moderne Art. In dem symbolischen Gefüge

seiner Romane verbindet er die politische Machtfrage mit der persönlicheren Frage des Geschlechts; und in diesem Zusammenspiel
(das an Heimito von Doderers tiefere Theorie von den Analogien
politischer und sexueller Perversion erinnert) zeichnen sich die
Konturen einer bedrohlichen Welt ab, in der introvertierte Intellektuelle immer wieder mit einer massiven und fatalen »Macht« zu-
sammenstoßen, deren wesentliche Elemente die politische Gewalt
und das habgierige Geschlecht sind: der politische Druck erzeugt
das »sichtbare« Übel, die herrische Macht des Geschlechts schafft
das »unsichtbare« Böse, und wo sich das Sichtbare mit dem Unsichtbaren verbindet, tauchen fast archetypische Unholde auf, deren
todbringende Kombination aus politischer und sexueller Aggression
Koeppens Protagonisten das leibhafte Böse verkörpern: so sieht
Keetenheuve Frau Wanowski, die ehemalige Führerin der nationalsozialistischen Frauenschaft, die seine Frau in Perversion und
Tod reißt; so trifft Siegfried Pfaffrath das Böse in Gestalt des SS-
Generals Judejahn, dessen letzte Ejakulation eins ist mit seinem
Mord an der Jüdin. Das Schlimme ist, daß in der modernen Welt
die Pfade der Erlösung begrenzt sind; als Siegfried seine erotische
Erfüllung in den Armen eines schönen Römers sucht, findet er sich
(im Gegensatz zu Thomas Manns Aschenbach) mit einem käuflichen Jungen in einem verkommenen Badehaus. Ermüdet von den
verlorenen Schlachten gegen die Macht und fliehend in die Ernüchterung, hat Koeppens Intellektueller nur wenig Hoffnung, die Welt
nach seinen leidenschaftlichen Visionen von absoluter Gerechtigkeit
verändern zu dürfen. Die Geographie mag einige Erleichterung
bieten, aber was Koeppen wirklich will, ist das Exil von der
Realität.

2. GERD GAISER

Gerd Gaiser leitet seine Auffassung vom Leben und der Gesellschaft aus den Ideen der nachromantischen Jugendbewegung der frühen zwanziger Jahre her, deren Anhänger die Befreiung von dem Druck der industriellen Zivilisation in einem Mythos vom deutschen Walde und, der Jugend von heute nicht unähnlich, in einer Lebensführung der Gemeinschaft oder der Horde suchten. Historisch gesehen boten sich die Ideen der Jugendbewegung (wie Walter Laqueur vor kurzem beschrieb) den Nationalsozialisten nur allzu leicht zu Übernahme und Mißbrauch an. Die vom Verlangen nach Macht besessenen Nationalsozialisten entwickelten kein eigenes Gedankensystem, sondern flickten das ihre aus einer Lumpensammlung konservativ-nationalistischer Motive aus dritter Hand zusammen. Gaiser blickte unerschütterlich in die Vergangenheit und hängt der Erkenntnis nach, daß die Ideale der Jugendbewegung, die vielen seiner Generation heilig waren, zuerst von den Nazis für ihre eigenen Ziele manipuliert und nach dem Krieg von der aus den Ruinen aufsteigenden Verbrauchergesellschaft ganz vergessen wurden; und diese Enttäuchung führt zu einer elegischen Haltung, die wieder den Charakter seiner vielfältigen künstlerischen Gaben bestimmt. Er hat die produktive Entschlossenheit eines Menschen, der allein gegen den Lauf des Jahrhunderts arbeitet.

Wie viele andere deutsche Schriftsteller der Vergangenheit entstammt Gaiser (geb. 1908) einem schwäbischen Pfarrhaus, und auch er studierte in einem Seminar, ehe er erkannte, daß die Künste sein eigentlicher Beruf waren. Er studierte in Stuttgart, Königsberg, Dresden und Tübingen, reiste durch viele europäische Länder und beschloß seine Ausbildung mit einer Dissertation (1934) über die frühe spanische Barockplastik und ergriff dann den Beruf eines Lehrers. Im Kriege diente Gaiser in der Luftwaffe in Rumänien und Skandinavien und ergab sich schließlich den Engländern; nach dem Krieg kehrte er instinktiv in seine schwäbische Heimat zurück, versuchte seinen Lebensunterhalt als Waldarbeiter und Maler zu verdienen und begann im Jahre 1949 wieder als Lehrer zu arbeiten. Er erhielt viele Auszeichnungen einschließlich des Fontane-Preises (1951), aber seine Romane und zahlreichen Prosa-Sammlungen fanden außerhalb Deutschlands nur wenige Leser; auch in Deutschland selbst werden sie eher von der älteren und mittleren als von der jüngeren Generation gelesen.

Gaisers *Die sterbende Jagd*, 1953, verbirgt persönliche Gedanken in einem pastellfarbenen Kriegsroman ohne Gemetzel und Blut. Es ist ein Requiem auf die Kühnheit der jungen deutschen Flieger in den ersten Kriegsjahren. In einem mechanischen Zeitalter hat die »ritterliche« Art, einen individuellen Feind nach dem Vorbild Richthofens in sportliche Duelle zu verwickeln, wenig Zukunft; das gut vorbereitete »Unternehmen Drehbühne«, das einem Konvoi in den nördlichen Eismeeren das Geleit geben soll, scheint zunächst erfolgreich zu sein, aber die fliegenden Festungen des Widersachers gewinnen die Oberhand, und die deutschen Flieger »entdecken mit Erstaunen, daß dieser Tag, an dem sie glaubten, sich gut geschlagen zu haben, der erste Tag ihrer Niederlage gewesen war«. Gaiser hat nicht die Absicht, eine schnell ablaufende Geschichte zu erzählen; er zieht es vor, sechzig »Szenen« individueller Begebenheiten zu einem kompakten Bild einer schwindenden Lebensart zu kombinieren; da sind Oberleutnants der Luftwaffe, Zivilisten, Obergefreite, Mechaniker, aber sie alle leben im dominierenden Gefühl einer verlorenen Hoffnung, die den einzelnen so unerbittlich überwältigt wie der Nebel, der die Flugzeuge verschlingt. Die Mosaiktechnik birgt die Gefahr der Atomisierung, aber Gaiser verbindet seine einzelnen Erfahrungssplitter in dem er sie in die Zeitspanne jener 36 Stunden zwingt, die mit dem endgültigen Zusammenbruch der alten Luftwaffe zusammenfallen; und durch die Gleichzeitigkeit der Ereignisse gelingt es ihm, den Anfang des Endes so zu zeigen, wie er sich vielen Augen und Sensibilitäten darstellte; allein die vielen feinen Haltungsmodifikationen der Charaktere deuten auf eine unausweichliche und radikale Veränderung des Ganzen hin. Gaisers Sprache·mischt unaufdringlich klassische Traditionen mit dem technischen Wortschatz der Flieger; er neigt zuzeiten zu einem Impressionismus hingetupfter Farben, aber in der fast technologischen Darstellung der Luftschlachten ist seine Syntax von scharfer Präzision. Seine Meisterschaft fordert die Frage heraus, wie schön die Dichter vom Kriege reden dürfen.

Gaisers *Das Schiff im Berg: Aus den Papieren des Peter Hagmann,* 1955, zählt nicht zu seinen besten Romanen, verrät aber viel vom dunklen Aspekt seiner Geschichtsphilosophie. Der Archäologe Hagmann und seine Assistentin Hedda erforschen neu entdeckte

Höhlen in einem schwäbischen Berg (nahe Gaisers Geburtsort), und aus den Notizen des Wissenschaftlers entwickelt sich die Geschichte des Berges als eines Symbols menschlicher Schicksale. Eine kosmische Perspektive öffnet sich: zuerst die vier Elemente; dann geologische, biologische und klimatische Veränderungen; und schließlich der Mensch, standhaft und vergänglich. Viele verteidigen ihren Berg, bis sie getötet oder von anderen vertrieben werden, und die Sieger müssen bald wieder ihren Boden verteidigen: Steinzeitmenschen, Helvetier, Römer, frühe Christen, unfreie Bauern, Marodeure im Dreißigjährigen Krieg, Vagabunden, frühe Forscher und, in jüngster Zeit, ein Luftwaffen-Nachrichtenstab, dessen Angehörige fliehen oder sterben, als Deutschland kapituliert und die Alliierten beginnen, die Wälder durchzukämmen. Hagmann hat seinen kurzen Augenblick des Glücks, als Hedda halbherzig auf sein Gefühl anwortet; innerhalb einer Woche aber kommt sie bei einem Autounfall ums Leben, und nachdem barbarische Touristen die Höhlen mit ihrem Schmutz entheiligt haben, kehrt Hagmann zu seinem Berg zurück, in dem er (wie die ansässigen Bauern) »das Schiff«, das heißt die Erfüllung des Lebens, erwartet. Er hat gelernt, daß jeder Versuch des Menschen, sich über die Natur zu erheben, vergeblich ist; das Leiden ehrt und bestimmt jede individuelle Existenz. Gaiser fügt keine durchgehende Handlung zusammen; Hagmanns Notizen bilden den spärlichen Rahmen für einen Überfluß an individuellen Episoden aus den verschiedensten Jahrhunderten, an Anekdoten, Märchen und unabhängigen Novellen. Sie alle fließen wie instinktiv in einem Strom der naturhaften (eher als gesellschaftlichen) Geschichte zusammen, in welcher geologische Entwicklungen und botanisches Wachstum über menschliche Entschlüsse und Taten blind triumphieren.

In *Schlußball*, 1958, schließt sich Gaiser den Schriftstellern der mittleren und jüngeren Generation an, welche die neue Konsumgesellschaft verdammen; im Gegensatz zu jenen aber, die ihre schöpferischen Energien in sozialer Kritik fast erschöpfen, zeichnet er in einem gleichzeitig entstandenen Erzählungsband *Am Paß Nascondo,* 1960, sein poetisches Utopia, in dem die sozialen Krankheiten des Jahrhunderts in absoluter Menschlichkeit gelöst sind. Die westdeutsche Stadt Neu-Spuhl (wo der Schlußball stattfindet) und die heroische Landschaft des Nascondo-Passes gehören zusammen, denn sie bilden die negativen und positiven »Felder« von Gaisers

Phantasie. Im *Schlußball* sind Struktur und Botschaft eins: die
Stimmen der Menschen, die die Erfüllung ihrer selbstsüchtigen Interessen suchen, sind zwar deutlich zu hören, aber sie reden aneinander vorbei; und so entwickelt sich die fragmentarische Geschichte
aus dreißig »Zitaten« innerer Monologe, gesprochen von einer Nä-
herin, klugen und dummen Mädchen, der Witwe Andernoth, deren
Mann nicht aus dem Krieg zurückkam, einem melancholischen
Lehrer (aus dem Gaiser spricht), einem an Kafkas Gestalten
erinnernden Schulrat und den Toten, die man bei der Jagd nach
neuen Autos, Villen und Kühlschränken vergessen hat. Diese
Stimmen versuchen aus der zeitlichen Distanz zu enträtseln, was in
der Nacht des Schul-Abschlußballes geschah (eine Frau beging
Selbstmord, und ein hektischer junger Mann kam bei einem Mord-
versuch selbst ums Leben), und sie zeigen Neu-Spuhl als eine höl-
lische Stadt der Leere und Verzweiflung; äußere Tüchtigkeit über-
tüncht, nur von wenigen bemerkt, den verrotteten unmenschlichen
Kern.

Der Künstler Gaiser zieht das Leben in einem reineren, selbst-
geschaffenen Land vor; in der Nähe des Nascondo-Passes (der wie
eine ständige Prüfung der menschlichen Geduld anmutet) streift er
nachdenklich durch das kahle und steinige Plateau einer Kindheits-
und Kriegslandschaft, die seltsam an Rilkes Valais erinnert oder,
wie Curt Hohoff andeutet, an eine Mischung aus dem Schweizer
Engadin, Rumänien und Schwaben. Begrenzt von dem Fluß Su-
surra und dem Nascondo-Paß ist dieses Gebiet mit seinen Felsen,
Gärten und Weinbergen kraftvoll und einfach; da herrschen, wie in
dem geteilten Deutschland, manche Spannungen zwischen dem
gutgeordneten Territorium Vioms und dem rustikaleren Clavagora,
doch der Erzähler hat sich in Promischur niedergelassen, wo er
niemandem untertan ist und sich an den simplen Freuden des Bro-
tes, Wassers und Weins erfreut. Auf unerwartete Weise verklärt
tauchen viele Charaktere aus Gaisers anderen Romanen (einschließlich Peter Hagmanns und einiger Luftwaffenoffiziere) in
dieser merkwürdigen Umgebung wieder auf, und der einsame
Mann von Promischur sehnt sich weiterhin nach dem Mädchen Neß,
das uns ebenfalls aus Gaisers frühem Werk vertraut geblieben ist;
im Gegensatz zu Neu-Spuhl aber sind Einsamkeit, Liebe und Leid
zentrale und wesentliche Erfahrungen unter einem klaren Himmel.
Die Menschen dieses Landes sprechen eine poetische Sprache, ver-

bunden der archetypischen Sprache der Römer und doch von jedem Idiom unterschieden, das sich mit dem Unrat des rohen Lebens belastet. Von allen Fluchtwegen, die zeitgenössische deutsche Schriftsteller einschlagen, um der häßlichen Gesellschaft zu entfliehen, führt Gaisers poetischer Steinpfad am schnellsten zu einem pastoralen Arkadien, nahe den Wolken.

Gaisers symbolische Isolation in dem heiteren Promischur kann die Bitterkeit eines Mannes nicht ganz verbergen, der vor einer Generation zu den jungen deutschen Enthusiasten zählte, die die Welt nach dem Bild ihrer konservativen Visionen formen wollten, und sich von radikaleren Konkurrenten ausgeschaltet fanden, die mehr nach unbarmherziger Macht als nach romantischen Träumen dürsteten. Viele von Gaisers zentralen Gestalten (einschließlich des Obersten Frennsen in *Die sterbende Jagd* und Soldners in *Der Schlußball*) haben ihre jugendbewegte Vergangenheit und erinnern sich, fast krank vor Heimweh, an die Lohe der Lagerfeuer, die feurige Opposition gegen die Bürger und ihre Huren, ihren Drang »nach Bitterkeit und nach der Lust, die tötet«; sie hören noch immer die Volkslieder, Klampfen und Flöten, die sich mit der Nachtluft mischen. Sie träumten einst von einem starken Deutschland, das sich aus Schande und Würdelosigkeit erheben sollte, da sie aber nur wenig von den konkreten Formen des Machtkampfes in der Weimarer Republik ahnten, fanden sie sich verwirrt, fasziniert und oft überwältigt von den zielbewußten Nationalsozialisten, die sich ihre Jugendgruppen-Idee, ihren Natur- und Reichskult und selbst ihr Vokabular aneigneten. In seinem (einzigen) Band Jugendlyrik *Reiter am Himmel*, 1941, überschritt selbst Gaiser, wie viele seiner Generation, die feine Linie, welche die konservativen Visionäre von den Manipulatoren der Macht trennte, die nur zu träumen vorgaben; er war daran, seine privaten Phantasien mit denen des triumphierenden Nationalsozialismus zu identifizieren. Später sah er ein, daß er einer Sache gedient hatte, die nicht die seine war, und schwor sich, niemals wieder das Opfer leichter Täuschung zu werden: »Soll ich mich noch einmal locken lassen«, fragt der einsame Erzähler in Promischur, »locken lassen zu Dingen, die ich nicht kenne und von denen ich nicht weiß, wem damit gedient worden ist? Lieber diene ich niemandem.«

Gaisers Problem ist das der konservativen deutschen Patrioten, die sahen, wie ihr Reich von vulgären, aber erfolgreichen Machttechnikern und nicht von Männern der Tradition und Integrität rekonstituiert wurde; und während sich andere seiner Überzeugung, unter ihnen Dr. Carl Goerdeler und seine adeligen Freunde, zum Widerstand gegen die Verderber ihrer Ideale verschworen, war Gaiser durch seine fast geologische Geschichtsauffassung dazu verdammt, das ruhige Dulden zu wählen. Seine repräsentativen Offiziere (hemingwayähnliche Helden, aber verstrickt im Dickicht deutscher politischer Metaphysik) finden sich in einem Krieg, den sie selbst im Dienst falscher Herren gutheißen; von Truck erklärt seinen skeptischen Freunden in *Das Schiff im Berg*, er halte die Nazis für bloße Schrittmacher, denen eine konservative Ordnung folgen würde (eine Auffassung, die bereits durch die politischen Ereignisse im Februar 1933 widerlegt wurde); und Oberst Frennsen fordert in *Die sterbende Jagd* die jungen Flieger auf, für ihre Familien zu Hause zu kämpfen: er vermag sich weder von dem Krieg auszuschließen noch an ihn zu glauben. Frennsen, der (wie Gaiser) Theologie studierte und Jugendführer war, weiß, daß Hitler ein Wahnsinniger ist, glaubt aber, er sei von Gott selbst gesandt, um Deutschland zu strafen; es ist nutzlos, gegen ein von Gott auferlegtes Schicksal zu revoltieren: *contra Deum nisi Deus ipse* – gegen den Willen Gottes kann nur Gott selbst handeln. Er verleiht also einem aufhaltsamen Diktator eine metaphysische, ja religiöse Aura und hat, als Opfer seiner eigenen spekulativen Neigungen, keine andere Wahl, als ohne Glauben zu dienen und in den letzten Tagen des Krieges zu fallen.

Gaiser folgt seinen konservativen und patriotischen Vorentscheidungen, in denen eine bezeichnende Sympathie für die Einfachen und Armen mit viel Fatalismus und einer tiefen gesellschaftlichen Unzufriedenheit zusammenfällt; die Gesellschaft hält sich leider mehr an die präfabrizierten Waren als an die immanenten Werte der Rilkeschen Dinge, die aus den sorglichen Händen des Handwerkers oder Künstlers hervorgegangen sind. Man machte Gaiser zum Vorwurf, daß es ihm an »epischer Kraft« fehle, aber die häßliche neue Welt mit ihren individuellen Egoismen ist eher in erzählerischen Mosaiken als in dem umfassenden traditionellen Roman darzustellen; Gaiser verwandelt die Grenzen seines Talents in seine Stärke und reiht seine Episoden und inneren Monologe zu losen Konglomeraten, die seiner Anschauung von einer Welt der verlorenen Mitte entsprechen; Hermann Broch, ein anderer Konservativer, sucht ähnliche Probleme zu lösen. In Gaisers nuanciertem und gelegentlich fast wissenschaftlichem Vokabular tritt sein Interesse an geologischen Veränderungen und am biologischen Wachstum, den Urelementen des Lebens, zutage; im menschlichen Bezirk liebt er halbverschleierte Geschichten über die ungewöhnliche Standhaftigkeit puritanischer Frauen mit germanisch tönenden Namen (die an D. H. Lawrence erinnern, wenn auch mehr unter ideologischem als unter sexuellem Vorzeichen), und die Leiden feinfühliger Erzieher, denen die notwendigen Prüfungsscheine fehlen; er hat wenig Geduld mit Intellektuellen, Funktionären jedes Establishments, dunkelhaarigen Ausländern, Managern und solchen, die fürs Geld leben und sterben – mit Leuten, deren Seelen, wie er sagt, aus garantiert echten Kunststoffen gemacht sind. In Gaisers heftiger Verurteilung der wiedererwachten Bourgeoisie, die in Westdeutschland dominiert, fallen mir deutliche Parallelen zu den Antipathien der intellektuellen Linken auf, deren wiedererstarkte »Kapitalisten« ebensowenig Herz haben wie Gaisers »Bürger«. Auf ihre Art sind Gaiser, der nachdenkliche Konservative, und ein aggressiver Liberaler wie Wolfgang Koeppen (oder elegische Sozialisten wie Alfred Andersch) Ritter vom gleichen Geist; die Unzufriedenheit mit einer materialistischen Gesellschaft kennt keine Grenzen zwischen rechts und links. Der Idealismus trägt in Deutschland viele Masken und Gesichter.

3. ALFRED ANDERSCH

In seinen Arbeiten wie in seinem Leben hat sich Alfred Andersch (geb. 1914) konkreter als jeder andere seiner Generation mit der entscheidenden Spannung zwischen Tat und Reflektion, sozialem Engagement und selbstbezogener Sensibilität auseinandergesetzt. Wenige Monate nach dem Tod seines konservativen Vaters trat der junge Mann in die Kommunistische Partei ein und leitete, als Hitler zur Macht kam, die kommunistische Jugendorganisation Bayerns. Im Jahre 1933 brachte man ihn in das Konzentrationslager Dachau; und seine Freilassung fiel mit dem Entschluß zusammen, mit der Partei, die nicht bis zum bitteren Ende gekämpft hatte, zu brechen und sich in wenig abwechslungsreiche Büroposten zurückzuziehen, die ihm die Muße gaben, Rilke zu lesen, einsame Wanderungen zu unternehmen und sich privaten Studien der Kunstgeschichte zu widmen. Aber er konnte seine gefolterten und getöteten Freunde aus der Jugendorganisation nicht vergessen, und als er später, als Soldat der deutschen Wehrmacht, mit Kameraden einer anderen Art konfrontiert war, wuchs fast unbewußt sein Entschluß, seine private Revolte zu inszenieren; am 6. Juni 1944 warf der Landser Andersch sein Gewehr ins Gras und wechselte nah bei Nettuno über die Linien. Das war die erste Tat seines neuerwachten sozialen Engagements; und nach seiner Rückkehr aus der amerikanischen Kriegsgefangenschaft zählte Andersch mehr als zwölf Jahre lang zu den aktivsten und ungeduldigsten Kritikern, Journalisten und Moralisten; er war Mitherausgeber des *Ruf*, der repräsentativen Zeitschrift der jüngeren Generation, entwarf Rundfunksendungen nach dem Vorbild des britischen Dritten Programms und trug entscheidend zur Gestaltung des wiedererwachenden intellektuellen Lebens in Deutschland bei. Erst in den späten fünfziger Jahren zog er sich von seinen öffentlichen Radiofunktionen zurück und siedelte sich im schweizerischen Tessin an. Dort konzentriert er sich auf seine Romane, seine literarischen Reiseberichte und Essays und (fast als einziger unter den älteren deutschen Schriftstellern, die gewöhnlich nicht ins Kino gehen) auf intelligente Filmkritiken, die verraten, daß er den Film aus gutem Grund zu den substantiellen Medien unseres Jahrhunderts zählt. Obwohl ihm eine Neigung zur deutschen Innerlichkeit nicht abgeht, die er in seinen Erzählungen immer wieder discipliniert, gehört Andersch zu den Intellektuellen

der europäischen liberalen Tradition links der Mitte; nachdem er in
seiner eigenen Art des deutschen Extremismus lange zwischen Lenin und Rilke geschwankt, wählte er Albert Camus und Elio Vit-
torini zu seinen Vorbildern. Auch sein Interesse gilt zunächst den
öffentlichen Angelegenheiten, aber er weigert sich, sein legitimes
Recht auf persönliche Entscheidungen aufzugeben.

Anderschs *Die Kirschen der Freiheit*, 1952, verrät viel von den
intellektuellen und literarischen Voraussetzungen seiner frühen
Entwicklung. Es ist ein nervös abstrahierender Bericht, keine ge-
mächlich fortschreitende Autobiographie; seine Erinnerungen an
die dreißiger und vierziger Jahre eher interpretierend als entfal-
tend, fragt sich bei Andersch immer wieder, wie aus der Nichtver-
strickung ein neues Engagement entstehen kann. Er will die Vergangenheit nicht poetisieren, aber reinigen; und indem er sich mit
bewegender Treue an seine toten kommunistischen Freunde erinnert, gesteht er offen, daß die Kommunistische Partei versagte, weil
sie nicht bereit war, den Kommunisten die Spontaneität des Gedankens und der Tat zu gewähren (das Problem der Ära Dubček).
Er spricht über die Enttäuschungen, die ihn in der Mitte der dreißiger Jahre zu unpolitischen Künsten führten, und vergißt nicht,
seine private Flucht mit dem Verhalten anderer in Beziehung zu
setzen, die wie er »auf den totalen Staat mit totaler Introversion«
antworteten. Aber mit seiner Interpretation der Vergangenheit
hofft Andersch auch zu einer neuen Poetik beizutragen: da alles
Leben seine Mitte in einem isolierten und plötzlichen »Akt der
Freiheit« hat, vermag der moderne Schriftsteller nicht mehr mit der
traditionellen symbolischen Schönschrift zu arbeiten, die in edlen
Kontinuitäten schwelgt. Eine neue Art der »Deskription«, ein
Schreibstil »in der geschnittenen Schärfe« von Louis Armstrongs
Jazz oder Ernest Hemingways Prosa wird notwendig. Andersch hat
in den Nachkriegsjahren die deutsche literarische Tradition im Namen der amerikanischen Vitalität und Kraft herausgefordert, aber
wenig Nachfolge gefunden; die jungen Schriftsteller der sechziger
Jahre teilen den Anti-Amerikanismus der Neuen Linken und plä-
dieren lieber für Chè oder Mao, als Anderschs persönlichen Sympathien für F. D. Roosevelt zu folgen.

In *Sansibar oder der letzte Grund*, 1957, schließt Andersch seine
persönlichen politischen Erfahrungen zu einer Modellsituation zusammen; das Gewebe der Handlung ist knapp und dicht, aber die

existentialistischen Verhaltensweisen, die zu demonstrieren sind, triumphieren allzu leicht über die Ungewißheiten der Erfahrung. An einem trüben Tag im Spätoktober 1937 stehen in der kleinen Stadt Rerik an der baltischen Küste fünf Menschen vor Entscheidungen, die ihr Leben von Grund auf ändern: da ist Judith Levin, eine junge Hamburger Jüdin, die ein Schiff für die Flucht nach Schweden zu finden hofft; Gregor, ein gutgeschulter kommunistischer Funktionär auf seiner letzten Reise im Dienste der illegalen Partei, die er haßt, weil sie keinen erbitterten Widerstand gegen Hitler leistete; der Fischer Knudsen, ein alter Kommunist, dessen Überzeugungen seit langem zerbröckeln; Pastor Helander, der eine Plastik (an Ernst Barlachs Werk erinnernd) vor dem Zugriff der Gestapo zu retten versucht; und ein kleiner Junge, der Mark Twain liest und davon träumt, das enge Rerik zu verlassen und in das exotische Sansibar »hinter der offenen See« zu fahren. Innerhalb von vierundzwanzig Stunden sind die Existenzen dieser Menschen eng miteinander verknüpft, denn sie können ihre Entschlüsse nicht ohne Hilfe der anderen durchführen. Knudsen bringt das jüdische Mädchen und die kostbare Plastik nach Schweden, kehrt aber wieder zu seiner kranken Frau und zu einer dunklen Zukunft in Hitlers Deutschland zurück; der kleine Junge erlebt in einem schwedischen Wald einen Augenblick der höchsten Freiheit und fährt wortlos mit Knudsen heim, der ihm ein neuer Vater sein wird; Gregor, der Judiths Flucht und die Rettung der Plastik als eine »ganz private Sache« bewerkstelligt, bricht mit seiner Funktionärsvergangenheit und beschließt, auf eigene Faust Widerstand zu leisten; und Pastor Helander nimmt seinen alten Armeerevolver und erschießt den Gestapobeamten, der am frühen Morgen kommt, um ihn zu verhaften. In dem Netz aller Wechselbeziehungen steht die Plastik des »Lesenden Klosterschülers« als ein Symbol normativer Haltungen: diszipliniert und doch frei, auf Wissen bedacht und doch bereit, sich jeden Augenblick zu erheben und im Einklang mit dem denkenden Ich zu handeln.

Andersch konzentriert sich auf die flüchtigsten Entscheidungsaugenblicke, die er als höchste Seinsmomente deutet, und entwickelt eine Erzählstruktur der spärlichen und fragmentarischen Beschreibung, die er mit den zitierten Gedanken seiner einzelnen Charaktere verbindet. Die Überzeugungskraft der Geschichte liegt so in den Charakteren oder, besser, in der differenzierten Autonomie

ihres Bewußtseins; das Problematische ist nur, daß Andersch nicht
alle fünf gleich gut gelungen sind. Er versucht, die unschuldige
Welt des Jungen (der das Wort »Freiheit« zwar nicht kennt, seinen
Sinn aber in seinen Tagträumen von Sansibar brennend fühlt) von
der konventions- und ideologiebestimmten Welt der Erwachsenen
zu trennen, und Helander und Gregor, die theoretische Streitfragen
sehr geschickt formulieren, dominieren über den inartikulierten
Knudsen und die Jüdin aus Papier. Helander und Gregor (sie hassen
die Kirche und die Partei, die versagten) versuchen, neue Einsichten
zu gewinnen, die einen Teil ihrer Vergangenheit bewahren und
doch neue und freiere Entscheidungen möglich machen; Gregor
durchlebt noch einmal Anderschs persönliche Erfahrungen aus
dem Frühling 1933, und Helander, den eine eiternde Wunde aus
den Schützengräben von Verdun plagt, beweist jene Würde des
Leidens, die Andersch im Schicksal seines sterbenden Vaters in *Die
Kirschen der Freiheit* entdeckte; Helander ist Anderschs Wunsch-
bild vom eigenen Vater. Andersch versteckt die zentrale Bedeutung
von *Sansibar* ironisch in der Parteibotschaft, die Gregor der
schrumpfenden Gruppe seiner Reriker Genossen bringen sollte: da
der politische Druck der Nazis wächst, beschließt die Partei, ein
Netzwerk aus illegalen Kämpfern in kleinen, aus fünf Genossen
bestehenden Zellen aufzubauen, die den anderen Zellen unbekannt
sind und deshalb bessere Überlebenschancen haben. Wider die Intention der Partei schließt Gregor wahrhaftig eine neue Gruppe aus
fünf Menschen zusammen, die in ihren spontanen Entscheidungen
die Freiheit gewählt haben; sie sind die exemplarische Fünferzelle,
auf der die Zukunft der Menschheit ruht.

Deutsche Kritiker, die aus pädagogischen Gründen gelegentlich
saubere Charakter- und Handlungsschemata lieben, rühmten die
Reriker fünf, ich aber ziehe ihnen den reiferen Roman *Die Rote*,
1960, vor, weil Andersch in diesem Roman Flucht, »Wahl«, Verwandlung und den wiederkehrenden Charakter des geschlagenen
Revolutionärs in einer lebhafteren und urbanen Sphäre lokalisiert:
Im Grunde war Rerik nur ein anderer deutscher Fluchtweg in die
Innerlichkeit, aber Venedig mit seiner oszillierenden Vergangenheit
und seiner modernen Mischung aus *calamari* und *high life* bietet
dem arbeitenden Romancier eine bessere Chance, abstrakte Situationen mit didaktischen Obertönen zu vermeiden. Nach einem langen Wochenende plötzlicher Schicksalsumschwünge begegnen ein-

ander Franziska, eine hochbegabte Dolmetscherin (deren rote
Haare sowohl Italiener als auch Deutsche anziehen), und der Gei-
ger Fabio Crepaz, der früher die Partisanen seines Gebiets anführte,
in pastoraler Klarheit und Serenität. Franziska steht unvermittelt
vor der Frage nach Flucht und Veränderung: verheiratet mit Herbert, einem deutschen Manager mit ästhetischen Allüren, und verstrickt in eine Affäre mit seinem Chef Joachim, beschließt sie, mit
ihrer Vergangenheit zu brechen, und nimmt, einer plötzlichen Ein-
gebung folgend, den Zug von Mailand nach Venedig, um dort ein
eigenes Leben zu beginnen. Auf ihrer improvisierten Suche nach
Arbeit wird sie plötzlich in den Konflikt zwischen einem früheren
Mitglied der britischen Abwehr und seinem ehemaligen deutschen
Feind hineingezogen und sucht fast taumelnd Zuflucht in der Umarmung Fabios, den sie nur flüchtig kennt. Andersch hat nicht viel
für *Happy-Ends* übrig, aber hier ist eines in einer Art proletarischer
Verkleidung: Fabio, der seine revolutionäre Begeisterung lange
einem Leben stoischer Meditation geopfert hat, bringt Franziska in
das Haus seiner Mutter; dort wird sie als Arbeiterin leben und ihr
Kind gebären, von dessen Vater Herbert sie sich scheiden lassen
will. Franziska hat sich danach gesehnt, die Geheimnisse der vom
Alter verwitterten und vom Schmutz des Lebens gezeichneten italienischen Häuser zu ergründen, denn sie ahnt, daß sie Orte des
Glücks sind, in denen die Menschen ihre »armen, bitteren, leuchtenden Geheimnisse« aufbewahren – im Gegensatz zu ihren deutschen Landsleuten, die in einem Land der Langeweile fälschlicher-
weise sterile Reinlichkeit anstatt moralischer Reinheit suchen. Mit
ihrer Verwandlung im italienischen Haus sind ihre geheimen
Träume erfüllt.

In diesem Roman wird Anderschs Erzählkunst genauer und
differenzierter; er verfeinert seine Kombination aus Beschreibung
und zitierten Gedanken. Andersch bildet den Text aus wechselnden
Passagen, die er mit architektonischer Präzision Franziska und Fabio
zuschreibt, und beschließt jeden »Tag« oder jede Monologreihe mit
den widerspruchsvollen Gedanken Pieros, Fabios Vater und einem
der letzten Fischer von Mestre, der noch vor seinem Tode magische
Grundworte wie »Kinder«, »Fisch«, »Meer« und »Sonne« ausspricht und so den wirkungsvollen Kontrapunkt zu der schnellen
Spionagehandlung und dem *recherché* Ritual des Fünfuhrtees in
der Welt der venezianischen Homosexuellen konstituiert. Unge-

achtet des Urteils deutscher Kritiker gefällt mir *Die Rote* als ein welthaltiger, nüchterner und bemerkenswert distanzierter Roman, und wenn Andersch auch den Fehler beging, dem Spionage- und Nazispiel zuviel seiner erzählerischen Energie zu widmen, vermag er doch mit Graham Greenes besten Unterhaltungsromanen erfolgreich zu wetteifern; außerhalb Deutschlands ist es kein Vergehen, Romane zu schreiben, die Weltsicht und Spannung verbinden.

In seinem Bericht *Efraim,* 1967, bekräftigt Andersch viele seiner Ansichten über Kunst und Erfahrung. George Efraim, ein britischer Journalist, wird nach Berlin geschickt (wo er in den zwanziger Jahren in einer jüdischen Familie geboren wurde), um über die Stimmung der Stadt während der Kubakrise zu berichten und überdies das Schicksal eines jungen jüdischen Mädchens aufzuklären, das lange vor den Verfolgungen aus dem Haus ihrer Mutter verschwand. Er erfüllt weder die eine noch die andere Aufgabe ganz, erkennt aber in einem radikalen Akt der Selbstentdeckung (die ihn mit Franziska und den fünf aus Rerik verbindet) die Reise nach Berlin als Rückkehr zu seiner eigenen Kindheit und beginnt nach vielen Jahren wieder, deutsch zu schreiben. Schritt für Schritt versucht er herauszufinden, ob es in seiner Welt wirklich an Entscheidungsfreiheit fehlt, wie er so oft behauptete; einen Augenblick lang scheint es, als ob der einsame Efraim die Zuneigung Anna Krysteks, einer jungen, in Brechts Ensemble ausgebildeten Schauspielerin, finden könnte, aber sie will Berlin nicht verlassen, und er bleibt allein mit dem stetig wachsenden Roman seines Lebens. Andersch weist auf seine Überzeugung hin, daß Schreiben der Erfahrung nahe bleiben muß, und schließt sich Efraims Überzeugung an, daß sich Romane mit den Menschen fortentwickeln. Als Kronzeugen nennt er Anthony Trollope, und die wiederkehrende Gestalt des alten Kommunisten (hier ein Berliner Kohlenhändler, der urwüchsigen Dialekt spricht) zeichnet er mit einer Ironie und Leidenschaft, die an Thomas Mann, wenn nicht gar an Theodor Fontane erinnert.

In seiner Prosa-Sammlung *Mein Verschwinden in Providence,* 1971, die »neun neue Erzählungen« in Kontrasten kombiniert, ist Andersch seiner Kunstübung energisch sicher, und scheut weder das deutlich Autobiographische noch das unruhig Experimentierende. Die epigrammatischen Geschichten von Franz Kien, der gerade aus dem KZ Dachau entlassen wurde, nähren sich von seinen eigenen

Erfahrungen: die Momentaufnahme des Tages, an dem der Krieg
ausbrach; Spaziergänge mit einem britischen *Civil Servant* durch
München, kurz nach der nationalsozialistischen Machtübernahme;
und von ganz besonderem autobiographischem Interesse, die
»Festschrift für Captain Fleischer«, spröde PW-Erinnerungen an
den jüdischen Lagerarzt, der einen Nazi-Gefangenen rettet, weil er
(wie die Heldin des Sophokles) lieben eher als hassen will – das
Landschafliche Louisianas eben nur angedeutet und doch, mit
Fliegengitter-Schwingtüren und dem Schwarzen in seinem »Hemd
aus verschossenem Ziegelrot«, von geradezu schneidender Authenti-
zität. Im Mittelteil Geschichten von Schicksalswende, Umkehr, allmählich kristallisierender Erkenntnis, die ein Leben von Grund auf
ändert: ein Häftling, in der ersten Stunde nach einer Entlassung,
und seine Schwierigkeiten, auch nur eine Tasse Kaffee zu trinken;
ein deutscher Kommunalbeamter in gesicherter Existenz, der an
einem sonnigen Ferientag wie instinktiv in die fatale Brandungs-
welle schwimmt; ein Schweizer Arzt, der seine Tochter in eine
englische Schule bringt, entsetzengeschüttelt in den ersten Augenblicken der Trennung (meine Lieblingsgeschichte); ein Berliner
Student, Bucharin und Lenin zitierend, und doch fühlend, daß es
ihn nach der gewaltsamen Demonstration zu seinem kunsthistori-
schen Projekt nach Ostia zieht; das Porträt eines westdeutschen
Industriellen, der sich in Irland ansiedeln will, um seinen künstlerischen Interessen als Amateur zu leben – nicht mehr erzählt
eigentlich, eher kompilierend aus Daten und Materialien; das
Sachliche vor aller Literatur. In dem Wolfgang Koeppen gewidmeten Romanentwurf »Mein Verschwinden in Providence« verbindet sich das Autobiographische und Experimentelle noch enger;
Andersch ist Erzähler und Erzählfigur zugleich und konstruiert die
Modellsituation T.'s, »eines Schriftstellers von mittlerem Bekannt-
heitsgrad«. Auf einer vom Goethe-Institut finanzierten Vortrags-
reise durch Amerika unternimmt T. einen raschen Abstecher an die
Narrangansett-Bay bei Providence im Staate Rhode Island (er hat
sich dort, im Jahre 1945 in Fort Kearney als Kriegsgefangener
»vorbereitet, Schriftsteller zu werden«) und gerät, nach dieser ent-
täuschenden Exkursion in die Gefangenschaft eines amerikanischen
Ehepaares; »ich sollte zwar als ihr Gefangener leben, jedoch völlig
frei schreiben können, ohne auf irgendwelche Lebensumstände,
wirtschaftliche Verhältnisse, Abhängigkeiten, Beziehungen, Tradi-

tionen ... Rücksicht nehmen zu brauchen«. Das Ganze ist metho-
disch in Erzähl-Einfällen und Notizen skizziert, und Heinrich
Vormweg (der diese Prosa rühmt, weil sie Arno Schmidt zu folgen
scheint) übersieht durchaus, wie der Erzähler getrieben ist, die
Epoche seiner produktiven Gefangenschaft zu rekonstruieren: –
eben weil ihn die Rückkehr in das einstige PW-Lager enttäuschte,
sucht er, Mitte Fünfzig, eine neue Gefangenschaft, die ihm zuletzt
leicht aufliegt wie eine Zärtlichkeit.

Marcel Reich-Ranicki nennt Andersch den »paradigmatischen
Revolutionär«, aber es ist notwendig, die Zusammenhänge der
Charakteristik hervorzuheben. Andersch ist, auf der Linken, ein
geschlagener Revolutionär wie Gerd Gaiser auf der Rechten, aber
in Ton und Erzähltechnik unterscheidet er sich wesentlich von seinem konservativen Widerpart. Beide erwarben als Schriftsteller,
was sie als Männer der politischen Tat verloren; die »nicht sinnlose,
aber vergebliche« Verstrickung (um Fabio Crepaz zu zitieren)
schafft die fruchtbare und für die epische Kunst wesentliche Distanz. Im Gegensatz zu Gaiser, der in elegischen Stimmungen verharrt, sehe ich in Andersch einen einsamen deutschen Schüler
Stendhals, der seinen bitteren Liberalismus mit einem forschenden
psychologischen Interesse an den Vermittlungen zwischen dem
Denken der Menschen und ihren unwiderruflichen Schicksalsumschwüngen verbindet; da er sich mehr für den filtrierenden Geist
interessiert (und nicht für unpersönliche Realitäten), konzentriert
sich seine erzählende Aufmerksamkeit am liebsten auf Augenblicke
existentieller Entscheidung und nicht auf lange Perioden langwie-
riger psychologischer Entwicklungen.

Alfred Anderschs künstlerische Entwicklung beweist deutlich,
daß seine Nachkriegspolemik gegen das »künstlerische« Schreiben
mehr polemische als normative Bedeutung besaß. Er zählte zu den
ersten, die »Stil«, »Schönschreiben« und jedes literarische Kunstwerk verurteilten, das sich von der verderbten Wirklichkeit unserer
Epoche abschloß, aber sein beharrliches Interesse an den Antworten des Menschen auf die Grenzsituation des modernen Lebens
zwangen ihn dazu, eine eigene, hochkomplizierte Erzählmethode zu
entwickeln; und obwohl er die Hypotaxe des deutschen Bildungs-
romans von Adalbert Stifter bis Thomas Mann mit einigem Erfolg
meidet, verwandelt er seine eigenen Kombinationen aus paratakti-
scher Beschreibung, zitiertem Gedanken und Selbstanalyse in ein

artistisches Instrument, das nicht weniger Ästethisches besitzt als die alte Kalligraphie, die er einst so verachtete. Der Künstler kann den Erfordernissen der Kunst nicht entfliehen.

Ich vermute, daß sich zwischen der Neuen Linken, die sich an Entfremdungsproblemen orientiert, und Anderschs intellektueller Welt ein Abgrund aufgetan hat, denn seine Anschauungen gründen sich auf dem Existentialismus, einem liberalen Sozialismus und der bemerkenswerten Sympathie für die vitalen amerikanischen Schriftsteller, Mark Twain, Hermann Melville und William Faulkner. Aber die deutsche Linke, ob alt oder neu, kann seiner nicht entbehren. Für die jungen Schriftsteller der siebziger Jahre sind die Klassenkämpfe der dreißiger Jahre abstrakte Geschichte, aber Andersch erinnert sich noch an die Hinterzimmer, der zerschlissenen Lederjacken und den Geruch der primitiven Vervielfältigungsmaschinen. Allem resoluten Engagement begegnet er mit Sympathie, aber er mißtraut allen ideologischen Slogans und hält sein Wort auf der scharfen »Spitze der Feder«; er will, daß das Kunstwerk, wie Pastor Helanders »Lesender Klosterschüler«, die Wahrheit verkündet und beharrt doch unermüdlich (wie selten einer auf der Linken) auf der Sensibilität des Künstlers. Kein deutscher Schriftsteller ist so berufen wie er, uns darüber aufzuklären, was von der revolutionären Ekstase dieses Jahrhunderts noch fortbrennt oder schon zu bitterer Asche zerfallen ist.

4. HEINRICH BÖLL

Wenige zeitgenössische deutsche Autoren sind bekannter als Heinrich Böll (geb. 1917); man liest seine Arbeiten in deutschen Schulen, diskutiert sie eingehend in den amerikanischen Colleges und rühmt sie in der Sowjetunion. In seiner eigenen, ehrlichen Art erfüllt Böll die verschiedensten Erwartungen: sein revolutionärer Zorn gegen die Ordnungen des Staates, der Kirche und der Bundeswehr entspringt einer konservativen Neigung; sein lebhaftes Mißtrauen gegen die modernen Kommunikationsindustrien, einem strengen Moralismus und sein erbarmungsloser Haß gegen alle Macht, einem grenzenlosen Mitleid für die Verwundbaren, Beleidigten und Schutzlosen. Katholiken, Marxisten und streitbare Intellektuelle in Deutschland und anderswo haben legitime Gründe, seine moralische Kraft zu bewundern, aber sie sind leider oft geneigt, die ambivalenten Herausforderungen seines Werkes geflissentlich zu übersehen. Gegen Ende der fünfziger Jahre war Böll der emblematische »gute Deutsche«, aber in jüngerer Zeit sind seine ideologischen Freunde unzufrieden mit ihm; sein ernstes moralisches Engagement bleibt der Grund seines Werkes, aber er demonstriert eine neue Freiheit künstlerischer Entscheidungen, eine gedankenvolle Neigung zum artistischen Experiment und ein forschendes Interesse an der möglichen Ironie der Syntax und der Erzählstruktur. Als Adenauers Kölner Gegenspieler trug Böll viel zur Veränderung der deutschen Literatur bei, aber seine neue Prosa drängt ihn in die Richtung der bitteren Vortrefflichkeit Georges Bernanos', Graham Greenes oder Evelyn Waughs.

Heinrich Bölls Vorfahren waren englische Zimmerleute katholischen Glaubens, die während der Reformation an ihrer ererbten Religion festhielten und nach Holland und später nach Köln emigrierten. Mit siebzehn begann Böll Prosa zu schreiben; nach dem Abitur arbeitete er als Lehrling in einer Buchhandlung und studierte vor Kriegsbeginn einige Wochen lang deutsche Literatur. Er diente sechs Jahre lang in der deutschen Wehrmacht in Frankreich, Rußland und anderswo, wurde viermal verwundet, geriet an der Westfront in Gefangenschaft und wurde schließlich aus einem alliierten Kriegsgefangenenlager im Osten Frankreichs entlassen; und obwohl er gelegentlich gern über seine Kindheit spricht, ist es notwendig, den Bericht über seine traumatischen Kriegserlebnisse aus dem Leben seiner fiktiven Gestalten zu lösen. Diese tiefste Verletzung seiner moralischen Sensibilität ist unter den Narben des Kunstwerks verborgen.

Viele seiner Charaktere durchstreifen ruhelos Städte und verlassene Bahnhöfe, aber ihr Autor teilt ihren Drang nach unaufhörlicher Bewegung nicht. In der Mitte der fünfziger Jahre entdeckte er Irland als Insel seiner poetischen Träume (im Gegensatz zu Westdeutschland ein Land der bescheidenen, spirituellen und unendlich lebendigen Menschen), aber er hat im Grunde die Neigung eines werkgerechten Arbeiters, präzisen Handwerkers und guten Familienvaters und lebt in einem Haus am Rande Kölns, wo er, unbeeindruckt von Auszeichnungen und Literaturpreisen, abwechselnd an seinen Romanen, Kurzgeschichten, Hörspielen, Essays und wichtigen Übersetzungen arbeitet. Gemeinsam mit seiner Frau Annemarie übersetzte er viele irische und amerikanische Autoren, unter anderem J. M. Synge, Brendan Behan und J. D. Salinger, und seine Essays über Mary McCarthy, François Mauriac und andere zeugen für seine umfangreiche und kritische Beschäftigung mit europäischer und amerikanischer Literatur.

Ungeachtet seiner steten Gewohnheiten lebt der Schriftsteller Böll in unaufhörlich produktiver Bewegung. In seiner frühen Prosa suchte er nach grünen Inseln menschlichen Mitgefühls und entwickelte eine Technik des berichteten Gedankens und einen hochstilisierten inneren Monolog. Mit den Nachteilen seiner Formen setzte er sich noch kaum auseinander: seine Suche nach dem isolierten Einzelnen implizierte eine Zerstreuung der Erzählinteressen (die wieder in Kurzgeschichten und lose aufgebauten Romanen einzelner Begegnungen und Situationen resultierte), und er identifizierte sich allzu rasch mit seinen Charakteren; waren sie rührselig, war er es auch. Aber in *Billard um halbzehn,* 1959, einem der bedeutenden neueren deutschen Romane sowohl in politischer als auch ästhetischer Hinsicht, gewinnt Bölls Kunst merklich an kraftvoller Kontrolle: eine zweckmäßige Verdichtung des Zeitschemas hält die verschiedensten Erinnerungen und die einzelnen chronologischen Elemente zusammen; der Erzähler, der selten für sich selber spricht, diszipliniert unaufdringlich die Emotionalität der einzelnen erzählenden Stimmen; Leidenschaft und Zorn halten einander die Waage, und die Sprache wird spröde, nüchtern und gelassen. In den Erzählungen der sechziger Jahre, einschließlich *Ansichten eines*

Clowns, 1963, *Entfernung von der Truppe,* 1964, *Ende einer Dienstfahrt,* 1966, und im Roman *Gruppenbild mit Dame,* 1971, hat der Künstler Böll ganz zu sich selbst gefunden. Er konzentriert sich auf die unausweichliche Entfremdung des einzelnen durch die unpersönlichen Organisationen und Institutionen, die sein Leben manipulieren, und experimentiert mit einer Reihe erzählerischer Verfahren; verhaltene Wut, ätzende Satire und das eigenwillig freie Spiel der Kunst schaffen ein bewundernswertes Gleichgewicht. In seinem frühen Werk versuchte Böll, die falschen Helden des deutschen Lebens und der deutschen Literatur zu bekämpfen, in dem er Dostojewskijs Erniedrigte und Beleidigte wiederentdeckte; in den späten sechziger Jahren war er eher geneigt, gegen die Erben der Nazis zu streiten und die Taktik Jonathan Swifts zu wählen, des »verzweifelten Dekans«, dessen Grab er auf der Reise nach Dublin zu besuchen nicht vergaß. Aber auch das war nur eine Etappe seiner Entwicklung: *Gruppenbild mit Dame,* 1971, ist wie ein neuer produktiver Anfang; der Erzähler hebt sich wie im Sprung über die Spannungen epischer Experimente, gewährt seinen Charakteren die Freiheit, unverblümt im eigenen Idiom zu sprechen, und wird zuletzt selbst zur Figur einer von Mitleid und Zärtlichkeit durchblitzten Welt − nicht heil, noch lange nicht, aber der Hingabe voller Ungeduld gewärtig.

Bölls erste veröffentlichte Erzählung *Der Zug war pünktlich,* 1949, charakterisiert die Tugend und die Begrenzung seines frühen Werkes. Es ist die Geschichte des jungen Soldaten Andreas, der von einem Heimaturlaub zurückkehrt und weiß, daß er in den nächsten Tagen sterben wird; bei einem polnischen Mädchen findet er ein kurzes Glück und stirbt, genau zu der vorhergeahnten Stunde und an dem vorhergeahnten Ort, als polnische Partisanen seinen Wagen in die Luft sprengen. Andreas' Begegnung mit dem Mädchen zerstört alle abstrakten Loyalitäten: eine Nacht des reinen Gefühls, der Musik und gegenseitiger Bekenntnisse, und die jungen Menschen träumen davon, gemeinsam an einen einsamen Ort in die Karpaten zu fliehen, wo weder Soldaten noch Partisanen ihre Liebe bedrohen. Böll überzeugt (wie Theodore Ziolkowski entschlossen nachweist), indem er uns die schicksalshafte Suche des jungen Soldaten zeigt, aber die Erzählstruktur bricht auseinander. In der ersten Hälfte ist die Geschichte durch die atmosphärische Genauigkeit, den ökonomischen Gebrauch der Leitmotive und den ge-

schickten Übergang vom zitierten Gedanken zu Andreas' innerem
Monolog außerordentlich wirksam, im zweiten Teil aber übt Böll
keine Kontrolle mehr über die sentimentalen Motive: Olina, die
Prostituierte mit dem Fragonard-Gesicht, die Beethoven Sonaten
(im Bordell) und den Kitschfilm Liebestod. Aber in Andreas' und
Olinas Glücksaugenblick definiert Böll früh ein wesentliches Element seines Weltentwurfs; aus der Gefühllosigkeit und Unmenschlichkeit des Krieges kehrt Böll instinktiv zu erlösenden Begegnungen unheroischer Männer und Frauen zurück – Begegnungen, die
alle nur einen Augenblick dauern und doch wie ein Sakrament für
alle Zukunft binden.

In seinem Roman *Wo warst Du, Adam,* 1951, vollziehen sich
diese Begegnungen vor der Szenerie des deutschen Rückzuges in
Ungarn und der Slowakei: Unteroffizier Schneider bewundert das
ungarische Bauernmädchen Szarka, deren Hände nach Leder, Erde
und Zwiebeln riechen; und der deutsche Soldat Feinhals (der stirbt,
als er im Frühling 1945 das Vaterhaus erreicht) wird sich seines
Gefühls für die jüdische Lehrerin Ilona bewußt, die in ein Konzentrationslager abtransportiert wird. Nach den Szenen des Krieges
mag sich Böll mit dem mühseligen Leben in den zerstörten deutschen Städten beschäftigen, aber seine Geisteshaltung ändert er
nicht rasch; die unwiderrufliche Begegnung, deren Beziehung zu
dem Sakrament der Ehe immer deutlicher und offener zum Ausdruck kommt, steht für geistliche Erlösung und schafft in einer Welt
des Hungers, der Kälte und der Leere Wärme und Glück. In dem
kompakten Roman *Und sagte kein einziges Wort*, 1953, erzählen
Ehemann und Ehefrau in abwechselnden Monologen die Geschichte ihrer gefährdeten Gemeinschaft: Fred, ein vom Leben geschlagener Mann, verläßt seine Frau Käte und die Kinder, weil er
das Leben in ihrer abbruchsreifen Ein-Zimmer-Wohnung, die
ständig vom Lärm unfreundlicher Nachbarn erfüllt ist, nicht mehr
zu ertragen vermag. Aber nach dem Versuch, die eheliche Gemeinschaft durch gelegentliche nächtliche Begegnungen mit seiner
Frau in billigen Hotels zu ersetzen, sieht er sie einmal, als sie die
Straße überquert, plötzlich wieder mit den Augen der Liebe und
beschließt in einem Augenblick mystischer Illumination, in das
schäbige, aber heilige Zusammenleben zurückzukehren. Ähnlich
entscheidend und unwiderruflich ist die Begegnung zwischen dem
jungen Mann und dem Mädchen in *Das Brot der frühen Jahre,*

1955: – ein Blick, ein Augenblick, und ein Entschluß für alle Ewigkeit ist getroffen. Walter Fendrich, der in den Hungerjahren aufwuchs und nie genug vom Brot der Liebe aß, hat als Waschmaschinen-Experte ein »ganz passables Leben« und soll die Tochter seines Chefs heiraten. Aber als er Hedwig (ein anderes Mädchen) trifft, fühlt er plötzlich, daß er nicht von ihrer Seite weichen wird, »an diesem Tage nicht und nicht in den vielen Tagen, die kommen würden«, bricht entschlossen mit seiner materialistischen Routine und tritt, wie vom Blitz der Liebe oder der Gnade getroffen, in ein Leben voll Sinn und Erfüllung.

Unter Bölls frühen Erzählwerken nimmt sein *Haus ohne Hüter,* 1954, eine besondere Stelle ein, denn es ist seine erste komplexe Arbeit in der Tradition des sozialkritischen Romans. Böll handhabt eine Gruppe lebhafter Charaktere mit Geschick und zögert nicht, ein massives Element der grimmigen Satire einzufügen, die für sein späteres Werk charakteristisch wird. In diesem Roman sprechen fünf Stimmen vom Leben ohne Väter und Gatten: Nella Bach und Frau Brielach, ihre Söhne Martin und Heinrich, und der loyale Albrecht, der seinen besten Freund verloren hat, versuchen ungeachtet aller Verluste weiterzuleben. Für Nella, die einer gutsituierten Familie entstammt, und auch für die plebejische Frau Brielach, gehört die Begegnung mit dem Glück der Vergangenheit an, und beide versuchen, jede auf ihre Art, ihren Bürden zu entfliehen. Frau Brielach verbindet ihr Leben und das ihres Sohnes mit einer Reihe von »Onkeln«, die alle bei ihr leben, den Jungen streicheln oder schelten und eines Tages verschwinden, um dem nächsten »Onkel« Platz zu machen; Nella hat einige unbedeutende Affären, schwankt zwischen hektischem *Party-Going* und schamloser Apathie, sucht Erlösung in der »dritten Ebene« möglicher Erinnerungen und träumt davon, »das Leben zu leben, das nie gelebt worden war und nie würde zu leben sein«, denn die Zeit dafür ist schon vergangen.

Der Roman *Billard um halbzehn,* 1959, markiert einen wichtigen Wendepunkt in Bölls Entwicklung; es ist seine erste literarische Leistung von mehr als deutscher Relevanz. Böll arbeitet zwar mit Themen und formalen Strategien, die er bereits erprobt hat, aber er lernt, sich von seinen Charakteren produktiv zu distanzieren; der Zorn wird zum Klagelied. In *Billard um halbzehn* erzählt Böll von einem einzigen Tag (6. September 1958) im Leben der Kölner Architektenfamilie Fähmel; es ist ein »großer Tag«, denn jeder macht wichtige Entdeckungen, sich selbst und andere Mitglieder der Familie betreffend. Ein großer Tag und ein langer Tag; die Fähmels und ihre Freunde schweifen in ihren Erinnerungen weit in die Vergangenheit ihres Lebens, des Familienklans, der Stadt und des Landes zurück, und aus ihren Erinnerungen kristallisiert ein historischer Bericht über die Erfahrung der Deutschen. Die Geschichte einer deutschen Familie steht uns in einem entscheidenden Augenblick der Wandlung vor Augen.

Heinrich Fähmel kommt als ein armer junger Mann vom Land nach Köln, aber er kennt seine Zukunft vom ersten Tag in der Stadt an (6. September 1907) sehr genau. Zielbewußt entwickelt er ein Ritual interessanter Gewohnheiten, einschließlich des Wunsches, jeden Tag »Paprikakäse« zum Frühstück zu essen, gewinnt den Auftrag, das neue Kloster von Sankt Anton im Kissatal zu bauen, heiratet Johanna Kilb, wird so Mitglied einer Patrizierfamilie und genießt Wohlstand und Respekt. Sein Sohn, Robert Fähmel, kehrt in seinen Erinnerungen immer wieder zur Woche des 14. bis 21. Juli 1935 zurück: er beschützte damals seinen Freund Schrella beim Schlagballspiel (wie Günter Grass' Matern Eddie Amsel beschützte), schloß sich einer Gruppe junger Antifaschisten an, die sich verpflichteten, nicht »vom Sakrament des Büffels zu essen«, und mußte nach Holland fliehen. Später erlaubte man ihm unter gewissen Bedingungen (er muß der Wehrmacht als Sprengexperte dienen) die Heimkehr nach Deutschland; in den letzten Tagen des Krieges nimmt er seine Vergeltung und sprengt als Führer eines Sprengkommandos Sankt Anton, das Werk seines Vaters, in die Luft. Auch Roberts Sohn Joseph wird Architekt und arbeitet bei einer Firma, die das Kloster nach dem Kriege wieder aufbaut. Als er die Fundamente des Gebäudes untersucht, entdeckt er die Kreidezeichen seines Vaters, welche die Stellen markierten, an denen der Sprengstoff angesetzt werden sollte; entsetzt über seine Entdeckung beschließt er, seinen Arbeitsplatz in der Wiederaufbaufirma aufzugeben und noch einmal über seine Zukunft nachzudenken. Aber Joseph ist nicht der einzige, der Roberts Schuld an der Zerstörung des Gebäudes entdeckt; als der alte Heinrich und Robert den neuen Abt auf seiner Inspektionstour über das Wiederaufbaugebiet begleiten, erkennt Heinrich instinktiv aus Roberts Gesten, daß es sein eigener Sohn war, der seinen berühmtesten Bau zerstörte. Doch er ist nicht gekränkt: er hat gelernt, daß Menschen wichtiger sind als Mauersteine; und als am gleichen Abend sein achtzigster Geburtstag gefeiert und ihm ein großer Kuchen (in der Form des Klosters gebacken) präsentiert wird, schneidet er die Spitze es Kuchens ab und gibt sie Robert als ironisches Zeichen einer Versöhnung.

Robert Fähmel entwickelt seine eigene Strategie, die Geschichte zu bekämpfen; er zieht sich täglich in das *Hotel Prinz Heinrich* zurück, wo er mit dem Hotelboy Hugo Billard spielt, und entflieht so der Zeit. Im Billardspiel, das ihn so fasziniert wie die flackernden Lichter der Spielautomaten Fred Bogner in *Und sagte kein einziges Wort* und Albert in *Haus ohne Hüter,* sieht er ein mathematisch geordnetes Kunstwerk, das sich außerhalb der Zeit als autonomes Gesetzessystem offenbart; und während die Bälle zeitlos klicken, verliert sich seine Stimme »in den Zeiten«. Sein tägliches Billard- spiel schafft eine »geometrische Figur aus dem grünen Nichts ... Kometenbahnen, weiß über grün, rot über grün«, und er erlebt eine »Musik ohne Melodie, Malerei ohne Bild«. Sein Spiel panzert Robert gegen die Forderungen der Zeit: »Zeit war hier keine Grö- ße, an der irgend etwas ablesbar wurde – auf diesem rechteckigen grünen Löschpapier wurde sie ausgelöscht; vergebens schlugen die Uhren an, Zeiger bewegten sich vergebens«. Aber Roberts Flucht aus der Zeit findet ein Ende, als sein Freund Schrella aus dem Exil zurückkehrt und plötzlich an »die ständige Gegenwärtigkeit der Zeit« erinnert; mit seinem engsten Freund (dessen Schwester seine Frau war) konfrontiert, erkennt Robert, daß er der Zeit nicht zu entrinnen vermag und akzeptiert schließlich (wie sein Vater Hein- rich) das »Hier, Heute, Jetzt«.

Allerdings teilt der Erzähler Heinrich und Robert Fähmels Aversion gegen die historische Zeit und ordnet seine Welt nach einem unbeugsamen Muster, das Modifizierungen durch psycholo- gische oder historische Entwicklungen einigermaßen widersteht. Die Menschen sind entweder »Lämmer«, oder sie haben voll böser Absicht vom »Sakrament des Büffels gekostet«; sie sind machtlos und verfolgt oder üben unbarmherzig eine Gewalt aus, die sie seit Jahren innehaben (der Mai 1945 veränderte für sie nicht viel). Robert Fähmel, der Hirte, denkt immer wieder an seine »Läm- mer«: – da war Ferdi Progulske, der eine primitive Bombe gegen einen Nazi-Tyrannen warf (sie versengte ihm nur die Füße); Roberts Vetter Georg, der das Pulver für die selbstgemachten

Sprengkörper besorgte; Edith Schrella, die die Mutter seiner Kinder war; ihr Vater, der Ferdi unter dem Ladentisch zwischen den Bierfässern verbarg, als die Gestapo kam; Ediths Bruder Schrella, der nach England entkam, wo er Hölderlin las und Deutsch unterrichtete; der unbekannte Junge, der geheime Meldungen sandte; der Kellner Groll, der Geld nach Holland weitergab; und da ist das »Lämmchen« Marianne, Joseph Fähmels Verlobte, die im Mai 1945 von ihrer selbstmörderischen Nazimutter getötet worden wäre, hätten sie nicht einfache Leute gerettet; und Hugo, der Waisenjunge, dessen schüchternes Lächeln die Hilflosigkeit aller »Lämmer« verrät. Die meisten »Lämmer« wurden von den Machthabenden hingemordet oder kamen, wie Edith, in den zerbombten Städten ums Leben, aber diejenigen, die »vom Sakrament des Büffels gekostet haben« (einschließlich der Mönche von Sankt Anton, die Nazilieder sangen), sind erfolgreich und üben ohne Trauer oder Reue ihre Macht aus. Otto Fähmel, der seinem Bruder nachspionierte und seine Eltern verachtete, fiel zwar in Rußland, aber sein Freund Nettlinger, der einst Schrella und Robert mit Stacheldraht auspeitschte, wirkt als hoher Beamter in der Bundesregierung; Bernhard Wakiera, mit dem Spitznamen »Wackes«, Roberts ehemaliger Sportlehrer, war unter den Nazis Polizeichef der Stadt und ist auch in der Bundesrepublik ein bedeutender Mann der konservativen Politik. Es ist entscheidend, die wachsende Spannung zwischen der biologischen Familienordnung (fundamental für Bölls Vision) und der moralischen Teilung der Welt zu beobachten; in Bölls früheren Erzählungen befanden sich die Büffel noch außerhalb der Familie, in *Billard um halbzehn* aber sind sie in die Mitte des Familienkreises eingedrungen. In der letzten Schlacht muß die moralische Ordnung über das Naturgesetz siegen: Robert Fähmel adoptiert Hugo, seinen geistigen Sohn; der alte Heinrich Fähmel sieht in dem aus dem Exil zurückgekehrten Schrella seinen neuen Nachkommen, und eine geistige Gemeinschaft (in der Familienverwandtschaften weiterhin eine wichtige Rolle spielen) wird, wie in Lessings *Nathan dem Weisen,* durch persönliche Wahl konstituiert.

In seinen Romanen und Erzählungen der frühen sechziger Jahre gibt Heinrich Böll die oft erprobten Techniken seiner früheren Arbeiten nahezu auf und beginnt, seines Handwerks nun sicher, mit Formen und epischen Strategien zu experimentieren; sein *Clown* hält sich mit zitierten Gedanken und inneren Monologen noch eng an die früheren technischen Möglichkeiten, aber in *Ende einer Dienstfahrt* und *Entfernung von der Truppe* versucht sich Böll an Methoden, die er zuvor nie benutzt hat. Bölls Gedanken haben sich radikal verdüstert: in einer Zeit, da die mächtigen Ordnungen des Staates wieder das Leben des einzelnen bestimmen, ist alle spontane Menschlichkeit durch institutionellen Druck tödlich bedroht; und wer seine Integrität als menschliches Wesen bewahren will, muß sich mit seiner ganzen Kraft von den Organisationen fernhalten, welche die Massen geschäftig für ihre eigenen Interessen gebrauchen.

In *Ansichten eines Clowns* erzählt der 27jährige Hans Schnier von einem einsamen Märzabend in seiner verlassenen Wohnung und seinem Entschluß, der Gesellschaft als gitarrespielender Bettler auf den Stufen des Bonner Hauptbahnhofes entgegenzutreten. Hans hat einst aus Liebe zu Marie, der armen Tochter eines parteilosen Kommunisten, die Schule vorzeitig verlassen, und anstatt einen bürgerlichen Beruf zu ergreifen, ist er ein Clown geworden; fünf Jahre lang schon übt er seine Kunst, das Absurde der täglichen Erfahrung pantomimisch darzustellen, mit wechselndem Erfolg aus. Aber Marie, die ihn auf seinen ruhelosen Reisen begleitet, hat zwei Fehlgeburten und schließt sich einem Kreise fortschrittlicher Katholiken an, weil sie sich nach Seßhaftigkeit sehnt. Hans weigert sich, eine staatlich anerkannte Heiratszeremonie zu akzeptieren und ein Dokument zu unterschreiben, das die katholische Erziehung seiner zukünftigen Kinder garantiert; Marie verläßt ihn in geradezu »metaphysischem Schrecken« und heiratet Heribert Züpfner, einen prominenten Katholiken der westdeutschen Gesellschaftsordnung. Hans' Kampf um Marie ist hoffnungslos geworden; in vielen verzweifelten Telefonanrufen jagt er nach Informationen, erfährt aber, daß Marie seine täglichen Briefe gar nicht geöffnet hat und mit ihrem Gatten nach Rom abgereist ist. Hans Schniers prominenter und törichter Vater versucht vergeblich, seinen Sohn davon zu überzeugen, daß er sein Scheitern hinnehmen müsse; und als sein Bruder Leo (der im nahegelegenen Kloster Theologie studiert) sich weigert, Hans aus Gründen der bloßen Schuldisziplin zu sehen, malt Hans sein Gesicht weiß an, nimmt seine Gitarre, geht zum Hauptbahnhof, setzt sich auf die Stiegen, singt ein Lied über Papst Johannes und appelliert an das Mitleid der Reisenden. Eine erste

Münze fällt in seinen Hut, aber es besteht wenig Hoffnung, daß er
Maries Herz rühren wird, wenn sie mit dem Rom-Expreß zurückkehrt.

Obwohl Hans Schnier eine kleine Wohnung hoch oben im fünften Stock besitzt, ist er ein westdeutscher *underground*-Mensch, der
sich der Gesellschaft radikal entfremdet hat. Nachdem seine
Schwester in den letzten Tagen des Krieges getötet wurde und er
ihre Habseligkeiten auf einem selbstgemachten Scheiterhaufen verbrannte, hat er seinen eigenen Weg eingeschlagen; und da er die
Vergangenheit nicht so leicht wie die meisten seiner Landsleute
vergessen kann, verfolgt ihn der »Schrecken im Detail«, und er
fürchtet, von halbbetrunkenen Deutschen einer bestimmten Altersgruppe angesprochen zu werden, denn sie reden vom Krieg und
enthüllen sich als Mörder, wenn sie wirklich betrunken sind. Er
denkt an seinen Lehrer Brühl, der zwar kein Mitglied der Nationalsozialistischen Partei war und dennoch von der Notwendigkeit
redete, den heiligen deutschen Boden gegen die »jüdischen Yan-
kees« zu verteidigen (Brühl war es, der gnadenlose Bestrafung forderte, als Hans vor dem Standgericht der Hitlerjugend angeklagt
war); und er erinnert sich auch an den Amtsträger der Partei, der
ihn gegen die Anklagen der Jungfunktionäre verteidigte, und an
seine Mutter, die die Nationalsozialisten bis zum Ende treu unterstützte und neuerdings einem Ausschuß für rassische Aussöhnung
vorsteht und vor Frauenklubs in den Vereinigten Staaten häufig
Vorträge hält. Hans weigert sich, die Alternativen zu ergreifen, die
anderen offenstehen: für ihn gibt es nur vier wahre Katholiken
(Papst Johannes, Alec Guiness, das Mädchen Marie und den
Negerboxer Gregory); seine katholischen Freunde sind ihm zuwider, die teure Weine trinken, während sie die Probleme der Welt-
armut erörtern, und Maries Sehnsucht nach einem legalen Heim
gegen seine Loyalität ausspielen. Als er in Ulbrichts Deutschland
gastiert, bemerkt er rasch, daß die Funktionäre dort genauso in
ihren eigenen Vorurteilen befangen sind wie seine Freunde in Bonn
und daß sie über seinen Vorschlag, eine Pantomime mit dem Titel
»Der Parteitag wählt sein Präsidium« aufzuführen, erschrecken.
Marie war seine einzige Hoffnung in einer absurden Welt bedrän-
gender Gesetze und ungerechter Ordnung; und nachdem sie ihn
verlassen hat, kann er der Welt nur noch sein leidendes Ich entge-
genhalten.

In *Ende einer Dienstfahrt* maskiert Böll seine grimmige Folgerung wirkungsvoll durch Syntax und Idiom; wie Rudolf Walter Leonhardt meint, kollidieren Stoff und Ziel der Darbietung in explosiver Unverträglichkeit. Der Erzähler berichtet von einer Gerichtsverhandlung in einer kleinen rheinländischen Stadt; obwohl der Fall ungewöhnlich ist, wollen ihn die Autoritäten ohne Aufsehen erledigen und ernennen einen für seine Menschlichkeit bekannten Juristen (der schon für die Pensionierung vorgesehen ist) zum vorsitzenden Richter. Zwei aufrechte Zimmerleute mit künstlerischen Neigungen, der fünfzigjährige Johann Heinrich Georg Gruhl und sein Sohn Georg, sind einer überraschenden Gesetzesübertretung angeklagt: an einem heißen Julitag des Jahres 1965 haben sie in den Feldern nahe der Hauptstraße einen Jeep der deutschen Bundeswehr verbrannt und dazu im Rhythmus von *Ora pro nobis* ihre Pfeifen aufeinandergeschlagen; als man sie festnahm, bekannten sie in ihrem heimischen rheinischen Dialekt, daß sie ein kleines *happening* veranstalten wollten. Ein Professor von der Akademie der Künste bestätigt auch, daß das Verbrennen des Jeeps ein artistisches Ereignis war, weil die fünf Musen der Architektur, der Skulptur, des Tanzes, der Musik und der Literatur daran beteiligt waren; und da die Behörden den Fall nicht hinschleppen (die Verhandlung aber in einem einzigen Tag abgeschlossen sehen wollen), verurteilt der kluge Richter die Angeklagten zu Schadenersatz und sechs Wochen Haft. Er will ihre Kunst nicht durch mechanische Nachahmungen entwertet sehen; und überdies muß die Bundeswehr den Gruhls das Wrack des Jeeps, das Material ihrer Kunst, zurückerstatten. Entscheidend ist, daß der Erzähler selbst auf seiten der Autorität steht: er schreibt seinen Bericht in dem gemeißelt traditionellen Stil, der charakteristisch für die deutsche Novelle des späten neunzehnten Jahrhunderts war, sieht aber nicht, daß sein Stil gegen den Sinn der Erzählung arbeitet. Als Komplize der Autorität schafft er ein elegantes, traditionelles, syntaktisches Gewebe, aber darunter schlägt das Herz der beiden noblen Anarchisten, und der Jeep brennt als glühendes Symbol der produktiven Unordnung fort.

Man hat längst erkannt, daß Böll kein katholischer Schriftsteller im orthodoxen Sinn ist; seine Charaktere bewegen sich zwar in einer katholischen Welt, aber das Metaphysische und Transzendente ist ihre Sache nicht. Böll bildet eine epische Welt der Kathe-

dralen und Kirchen, Früh- und Spätmessen, Litaneien und Rosen-
kränze, Nonnen und Äbte, nicht aber ein Universum mystisch
quälender Geheimnisse. Er sympathisiert mit dem Zorn eines armen Pfarrers, dem die mechanische Art mißfällt, in der kirchliche
Würdenträger auf Reisen ihre tägliche Messe halten, aber Fragen
nach Gnade, Ewigkeit und Erlösung quälen ihn nicht. Sein Katholizismus, wie seine Topographie Kölns, ruht auf Versatzstücken,
welche nur die Lebensart, die ihm am nächsten ist, indizieren; und
nur in einem seltenen Augenblick fühlt Käte Bogner in der Kirche
den überirdischen Frieden, den die Gegenwart Gottes ausstrahlt. Es
ist Bölls offenes Geheimnis, daß er sich mehr um die irdischen
Konsequenzen als um die transzendentalen Prämissen der Religion
sorgt; er beobachtet, was die Menschen (die Katholiken sind) einander antun, und überläßt die theologischen Feinheiten den ge-
lehrten Theologen und den kirchlichen Würdenträgern, die er nicht
sonderlich liebt. Für ihn stellt die Religion eine wesentlich anthro-
pologische Frage dar, und er unterstützt deshalb in seinen späten
Arbeiten eine aufgeklärte Haltung, welche von den Institutionen
aller historischen Religionen seit jeher mit Acht und Bann belegt
wird; in *Ende einer Dienstfahrt* verkündet der geistliche Herr in der
Nachfolge Lessings, die Frage nach der Sittlichkeit des Menschen
sei nicht identisch mit seinem Katholizismus oder seiner Religiosität. Vielleicht ist der Moralist Böll weniger religiös im strengen
Sinne des Wortes als der »Unmoralist« Grass, dessen hochstilisierte
Blasphemien das ständige Zwiegespräch mit den herausfordernden
Geheimnissen Christi, der Erlösung und der Gnade voraussetzen.

In Bölls Universum leben, wie bei Charles Dickens, gute und
böse Menschen in instinktivem Christen- oder Heidentum: die guten Menschen haben mitleidige Herzen und weinen leicht, die Bösen haben Herzen aus Stein und Augen, die trocken bleiben. Die
Guten teilen und geben immer, die Bösen aber behalten alles für
sich oder rauben es den anderen; in der politischen Sphäre werden
die Guten zu »Lämmern«, die unter dem Zwange der Mächtigen
leiden, und die Bösen zu »Büffeln«, die ihre Macht unbarmherzig
ausüben. Bölls Welt hat deutlich puritanische und kleinbürgerliche
Züge. Gute »Lämmer« sind introvertiert, lieben eine festgefügte
kommunale Lebensart (wie die der frühen Christen vor Konstantin
oder die der Kommunisten vor Stalin) und sind einer Art hausge-
machter Moralität, nicht aber materiellen Dingen ergeben. Die

schlechten »Büffel« sind robust und selbstsicher, lieben exotische Zigarren, maßgeschneiderte Anzüge und ihren Gin Fizz, den sie am späten Nachmittag auf den Terrassen ihrer Villen trinken. Wie Uwe Johnson mag auch Böll die Intellektuellen nicht, die zuviel reden und hinter ihren gewandten Sätzen ihr geheimes Einverständnis mit den Machthabenden verbergen; der Snob wieder verletzt seinen Sinn für das Plebejische, Einfache (er sieht nicht, daß Snobismus eine Form des ästhetischen Protests gegen die uniformen »Büffel« sein könnte). Bölls moralische Dichotomie hat ihre symbolischen Beziehungen zu Essen und Trinken, und an seinem kulinarischen Tugendsystem ist sogleich zu erkennen, ob jemand zu den Guten oder den Schlechten gehört. Im Gegensatz zu Dickens und Gogol, die reichhaltige und kräftige Festessen liebten, zieht Böll das Simple vor und überantwortet die sich biegenden Tische den »Büffeln«. Bölls gute Menschen trinken Wasser, Schnaps, Bier und unzählige Tassen Kaffee; Schlechte (einschließlich vieler Intellektueller) nippen an französischen Weinen mit komplizierten Namen. »Lämmer« geben sich mit Butterbrot und Wurst zufrieden, »Büffel« wählen raffinierte Menüs und haben beklagenswert angenehme Stunden mit Schildkrötensuppe und *entrecôte à deux*.

In Bölls Erzählwerken dominieren zwei symbolische Charaktere im Mittelpunkt der Welt: die gute Frau von Köln, welche die Hungrigen nährt, und der ruhelose und von Kriegserinnerungen bedrängte Mann, der das Brot (oder die Tasse Kaffee) in seine Hände nimmt. Immer wieder stellen mütterliche Gestalten Essen für die Bettler oder Wanderer bereit, die an die Tür klopfen, Nonnen verteilen Suppe oder Pudding, und Fabrikmädchen teilen ihr mageres Frühstück mit hungrigen Jungen; in der Geschichte von Fred und Kate Bogner (*Und sagte kein einziges Wort*) konfrontiert Böll scharf das öde Haus der kirchlichen Autoritäten, ein Ort der Langeweile und des Klatsches, mit einem kleinen Speiselokal, in dem ein lächelndes und hübsches junges Mädchen Kaffee und einfachen Kuchen anbietet und nicht einmal im Traum daran dächte, von notleidenden Gästen Geld zu nehmen. In seiner autobiographischen Erzählung *Als der Krieg zu Ende war,* 1962, berichtet Böll über seinen Weg aus der Gefangenschaft nach Hause und gedenkt einer einfachen Frau, die plötzlich in der Nähe eines kleinen Bahnhofs auftauchte und ihm ein Stück Brot in die hungrigen Hände drückte. Es ist ein archetypisches Bild, das durch seine ganze

Welt fortstrahlt.

In *Gruppenbild mit Dame,* 1971, stellt Heinrich Böll allen Ernstes seine Frage nach dem Heiligen in dieser Welt und findet seine
Inkarnation, alltäglich, altmodisch, ja ein wenig schlampig (wenn
man gewissen Zeugen glauben will) und allem Kirchlichen fremd
in der guten Kölnerin Leni Gruyten, Jahrgang 1922 – in Leni,
»einer ungeheuer sinnlichen Person«, die gerne ißt (vor allem fri-
sche Frühstücksbrötchen), tanzt (und wenn nicht anders allein in
ihrem schäbigen Bademantel, aber auch ohne ihn, vor dem Spiegel),
ihre »exkrementale Unterworfenheit« nicht ignoriert, zeitlebens an
der liebenden Hingabe die reinste Freude hat, den Menschen Gutes
tut (und wär's ein sowjetischer Kriegsgefangener oder ein türki-
scher Gastarbeiter), und sich wortlos und instinktiv, wie einst die
Lämmer der Macht, »jeglicher Erscheinungsform des Profitdenken
verweigert«; kein Wunder, daß sie die Leistungsmenschen anklag-
gen, aus ihrer Wohnung eine gefährliche Höhle des »Kommunalis-
mus, der utopischen Idylle, und des Paradiesismus gemacht zu haben«. Bölls Erzähler setzt sich zur Aufgabe, Lenis Leben unvor-
eingenommen zu erforschen und sammelt Aussagen und Informationen ihrer Verwandten, Widersacher und Freunde. Die Lebendigkeit dieser modernen Kölner Legende liegt eben in der Freiheit,
die der Erzähler den Zeugen gibt: sie alle, ob der alte Gärtner wie
Gruntsch, Profit-Abenteurer wie Walterchen Pelzig oder alte
KP-Genossinnen wie die sehnige Ilse Cremer, sprechen ihre eigene
Sprache; der Erzähler selbst kommentiert höchst selten und läßt es
sich lieber angelegen sein, das Persönliche ihrer Informationen
durch den Einschub historisch-politischer Texte (Speer über
Fremdarbeiter) oder »Dokumente« (z.B. das Gutachten eines Ju-
gendberaters über Lenis Sohn Boris, der seine private Wiedergut-
machung gegen ihre kapitalistischen Widersacher inszeniert) wie
schweigend zu akzentuieren; ganz im Gegensatz zu Bölls einstiger
Sentimentalität oder gespannten Bitterkeit, ist dieser Erzähler bereit, auch im Ernste seine selbstironischen und literarischen Spiele
zu treiben. *Locker* wäre das richtige Wort – aber auch er kann sich
den Verstrickungen seiner Nachforschungen nicht entziehen,
schließt sich dem Leni-Hilfs-Ausschuß an, das die gute Kölnerin
vor der Exmittierung bewahren will (das gelingt durch die Blockie-
rung ihrer Straße durch die portugiesischen und türkischen Männer
der städtischen Müllabfuhr, die anstelle des deutschen Proletariats

treten) und schließt seinen Bericht mit einer kleinen privaten Coda, in der er uns von seinem neuen Liebesglück mit der einstigen Ordensschwester Klementine, in der Nähe Lenis, erzählt (die selbst wieder mit dem Kinde des türkischen Gastarbeiters Mehmet schwanger geht). Heiligkeit in Konflikten und Kontrastgestalten: Leni Gruyten hatte ihre große und merkwürdige Lehrerin in der Nonne Rahel, die im Konvente Haruspica hieß, denn es zählte zu ihren, der Flurschwester, Aufgaben, »die Produkte der jugendlichen Verdauung in fester und flüssiger Form zu begutachten« (das tut Rahel mit wissenschaftlichem Interesse, denn sie hat sich der Skatologie und Mystik verschrieben und weiß das Wesen der Menschen selbst aus seinem Kote zu deuten). Der Erzähler fühlt mit der Passion Rahels (sie ist jüdischer Herkunft und »verhungert, verkümmert«, im Kloster, in dem man sie verbirgt), dennoch: die Ärztin, Intellektuelle, Psychologin, Mystikerin ist eher von Elisabeth Langgässers als von Bölls Welt. Rahel wird im Klostergarten verscharrt (aus ihrem Grabe blühen Rosen und eine heilende Quelle entspringt dort), und Leni, ihre Schülerin, lebt durch Kriegs- und Friedensjahre fort: ihre Stunde der Erprobung naht, als der sowjetische Kriegsgefangene Boris in der Gärtnerei auftaucht, in der sie Zuflucht gefunden hat, und sie »Boris wieder zum Menschen« macht. Ihre Mystik entbehrt des Transzendentalen: sie reicht ihm in der morgendlichen Arbeitspause eine Tasse Kaffee, und als ein Nazi Boris die Tasse aus der Hand schlägt, reinigt sie die Schale und reicht sie ihm noch einmal. Es ist die Stunde ihrer Heiligkeit, die »Stunde der Tasse Kaffee«: »Sie wissen doch« (so beschreibt ihr ehemaliger Chef die Szene noch nach Jahren), »daß man so eine Tasse rasch mal ausspülen kann, meinetwegen auch gründlich, aber sie spülte sie, als wär's ein heiliger Kelch – dann tat sie, was vollkommen überflüssig war – trocknete die Tasse auch noch sorgfältig mit einem sauberen Taschentuch ab, ging zu ihrer Kaffeekanne, schüttete die zweite Tasse, die drin war... ein und bringt sie seelenruhig dem Russen.« Bölls Engagement ist weniger politisch als er uns glauben machen will. Seine guten Menschen neigen dazu, sich in ihren eigenen Katakomben zu verbergen, denn sie fürchten den Kontakt mit der bösen Welt und fühlen sich dennoch zuzeiten versucht, auf ihre eigene improvisierte Weise zurückzuschlagen. Böll liebt ihre »edle Hilflosigkeit« und sympathisiert mit ihren Angriffen gegen die Gewalt, wenn sie eine selbstgemachte Bombe

legen oder einen Jeep verbrennen; und in seiner unhistorischen
Hartnäckigkeit scheint ihn die Frage wenig zu beschäftigen, ob man
das Dritte Reich ohne weiteres mit der Bundesrepublik identifizieren darf. Er ist ein Gefangener seines ambivalenten Gedankens von
der politisch aktiven Untätigkeit: er stellt seine Reinen in eine besondere Gemeinschaft, bekräftigt so die problematische deutsche
Tradition von »Geist« gegen »Macht« und weiß doch, daß eine tatenlose geistige Innerlichkeit Gefahren eigener Art besitzt. Er versucht, diesem Zwiespalt zu entgehen, indem er gelegentlich ein
happening (launig, aber ohne Konsequenzen) in Szene setzt oder
eine schießfreudige Großmutter einführt, die einen schlecht geziel-
ten Schuß auf einen paradierenden Bonner Funktionär abgibt (antifaschistischer Kitsch, den Georg Lukács sehr bewundert); überraschend, wie rasch die absolute Reinheit der »Lämmer« in absoluten
Terror umzuschlagen vermag, und nicht nur in der Literatur. Ärgerlich, daß Bölls gute Menschen deutsche Kleinbürger sind, die
mit dem Alltagsgeschäft der Politik nichts zu haben wollen, allein
in dumpfen Extremen denken oder von einem absoluten Idyll
träumen und sich weigern, ihre Hände mit der störrischen Relativi-
tät zu beschmutzen. Innerhalb und außerhalb seines Heimatlandes
zählte Heinrich Böll lange zu den populärsten der neuen Schriftsteller, aber ich frage mich, ob seine Popularität nicht eher auf seinen sentimentalen frühen Arbeiten beruht als auf der energischen
Kunst seiner späteren Prosa. Er zählte zu den ersten, die in einem
moralisch und materiell verwüsteten Deutschland öffentlich nach
einer menschlichen Sprache suchten; nach der Niederlage der Nazis
mußte er, ohne Hilfe und weit unter dem artistischen Niveau der
sozial engagierten Literatur der deutschen zwanziger Jahre, von
neuem beginnen. In den späten vierziger und fünfziger Jahren entwickelte sich Bölls Kunst stetig fort (damals schrieb er seine Kurzgeschichten), aber erst mit *Billard um halbzehn* verfeinerte er die
kraftvolleren Tugenden seiner Begabung, die in *Gruppenbild mit
Dame* ein Meisterstück handwerklicher Sicherheit und humaner
Einsicht bildete. Es ist eine ganz andere Frage, ob sein moralisches
Engagement für das Absolute nicht eigentlich einen fundamentalen
Ekel an der unausweichlichen Politik der kleinen, täglichen, pragmatischen Schritte verbirgt. Ihm gilt im Grunde wieder einmal alles
oder nichts, und die tägliche Realpolitik, in die ihn die Welt, die
Media und der PEN-Club drängen, ist, glaub' ich, seine Sache nicht.

5. MARTIN WALSER

Martin Walser (geb. 1927) war lange geneigt, sich als der biedere Sohn eines alemannischen Gastwirtes an den idyllischen Ufern des Bodensees zu stilisieren und seine philologisch-kritische Intelligenz mit einiger Absicht unter den Scheffel zu stellen. Nach seiner Rückkehr aus dem Kriege studierte Walser Philosophie, Geschichte und deutsche Literatur, arbeitete aber zugleich als Reporter und Redakteur beim Süddeutschen Rundfunk; er selbst sagte, er zähle zu jener »schlecht angezogenen Generation, die sich nicht lange in Schulen und Universitäten aufhielt, weil sie Geld verdienen mußte«. Er sammelte Erfahrungen bei den Massenmedien, publizierte seine erste Prosa, und kehrte im Jahre 1957 in seine Heimat zurück, wo er heute (nicht weit von seinem Geburtsort Friedrichshafen) in Nußdorf am Ufer des Bodensees auf eigenem Grund und Boden lebt. Die Kritik hat es sich seit jeher angelegen sein lassen, seine soziale Kritik mit einiger Ausschließlichkeit zu rühmen, aber vielleicht ist es ebenso entscheidend, die Tugenden seines zivilisierten und verletzlichen Intellektes zu beobachten, der sich ohne Ruhe auf der Suche nach ädaquanten literarischen Taktiken und Formen befindet. Walsers neuere politische Einsichten und Polemiken, die ihn seit 1965 immer energischer ins Lager der Außerparlamentarischen Opposition führen, haben seine inneren Konflikte, als Schriftsteller und Zeitgenosse, nur noch gesteigert.

Martin Walsers Anfänge gehen auf Kafka zurück. Als Student schrieb er eine hervorragende Dissertation über Kafkas erzählerische Verfahrensweisen (1961), und seine frühe Prosa lebte unter der Last des Kafkaschen Schreckens. Seine erste Kurzgeschichtensammlung *Ein Flugzeug über dem Haus,* 1955, verbindet Kafka-Grundsituationen (ein einzelner wird plötzlich und auf unerklärliche Weise mit unbegreiflichen Ereignissen konfrontiert) mit persönlicheren Motiven und Interessen: das Flugzeug, das über das Haus donnert, symbolisiert eine düster schicksalhafte Wende der Dinge, aber Walser zeigt zugleich ein sachliches Interesse an den psychologischen Fragen der modernen Ehe und schreibt lächelnd sozialkritische Parabeln mit bitteren Pointen. Die Erzählung *Der Umzug* charakterisiert Walsers Übergangszeit von Kafka zur sozialen Thematik. Ein gutmütiger Mechaniker und seine Frau Gerda (sie stammt wie alle Frauen von Walsers eigentlich plebejischen

Helden aus einer Familie des gehobenen Mittelstandes) leben in
einer proletarischen Umgebung, ziehen aber in ein besseres Viertel
um, als sie durch eine unerwartete Erbschaft zu Geld kommen. An
dem neuen Ort aber scheinen die Nachbarn von einer seltsamen
Krankheit befallen; sie sitzen starr auf ihren Balkonen oder bewegen sich nur langsam und vorsichtig. Kein Vogel zwitschert in
ihren sterilen Gärten, und ihre großen schwarzen Wagen rollen
lautlos aus den Garagen. Als der freundliche Mechaniker bemerkt,
daß selbst seine Frau immer mehr dieser Krankheit anheimfällt,
flieht er in seine alte Nachbarschaft zurück, wo die Leute zwar
hagere Gesichter haben, aber ihre tägliche Arbeit mit flinken, vitalen Bewegungen tun. Man ist fast an Rex Warners und William
Sansoms Versuche der späten dreißiger und frühen vierziger Jahre
erinnert, die Möglichkeiten der sozialen Erzählung durch die neue
Kenntnis der Parabeln Kafkas zu erweitern.

In seinem ersten Roman *Ehen in Philippsburg,* 1957, feilt Walser nervös an seiner Erzähltechnik. Er will die ganze Welt der
neuen *upper middle class* in den Griff bekommen, glaubt aber nicht
mehr an die olympische Haltung des allwissenden Erzählers des
neunzehnten Jahrhunderts und wählt lieber einige Stränge des
sozialen Gewebes und konzentriert sich auf die Erfahrungen von
vier Männern, die in der Stadt Philippsburg in Süddeutschland
(Stuttgart etwa) leben und an den Riten der örtlichen Cocktail-Kreise,
dem Partnertausch der »*in*«-Gruppen und an der aufgeregten Jagd
nach politischem Erfolg teilnehmen. In dieser falschen, die Materie
vergötternden Gesellschaft scheitert alles wesentliche Leben, und
wer seine Integrität und seine Individualität bewahren will, geht
zugrunde. Hans Beumann (wie Balzacs Eugène de Rastignac), der
mit großen Hoffnungen in die Stadt kommt, opfert seinen jugendlichen Enthusiasmus rasch und lebt als Redakteur von den Zuwen-
dungen eines Industriellen, dessen Tochter Anna er heiraten soll;
der Rechtsanwalt Alwin, der sich seiner Affären mit Verkäuferin-
nen rühmt, blickt in den Rückspiegel seines Autos, »um Kontakt
mit Cécile zu suchen«, fährt im gleichen Augenblick einen Radfah-
rer an und tötet ihn; und Dr. Benraths Frau Birga begeht Selbstmord, weil sie die fortgesetzte Affäre ihres Mannes mit Cécile nicht
länger zu ertragen vermag; nachdem Birgas Tod entdeckt wird,
stehen sich Dr. Benrath und Cécile gegenüber, zwei Menschen »in
einer heruntergekommenen Wohnung«, und der Mann verläßt seine

Geliebte, weil sie und seine Frau in der Dialektik seiner Begierde
unlösbar zusammengekettet sind. Walser schwächt die Überzeugungskraft seiner nüchternen Erzählung noch gelegentlich durch
soziale Melodramatik (Annas Abtreibung, Alwins Verantwortung
für den Tod des Radfahrers und Birgas Selbstmord werden von
dem neuen Direktor des Philippsburger Rundfunks bei seiner Ankündigung, daß seine Programme zur Förderung eines harmonischen Familienlebens bestimmt seien, mittelbar kommentiert); und
er kann es sich nicht ersparen, Hans Beumann mit einem metaphysischen Antagonisten, dem Schriftsteller Klaff, zu konfrontieren. Klaff kämpft weiter für seine Integrität, verliert seine gesellschaftlich konforme Frau und seinen Portierposten und begeht
schließlich Selbstmord, um seinen unbeugsamen Widerstand gegen
die Mechanismen der Gesinnungslosigkeit zu demonstrieren. Dr.
Benrath, der Liebhaber Céciles, ist Walser als ein moderner Charakter eher gelungen als der rührselige *undergroundman* Klaff, der
seine unveröffentlichten Manuskripte, die an Kafkas Tagebücher
erinnern, dem in der Kommunikationsindustrie rasch aufsteigenden
Hans Beumann hinterläßt. Aber die Gefahren des sozialen Melodramas sind durch Walsers technische Fortschritte gebändigt; er
antizipiert seine größeren Romane der sechziger Jahre, artikuliert
soziale Verhältnisse in einem komplexen Netz innerer Monologe
und läßt drei Gestalten (Beumann, Dr. Benrath und Alwin) ihre
Situation in ihren eigenen Worten artikulieren, während Klaff
durch seine Manuskripte spricht. Der unpersönliche Erzähler, der
Bewußtsein »übersetzt«, darf sich politischer Erzählinterventionen
begeben.

In seinen Romanen der sechziger Jahre kontrolliert Walser seine
epischen Ambitionen (die jetzt die Totalität der ganzen sozialen
Welt umfassen) und arbeitet mit einer ruhelos sich verändernden
Sensibilität, um Menschen und Ereignisse einzufangen. Seine Romane *Halbzeit,* 1960, und *Das Einhorn,* 1966, sind aus den ausschweifenden Bekenntnissen, Offenbarungen und ungeordneten
Gedanken seines Antihelden Anselm Kristlein gebildet, und wir
hören alle Einzelheiten über seine pikareske Karriere als Geschäftsreisender, Werbeexperte in den sich rasch ausbreitenden
westdeutschen Massenmedien und später als ein mehr oder weniger
erfolgreicher Schriftsteller zweiten oder dritten Ranges auf modischen Partys und Podiumsgesprächen.

Halbzeit und *Das Einhorn* sind zwar im Ton verschieden und doch durch ein sich wiederholendes Ereignisschema eng miteinander verwandt. Der frühere Band zeigt Kristleins Versuch (er hat als Philosophiestudent die Tochter eines Professors geheiratet), seinen Platz im Verkaufs- und Werbedschungel zu finden und mit dem Gerede seiner Geschäftskollegen und dem Jargon der *Madison Avenue* zu wetteifern; in dem späteren Band ist er von Stuttgart nach München gezogen, operiert auf der höheren Ebene der Verkaufskampagnen und Verleger-Vorschußverträge und formuliert seine Bekenntnisse in einer mehr literarischen Sprache, die durchsetzt ist von Anspielungen auf James Joyce und parodistischen Sprachelementen. Seine Sprache mag sich verändert haben, nicht aber seine gnadenlose Sehnsucht nach absoluter Lebenserfüllungen: der Vertreter hat instinktiv die ihn treibende Kraft gespürt, und der Schriftsteller Kristlein führt eine beredte Chronik seiner schicksalhaften Wallfahrt nach dem Glück und zweifelt nicht daran, daß sich sein Leben eigentlich in einem leidenschaftlichen Drängen nach Liebe, Kindheit und Tod erschöpft. Der wiederkehrende Rhythmus der Ereignisse hält das erzählerische Übermaß in Schach: nach vielen Abenteuern und Mißgeschicken mit Schauspielerinnen, Sekretärinnen, Friseusen, Lehrerinnen und Dorfmädchen lernt Anselm unerwartet ein »exotisches« Mädchen von überwältigendem Zauber kennen, kehrt aber als ein kranker und müder Mann in sein Ehebett und zu seiner Frau, der *magna mater,* zurück. In *Halbzeit* erinnert Susanne an ihre jüdische, im Exil lebende Familie; in *Einhorn* kommt das Mädchen Orli aus dem fernen Paramaribo und hat eine jüdische Mutter und einen holländischen Vater. Auf einem Campingplatz verhext Orli Kristlein, den Kreislaufstörungen, ein Sonnenstich und ein akuter Fall von Priapismus zu plagen beginnen, und zwingt ihn, die Suche nach seiner geographischen und psychologischen Kindheit fortzusetzen. Aber nachdem Orli ihn plötzlich und unerwartet verlassen hat, kehrt er wieder zu seiner wartenden Familie zurück, und da seine Lebenskräfte zu schwinden scheinen, mischt er in seinen Fieberträumen den Namen seiner Frau Birga und den des exotischen Mädchens zu »Birli« und »Orga« – fatale Wortspiele, die sein zielloses Umherschweifen zwischen Ruhe und Verlangen, Seßhaftigkeit und endlosem Fernweh sehr genau bezeichnen.

Im Gegensatz zu vielen seiner Zeitgenossen weiß Walser genau

Bescheid über die seismographischen Veränderungen in Westdeutschland nach den Wirren des Krieges, der Währungsreform und der raschen Entwicklung einer offenen Industriegesellschaft. Er kann seine »populistischen« Sympathien für müde Kellnerinnen und intelligente Lkw-Fahrer nicht ganz verheimlichen und erforscht die Zusammenhänge zwischen Reklame- und Alltagssprache, die Verkaufstechniken der reisenden Vertreter und das Überleben der Nazis in den großen Firmen sachlich und kühl. In *Halbzeit* besticht die ausgezeichnete Szene von einem Managertreffen der Frantzke AG: ein ehemaliger Funktionär in Hitlers Sicherheitsdienst organisiert eine Verkaufskampagne und bedient sich dabei der militanten Sprache und der administrativen Techniken der Nazivergangenheit; und ein trauriger Beobachter (Nonkonformist, weil homosexuell) bemerkt, frühere Nazis seien immer äußerst tüchtig, weil sie keinen Unterschied darin sehen, ob sie ungarische Juden liquidieren, Klöster in Verruf bringen oder eine Absatzsteigerung von Hühnerfleischkonserven planen.

In dieser Welt der Manager trägt ein Vertreter (als ob er wirklich ein Christlein wäre) die Kreuzeslast der ganzen Menschheit auf seinen zerbrechlichen Schultern; und Walser selbst weist darauf hin, daß ihm in der emblematischen Gestalt des reisenden Vertreters die Paradoxa der modernen Wirtschaft mit der unsicheren Funktion des Schriftstellers verbunden sind. Anselm fühlt die ganze Verzweiflung des Überflüssigseins (Vertreter sind austauschbar) und wagt doch zu hoffen, daß die Gesellschaft auf ihn, den Verkäufer von weitgehend unerwünschten Gütern, angewiesen ist, weil nur der Absatz dieser Güter die industrielle Produktion in Gang zu halten vermag. Als Kristlein zum Schriftsteller avanciert, hält er es weiterhin für seine Pflicht, Wortprodukte an Verbraucher abzusetzen, ob sie nun kaufen wollen oder nicht, und hofft noch insgeheim, daß die intellektuelle Ware des Schriftstellers auf irgendeine Weise für die unterirdische Wirtschaft des Geistes notwendig bleibt.

Doch diese soziologischen Fragen bilden nur einen Bruchteil von Walsers fundamentalem Interesse an der Wirklichkeit und Kunst und seiner immer erneuten Frage nach der Funktion und dem Wert der Literatur. Weder *Halbzeit* noch *Das Einhorn* haben Handlung oder Charaktere im konventionellen Sinn: Kristleins Bewußtsein dominiert, ein unersättlicher und unbarmherziger Strudel, der Fragmente von Eindrücken, Erfahrungen und Gefühlen aufsaugt und

wieder ausströmt. Walser selbst meint zu seiner Verteidigung, daß
er gar keinen Roman schreiben wollte: ihm geht es eher um eine
Akkumulation aller Dinge, die ein Autor im gegebenen Augenblick
artikulieren kann, ob es nun Geschichten oder Reflexionen, Be-
schreibungen oder Wortfetzen sind. Es ist sein Problem, daß er wie
der traditionelle Romancier des neunzehnten Jahrhunderts von der
Totalität der Welt erzählen will, sich aber nicht überwinden kann,
Balzac nachzueifern (obwohl er mit wiederkehrenden Charakteren
arbeitet); er mißtraut allen Schriftstellern, die vorgeben, die un-
durchdringbare Wirklichkeit in allen Strukturen zu kennen. Der
Schriftsteller darf nur mehr sich selbst vertrauen oder aber einem
Charakter, der ihm so nahesteht wie der reisende Geschäftsmann
dem Schriftsteller; er darf heute nicht mehr vorgeben, ein epischer
Gesetzesgeber zu sein, der mit unbestrittener Autorität Dinge interpretiert, die er nur von außen zu sehen vermag. Seine Aufgabe
ist es, Details und nichts als Details zu sammeln und dann zu
hoffen, daß sein Splitterhaufen Bedeutung erhält; er selbst darf
nicht interpretieren. Als Rechtfertigung für seine Erzählmethode
der sammelnden Behutsamkeit bietet Walser keine abstrakten
Gründe an, sondern spricht von der jüngsten deutschen Geschichte,
die er für seine radikale Skepsis verantwortlich macht; die Nazi-
jahre verwandelten den Charakter eines jeden, auch des einfach-
sten Menschen, in ein Dickicht. Nach diesen Jahren dürfen wir
nicht mehr auf vorbestimmte Charaktere zählen (die Thomas Mann
mit redenden Namen oder wiederkehrenden Leitmotiven charakterisieren würde), und es ist nicht mehr möglich, die Natur eines
Menschen an der Art seines Hauses oder der Anlage seines Gartens
zu erkennen. Heute müßte Gogols Tschitschikow das elektrische
Leitungssystem eines Hauses kennen, um zu wissen, wo seine toten
Seelen zu finden sind.

Walser verläßt sich ausschließlich auf das sich entfaltende Bewußtsein des einen Charakters, den er so gut wie sich selbst kennt,
und betont doch, jeden erzählerischen Solipsismus meiden zu wollen. Er präsentiert den traditionellen einsamen Helden nicht mehr
»durch eine Oberhaut zusammengehalten«, sondern meint, daß
Anselm Kristlein viele Existenzen besitze und sich mit Recht als ein
»Fürwörterparlament« bezeichne: die erste Person stellt den ver-
heirateten und eifrigen Geschäftsmann dar, die zweite unterwirft
sich leichtgläubig und sklavisch den sexuellen Begierden des Ein-

horns, und die dritte examiniert unterdessen die beiden und möglicherweise noch die anderen Individualitätsfunktionen, die Anselms Ego entsteigen. Gegenwärtige Erfahrung und das Wort des Augenblicks (an dessen Macht Walser glühend glaubt) sind eng verwandt, aber zwischen *vergangenem* Leben und *gegenwärtiger* Sprache klafft ein gewaltiger Abgrund; und Anselms wiederkehrende Elegie über die Vergangenheit der Dinge verrät, daß der überfließende Reichtum seiner Sprache nur einen verzweifelten Versuch darstellt, das Unmögliche zu sagen und das Vergangene zum *Jetzt* zu machen. Aber das Fleisch hat nicht die Gabe der Erinnerung, und der unglückliche Kristlein, der so sehr im Fleisch lebt, hat allen Grund, über die fundamentalen Unterschiede zwischen den beiden Systemen der Erinnerung und der Sprache zu klagen; und Walser, sein freundlicher Übersetzer, weiß, warum ihm so viel am paradigmatischen Bericht über die Suche nach Orli liegt: »Wenn mir an Orli der Nachweis gelänge, daß man Vergangenes wieder heranimieren kann durch feuchte, schlüpfrige oder wüstenhaft trockene, eremitische Wörter – aber ein materielles Mädchen hat man doch nicht schon dadurch, daß man von ihr spricht, singt, stöhnt.« Aber genau das versucht er in endlosen Prosaeruptionen immer wieder und hofft, daß es in seiner Macht stände, Vergangenes wieder zum Leben zu erwecken, sobald er nur das richtige Wort fände; und während Kristlein scheitert, es noch einmal versucht und wieder scheitert, entdeckt er den vielfältigen Reichtum der deutschen Sprache und vieler anderer Idiome. Manche Seiten plappern und rattern, aber andere, einschließlich eines Coitusmonologs im Berner Dialekt (dem puritanischsten der Idiome), oder die letzte Beschwörung Orlis, in welcher Kristlein seine äußerste Leidenschaft mit der magischen Macht der Liebesworte aller Jahrhunderte verbindet, haben in ihrer raffinierten philologischen Intelligenz kein Äquivalent in der neuen deutschen Literatur.

Martin Walser spricht nicht oft über seine Arbeit, aber in seinen *Erfahrungen und Lesererfahrungen,* 1965, ist ein Essay über Proust zu finden, der den Schlüssel für Walsers Prosa der sechziger Jahre enthält. Gewöhnliche Menschen, sagt Walser, leben ein enges, funktionales Leben, aber der große Schriftsteller hat eine Chance, »alles« zu fassen, den Menschen in seiner ganzen Verantwortlichkeit zu zeigen, »die Möglichkeiten seines Bewußtseins zu erschöpfen« und die menschliche Natur von der Funktionalität, der Ge-

wohnheiten und der kleinlichen Selbstsucht zu befreien. Kristleins
Suche nach der gegenwärtigen Vergangenheit mag zum Scheitern
verdammt sein, gerade aber sein Scheitern trägt in seiner Besessenheit mit dem Detail dazu bei, unser Bewußtsein von den Fesseln des
speziellen Ziels und dem partikulären Zweck zu lösen. Die Mitte
der sechziger Jahre konstituiert aber eine Wende in den Gedanken
und in den Arbeiten Walsers; und zu den Zweifeln an der Da-
seinsberechtigung des Literarischen in einer inhumanen Welt tritt,
wie seine in *Heimatkunde,* 1968, publizierten politischen Erwägun-
gen bezeugen, die radikale Enttäuschung an der Sozialdemokratie
und am »trauten Amerikabild von 1955«, das der Krieg in Vietnam
zerstört hat. In seinen Prosaaufzeichnungen *Fiction,* 1970, polemisiert Walser praktisch gegen eine traditionelle »Abbildung der Welt
als geordnete Geschichte«, indem er seine chaotisch bewegten Be-
wußtseinsinhalte unmittelbar als »absolutes Weltverhältnis des
Gehirns« ausspricht (von den Bewußtseinsinhalten Anselm Kristleins trennen den Autor nur die skeptischen Bemerkungen über die
SPD); politisch sucht er sich zu gleicher Zeit von seinem alten
Solipsismus zu lösen, verlangt nach Erlösung im Bündnis mit der
marxistischen Linken orthodoxer Observanz, und rühmt die Arbeiten des *Werkkreises Literatur der Arbeitswelt* (die seiner eigenen
Fiction diametral entgegengesetzt sind) als realistisch zukunfts-
trächtige Ereignisse der neuen deutschen Literatur. Er ist sich seiner noch lange nicht gewiß und experimentiert, in seiner Prosa und
auf der Bühne, *faute de mieux.*

6. UWE JOHNSON

In seinen langsamen und bedächtigen Bewegungen und in seinen exakten und sparsamen Äußerungen ähnelt Uwe Johnson mehr einem pfeifenkauenden norddeutschen Fischer als einem erfolgreichen jungen Schriftsteller, der das Jahrhundert der Massenmedien entschlossen provoziert; Robbe-Grillets Fähigkeit, theoretische Einsichten rasch in eleganten kartesianischen Paragraphen zu formulieren, und Uwe Johnsons sorgfältige und gründliche Prüfung aller Sätze liegen Welten auseinander. Uwe Johnson (geb. 1934) war früh in die historischen Wechselfälle Deutschlands verstrickt: er besuchte eine Zeitlang eine Schule im besetzten Polen, zog dann mit einem deutschen Flüchtlingstreck zurück ins sowjetisch besetzte Mecklenburg, studierte deutsche und englische Literatur an den Universitäten Rostock und Leipzig (wo in den frühen fünfziger Jahren Hans Mayer und Ernst Bloch lehrten) und beschloß, nachdem ein erstes Manuskript vom Staatsverlag abgelehnt worden war, in den Westen zu gehen; mit seinem üblichen *Understatement* besteht er darauf, seine Flucht eine bloße Übersiedlung nach West-Berlin zu nennen, wo er hoffte, sich mit Erlaubnis des Senats niederzulassen. Die Veröffentlichung von *Mutmaßungen über Jakob,* 1959, bezeichnete einen Wendepunkt in der deutschen Literatur; dieser Roman markiert den sichtbaren Aufstieg einer neuen Generation und das gesteigerte Interesse für erzählerische Experimente.

Ich glaube, die meisten seiner Leser achten Johnson eher, als ihn zu lieben, aber er läßt sich von seiner schwierigen Suche nach der Wahrheit nicht abbringen; nur wenige Schriftsteller seiner Generation können mit seiner protestantischen Hingabe an die Arbeit wetteifern (sei es ein Roman oder eine Schulbuch-Anthologie für einen New Yorker Verleger). Die Alliierten haben Preußen zerstört, aber was in der preußischen Tradition das bewunderungswürdigste war, lebt in seinen literarischen Produkten weiter, und wenn einmal das augenblickliche, oberflächliche Interesse an der aktuellen Bedeutung seiner DDR-»Themen« nachläßt, wird sein außerordentlicher Beitrag zur Kunst des Schreibens mit willkommener Klarheit hervortreten.

Sentimentale Kritiker nennen Uwe Johnson oft den Schriftsteller des geteilten Deutschland, ich aber teile Marcel Reich-Ranickis

Meinung, daß sich Johnson in dem Territorium zwischen Elbe und Oder, wo er aufgewachsen ist, eher zu Hause fühlt als in den westlichen Gebieten Deutschlands; ein brennender, verwundeter Patriotismus, mehr territorialer als politischer Art, klammert sich an die »östlichen«, nicht die »westlichen« Szenen. Immer wieder protestiert Johnson gegen die herablassende Skepsis westlicher Leser, die nicht glauben wollen, daß hinter den entstellenden Slogans und wirtschaftlichen Reglementierungen eine reinere, ja menschlichere Lebensweise fortlebt. Dieser begabteste Schriftsteller der Deutschen Demokratischen Republik arbeitet, weil er es so will, in West-Berlin und zieht aus seinen genauen Kenntnissen vom Leben »dort drüben« intensive Stärke. Er kann nicht umhin, alle privaten Fährnisse (wie es die großen Realisten des neunzehnten Jahrhunderts taten) in enger Verbindung mit den politischen und öffentlichen Ereignissen zu interpretieren; und in jedem seiner großen Romane kommt eine entscheidende politische Etappe in der Entwicklung der Deutschen Demokratischen Republik und der sowjetischen Einflußsphäre zur Sprache: die Ungarische Revolution und ihre nach-stalinistischen Auswirkungen; der Arbeiteraufstand vom 17. Juni 1953; und der Bau der Berliner Mauer; und in *Jahrestage,* (I–II) kehrt er in die Tiefe des Jahrhunderts zurück und schreibt die Chronik seiner Jugendlandschaft in der Weimarer Republik, unter der Naziherrschaft, und dem Regime der Alliierten.

Johnsons berühmter erster Roman *Mutmaßungen über Jakob* untersucht den Tod eines freundlichen, wenn auch unartikulierten Eisenbahners (Robbe-Grillets *Ein Tag zu viel,* 1953, beschäftigt sich mit analogen detektivischen Fragen). Ohne besondere Rechte für sich in Anspruch zu nehmen, schält Johnson den Charakter Jakob Abs, des nachdenklichen Eisenbahners, aus den Erinnerungen und den Unterhaltungen seiner Kameraden, Freunde und Verfolger; und die vielen ungeklärten Begebenheiten, die seinem Tod vorangingen, sind aus verschiedenen Blickwinkeln gesehen – von seiner Freundin Gesine; deren Freund Dr. Jonas Blach, der an der Berliner Universität Englisch lehrte; und einem Mitglied des Staatssicherheitsdienstes. Auf Veranlassung des sowjetischen Geheimdienstes will der ostdeutsche Staatssicherheitsdienst Gesine, die im westdeutschen NATO-Hauptquartier arbeitet, als Agentin anwerben (Projekt »Die Taube auf dem Dach«); Hauptmann Rohlfs von der ostdeutschen Dienststelle versucht zunächst auf Umwegen

Kontakt zu ihr aufzunehmen, und dann durch Jakob selbst. Jakob
drängt sich durchaus nicht danach, für den Staatssicherheitsdienst
zu arbeiten, aber er liebt, im Gegensatz zu vielen seiner Freunde,
seine technische Arbeit so sehr, daß er nicht zögert, den russischen
Interventionstruppen die Durchfahrt in das revolutionäre Ungarn
zu erleichtern, indem er die Schienenwege der Bahn genau nach
Befehl freihält. Nachdem er das getan hat, geht er plötzlich zu
Gesine nach Westdeutschland, fühlt sich dort aber bitter enttäuscht
durch die kalte Gleichgültigkeit der Konsumgesellschaft, die Aggressivität unverbesserlicher Nazis, die westdeutsche Herablassung
gegen den Mann aus dem »Osten« und den Suezkrieg, der auch
Gesine davon überzeugt, ihren Arbeitsplatz bei der NATO aufzugeben. Jakob kehrt zu seiner Dispatcher-Arbeit zurück und wird,
als er im Morgennebel die symbolischen Schienen überquert, von
einer Lokomotive erfaßt und getötet. War es ein Unfall, Selbstmord oder eine politische Liquidation, die der Staatssicherheitsdienst arrangiert hat? Wir kennen die Antwort nicht, aber in unserer Anstrengung, eine Antwort zu finden, sind wir mit der unverwechselbaren Intensität eines bescheidenen Lebens in einer Epoche
revolutionärer Veränderungen konfrontiert.

Uwe Johnsons *Das dritte Buch über Achim,* 1961, stellt einen
weiteren Versuch dar, die fast ontologischen Schwierigkeiten zu
überwinden, menschliche Angelegenheiten »da drüben« wahrheits-
gemäß zu bestimmen. Mutmaßungen über einen Dispatcher werden
durch Gedanken über Achim ersetzt (einen berühmten Radrenn-
fahrer und Mitglied der Volkskammer der Deutschen Demokratischen Republik), aber anstatt die Berichte der Freunde und Zeugen
zu sammeln, wählt Johnson hier für die Durchführung seiner Suche
eine relativ zentrale Sensibilität. Er erzählt vom westdeutschen
Journalisten Karsch, der von Hamburg nach dem Osten reist, um
die Schauspielerin Karin, seine frühere Freundin, zu treffen. Durch
Karin lernt Karsch Achim kennen, der ihn nicht zu beschäftigen
aufhört; in Achim inkarniert, meint Karsch, der spontane Enthusiasmus des Volkes »von unten« als auch der politische Konsens
»von oben«. Es gibt bereits zwei Bücher über Achim, aber Karsch
unterzeichnet mit dem staatlichen Verlagshaus einen Vertrag über
eine dritte, relevantere Biographie, die Achim in seiner totalen
Verbindung mit der neuen Gesellschaft zeigen soll, und sieht sich
sofort schwierigen Fragen des Materials, der Auswahl, der Politik

und der Kunst gegenüber. Eines Tages erhält Karsch einen anonymen Brief mit einem Foto, das Achim am 17. Juni 1953 Arm in Arm mit den revoltierenden Arbeitern zeigt; und Karsch muß erkennen, daß seine Suche nach dem wahren Bild Achims fehlgeschlagen ist, denn nicht einmal Karin wußte von Achims aktiver Beteiligung an dem Aufstand; und Achim selbst will dieses Foto nicht als Beweis gelten lassen. Im Ende liegt ein neuer Beginn: Karsch kehrt nach Hamburg zurück, berichtet die Geschichte seines Scheiterns und verwandelt seine provinzielle Suche nach der wahren Lebensgeschichte eines Radfahrchampions zu einer umfassenden Metapher für die Unmöglichkeit genauen literarischen Erzählens überhaupt.

Erst in *Zwei Ansichten,* 1965, seinem dritten veröffentlichten Roman, beginnt Uwe Johnson, seine früheren thematischen und methodologischen Vorstellungen zu überwinden. Er vertraut der Glaubwürdigkeit erzählerischer Behauptungen mehr als sonst und der »östliche« Charakter hat seinen Partner in einer »westlichen« Gestalt, die nicht nur als analytisches Werkzeug fungiert, sondern ihre autonomen (wenn auch ziemlich problematischen) Rechte besitzt. Wir hören die Geschichte eines nicht eben passionierten Liebespaares im Jahr der Berliner Mauer; Johnson versucht nicht einmal anzudeuten, daß der westdeutsche Fotograf und die Ostberliner Krankenschwester brennende oder unverlierbare Erinnerungen an die Nacht hegten, die sie in der Wohnung von Westberliner Bekannten verbracht haben. Doch der junge Mann fühlt sich durch das Versprechen, das er damals gab, vage gebunden, und als die Mauer gebaut wird, will er die Krankenschwester nicht ohne Hilfe zurücklassen; für sie ist der junge Mann die einzige konkrete Möglichkeit, ihrem freudlosen Leben zu entkommen, in dem sie allmählich auf eine graue, gleichgültige und ganz unpolitische Art zu ersticken droht. Der junge Mann reist mehrmals von Hamburg nach Berlin, um ihre Flucht zu organisieren, eine Geheimorganisation besorgt falsche Ausweise, und die Schwester begibt sich getarnt als österreichische Touristin auf die Flucht. Aber die beiden erfreuen sich keines traditionellen Happy-Ends; die Schwester will lieber weiter den Kranken dienen, als sich an das unschlüssige und leere Leben des westdeutschen Fotografen zu ketten, der allzuviel Zeit auf das Waschen seines schnittigen Sportwagens verwendet. »Östliche« Werkgerechtigkeit und »westlicher« Drang nach Prestige stimmen nicht gut zusammen.

Die kritische Aufmerksamkeit konzentrierte sich lange auf *Mutmaßungen über Jakob,* aber es wäre irreführend, Johnsons rasche Entwicklung nur auf Grund seines ersten veröffentlichten Romans zu beschreiben; er betont immer wieder, daß jede seiner Geschichten in ihrer eigenen Art erzählt werden muß, die das Thema erfordert. Ich glaube nicht, daß Uwe Johnson unter dem Einfluß des *nouveau roman* steht: Er hat vielmehr seinen eigenen »neuen Roman« erfunden und antwortet den schöpferischen Voraussetzungen seiner französischen Kollegen, die in dieser Epoche des Mißtrauens ihre epischen Möglichkeiten unabhängig vom anachronistisch allwissenden Erzähler entwickeln, um die sachlichen Veränderungen der Wirklichkeit zu prüfen. In seinem Essay *»Sur quelques notions périmées«* (1957) definiert Robbe-Grillet seine Einwände gegen den Realismus der sozialistischen oder der anderen Provenienz und formuliert Gedanken, die Johnsons Praxis klar implizieren: die Abneigung gegen den Manichäismus des Guten oder Bösen, der sich gar nicht darum bemüht, Beweise für die vorgefaßte sittliche Norm beizubringen; die Anklage gegen das erzählerische Universum, das nach einem *a priori* Schema aufgebaut wird, und die absolute Weigerung, die hervorstechendste Qualität der Welt, nämlich ihr bloßes Dasein (»le fait . . . qu'il est là«) zu akzeptieren. Robbe-Grillets theoretische Fragen sind von mehr als abstrakter Bedeutung für Johnson, der sich an die Staatsrezepte für sozialistischen Realismus erinnert; und während Robbe-Grillet mit Standpunkt und Struktur experimentiert, treibt Johnson, zumindest in den frühen Arbeiten, seine Suche nach der seienden Welt viel weiter als sein französischer Verbündeter, und er erspart seinen Lesern weder die kühnsten Eigenheiten der Syntax noch des Vokabulars. *Mutmaßungen über Jakob* handelt nicht nur von Ost und West, sondern bildet seine eigenen Ost/West-Spannungen; gewisse Elemente des Sozialistischen Realismus, darunter der »positive« Parteifunktionär und die in ihrem Berufsmilieu entfalteten Charaktere, überleben ohne Einbuße und sind doch durch das Experiment ständig modifiziert. Sozialistischer Realismus und *nouveau roman* stoßen innerhalb des Romanes selbst zusammen.

Johnson schafft den traditionellen Erzähler nicht ab, weist ihm aber eine wenig privilegierte Stelle zu; die Ansichten des Erzählers haben mit jenen zu wetteifern, die sich aus dem Dialog und inneren

Monologen von Jakobs Freundin, des Intellektuellen und des Hauptmanns ergeben; und statt einer einzigen Schlußbehauptung herrscht »eine ins Unendliche gehende Diskussion zwischen Erzähler, Figuren und Leser« (Gottfried Wunberg), die jede vorgefaßte Interpretation energisch ausschließt. Aber Johnsons Drang nach der existierenden Welt verändert Grammatik und Funktion des Wortes: die asyndetische Parataxe (die Tatsache auf Tatsache häuft) trägt die Satzstruktur; Gruppen von Adjektiven oder ganze Serien von zusammengesetzten Adjektiven, die alle ein einziges Substantiv bestimmen, sollen die genaueste Individualisierung sichern und führen oft zu einem Manierismus der Deskription.

Auch Johnsons *Drittes Buch über Achim* wendet sich gegen übereilte ideologische Entschlüsse, aber der Autor erscheint weniger angespannt; er zügelt seine Manierismen und erzählt eine Geschichte von gelegentlich altmodischer Handlungsführung. Als Erzähler hält er sich eng an den Journalisten Karsch, der sein Buch über einen repräsentativen »Helden« der DDR schreiben will; und obwohl er keine Allwissenheit für sich beansprucht, verweist er sowohl Karsch als auch Achim in eine halb ironische, halb mitfühlende Entfremdung und kann sich mancher Kommentare oder Karschs verzweifeltes Bestreben, seinen Mann so zu sehen, wie er wirklich ist, nicht enthalten (Gide hat ähnliches in *Die Falschmünzer* arrangiert). Karsch versucht zuerst, eine traditionelle, realistische Biographie zu schreiben, und wählt den Hauptbahnhof als emblematisches Milieu für die historischen Veränderungen (ironischerweise erfährt er erst viel später, daß Achims Mutter und Schwester dort wirklich von den Bomben der Alliierten getötet wurden), aber seine Schwierigkeiten wachsen, als Herr Fleiss und Frau Amann vom staatlichen Verlagshaus versuchen, seiner Arbeit die amtlichen Muster des Sozialistischen Realismus aufzuzwingen und seine spontane Bemühung zu hemmen; der Champion selbst hat das Bild, das sich die Öffentlichkeit von ihm macht, schon lange als authentisches Selbstporträt akzeptiert. Aber Johnson neigt immer mehr dazu, seine Leidenschaft für das Technische zu disziplinieren; in *Zwei Ansichten* nützt er das vereinzelte Adjektiv an Stelle ganzer Modfikationsketten, vertraut der traditionellen Syntax mehr als zuvor und gibt sich mit einem glaubwürdigen Erzähler zufrieden, der in jeweils alternierenden Kapiteln die Ansichten des westdeutschen Fotografen und der ostberliner Krankenschwester vermittelt. Die Sehnsucht nach dem konkreten Beweis ist unverloren; der Erzähler deutet auf den letzten Seiten vorsichtig an, daß er beide Charaktere persönlich kannte; so erklärt er seine Kenntnisse von ihrem Leben (wie es Gontscharows Erzähler des *Oblomov* annähernd hundert Jahre vor Johnson tat). Charakteristischer noch für Johnsons neuen Glauben an die Legitimität eines Erzählers ist das allmähliche Verschwinden der isolierten Objekte aus seiner Welt: in seinen frühen Romanen überschattete die halb-ironische Präsentation der »Dinge« (oder technischer Operationen) durch ihre Übergenauigkeit alle menschlichen Beziehungen, die einer sicheren Skizzierung viel weniger zugänglich schienen; in seinen späteren Geschichten aber werden diese Inseln der Dinge so verändert, daß sich das menschliche Element zur unbestrittenen Vorherrschaft erheben darf. Der Schriftsteller spricht wieder von menschlichen Angelegenheiten und muß sich nicht auf die Dinge als die ausschließlichen Garanten aller epischen Sicherheit verlassen.

In *Jahrestage* I–II, 1970–1971, sucht Uwe Johnson der Gefahr des Provinzialismus energisch zu begegnen, versetzt seine Erzählerin Gesine Cresspahl in die Vielvölkerstadt New York und konfrontiert ihre Erinnerungen an die mecklenburgische Jugend mit täglichen Nachrichten aus der New York Times über Vietnam, Dubček, Raubüberfälle, und die brennenden Ghettos der amerikanischen Schwarzen. Gesine hat mit ihrer (und Jacob Abs') Tochter Marie Deutschland verlassen und arbeitet als Fremdsprachenkorrespondentin in einer Bank in New York; wie andere Einwanderer, hat auch sie Zuflucht am Riverside Drive gefunden, mitten im Immigranten-Gemisch, fährt täglich mit der *subway* ins Büro, wo man ihre Kenntnisse osteuropäischer Verhältnisse zu schätzen weiß, erzieht ihre eigenwillige Tochter (wo sie nicht von ihr erzogen wird), und will ein einfaches und gerechtes Leben führen, ohne sich, nach dem Tode Jacobs, mit anderen Menschen wirklich »einzulassen«. Halb um die unruhigen Fragen ihrer Tochter zu beantworten, halb um sich ihrer selbst gewiß zu werden, erzählt sie, im tätigen Verein mit dem Autor, die Geschichte ihrer Eltern (Heinrich Cresspahl und Lisbeth, geb. Papenbrock), entfaltet die Vorgeschichte der *Mutmaßungen über Jakob* (aber auch Karsch kehrt wieder) und gedenkt des Schicksals ihrer Mutter, die wie sie, in übler Zeit, so leben wollte, wie's die Bibel befahl. Aus der Masse des Materiales, das Dialoge, Briefe, und verstreute Notizen einschließt, heben sich

drei epische Strähnen hervor, deren Ironien, Parallelen und Konflikte dem geduldigen Leser die eigentlichen Sinn-Muster zu bilden
beginnen: Gesines Aufzeichnungen über ihren New Yorker Alltag
(I: August 1967 – Mitte Dezember 1967; II: 20. Dezember 1967
bis 18. April 1968); ihre Exzerpte aus der *New York Times,* der
»Tante aus vornehmer Familie« (oft wortwörtlich wie in Frischs
Tagebuch und im Text mit dem von der amerikanischen Gesetzge-
bung geforderten Copyright-Vermerk versehen); und, im eigentlichen Kern des massiven Buches, der elegisch genaue Roman einer
mecklenburgerischen Kindheit und Jugend in den Jahren 1933
bis 1945.

Dieser Binnen-Roman hat soviel Intensität der Erinnerung und
moralische Energie, daß er des aktualisierenden Rahmens aus
Pressezitaten gar nicht bedarf – ich weiß aber, daß Johnson den
politischen Dokumenten von 1967/68 nicht entsagen will, denn er
lenkt unsere Aufmerksamkeit, eben durch die Anordnung der epischen Masse, auf die dauernde Frage, wie sich der Mensch in einer
schuldhaften Gesellschaft schuldlos erhalten konnte; und ich muß
gestehen, daß mir die fast wortlose Gestalt Lisbeth Cresspahls (der
Mutter) deutlicher hervortritt als ihre Tochter Gesine, die Frigide.
Lisbeth wollte ihr Kind nicht in England (wo Heinrich Cresspahl
ursprünglich als Kunsttischler arbeitete) zur Welt bringen, kehrte
nach Mecklenburg zurück und bewegte auch Heinrich, sehenden
Auges gerade in jenem Augenblick nach Jerichow zurückzukehren,
da die Nationalsozialisten die Macht übernahmen. In Deutschland
erschöpft sich Lisbeths Leben im aussichtslosen Versuch, »zu entkommen aus der Schuld« – aus der Schuld ihres Vaters, der Geld
leiht und als »Rückzahlung« die Häuser der Schuldner fordert; aus
der Schuld der Familie, der man »Verdienste an der neuen Herrschaft nachsagen konnte« (ihre Brüder Robert und Horst sind, jeder auf seine Art, aktive Nazi); aus der Schuld all ihrer Mitbürger.
Immer wieder versucht sie in geradezu mystischer Todessehnsucht,
ihr wertloses Leben als Opfer hinzugeben und stirbt, weil sie (als
Sturmtrupp-Mörder die Werkstatt Cresspahls in Brand setzen)
sterben *will;* Pastor Brüshaver (den die Gestapo holt) erkannte
ganz klar, Lisbeth habe ihr Leben angeboten »als ein Opfer, den
Mord an sich selbst für den Mord an den anderen«. Gesine fordert
gleiche Reinheit von ihrem eigenen Leben, aber das Übel ist, dreißig Jahre später und in gleichsam globaler Diffusion, ungreifbarer

und schwieriger zu erkennen. Gesine ist nicht geneigt zu vereinfa-
chen (sie ist ja »mehr als dreißig Jahre alt« und »trägt die Sonnen-
brille nie ins Haar geschoben«), wünscht Frieden (demonstriert
aber nicht für den Vietcong), hilft ihrer Berliner Freundin Anita
selbst aus der transatlantischen Entfernung, DDR-Bürger mit ›ge-
liehenen‹ Papieren in die Bundesrepublik zu bringen, und hat ihre
Gewissensentscheidungen im engsten Raume zu treffen: »Haus-
haltsprodukte der Firma Dow Chemical kaufen wir schon lange
nicht mehr. Aber sollen wir auch nicht mehr mit einer Eisenbahn
fahren, da sie an den Transporten von Kriegsmaterial verdient?
Sollen wir nicht mehr mit den Fluggesellschaften fliegen, die
Kampftruppen nach Vietnam bringen? Sollen wir verzichten auf
jeden Einkauf, weil er eine Steuer produziert, von deren endgültiger Verwendung wir nichts wissen?«

Johnson wendet sich gegen ein entstelltes Bild von der Welt, wie
es uns konkurrierende Massenmedien oder eine zentrale Ideologie
(oder beide) aufdrängen; er bemüht sich hartnäckig herauszufinden,
was wirklich *da* ist in der Welt. Seine Entwicklung verrät aber einen
persönlichen Mythos von den menschlichen Dingen; dieser Mythos
korrespondiert aus vielen Gründen mit der »östlichen« Landschaft,
die ihm von seiner Jugend her vertraut ist, eher als mit der Konsumgesellschaft des Westens. Johnson spricht nicht gern von seinen
literarischen Lehrern; er gab einmal zu, von William Faulkner be-
einflußt worden zu sein, antwortet aber nicht ebenso offen auf die
Frage nach dem konservativen deutschen Landschaftsroman von
Hermann Löns (1866–1914) bis zu Ernst Wiechert (1899–1950),
dessen friedvolle Visionen von einem einfachen Leben er durchaus
teilt. Johnsons instinktives Beharren auf rustikalen und germanisch
tönenden Namen steht dem Erbteil des deutschen Bauernromans
oder Gerd Gaiser näher, als progressive Kritiker einzugestehen
wagen; und in Augenblicken nachlassender Kontrolle ist Johnson
mancher sentimentaler Landschaftsschilderungen fähig, wie sie
sonst zum Inventar des Blut- und Boden-Kitsches zählen. In seinem
erdhaften Universum, das geprägt ist von der tiefen Seele und der
weisen Sprachlosigkeit, liegen die Dinge nicht zugunsten rascher
Denker und beredter Intellektueller, die nur mit Worten und Papier arbeiten; Johnsons ausgesprochene Sympathien gelten dem
wortkargen Handwerker Cresspahl, der alte Möbel repariert und
für die britische Abwehr arbeitet; der inartikulierten Todesmysti-

kerin Lisbeth; dem fast stummen Eisenbahner, der seine systemati-
sche Arbeit über alles schätzt (ihm wird sogar die eichmannähnliche
Präzision verziehen, mit der er die Geleise für die Sowjettruppen
räumt, die gegen die revolutionären Ungarn intervenieren); dem
Sportchampion, der auf fast mystische Weise eins ist mit seinem
perfekt funktionierenden Fahrrad; der blonden, nicht eben intelligenten Krankenschwester, die, ohne von ihrem Weg abzuirren,
dem geplagten Menschen im Krankensaal dient. Arbeit, Hingabe
und Treue sind entscheidend, und die ich-bezogenen Konzeptionen
der Intellektuellen, einschließlich des fiktiven Anglistik-Dozenten
Jonas Blach (aber auch Swetlana Stalin, Sartres und H. M. Enzensbergers, die ihre plötzlichen Einsichten mit allzu entschiedener
Lust an der Öffentlichkeit in Szene setzen) sind mehr als anrüchig.
Das alte Spiel der geschlossenen Gemeinschaft gegen die abstrakte
Gesellschaft wird in der neuen Literatur selten mit so fein organi-
sierter erzählerischer Einsicht gespielt.

Johnsons wiederkehrende Beobachtung der »Dinge« und seine
Ansichten von der politischen Spannung zwischen den beiden Teilen Deutschlands stehen eng mit seinem Arbeiter- und Bauernmy-
thos von einer einfachen und innigen Gemeinschaft in Beziehung.
Aber seine »Dinge« (vor allem in *Mutmaßung* und *Das Dritte
Buch*) sind weit davon entfernt, Analogien zu den *objets* des *nouveau roman* zu bilden: Robbe-Grillet isoliert seine Dinge (wie die
Tomate in *Ein Tag zuviel* entweder in der reinen Nacktheit der
absoluten Existenz oder verstrickt sie in anderen Fällen in eine
übersteigert subjektive Vision; sie sind entweder völlig »kalt« oder
unerträglich »heiß«. Uwe Johnsons alte Möbelstücke, dekorative
Krüge und alte Zinnteller kommen Rilkes Dingen nahe, die durch
den langen menschlichen Gebrauch geweiht sind; und selbst seine
Fernschreiber, Telefone, Fahrräder und Schreibmaschinen sind Teil
der täglichen menschlichen Arbeit und deshalb umgeben von einer
Aura bleibender Würde. Johnson schließt technische Apparaturen,
wenn sie nur ein Teil des Arbeitsprozesses sind, im geheiligten
Raum der Rilkeschen Dinge ein und richtet seine tiefe Antipathie
gegen jene »Dinge«, die entweder Prestigeembleme sind (wie der
Sportwagen des jungen westdeutschen Fotografen) oder Objekte des
bloß kommerziellen, das heißt prostituierenden Warenaustauschs.
Jean Baudrillard weist darauf hin, daß Johnson in seiner Sympathie
für die Dinge der menschlichen Arbeit einem *marxisme artisanal*

nahekommt oder, genauer (wie ich sagen würde), einem Glauben an eine geschlossene Gesellschaft, in der Arbeiter und ihre »Dinge« glücklich, aber gedankenlos zusammenleben.

Die Frage ist nur, wo die Menschen diese *moralische Schweiz,* inmitten der Geschichte zu gründen vermochten; Manfred Durzak hat ganz recht, von einer Aporie zu sprechen, die sich im Kern einer Welt verbirgt, in welcher jeder Wunsch nach dem reinen Leben einen unauflösbaren Widerspruch impliziert. Rein, einfach und ganz ohne Schuld inmitten der Geschichte und der Gesellschaft zu leben ist unmöglich, und selbst den Gewissenhaftesten unserer Epoche (wo sie nicht dem Beispiel Lisbeth Cresspahls folgen wollen) bleibt nichts anderes übrig als »Bescheid zu lernen« und mit »jenen Kenntnissen zu leben«, die ihnen das genaue Zeugnis unbestechlich genauer Schriftsteller eröffnet.

7. GÜNTER GRASS

Günter Grass erschien wie ein plötzliches Sommergewitter über dem literarischen Horizont, und seine epische Substanz und sein Idiom (von der Weite und Kraft der Weichsel) entlarvte die modischen Diagnosen über den Tod des Romans oder der fatalen Sterilität der deutschen Sprache nach Hitler als voreilig und blind. In den späten fünfziger und frühen sechziger Jahren spürten seine Leser rasch, daß Grass die Ungeduld einer Generation artikulierte, die nicht bereit war, gescheiterte Traditionen und unmenschliche Ideologien hinzunehmen; und während viele Kritiker versuchten, seine Provokation zu ignorieren und ihn durch historische Vorgänger vom Barockroman bis zu Alfred Döblin (1878–1957) zu erklären, lebten seine jüngeren Leser enthusiastisch mit seinen Helden, analysierten ihre Vorzüge und Untugenden und brachten die deutsche Literatur wieder in Paris und New York ins Gespräch; es ist eine ganz andere Frage, ob die neueren Antipathien zwischen Grass und der radikalen Linken nicht auf Gegenseitigkeit beruhen. Ausdauernd, schlau und vital wie ein kaschubischer Pferdedieb, hochbegabt in vielen Künsten und Techniken (vom *Cool Jazz* bis zum Fischebraten), unmittelbarer in die deutsche Politik verstrickt als Heinrich Böll, wurde Grass zu einer Persönlichkeit des öffentlichen Lebens, und seine Bücher werden selbst von jenen eifrig diskutiert, die seit dreißig Jahren kein Buch gelesen haben.

Günter Grass wurde 1927 von einem polnisch-deutschen Elternpaar in Danzig-Langfuhr geboren, das er zum schäbigen Herzen seiner erzählerischen Welt erhob. Als Junge durchlief er die vorgeschriebenen Schulen und Organisationen, war beim Jungvolk und der HJ und wurde später zur Luftwaffenhilfe und zur Panzer-Infanterie eingezogen. Im April 1944 wurde er verwundet, in ein Marienbader Lazarett überführt und von den amerikanischen Truppen gefangengenommen, die in Böhmen einmarschierten. Nach seiner Freilassung arbeitete er als Landarbeiter und in einem Bergwerk in der Nähe von Hildesheim (Gorki sagte einmal, er habe seinen Marxismus in den Bäckereien Kasans gelernt, und Grass erwarb sein eigenes pragmatisches Interesse an sozialen Fragen im Verlauf endloser Diskussionen mit alten Nazis, verbitterten Kommunisten und unbeirrbaren Sozialdemokraten in der Tiefe des Schachtes). In den späten vierziger Jahren begann Grass, seine künstlerischen Begabungen zu schulen, arbeitete als Steinmetz, besuchte die Düsseldorfer Kunstakademie und setzte seine Ausbildung unter Professor Hartung in Berlin fort. Im Jahre 1956 zogen Grass und seine Frau nach Paris, wo er in vielen Medien zu arbeiten begann: Sein erster Gedichtband war ein bescheidener Erfolg, seine Stücke und Stückchen, darunter *Hochwasser,* 1957, *Noch zehn Minuten bis Buffalo,* 1959, und *Die bösen Köche,* 1961, eine einfallsreiche Bilderreihe von zwei Liebenden, die sich weigern, ihr Geheimnis an konkurrierende Gruppen gieriger Köche zu verraten, hatten weniger Widerhall, als er gehofft hatte. Aber im Jahre 1959 publizierte Grass *Die Blechtrommel,* und das Buch verknüpfte sogleich einen öffentlichen Skandal (der Senat zögerte, Grass den Literaturpreis der Freien Hansestadt Bremen zu verleihen) mit einem internationalen literarischen Erfolg; und die Novelle *Katz und Maus,* 1961, ebenso wie der Roman *Hundejahre,* 1963, bestätigten Grass' sehr persönliche Kombination von erzählerischer Energie, durchdringender Einsicht in die deutsche Geschichte und seinen sprachlichen Erfindungsgeist. In den sechziger Jahren kehrte Grass nach Berlin zurück, wo er heute mit seiner Familie lebt und als Künstler und Bürger aktiv am politischen Leben der Stadt und der Bundesrepublik teilnimmt. In seinem Stück *Die Plebejer proben den Aufstand* [1966] beschäftigte sich der Gesellschaftskritiker mit Brechts politischen Haltungen und dem Arbeiteraufstand in der DDR, reiste später als Wahlhelfer der SPD durch die Bundesrepublik, und hatte, in *Örtlich betäubt,* 1969, die ungewöhnliche Kühnheit, vom Leiden und bescheidenen Triumph eines liberalen Pädagogen (geplagt vom Zahnschmerz und seiner eigenen unbewältigten Vergangenheit) gleichsam gegen die radikalen Erwartungen einer neuen Gruppe von jungen Lesern zu erzählen.

Überraschend, wieviel Grass, der sonst das Persönliche in epische Sachlichkeit distanziert, in seiner Lyrik von sich selber und seiner schriftstellerischen Entwicklung eingesteht; ich bin fast versucht, aus den Überschriften seiner Gedichtsammlungen eine Geschichte seiner Begabung oder, besser, ihrer Anfangsstadien zu rekonstruieren. In den *Vorzügen der Windhühner* (1956) sind die Vorzüge einer reizbar spielenden Imagination offenbar, die noch nicht willens ist, dem produktiven Rückblick auf die Vorfahren in Graphik und Literatur ganz zu entsagen: *concetti* entfalten sich, Jacques Prévert eher als Breton folgend, zu anekdotischer Heiterkeit, das

Ästhetische hat noch sein Gewicht, und in kombinierenden Gedichtgruppen sind persönliche Embleme noch mit Literarischem konfrontiert: *V, der Vogel* (der zur künftigen Epik hinleitet), mit *K, dem Käfer* Kafkas. In *Gleisdreieck* (1960) verbindet Grass, in den Berliner Gedichten vor allem, wie selten einer in der Sphäre der deutschen Sprache, surrealistische Nachklänge mit einem quälenden Bewußtsein menschlicher Gefahr: in den Dingen des Stadt-Alltags, in Brandmauern, Haarnadeln, Gleisfiguren, Knöpfen und Klappstühlen, sedimentiert die Geschichte, und eine unheimlich zeitlose Tücke, die alle Lebendigen gefährdet, inkarniert in den Figuren der Metzger, Jäger und Köche, die ihre Messer wetzen; und während im Rundfunk Strauß-Walzer ertönen, singt die Magna mater der Zerstörung, *die große Trümmerfrau*, ihr fatales Lamento. In *Ausgefragt* (1967) die Wendung ins Persönliche: der Ausgefragte ist der Autor selbst, der seine Antworten protokolliert und nüchtern und frei von poetischen Metaphern zu sagen versucht, wie einer in diesem Augenblick der Geschichte lebt, *Gleichschritt, Widersprüche/und Schlager im Ohr*. Aber die Wendung ins Private (am deutlichsten im strengen Gedicht *Ehe*) bringt *Zorn Ärger Wut* über das *hölzerne Schwert* und *den fehlenden Zahn* der zeitgenössischen politischen Protestgedichte mit sich; und der sonst so gern Spielende spricht als kritischer Skeptiker, der in seiner Kontrafaktur der marianischen Litanei gegen den Irrationalismus der Neuen Linken polemisiert: *erlös uns vom Zweifel / befrei uns von Kopfweh*.

In Grass' erstem Roman *Die Blechtrommel* erzählt ein buckliger Zwerg namens Oskar, der kurz vor seinem dreißigsten Geburtstag steht und von Erinnerungen und Ängsten gejagt wird, sein pikareskes Leben; sein besonderer Aussichtspunkt ist das blendend weiße Bett in einer Anstalt für Geisteskranke, in die er (nachdem er des Mordes an einer Krankenschwester angeklagt war) eingewiesen worden ist. Leicht und genau durchschweift sein kräftiges Gedächtnis vergangene Erfahrungen, und wo Erinnerungen nicht genügen, schafft seine intensive Phantasie, die dem Rhythmus seiner kleinen Kindertrommel folgt, Ströme von Bildern, Gerüchen und Farben: braune Kartoffelfelder in der Nähe der Weichselmündung; die Danziger Vorstadt Langfuhr mit ihren Geschäften, Kirchen, Kasernen, Schulen und Straßenbahnen; Aale, Seemöwen und Heringe; Kokosmatten in den Badeanstalten; und nach dem Krieg die

Industrielandschaft am Rhein, die Stadt Düsseldorf, goldene Roggenfelder zwischen den Bergwerken. Er wollte nicht wie die anderen zu einem Erwachsenen oder einem Krämer heranwachsen, erklärt Oskar; deshalb beschloß er, ein dreijähriges Kind zu bleiben, das den Erwachsenen mit seinen intellektuellen Listen, seiner sexuellen Potenz und seiner weittragenden, durchdringenden Stimme auf den Fersen bleibt. Nach dem Tod des Krämers Matzerath, seines Urfeindes (der auch zufällig sein Vater ist) beschließt Oskar zwar, in die bürgerliche Gesellschaft zurückzukehren, aber es gelingt ihm nicht ganz: er bleibt verwachsen, lobt aber stolz seine feinen Haare, seine ausdrucksvollen Augen und seine sensiblen Hände. Die Geschichte seines Lebens, wie sie Oskar erzählt, hat ihre Mitte in den Frauen, denen er die hartnäckigste Treue hält: seine Mutter Agnes, die sich nicht ganz im klaren war, ob sie den sentimentalen Polen Bronski oder den lustigen Rheinländer Matzerath liebte; in den Kriegsjahren Maria, die gern Brausepulver trank, nach Vanille und Pilzen roch und schließlich beschloß, den verwitweten Matzerath *senior* zu heiraten; und im Rheinland die Schwester Dorothea, die Oskar mit List, endloser Neugier und (wie eine Episode à la Boccaccio zeigt) mit männlichem Zorn verfolgt. Doch Oskars Erfahrungen sind nicht allein privater Natur; im Gegensatz zu dem *picaro* des alten spanischen Schelmenromans kann er nicht außerhalb der Geschichte leben und sieht sich in politische Ereignisse von historischer Prominenz verstrickt. Auf der Suche nach seiner Trommel erlebt er als Augenzeuge den Brand der Danziger Synagoge nach der Kristallnacht am 9. November 1938 und findet seinen jüdischen Freund Markus (der ihn immer mit billigen Trommeln versorgte) tot in seinem von Nazi-Sturmtrupps zerstörten Laden; am 1. September 1939 befindet er sich unter den unglücklichen Verteidigern der polnischen Post in Danzig und erlebt auf seine Art den historischen Beginn des Zweiten Weltkrieges; später reist er mit einer Akrobatengruppe, die für die Wehrmacht in der Normandie Vorführungen veranstaltet, und muß am 6. Juni 1944, als die Kanadier an der Küste landen und die Invasion beginnt, in aller Eile seinen kleinen Koffer packen. Er ist ein Mann, oder besser ein Zwerg, seiner Epoche und kann nicht über sich sprechen, ohne vom Aufstieg und Fall des Hitlerreichs und den folgenden Jahren des Wirtschaftswunders zu reden.

Wir müssen allerdings akzeptieren, was immer er auch sagt; und

obwohl manche seiner Bekenntnisse (wahr oder erlogen) von seinem freundlichen Pfleger Bruno (2. Buch, Kapitel 17) und seinem
Freund Vittlar (3. Buch, Kapitel 11) herrühren, hören wir keine
»objektiven« Stimmen, denn sie sind alle von Oskar manipuliert
und sagen nur, was er von ihnen hören will. Er ist der unverläß-
lichste Erzähler und zugleich der provozierendste und zweideutigste
Charakter des neuen deutschen Romans, ein moralisches Monstrum
ästhetischer Neigungen und metaphysischer Ängste, das eine mor-
bide Welt kühl von unten betrachtet. Als er auf die Welt kam,
erklärt Oskar, beobachtete er einen dunklen Schmetterling, der mit
seinen Flügeln protestierend gegen das gnadenlose Licht nackter
Glühbirnen schlug; und wie der Schmetterling kämpft Oskar unentwegt gegen die Notwendigkeit der Existenz. Seine Versuche
aber, wieder in den Schoß zurückzukehren, sind erfolglos, und er
beschließt, sich selbst unbarmherzig zu verteidigen. Sein Rückzug in
die falsche Kindheit schützt ihn gegen die Erwachsenen, aber sein
Lebensweg ist gezeichnet von Beleidigten, Verwundeten und Toten: er ist verantwortlich für den Tod Jan Bronskis, weil er ihn,
gegen seinen Willen, zum polnischen Postamt schleppt; er versucht
zweimal, Marias Kind mit brutaler Gewalt abzutreiben, als sie von
Matzerath senior schwanger ist (bis er beschließt, selbst der Vater
des Kindes zu sein); auf seinen Gastspielreisen weigert er sich,
seiner Geliebten Roswitha Raguna zu Hilfe zu kommen, und
zwingt sie, auf den offenen Hof hinauszugehen, wo sie von einer
Granate getötet wird; er führt seine »Stäuberbande« großspurig an,
verrät die jungen Leute aber prompt, als sie von den Behörden
verhört werden; und obwohl Matzerath senior sich standhaft weigert, ein Dokument zu unterzeichnen, das Oskar an die Gesund-
heitsbehörden ausliefert (die ihn als »biologisch entartet« töten
wollen), zögert Oskar durchaus nicht, Matzeraths häßlichen Tod zu
provozieren, als die ersten russischen Soldaten in den Langfuhrer
Keller eindringen. Er ist ein bösartiger Killer, obwohl nicht nachzuweisen ist, daß er jemals mit eigenen Händen getötet hätte.

Aber Oskar verkörpert auch, wie Henry Hatfield sagt, die Gaben
des Künstlers in einer dumpfen Gesellschaft von Krämern, Funktionären und Spießern. Er hat auf vielen Gebieten ein bißchen
Wissen erworben, spricht gewöhnlich von Goethe und Rasputin
oder, wie jeder gute Intellektuelle nach Nietzsche, von Apollo und
Dionysos. Nur das bewundernswerte Beispiel des flügelschlagenden

Schmetterlings und das Versprechen seiner Mutter, ihm eine Spiel-
zeugtrommel zu schenken, überzeugt ihn (wie er sagt) davon, nach
seiner Geburt nicht gleich wieder abzudanken; und seine Trommel
wird zu seinem Instrument der Revolte, des Traums und der Me-
tamorphose. Aus guten Gründen erinnert er uns an den rot-weißen,
lackierten Rand des Spielzeugs: die Farben stehen für die polnische
Flagge (die ihrerseits abstraktes Heldentum assoziiert), das Brand-
stifterleben seines Großvaters Joseph Koljaiczek, für Aufruhr,
Flucht und eine Aura des Feuers, glühenden Gefühls und merk-
würdiger Unschuld. Im Rhythmus seines Trommelns sind Vergangenes, unerbittlicher Protest und die mächtigste Suggestivkraft eins,
und hinter dem mißgestalteten Vetter von Theodor Fontanes und
Thomas Manns talentierten Buckligen erhebt sich ein archetypi-
scher Troll der ambivalenten magischen Energie. Sein grenzenloser
Selbstbehauptungsdrang und sein Interesse für seine Kunst bilden
in einer Zeit der aufstrebenden Nazimacht die Grenze seiner politischen Haltung: er revoltiert nicht gegen die Braunhemden, sondern gegen die Welt der Erwachsenen; er schließt sich den Polen im
Postamt an, weil Pan Kobyella ihm die Trommel reparieren soll;
er trennt seine eigene »Stäuberbande« von den politisch orientierten Sabotagegruppen der kommunistisch geführten Lehrlinge der
Schichau-Werft und stört gut organisierte Nazi-Kundgebungen,
indem er gegen ihre Fanfaren einen Walzer oder »Jimmy, der Tiger« trommelt – ebenso unerträglich sind ihm aber die konkurrie-
renden Musikkorps der Sozialisten oder der nationalistischen
Jungpolen. In der besonderen Konstellation seiner Geburtsstadt
Danzig ist er nahe daran, ein potentieller Verbündeter der Nazis zu
sein, wirkt aber zuzeiten als Antifaschist, wenn auch aus völlig
inadäquaten Gründen.

Doch Oskars tiefste Geheimnisse sind religiöser oder ontologischer Natur; er leugnet jede Philosophie, die nicht sein Ich beträfe,
und kann sich deshalb nicht von seinen existentiellen Ängsten befreien. In seiner Danziger Jugendzeit fühlt er sich vom Dunkel der
Herz-Jesu-Kirche wie widerstandslos angezogen, und die Gestalt
des Jesuskindes ist ihm die radikalste Herausforderung. Jesus ist
der perfekteste Oskar; der Skeptiker erwartet ein Wunder (der
kleine Jesus trommelte wirklich, als Oskar ihm das Spielzeug in
seine Gipshände legt), mobilisiert seine Bande, läßt das Jesuskind
aus Marias Schoß sägen, setzt sich selbst dorthin und gebietet seinen

Freunden – alles gute Katholiken, welche die lateinischen Meß-
formeln beherrschen –, ihn in einer schwarzen Messe anzubeten.
Er gehört zu den Atheisten, die nur aus dem Haß Gottes leben, und
selbst die klügsten satanischen Flüche, die er gegen Christus
schleudert, verraten die unsichtbaren Fesseln. Der böse kleine
Künstler Oskar sehnt sich im romantischen Grunde nach der Erlösung vom Dasein – gegen, nicht mit der Zeit. Sein früher Entschluß, ein Dreijähriger zu bleiben, ist nur ein Teil seiner Rück-
zugsstrategie, die ihn zurück in den schützenden Mutterleib bringen
soll; analog sein ständiger Wunsch, sich in den fünf Röcken seiner
Großmutter zu verbergen (er stellt sich in seiner Phantasie vor, wie
angenehm das Leben *in* ihrem Körper sein müßte); sein Drang, sich
unter Tischen und hinter geschlossenen Türen zu verstecken oder
gar, in kritischen Augenblicken, in einem Kleiderschrank, wo er
seiner geliebten Widersacherin ungestört nachspioniert, seine
Schlegel rührt und sich selber befriedigt. Besessen von weißgeklei-
deten Schwestern *d'ogni forma,* die ihn an seine Mutter erinnern
(sie war Krankenschwester bevor sie Matzerath heiratete), wird
Oskar zu einem neurotischen »Wiederholer«, der in seinem Drang,
der Zeit ein Ende zu machen, vergangene Erfahrungen im Protest
gegen Gegenwart und Zukunft ständig wiederbelebt und umordnet.
Aber die Zeit bringt ihn seinem Erzfeind, dem Tod, oder der
»Schwarzen Köchin«, immer näher; und in wachsender Agonie
versucht er verzweifelt, der letzten, oft antizipierten Begegnung zu
entgehen. Wie Pirandellos *Heinrich IV.,* der lieber den Wahnsinn
wählt, als der Zeit ins Auge zu schauen, sitzt Oskar in seinem
weißen Bett, erinnert sich des freundlichen Schoßes mütterlicher
Schwestern, trommelt seine schützende Vergangenheit auf seinem
weiß-roten Spielzeug herbei und fühlt mit Furcht und Zittern die
»Schwarze Köchin« unausweichlich nahen.

In der Novelle *Katz und Maus* zügelt Grass seine epische Kraft
mit seltenem Geschick und schafft ein fast filigranes Kunstwerk, das
mit den besten Erzählungen des neunzehnten Jahrhunderts erfolgreich wetteifern darf; seine Bemerkung, Heinrich von Kleist sei
einer seiner Lieblingsautoren, impliziert nicht geringe Ansprüche.
In *Katz und Maus* erzählt Grass die Geschichte des »Großen
Mahlke«, eines Jungen, der merkwürdige Ticks hatte und vielbe-
wunderte Taten vollbrachte. Viele Jahre nach den Ereignissen noch
versucht sein widerwilliger Bewunderer Pilenz aufzuklären, was

sich im Jahre 1944 auf einem halbgesunkenen polnischen Minensucher in der Bucht von Danzig, nahe Neufahrwasser, ereignete. Der Junge Mahlke hat große Schwierigkeiten, seinen riesigen Adamsapfel, der einer unruhigen Maus ähnelt, zu verbergen. Er sammelt alle möglichen Dinge, einschließlich eines Schraubenziehers, religiöser Amulette, eines Dosenöffners und modischer Puschel, um seine Bürde durch diese »Gegengewichte« zu verstecken, die er sich um den Hals bindet. Als aber ein berühmter U-Boot-Kapitän, das Ritterkreuz um dem Hals, den Jungen in der Schule einen Vortrag hält, erkennt Mahlke, was ihm noch fehlt: er stiehlt das Kreuz und trägt es unter seiner Krawatte, kann sich aber dieses Gegengewichtes nicht lange erfreuen, denn der Diebstahl wird entdeckt, und er wird strafweise an eine andere Schule versetzt. Doch Mahlke kann das »Ding Ding Ding« nicht vergessen; als er Soldat wird, fühlt er sich von der Jungfrau Maria persönlich angespornt, die ihm die nötige Entschlossenheit verleiht, viele russische Panzer zu zerstören, und wird schließlich selbst mit dem »Ding Ding Ding« ausgezeichnet. Auf Urlaub eilt er sofort zurück in seine alte Schule und hofft, den Schülern, wie der Kapitän des Unterseebootes, einen Vortrag halten zu dürfen, aber Schuldirektor Klohse, der ihn an seinen Diebstahl erinnert, verweigert ihm die Genehmigung, und Klohses gehorsame Kollegen pflichten dem Direktor bei. Seines Triumphes beraubt, will Mahlke nicht wieder zurück an die Front, versäumt seinen Zug, rudert hinaus zu dem alten Minensucher, in dessen wasserdichter Funkkabine er sich einen Schlupfwinkel gebaut hat, und taucht in die Tiefe, um niemals wieder heraufzukommen.

Mahlkes Freund Pilenz mag ein verläßlicherer Erzähler sein als der bucklige Oskar, aber wie Oskar wird auch er von Gefühlen der Verstrickung, Verantwortung und Schuld getrieben, die im Verlauf der Geschichte immer klarer zutage treten; seine Beichte kommt ihm nicht leicht über die Lippen, denn er ist ein gläubiger Katholik und formuliert seine Geschichte im ständigen Dialog mit Pater Alban, der (den therapeutischen Wert des Textes vermutend) Pilenz empfiehlt, seine gottgegebenen künstlerischen Gaben zu pflegen. Als Junge zählte Pilenz zu den jungen Leuten, die Mahlke grenzenlos bewunderten, seine Gesten nachahmten und begeistert Geschichten von seinem Mut erzählten; doch grenzenlose Bewunderung und Treue werden zu einer schrecklichen Last, und Pilenz

gesteht zwischen den Zeilen, daß er sich danach sehnte, von Mahlke
loszukommen. Er gibt zu, daß es seine Schuld war, daß einst eine
Katze an Mahlkes »Maus« (d. h. an seinen Adamsapfel) sprang,
aber er ist nicht gleich bereit, alles zu sagen, sobald er auf die
letzten Augenblicke zu sprechen kommt, da sein Freund, das
Ritterkreuz und zwei Konservendosen um den Hals, in der Tiefe
verschwand; er sagt nicht, warum er am Abend nicht, wie er ver-
sprochen hatte, zum Minensuchboot zurückkehrte. Aber nur Pilenz' ambivalenter Blick kann Mahlkes tiefstes Geheimnis durchdringen: Pilenz weiß, daß Mahlke vom Zwang getrieben wurde, es
seinem herrischen Vater gleichzutun, der bei seiner Arbeit für die
polnische Eisenbahn einen gefährlichen Unfall verhütete und selbst
dabei umkam. Pilenz versteht Mahlkes störrischen Wunsch, seinen
eigenen Weg zu gehen, und zollt dem Freunde zögernd Achtung,
der bei dem Katz-und-Maus-Spiel, welches das Schicksal mit jedem
spielt, ungewöhnliche Entschlußkraft bewies.

Günter Grass' zweiter Roman *Hundejahre* ist eine wuchernde
Sammlung aus wilder Erzählwut, klugen Parodien, tragischen Einsichten, bohrender Satire und Rabelaisschen Gags; die Struktur
mag locker sein, aber der historische und politische Rahmen ist
weitgespannt, eine Welt überzeugend »runder« Charaktere tut sich
auf, und die Sprache, von Ekel und Faszination befeuert, reicht
weit über das Romanhafte fort. Grass will sich nicht selbst als
Erzähler engagieren und überläßt das drei anderen Männern, die
aus Danzig und den nahe gelegenen Dörfern Schiewenhorst und
Nickelswalde stammen und äußerst qualifiziert dazu sind, mit ihm
in der Kenntnis der lokalen Details zu wetteifern. Sie alle wissen,
daß die Straßenbahn Nummer 5 nach Niederstadt fährt, und un-
terhalten sich pietätvoll und pedantisch darüber, wie sich vor einer
Generation die beiden Kinos Danzig-Langfuhrs unterschieden.
Aber einer von ihnen, Herr Brauchsel, oder Brauxel (alias Gold-
mäulchen alias Haseloff alias Eddi Amsel), scheint besonders daran interessiert, ein Manuskript zu edieren; als introvertierter
Künstler bemerkenswerter Reserven (er besitzt eine Art Vogel-
scheuchenfabrik in einem alten Schacht bei Hildesheim) versichert
er sich der literarischen Dienste seiner Mitarbeiter Harry Liebenau
und Walter Matern, diskutiert ihre literarischen Erzeugnisse,
schlägt Änderungen vor und verbindet seine eigenen Beiträge unter
dem Titel »Frühschichten« mit Harry Liebenaus eher in Briefform

gehaltenen Texten und den 103 unregelmäßig numerierten »Materniaden« seines pikaresken dritten Mitarbeiters, seinem lebenslangen Freund und Feind. Er sorgt auch dafür, daß seine Mitarbeiter sich an die chronologische Folge halten; er selbst konzentriert sich auf die späten zwanziger und frühen dreißiger Jahre, Harry schreibt über die späten dreißiger Jahre und den Krieg, und Walter über die Nachkriegszeit; und unausweichlich taucht gelegentlich auch Oskar wieder auf, marschierend und trommelnd an den Danziger Küsten. Herr Brauchsel, der sich teilweise auf ein altes Tagebuch stützt, schreibt über seine eigene Kindheit, von »Sonnenuntergängen, Blut, Lehm und Asche«, von den rollenden Wassern der Weichsel und den weiten Marschen; er gedenkt träumend der alten Tage, da er noch der fette und sommersprossige Eduard Amsel war, seine ersten Vogelscheuchen baute und mit seinem Freund Walter Matern kämpfte; sie schlossen einst Blutsbrüderschaft, aber Matern warf das Taschenmesser, das sie für das Ritual benutzten, in den Strom. Windmühlen, Bauern, Vögel und später der Geruch von Kreide und Schweiß in Klassenzimmern: Eddi, der von den anderen geschlagen wurde, weil er hilflos, verletzlich und ein Halbjude war; Walter, sein Beschützer, der seine ersten Geschäfte abschloß (er verkaufte Vogelscheuchen an interessierte Bauern), Eddis neue Kleider trug, mit den Zähnen knirschte und seinen Freund in berühmten, theatralischen Wutanfällen beschimpfte.

Mit Harry Liebenaus Beitrag, der aus Liebesbriefen an seine Cousine Tulla Pokriefke und einem »Endmärchen« besteht, erweitert sich der epische Kreis, und Eddi und Walter tauchen inmitten der Danziger Studenten, Lehrer, Kleinbürger, Nazisturmtrupps und lokalen Künstler von neuem auf; die wirklichen Hundejahre haben begonnen, die Nationalsozialisten beherrschen Danzig und den größten Teil Europas, und wer ihnen widersteht, wird gefoltert und getötet. In leuchtenden Einzelheiten erwacht Danzig noch einmal zum Leben, aber die Luft verdüstert sich rasch: das feinfühlige Mädchen Jenny wird von Tulla gedemütigt; Eddi wird fast von einem SA-Trupp getötet, den niemand anderer anführt als Walter Matern, ändert seinen Namen in Haseloff, flieht nach Berlin und fährt fort, Vogelscheuchen zu konstruieren und Ballette zu inszenieren; und Harry Liebenau wird (nachdem er lange zwischen Jenny und Tulla geschwankt) Luftwaffenhelfer, wie Grass, und

Panzerinfanterist und lernt in den letzten Monaten des Krieges
seine Lektion von Leben und Tod. In den abschließenden
»Materniaden« berichtet Walter auf seine eigene chaotische Weise
über die ersten Nachkriegsjahre; als geeichter Antifaschist aus dem
Kriegsgefangenenlager entlassen, macht er sich auf seine pikareske
Rachefahrt, um die Amtsträger, Offiziere, Feldpolizisten und Richter zu bestrafen, die ihm ein jämmerliches Leben bereiteten; und
während er ihre Gastfreundschaft genießt, schläft er mit ihren
Frauen, Freundinnen und Töchtern, tötet ihre Hühner und Kana-
rienvögel und steckt jeden mit seiner Gonorrhoe an (die er auf eine
Art und Weise heilt, die in der medizinischen Literatur unbekannt
ist). Als er in Gefahr ist, ein seßhafter Bürger zu werden, begegnet
er glücklicherweise Harry Liebenau, der im Rundfunk ein Podi-
umsgespräch über die deutsche Schuld arrangiert und ihn als Star-
redner verpflichtet; und in Berlin trifft er Eddi Amsel, der sich
wieder an ihn zu klammern beginnt und ihn in einem wahrhaft
epischen Abstieg in die Unterwelt in seinen Schacht fährt, um ihm
seine Vogelscheuchen zu zeigen. Sie sind wieder beisammen und
wieder allein.

Grass nahm die ambivalente Beziehung zwischen Eddi und
Walter in Pilenz' überzeugender Loyalität zu dem großen Mahlke
in *Katz und Maus* voraus, aber in *Hundejahre* verbindet sich die
Ambivalenz der Gefühle fast fatal mit den politischen Voraussetzungen. Matern beschützt seinen Freund Eddi vor den kampflusti-
gen Jungen und grausamen Mitschülern, aber die Loyalität trägt
ihre eigenen Bürden, und nachdem Matern entdeckt hat, daß Eddi
studienhalber eine Naziuniform angezogen und in seiner Villa
mechanische Nazis konstruiert hat, führt er selbst einen Nazi-
Trupp zu Eddies Haus und bringt seinen Freund fast um; Eddi
verliert bei der Schlägerei seine Zähne, bricht im Schnee zusammen
und leidet für den Rest seines Lebens an den Folgen der schnei-
denden Kälte. Aber sobald Eddi Danzig verlassen hat, beginnt der
vereinsamte Matern zu trinken, veruntreut SA-Gelder, um Schnaps
zu kaufen, versucht seinen Lebensunterhalt als Schauspieler zu
verdienen, gerät in Konflikt mit dem politischen System, rettet seine
Haut, indem er sich im Jahre 1939 freiwillig zur Wehrmacht mel-
det, und dient schließlich in einem Strafbataillon, weil er die
höchsten Würdenträger des Reiches beleidigt. Er lügt über seine
Verantwortung für Eddis Verletzungen (seine Tochter Walli spürt

die Wahrheit), aber als Walter und Eddi einander wieder begegnen und Eddi halb ironisch bekennt, daß er auch weiterhin von Deutschland, dem Lande des Vergessens und der archetypischen Vogelscheuchen, bezaubert bleibt, und als er Matern das alte Taschenmesser der Blutsbrüderschaft anbietet, das er auf wundersame Weise aus dem Sand der Weichsel gerettet hat, ist Grass nahe daran, die Idee einer mystisch unverrückbaren Gemeinschaft zwischen Deutschen und Söhnen jüdischer Väter zu formulieren. Sie sind offenbar dazu bestimmt, einander ewig zu hassen und zu lieben.

Der Roman *Hundejahre* arbeitet mit dem kompositorischen Prinzip der Wucherung und der Überschwemmung, aber Grass verbindet sein Interesse an Amsel und Matern kunstvoll mit parallelen Schicksalsumschwüngen anderer Charaktere und einer Anzahl von Nebenmotiven; die Geschichte von Jenny und Tulla ist ihm fugenlos gelungen, aber seine Historie von den Hunden Senta, Harras und Prinz (Hitlers Liebling) gibt nicht viel her. Die junge Tulla Pokriefke, die zum erstenmal in *Katz und Maus* auftauchte (wie Henry Plard feststellt, eine Verwandte Luzie Rennwands, die Oskars »Stäuberbande« verrät), zählt zu den unvergeßlichen Gestalten der Danziger Welt; mager, knochig und nach Tischlerleim riechend, verkörpert sie eine irrationale Macht des Bösen und fasziniert unausweichlich sowohl die Groben als auch die Feinen. Tullas Verhältnis zur pausbäckigen Jenny, die Ballerina werden will, entspricht Materns Haß-Liebe zu Amsel: viele Jahre liebt und haßt sie Jenny und verfolgt das junge Mädchen, das von Zigeunern abstammt, mit der ergebenen Aufmerksamkeit einer boshaften Sklavin; an einem kalten Januartag zwingt sie Jenny, im Schnee zu tanzen, packt sie mit Harrys Hilfe in einen großen Schneemann und läßt sie in der Kälte zurück. Aber gerade der Augenblick der Gefahr und Demütigung verbindet das Schicksal der begabten Zigeunerin Jenny, die von Tulla verfolgt wird, mit dem des talentierten Halbjuden Eddi, den Matern verfolgt; als Jenny im Schnee tanzt, führt Matern den brutalen SA-Trupp zu Eddis Villa. Für Jenny und für Eddi wird die Demütigung Verwandlung: Eddi ändert seinen Namen und beginnt ein neues Leben in Berlin, und die pausbäckige Jenny wird mit einem Male zerbrechlich grazil und überrascht das Danziger Publikum, als sie zum erstenmal im Ballett »Die Eiskönigin« tanzen darf, mit einer überlegenen Leistung (Walter Matern spielt das sprechende Rentier).

Unter den literarischen Taktiken der *Hundejahre* sind Parodie
und Satire von wesentlicher Funktion. Sie verschärfen die polemische Absicht und verfeinern, auf oft unerwartete Weise, das poetische Vokabular. Die Imitationen von Benns Lyrik sind geschickt
integriert (Walter Matern rezitiert sie in Augenblicken der Verzweiflung), die Satiren auf die populären Podiumsgespräche, den
konservativen Verleger Axel Springer und manche deutsche Zeitschriften, einschließlich des *Spiegels* und der *Zeit,* sind allerdings
ermüdende Variationen überlasteter Gags. Die Heidegger-Passagen
sind ebenfalls von wechselndem Erfolg gekennzeichnet: Grass charakterisiert die intellektuelle Verwirrung der Generation der vierziger Jahre sehr präzise, die ins hohe Dunkel der Heideggerschen
Philosophie floh und nicht sah, wie grausam und schmutzig die
Wirklichkeit war; Matern, Liebenau und andere beschwören das
»Sein des Seins« und versuchen, an den Ratten und an dem Kno-
chen- und Schädelhaufen des KZ Stutthof, unmittelbar vor ihrem
militärischen Übungsgelände, ins Geistige vorbeizusehen. Solange
Grass mit der Technik des zitierten Gedankens arbeitet, hat die
Heideggersche Sprache ihre legitime Funktion, sobald er aber über
die Schultern seiner Erzähler spricht und selbst über die Disparität
von hoher Philosophie und niederer Erfahrung theoretisiert, arbeitet er gegen seine eigenen Interessen; das Problem dabei ist nicht,
wie Hans Egon Holthusen meint, daß Geformtes mit bloß Ge-
dachtem vermengt wird, sondern es ist eher eine Frage der erzählerischen Disziplin und der Integrität der fiktiven Charaktere.
Aber Holthusen spricht zu Recht von einem eigenartigen Rückstoß
des Heideggerschen Idioms; Grass mag die existentialistische Terminologie gegen den Existentialismus verwenden, aber an einigen
Stellen verschmelzen im berichteten Gedanken der Erzähler Hei-
deggers Terminologie und ihre intimen Erfahrungen zu einem
neuen Idiom von außergewöhnlicher Konzentration. Wenn Harry
Liebenau über die »ontischen Stimmen der Schiffe« nachdenkt,
verbindet er in der Tat Grass und Heidegger auf poetische Weise.
Günter Grass entwickelt seinen Realismus auf eine manieristische
Art; wie Eddi Amsels Ballette sind auch Grass' Geschichten »ein
präzises Chaos auf hoher Spitze«. Vieles in seiner Kunst erfaßt, wie
Hegel sagen würde, die Welt, wie sie ist; und mit dem unstillbaren
Hunger des wahren epischen Schriftstellers versucht er die Welt
einzukreisen, zu ergreifen und zu halten, um stolz zu benennen,

aufzuzählen und zu zeigen. Als später Homeride der deutschen
Kleinbürger ist er ein Liebhaber der Dinge, die zuzeiten unabhängige und emblematische Bedeutungen ausstrahlen; überraschend
genug gestand Grass selbst, daß Herman Melville ihm etwas von
der »Dinglichkeit« der Welt enthüllt hätte. Manchmal hängt Grass
an der Tradition des neunzehnten Jahrhunderts und baut seine *in-
térieurs* (zum Beispiel das Wohnzimmer bei Matzeraths oder die
Stube Großmutter Materns) im Stil Balzacs; zugleich entwickelt er
eine persönliche Technik endloser asyndetischer Aufzählungen
(von assoziierender Vielfalt), die ein Ding mit dem anderen verkettet. In *Die Blechtrommel* erscheinen nur wenige Aufzählungen,
aber in *Hundejahre* entziehen wir uns ihnen nicht: da ist das Chaos
der verschiedenartigsten Gegenstände, die von den Fluten der
Weichsel herangetragen werden; die Waren, die Amsel *senior* ver-
kauft; die Geschenke, die zahlreiche Damen Walter Matern anbieten, um in seiner Gunst zu bleiben; der Reichtum an schäbigen
Materialien, mit denen Amsel seine Vogelscheuchen baut. In solchen Einzelheiten liegt epische Ekstase.

Aber Grass' Realismus (er selbst liebt diesen Ausdruck) defor-
miert die Umrisse. Durch die Organisation seiner Erzählungen artikuliert Grass sein Mißtrauen gegen Harmonie, Zusammenhang und
Transparenz; und um die erbitterte Opposition seiner Generation
gegen einen eleganten Klassizismus zu zeigen, der längst versagte,
mobilisiert er seine Gegenstrategien der Disproportion, der häßlichen Unvereinbarkeit, der herausfordernden Gegensätze: Eddi
Amsels Prinzip, exzentrische Vogelscheuchen zu bauen, enthält viel
von Grass' eigener Poetik. Grass' Methoden-Reservoir enthält Altes und Neues: in den Anfangskapiteln der *Blechtrommel* stützt er
sich oft auf die metaphorischen Disparitäten der bis zum äußersten
getriebenen *concetti* (Frau Greffs riesiger und fetter Körper als
Kriegsschauplatz), aber in *Hundejahre* sind Unvereinbarkeiten und
Paradoxe in dickensschen Charakteren und grotesken Situationen
wirkungsvoller inkarniert (der humane Lehrer Brunies, süchtig
nach Süßigkeiten, kocht seine eigenen Malzbonbons über einem
Feuer im Wald). Das Ärgerliche ist, daß er gern bei spielerischen
Scherzen verweilt, die er mit symbolischer Bedeutung zu beladen
sucht. Jenseits einer bestimmten Grenze zerstört die Disparität sich
selbst.

Vielleicht sind die produktivsten Unvereinbarkeiten in Grass'

Methode der epischen Unpersönlichkeit zu finden. Er zwingt seine
Ansichten der widerspenstigen Welt nicht selber auf, sondern dele-
giert die Arbeit des Sehens und Sagens an Erzähler, die tief in
Schuld, Blut und Scham verstrickt sind; und während er gegen die
Irrtümer der deutschen Vergangenheit streitet, gewährt Grass den
irrenden Stimmen Oskars, Pilenz', Liebenaus oder Materns (die aus
eigener Erfahrung wissen, worüber sie sprechen) eine nahezu ungebrochene erzählerische Autonomie. Sie sind durch ihre Verstrickungen dazu qualifiziert, die deutsche Vergangenheit zu erforschen – von ihrer Schuld geplagte und unmoralische Erzähler, die
ein Autor mit streng moralischen Neigungen lenkt. Grass veranstaltet mit seinen Erzählern sein eigenes Katz-und-Maus-Spiel, das
man noch nicht auf alle ästhetischen und politischen Folgerungen
hin untersucht hat.

Die dritten Teile der Danziger Romane (Oskar in Nachkriegs-
Düsseldorf und Materns bundesdeutsche Wallfahrt), die dem
›Jetzt‹ der erzählenden Stimmen näher stehen als die distanzierte
Substanz ihres jugendlichen Beginns haben wenig Fleisch und Blut,
aber ich bin nicht gewillt, der Mehrzahl der deutschen Kritiker zu
folgen und den Danziger Epiker Grass ein um das andere Mal
gegen den Berliner Gesellschaftskritiker auszuspielen. Sein Roman
Örtlich betäubt, 1969, markiert eine Wende epischer Interessen und
Methoden, und seine Probleme sind eher darauf zurückzuführen,
daß der Erzähler nicht entschieden genug mit seiner Danziger Epik
bricht. Wie Doderer und Uwe Johnson, vermag sich auch Grass (im
Geiste Balzacs) seinem ursprünglichen Figurenkreis nicht ganz zu
entziehen; seine zentrale Figur ist niemand anderer als Störte-
beker, der einstige Anführer der gefürchteten Danziger ›Stäuberbande‹ (Mascottchen: Oskar Matzerath), jetzt Berliner Studienrat
für Deutsch »und auch Geschichte«, und schmerzlich bemüht, seine
»verlorenen Schlachten« (die Verlobte ist ihm untreu geworden) zu
bewältigen und den wenig hoffnungsfrohen Versuch zu unternehmen, den Schülern »seine Erfahrungen zu vermitteln«. Studienrat
Eberhart Starusch muß sich einer langwierigen Kieferbehandlung
unterziehen, und der »Ritterstuhl« in der Ordination des Zahnarz-
tes, der zu seinem Mentor und philosophierenden Verbündeten
wird, wandelt sich zum unbewegten Mittelpunkt einer unsicher bewegten Welt, in der sich Staruschs »krause Fiktion« (Teil 1/3) über
seine ungetreue Verlobte Linde mit den politischen und pädagogi-

schen Realitäten des Berliner Winters 1967 (Teil 2) mischt; radika-
lisierte Oberschüler, Lehrerkonferenzen, der Besuch des Schah.
Staruschs begabter Schüler Scherbaum hat sich vorgenommen, seinen Hund Max »auf dem Kudamm, vor dem Kempinski ... vor
den kuchenfressenden Damen zu verbrennen«, um gegen Napalm
und Inhumanität zu demonstrieren, und der besorgte Starusch, der
seine Schmerzen nur mühsam betäubt, sucht ihn von seinem Vor-
haben abzubringen. Er hält ihm einen Privatvortrag über Hexen-
und Leichenverbrennungen, denkt daran, die Polizei zu benach-
richtigen, will die Tat selbst auf sich nehmen, inspiziert den potentiellen Tatort selbst mit seinem Schüler (der Autor beschreibt die
Kuchen mit einer solchen kulinarischen Besessenheit, daß sich
Scherbaum sogleich erbricht), plant einen Brief an den Berliner
Senat – allerdings gibt Scherbaum seinen Plan nicht deshalb auf,
weil ihn Staruschs Gedanken überzeugt haben, sondern weil ihn die
Sensationssucht (mit der man ihm auf einer radikalen Party begegnet) anekelt, und weil er nicht, »wie Starusch, später als Vierzig-
jähriger, mit den Taten des Siebzehnjährigen, hausieren gehen
will«. Scherbaum übernimmt die Redaktion der Schülerzeitung und
erfüllt so Staruschs alten Wunsch, die unvollkommene Welt nüchtern und praktisch zu sehen, aber auch Nüchternheit und Pragma-
tismus haben ihre Begrenzungen; Staruschs Zahnschmerzen melden
sich wieder, örtliche Betäubungen sind immer wieder notwendig,
und selbst der rationale Zahnarzt hat seine unstillbare Manie und
»schlingt (wie einst Brunies in *Hundejahren*) in unbeobachteten
Augenblicken klebrige Süßigkeiten in sich hinein«. Die Vernünfti-
gen zitieren Seneca, und Grass (der eine BDM-Führerin von einst
und eine radikale Oberschülerin von heute mit gleicher Einsicht
und Ironie skizziert) weigert sich energisch, dem radikalen Chic der
späten sechziger Jahre seinen Tribut zu entrichten.

In seinem Stück *Die Plebejer proben den Aufstand* konfrontiert
Grass einen berühmten Dramatiker, der an Brecht erinnert, mit
dem Arbeiteraufstand vom 17. Juni 1953, aber das Stück illustriert
Geschichte eher als sie zu illuminieren. In seiner Rede vor der
Akademie der Künste in Berlin (1964), in der er seine Pläne für das
Stück skizzierte, charakterisierte Grass den ästhetisierenden Brecht
polemisch als eine »ungetrübte Theaternatur«, die die Herausforderung des Aufstandes ignorierte; im Stück selbst ist Grass geneig-
ter, die Ambivalenzen in Brechts Charakter zu sehen. Der »Chef«

probt in seinem von Ulbrichts Regierung subventionierten Theater
eine Szene aus Shakespeares *Coriolan,* als eine Delegation der Arbeiter, die eben durch die Straßen Berlins zu marschieren beginnen,
auf seiner Bühne erscheint und ihn darum bittet, bei der Formulierung eines Dokuments mitzuwirken, das die Forderungen der Arbeiter erklären soll. Der skeptische »Chef«, der ein bemerkenswertes Verständnis für revolutionäre Taktik demonstriert, weigert sich
nicht unmittelbar, will aber zuerst mehr über die Ereignisse draußen erfahren; und während die Arbeiter erzählen, was in der Stadt
vor sich geht, gebraucht er sie als ästhetisches Anschauungsmate-
rial, um seine dramaturgischen Probleme mit den Shakespearschen
Plebejern zu lösen. Nach langem Zögern ist er bereit, sich ihrer
Sache anzuschließen, aber es ist zu spät; die sowjetischen Panzer
rollen durch die Straßen, der Aufstand wird unterdrückt, und von
seiner listigen Erklärung (der »Chef« kritisiert in zwei Paragraphen
das vorschnelle Handeln der Regierung und bekräftigt in einem
dritten seine Loyalität zu der herrschenden Partei) gibt die siegreiche Regierung nur den dritten Teil bekannt. Grass macht den
»Chef« nicht zu einer theatralischen Figur, die aus sich selber lebt
(sein Brecht erklärt die Gründe für sein Handeln, indem er ein
Pastiche aus der Lyrik des wirklichen Brecht zitiert), überzeugt aber
mehr in seinem Interesse für den Arbeiteraufstand, den die Stalinisten zerschlagen und die offiziellen Reden der westdeutschen Konservativen seiner sozialen Bedeutung beraubt haben.

Der politische Dramatiker Grass hat bestimmte Vorstellungen
über Kunst und Revolution (in Übereinstimmung mit dem politisch
interessierten Bürger, der zu einer selbstkritischen Sozialdemokratie
neigt), aber der Romancier entfaltet kein engmaschiges Ideensy-
stem. In seiner Revolte gegen die Romane der jüngeren Vergangenheit, die im Verdacht stehen, besondere Doktrinen in straff organisierten Formen auszudrücken, konzentriert sich Grass auf
Dinge, Details, Individuen, Episoden und lose verknüpfte Fäden;
die Besessenheiten seiner autonomen Erzähler sind episch wesentlicher als die Überzeugungen des Autors, der zum politischen *Com-*
mon Sense, zur Reform einer bedürftigen Welt, und neuerdings, zu
Seneca (eher als Marcuse) neigt. Grass analysiert die Fehler der
deutschen Vergangenheit im engsten Bezirk; seine *petits bourgeois*
und schwitzende Nazis sind der historischen Erfahrung näher als
die SS-Frankensteins, die in den Büchern anderer ihr fiktives Wesen

treiben, und während er seine häßlichen, schuldgetriebenen und schäbigen Kreaturen bildet, vergißt er nicht den täglichen Verrat, die rührselige Indifferenz oder jenen jungen Deutschen, den man bestrafte, weil er Katzen mißhandelte, und beförderte, weil er Juden verfolgte. Doch Grass' Welt orientiert sich nicht an vorwiegend politischen Tendenzen, welche die brutalen Nazis von den edlen Verfolgten trennen; auf die Gefahr hin, seine eher politisch orientierten Bewunderer, einschließlich George Steiners, zum Widerspruch herauszufordern, bin ich eher geneigt zu glauben, daß seine Menschen entweder unempfindliche, stumpfsinnige, rohe Spießer oder humane, sensitive und ästhetisch begabte »Künstler« sind. Seine Spießer schließen die Nazifunktionäre ein, zu den »Künstlern« zählen Zigeuner, Polen, Juden und alle jene, die (wie Grass) in neuen Medien arbeiten, ob sie nun trommeln, Vogelscheuchen konstruieren, Bindfaden-Skulpturen knüpfen oder komplizierte Geräuschmaschinen herstellen. Unter den jüngeren deutschen Schriftstellern der Nachkriegszeit ist Grass der begabteste, aber der verwirrende Reichtum und die kollidierende Vielfalt seiner zahlreichen Talente haben ihre eigenen Gefahren; ich bin von seinen urinierenden Sturmtrupps weniger entsetzt als von seinen unkontrollierten Wortkatalogen und seinen komischen, aber folgenlosen Gags. In seinem Bestreben, eine unnatürlich verzerrte Welt in einzelnen Einsichten zu durchdringen, ist die epische Sachlichkeit ebenso entscheidend wie seine Taktik der Mißverhältnisse und Inkompatibilitäten; und während manche Kritiker seine Erzählungen nicht ohne Grund mit dem Barockroman in Beziehung setzen, bin ich eher geneigt, seine intime Verwandtschaft mit Nikolaj Gogols schäbig höllischer Groteske zu betonen.

8. HEIMITO VON DODERER

Allein in seiner massiven und gelegentlich exzentrischen Unabhängigkeit, ging der österreichische Schriftsteller Heimito von Doderer (1896–1966) als der legitime Erbe Thomas Manns aus den späten Nachkriegsjahren hervor. Doderer entwickelte sich zögernd und schuf erst in den späten Jahren seines Lebens (als ob seine eigene Entwicklung der späten Reife vieler seiner fiktiven Charaktere entspräche) mit zwei oder drei Romanen seinen unveräußerlichen Beitrag zur Weltliteratur. Als ein Mann vielfältiger Erfahrungen stand er jenseits des bitteren Zorns, der die Imagination vieler seiner jüngeren Zeitgenossen befeuert und vergiftet; Doderer mischte Vergangenheit und Gegenwart, zögerte nicht, die Traditionen des neunzehnten Jahrhunderts fortzuführen und zu verwandeln, und nützte Elemente der realistischen Technik, die andere als eine Last oder gar einen Fluch empfanden, als neue Taktiken auf seiner Jagd nach epischem Material. Er liebte das Leben geradezu schamlos, und seine Liebe machte seine epische Welt stark, human und der Freude nicht fremd. Er gehörte zu den wenigen Schriftstellern seiner Zeit, welche die Abgründe kannten und es doch nicht lassen konnten, glückliche und lachende Menschen zu bilden.

Doderer entstammte einer Architekten- und Ingenieursfamilie aus Weidlingau bei Wien und fühlte sich durch seine künstlerischen und wissenschaftlichen Neigungen den Traditionen seiner Familie entfremdet. Er bereitete sich zunächst für eine Laufbahn in der k.u.k.-Bürokratie vor, studierte Verwaltungsrecht, fand sich aber später bei einem Kavallerieregiment (1915), kämpfte an der Ostfront (1915–1916), wurde von den Russen gefangengenommen und kehrte (1920) zu Fuß über die Steppen nach Wien zurück. Wie René von Stangeler, sein fiktives anderes Ich, studierte Doderer Geschichte, erhielt (1925) die Doktorwürde für eine Dissertation über die Wiener bürgerliche Historiographie des fünfzehnten Jahrhunderts und führte dann als freier Schriftsteller mit wissenschaftlichen Neigungen jahrelang ein Leben ohne Sicherheit. Doderer gab selbst zu, daß er sich (wie viele andere Angehörige der österreichischen Intelligenz) im Jahre 1933 der illegalen Nationalsozialistischen Partei anschloß; als aber die Nationalsozialisten (1938) in Österreich zur Macht kamen, sagte er sich wieder von ihnen los; ich glaube, daß man an eine psychologische Verbindung

zwischen seinem entscheidenden Bruch mit seiner unmittelbaren
Vergangenheit und seinem wachsenden schriftstellerischen Interesse an den ideologischen Verirrungen des Geschlechts und des Intellekts denken kann. Im Zweiten Weltkrieg diente er in der deutschen Luftwaffe in Rußland und Südfrankreich (wo er Paul Valéry
las); im April 1945 wurde er von den toleranten Norwegern interniert und kehrte mit anderen österreichischen Offizieren und Soldaten in das verwüstete Wien zurück. Doderers Notizen und
Kriegstagebücher (1940–1950), die er in *Tangenten,* 1964, sammelte, zeigen klar, daß die Endstadien seiner intellektuellen und
künstlerischen Entwicklung äußerst schmerzhaft waren; spät erst
gewann Doderer das konturierte Gefühl, als Schriftsteller den
eigenen Weg gefunden zu haben. Seine späten Romane schrieb er
mit der wählerischen Präzision und der Hingabe seiner technisch
versierten Vorfahren; und obwohl ihm in den späten fünfziger und
sechziger Jahren Ehrungen und Literaturpreise nicht fehlten, zog er
es vor, das Rampenlicht zu meiden und seine Mußestunden mit
Freunden in einem Hinterzimmer des gastfreundlichen Café Ha-
velka, im Zentrum Wiens, zu verbringen und über die Aspekte der
erzählenden Kunst zu sprechen.

Der junge Doderer begann anläßlich eines Urlaubs von der Ostfront (1916) zu schreiben, setzte seine literarische Arbeit in russi-
scher Gefangenschaft (1916–1920) fort und veröffentlichte als
Student der Geschichte an der Universität Wien seinen ersten Gedichtband (1923) und seinen ersten Roman (1924). In den späten
zwanziger Jahren, und noch später, folgte er dem Vorbild seines
Freundes, des Malers und Schriftstellers Albert Paris Gütersloh
(geb. 1887), und in den späten dreißiger Jahren tauchten Themen
und Formen auf, die sein reifes Werk charakterisieren. Die Jahre
1938–1940 konstituieren den entscheidenden Wendepunkt auf
seinem Weg als Schriftsteller: Doderer brach mit seiner ideologischen Bindung, beschäftigte sich mit der Frage der »Menschwerdung« und mit den Gefahren, die eine abstrakte Ordnung für die
natürliche Spontaneität des Individuums und des gesellschaftlichen
Lebens hat; die erzählerische Welt seiner späteren Jahre begann
sich zu bilden. In den Jahren 1938–1939 arbeitete er an *Die erleuchteten Fenster oder die Menschwerdung des Amtsrates Julius
Zihal,* 1951; seine Notizbücher, die er während des Krieges führte,
waren die Grundlage für *Die Strudlhofstiege,* 1951; und indem er

die Arbeit an einem früheren Fragment wieder aufnahm, vollen-
dete er *Die Dämonen,* 1956, sein bedeutendstes Buch, und füllte es
mit grotesken Geschichten, erzählerischen Spielen und theoretischen Kommentaren. Vor seinem Tod noch wurde der kurze Roman *Die Wasserfälle von Slunj,* 1963, als erster Teil einer geplanten Tetralogie veröffentlicht. Es ist eine bewegende Vater-Sohn-
Geschichte, aber auch ein wahres *livre sur rien,* reine, durchsichtige
Form und doch von unmittelbarer Menschlichkeit. Heimito von
Doderer wies gelegentlich selbst darauf hin, daß er in Beethovens
Kompositionen nach strukturellen Analogien für sein eigenes Werk
suchte, aber seine letzten Seiten sind eher von der fragilen Transparenz seines Landsmannes Haydn.

Doderers lange Geschichte *Die erleuchteten Fenster oder die
Menschwerdung des Amtsrates Julius Zihal* nimmt viele wichtige
Motive seines späteren Werkes voraus. Im Gegensatz zu manchen
seiner frühen Erzählungen, die deutliche Spuren der expressionistischen Syntax tragen, sind Charakter und Ereignisse durch Sprache
und Topographie fest in Wien lokalisiert, und eine zentrale Gestalt
verkörpert das Thema der Besessenheit und der »Menschwerdung«.
Amtsrat Julius Zihal, ein kleiner Mann, der einen großen Teil seines Lebens in der kafkaesken Atmosphäre des altösterreichischen
Verwaltungsdienstes verbracht hat, hat sich zur Ruhe gesetzt und
unterwirft die tägliche Routine seines Lebens ohne Tätigkeit rasch
einem neuen Ordnungskonzept, das er in schlaflosen Nächten in
seiner verdunkelten Wohnung ausarbeitet. Zihal wird zum besessenen Voyeur und erforscht ruhelos die beleuchteten Fenster gegenüber seiner eigenen Wohnung; ein Opernglas und später ein Tele-
skop benutzend, entwickelt er ein geregeltes Beobachtungssystem,
das sein Leben in bedeutungslose Tage und hektische Nächte spal-
tet. Tagsüber liest er die trockenen Paragraphen des *Bürgerlichen
Gesetzbuches,* und nachts trägt er seine detaillierten Beobachtungen
halbnackter Frauen und junger badender Mädchen in sein eigenes
»Beobachtungs-Notizbuch« ein und verwandelt menschliche Wesen
gnadenlos in die mathematischen Formeln seines inhumanen Systems (»Fenster I, 10 Uhr; 136⁰ / 22⁰«). Ein starrer »Ordnungs-
Kosmos« bezwingt sein Leben und trennt, wie eine Mauer, den
alternden Zihal von der Offenheit potentieller Erfahrung. Doch der
Chronist seiner Verirrungen versagt ihm die Möglichkeit neuer
Menschlichkeit nicht: in einer Wendung zur vitalen, nicht abstrak-

ten Erfahrung, begegnet Zihal der körperlich konkreten Rosa Opletal, einer attraktiven Dame *d'un certain âge*; in der Berührung mit ihrem einladenden Fleisch zersplittern seine Wahnideen, und Zihal, wieder zu einem wahren menschlichen Wesen geworden, besucht mit Rosa eine Aufführung von Mozarts *Zauberflöte* (die ja vom Ritual der Reinigungen handelt) und heiratet seine Erlöserin nur wenig später. Die Geschichte ist von trügerischer Komik, und das gogolsche Element der Groteske (in ihren österreichischen Variationen) enthüllt scharf die Perversionen, welche die Seele Alt-Österreichs, verkörpert im Amtsrat Julius Zihal, infiziert und fast verdorben haben. Ich lese die Chronik von Julius Zihals Wandel als Doderers erste, parabolische Antwort auf die Verirrungen des Dritten Reichs.

In seinem Roman *Die Strudlhofstiege* zeigt uns Doderer die sich bekämpfenden Kräfte seiner Kunst: seinen epischen Hunger nach »totaler« Wirklichkeit und zugleich seinen flaubertschen Wunsch, die zähe Erfahrungsmasse in leichte und spröde Form zu verwandeln; fast unausweichlich wird ein kostbares Meisterstück der architektonischen *art nouveau* (die Strudlhofstiege, die zwei Wiener Stadtteile verbindet) zur symbolischen Mitte seiner Erzählung. Die Geschichte eines einzelnen Lebens kann den Wunsch nach »totaler« Wirklichkeit nicht mehr befriedigen, und Doderer, als ob er Balzac oder, besser noch, George Eliot folgte, entfaltet einen weiten Wiener Horizont von einzelnen und Kreisen, die einander alle ergänzen, vervollständigen und beeinflussen; dem wahren Dasein ist die Isolation unerträglich, und wirkliche Humanität ruht allein in Mitteilung, Partizipation, Verbundenheit. Der Expansion im Raum entspricht die Transparenz der Zeit; in einer komplizierten Verbindung von erlebten und erinnerten Zeiten mischen sich Vergangenheit und Gegenwart, und der Geist des Erzählers (ebenso wie der seiner Gestalten) bewegt sich frei vom Sommer 1911 bis zum Spätsommer und Frühherbst 1925; die Menschen verschmähen die Erinnerung nicht, die ihre Individualität erst eigentlich konstituiert, und das Vergangene ist unverloren. Das Datum besonderer Tage ist von wesentlicher Bedeutung, und nachdem Doderer in Teil I die wichtigsten Charaktere vorgestellt hat, sorgt er dafür, daß besondere Tage die Zentren von Teil II (23. August 1911), Teil III (29. August 1925) und Teil IV (21. September 1925) bilden; die vielen Ereignisse des letzten Tages werden (wie in seinem späteren Roman) Minute für Minute, im Angesicht der fließenden Zeit, in aller Partikularität erzählt. Wir sind angehalten, uns an dem Synchronismus und der räumlichen Koordination von Gruppen, Zirkeln und individuellem Leben zu orientieren, die zusammen den Überfluß des Daseins schaffen.

Aber die bedeutenderen Stränge fehlen nicht, die im Gewebe des Romans dominieren, und die Konflikte bestätigen Doderers unaufhörliche Suche nach jenen bewegenden Elementen, die einen bloßen »Charakter« (bestimmt durch Biologie und Umgebung) in eine wahre »Person« oder ein menschliches Wesen verwandeln; nur die »Person« verwirklicht mit Geduld, Spontaneität und Ausdauer den absoluten Kern der ihr eingeborenen Möglichkeiten. Die verknüpfende Geschichte handelt von der allmählichen »Menschwerdung« Melzers, eines anderen Amtsrates, der sich, versunken in die Betrachtung seiner Vergangenheit, auf gefährliche Weise von möglichen Kontakten mit neuen Erfahrungen zurückzieht. Der Erzähler charakterisiert den unschlüssigen, ichbezogenen und schüchternen Melzer als einen immer zurückweichenden Krebs, und während in Melzers Meditationen ein wiederkehrendes »Rot« eine Zukunft voller Blut und Schrecken andeutet, hat er seinen Augenblick der Wahrheit, als er am späten Nachmittag des 21. September 1925 auf dem Wiener Althahn-(jetzt Julius-Tendler-)Platz auf dem Pflaster kniet, um einer Frau zu helfen, die von einer vorbeifahrenden Straßenbahn gefährlich verletzt wurde. Ihr Blut strömt über seine und die Hände der reizenden Thea Rokitzer, die helfend neben ihm kniet, aber genau in diesem Augenblick des »roten« Terrors zerbricht seine Schale und er öffnet sich der menschlichen Erfahrung und dem mitreißenden Gefühl. Verwirrt und doch ruhig macht er Thea (die er schon lange heimlich angebetet hat) fast auf der Stelle einen Heiratsantrag.

Melzers »Menschwerdung« verbindet sich aufs engste mit den kontrapunktischen Schicksalen der Mary K. (deren Bein oberhalb des Knies von der Straßenbahn abgetrennt wird) und Etelkas, der Schwester seines Freundes René von Stangeler. Die noble und sensitive Mary K. (die Melzer 1910 fast geheiratet hätte) führte ein zufriedenes, wenn auch monotones Leben, das sie nicht dazu nötigte, die »Person« in ihrem »Charakter« zu entdecken, aber der brutale Unfall zwingt sie, alle ihre verborgenen Kräfte zu mobilisieren; sie überlebt und erscheint (in *Die Dämonen*) als die arche-

typisch strahlende Frau, deren jüdische Abstammung ihren geistigen Sieg über den geschwächten Körper mit den alttestamentarischen Quellen der Menschenkraft verbindet; der schreckliche
Augenblick auf dem Pflaster hat sie zur »personalen« Existenz geführt. Mary K. ist für den Sieg prädestiniert, Etelka Stangeler-
Grauermann aber für eine drohende Niederlage: Etelka kann sich
nicht zügeln, bewegt sich phantasierend von einer Affäre und von
einem Liebhaber zum anderen und nimmt schließlich eine Überdo-
sis Schlaftabletten, um ein Leben des chaotischen Gefühls und der
rastlosen Unzufriedenheit zu beenden. Aber Doderer schafft seine
erzählerische Welt nicht nur, um ein theoretisches Konzept der
»Menschwerdung« zu demonstrieren; er kennt den Nutzen der un-
terhaltenden Intrige und entwickelt, wie um den Leser traditioneller Romane hinters Licht zu führen, die Geschichte von dem lie-
benswerten Zwillingspaar Edith und Mimi Pastré. Edith will ihrem
Geliebten Wedderkorp helfen, guten österreichischen Tabak nach
Deutschland zu schmuggeln, und man arrangiert einige intime Begegnungen *au lit,* bei denen die eine Schwester die andere »spielt«;
Mimi hat allerdings eine Operationsnarbe, Edith nicht, und die
Schwestern täuschen René oder Melzer, aber nicht den gutunter-
richteten Leser. Aber die Tabak-Intrige ist ein »blindes« Motiv:
abstrakte Pläne haben in Doderers Welt niemals Erfolg, die spontane Macht des Lebens interveniert und verurteilt die Schmuggel-
pläne zu einem inkonsequenten Fehlschlag.

Hinter all diesen Ereignissen, Abenteuern und Schicksalsschlägen
verkörpert die schöne Strudlhofstiege (1910 von Johann Theodor
Jaeger erbaut) eine geheime Gestalt von wesentlicher Bedeutung:
sie ist (wie Doderer sagt) der Hauptdarsteller des Romans und eine
ständige Erinnerung an die unvergeßliche Gegenwart der Vergangenheit. Die Menschen können diese Stiege nicht vermeiden, und
ihre kunstvollen Rampen, Terrassen, Ecken, Lampen und Skulptu-
ren tönen von Skandalen, Konflikten, Küssen und Erinnerungen
wieder; diese Architektur bildet den Brennpunkt der Stadt und
offenbar den »genius loci« (wie die süße Paula Schachl), die »tiefste Tiefe« Wiens und doch »das Frei-Sein von ihr«. Mit ihren
komplizierten Terrassen und ansteigenden Flächen harmoniert die
Strudlhofstiege auf merkwürdige Art mit der Struktur der aufsteigenden Semmering-Landschaft und den Wasserfällen von Slunj
(Landschaften, die in den späteren Erzählungen Leben und Tod

implizieren); alle strukturierte Form deckt tiefe Geheimnisse von Kunst und Leben auf. René von Stangeler (der oft Doderers Meinung ausspricht) rühmt die Strudlhofstiege als ein Gedicht, eine Ode in vier Strophen; und das architektonische Symbol verrät viel von Doderers Vorstellung, wie menschliche Erfahrung sein sollte: auf diesen Stiegen müssen die Menschen langsam gehen, das Kunstvolle, Farbige und Reiche immer vor Augen. Das Leben soll nicht durch einen »zweckvollen Kurzfall« bestimmt werden, sondern, wie ein Gang über die Strudlhofstiege, erleuchtet von der »Köstlichkeit all' ihrer Wegstücke«. Die Architektur der Strudlhofstiege drückt die Goethesche Forderung nach einem spontanen Leben aus, das frei in dauernder Freude verweilt und nicht durch gehetzte und entmenschlichende Funktionalität der Entstellung verfällt.

Doderers massiver Roman *Die Dämonen* bildet seinen unbestrittenen Beitrag zur Weltliteratur unseres Jahrhunderts. Doderer verfeinert frühere formale Fertigkeiten, untersucht private und politische Fragen und erweitert den Rahmen seiner Beobachtungen; er treibt seine Fragen in die Tiefe, und, indem er sich an den Arbeiten des Wiener Psychologen Otto Weininger eher als an Schopenhauer oder Nietzsche orientiert, wetteifert er auf psychologische Art energisch mit Thomas Manns metaphysisch und ästhetisch orientierten Analysen des Faschismus in *Dr. Faustus* (1947). Doderers Zeitblohm ist Dr. Georg von Geyrenhoff, ein nachdenklicher Staatsbeamter, der sich gerade zur Ruhe gesetzt hat und das Tagebuch einer Gruppe von Menschen schreiben will, die sich im Winter und Frühjahr 1925/26 gelegentlich treffen; dem Beispiel von Dostojewskis Erzähler in den *Dämonen* folgend (der seinen Namen »G-ff« abkürzt), bemüht sich Geyrenhoff sehr, seinen chronikalischen Aufgaben gerecht zu werden, für die er ja zunächst durch seine finanzielle Unabhängigkeit, seine Lebensreife und seine distanzierte Sachlichkeit gut geeignet zu sein scheint. Seine Schwierigkeiten ruhen in der begrenzten erzählerischen Perspektive: als Chronist kann er nicht überall dabeisein und alles wissen, und so sieht er sich gezwungen, die literarische Hilfe seines Freundes, des Schriftstellers Kajetan von Schlaggenberg (der unter anderem ein Kapitel über die Alltagsaffären einer Dame von einigem *embonpoint* beisteuert) und des Historikers René von Stangeler zu erbitten; andere, z. B. Frau Selma Steuermann und Grete Siebenschein, tragen ihren Teil dazu bei, indem sie ihren Freundinnen nachspionieren. Aber die endgültige Erzählung, die den Roman bildet, besteht in Wirklichkeit aus drei Textebenen: die erste fragmentarische Chronik, die Geyrenhoff unmittelbar unter dem Eindruck der Ereignisse des Winters und Frühjahrs 1925/26 niederschreibt und vor der Vollendung abbricht, weil er am 15. Mai 1927 spürt, daß er nicht mehr dazu qualifiziert ist, eine sachliche Chronik weiterzuführen, weil ihn sein lebhaftes Gefühl für Friederike Ruthmayr aller Distanzierung beraubt; die spätere Revision (1955) seines Fragmentes, das er als Rohmaterial benutzt, als er zwanzig Jahre später in einem einsamen Zimmer hoch über der Stadt über seine Vergangenheit nachgrübelt; und schließlich die erzählerischen Bemühungen des eingreifenden Autors, der, immer ungeduldiger mit Geyrenhoffs beschränkten Anstrengungen mit Revision (1955) und Fragment (1927), Geyrenhoff die Feder aus der Hand nimmt und das gesamte Material für seinen eigenen »Roman nach der Chronik des Sektionsrates Geyrenhoff« benutzt. So erweitert sich die erzählerische Perspektive über Geyrenhoffs partielle Sicht hinaus (wie in Dostojewskis *Die Dämonen* und Melvilles *Moby Dick*), und der Chronist, der seine Distanz einem innigen Gefühl geopfert hat, erscheint selbst als bewegter Charakter und von außen ironisch betrachtet.

Doch die korrigierende Autorenstimme kann Geyrenhoff nicht zum Schweigen bringen, der seine Beobachtungen mannigfaltiger Ereignisse fest in der Wiener Landschaft lokalisiert und aus den Quellen des örtlichen Idioms schöpft, um seine Skepsis anzudeuten. Geyrenhoff zögert nicht, die Geographie Wiens soziologisch zu interpretieren. Er sieht die Stadt genau an der Grenze, die zwei traditionelle Lebensarten trennt: im »Westen«, der durch die detaillierten Konturen ausgeprägter Individualität (das Erbteil Roms und Griechenlands) geformt ist, kleine Gärten, Einzelhäuser und die Selbstbehauptung des Menschen; im »Osten« flache und schier unbegrenzte Horizonte ohne harte Linien, Seelen »wie Rauch«, die ineinander aufgehen, und Menschen, versammelt in einer Gemeinschaft, die sich dem Schicksal hilflos unterwirft. Im Gegensatz zu Thomas Manns Zeitblohm, der nicht von der schicklichen Prosa des hochgebildeten Humanisten abweicht, arbeitet Geyrenhoff mit vielen Schattierungen des gesprochenen Volksdialekts; für gewöhnlich benutzt er die ironisch latinisierende Sprache des Verwaltungsbe-

amten, aber wenn abstrakte Ideen die Oberhand gewinnen und die
lebendige Erfahrung zu überschatten drohen, fügt er schnell, in
Kommentaren, Klammern oder Beiseite-Bemerkungen, einen entsprechenden Ausdruck aus dem Dialekt hinzu und vernichtet den
hohen Ernst durch ein triviales Idiom; spricht er über »Agglome-
ration«, versäumt er nicht, sarkastisch das Wort »Knödelbildung«
in Klammern hinzuzufügen. Er arbeitet mit einer Kollage idioma-
tischer Ebenen, die schon Johann Nestroy in der Mitte des neunzehnten Jahrhunderts bevorzugte; und da sich Geyrenhoff auf wie-
nerisch gegen die heroische Abstraktion der Gedanken zur Wehr
setzt, schützt er seine Chronik erfolgreich davor, dem traditionellen
deutschen Bildungsroman ähnlich zu werden, in dem der lebende
Charakter hinter kunstvollen Seminargesprächen verschwindet.

Doderer erstrebt einen »totalen« Roman in der Tradition des
alten Realismus und arbeitet mit einer Vielfalt von Handlungs-
Strängen, die den »Teppich« des Lebens bilden. Geyrenhoff selbst
»[fällt] von seinem Steckenpferd« und entdeckt, daß er Friederike
Ruthmayr liebt, die ihrerseits durch die »Glaswand« brechen muß,
die sie vor dem unmittelbaren Kontakt mit dem Leben bewahrt;
Mary K. findet absolute Erfüllung bei Leonard Kakabsa, einem
proletarischen Wilhelm Meister, der auf eigene Faust lateinische
Grammatik und Renaisssance-Philosophie studiert und seine eigene
Menschwerdung erfährt; René von Stangeler streitet endlos mit
Grete Siebenschein, ehe er erkennt, daß sie ihr Recht auf geistige
Unabhängigkeit hat. Da ist auch wieder das blinde Intrigenmotiv
(der Anwalt Levielle versucht, Quapp von Schlaggenberg um eine
Erbschaft zu betrügen), und da sind epische Hilfstruppen von Kar-
tenspielern, kleinen Dieben, Damen, die Berge von Schlagsahne
verschlingen, ungarischen Faschisten, Prater-Prostituierten, gebil-
deten Polizisten, freundlichen jüdischen Rechtsanwälten, *bon vi-
vants,* arbeitslosen Historikern und unsympathischen Hausmeistern
(die einzigen Menschen, die Doderer wirklich haßt), welche dieser
lokalen Welt Farbe, Spannung und Fülle verleihen. Wie in dem
früheren Roman werden bestimmte Tage von Stunde zu Stunde
erzählt (vor allem der 10. Januar 1927 und der 15. Mai 1927), aber
die Stränge führen alle zu dem langen und heißen 15. Juli 1927 hin,
an dem das Private durch öffentliche Ereignisse überschattet wird,
die für die Zukunft Schlimmes bedeuten. Demonstrierende Arbeiter brennen den Wiener Justizpalast nieder, Polizisten und De-

monstranten schießen aufeinander, das Lumpenproletariat plündert; und inmitten der Feuer und der Gesetzlosigkeit stehen die Dämonen auf, die in den folgenden Jahren noch brutalere Feuersbrünste verursachen werden. Das Feuer und der Rauch über der Stadt Wien sind wie Ahnungen der Todeswolken über Bergen-Belsen und Auschwitz.

Doderer betonte immer, daß er sich mit moderner Dämonologie beschäftige oder, besser, mit den Ideologien, die für die drohende Entmenschlichung der Menschheit verantwortlich sind. Er sieht politische Fragen als ein Element einer Phänomenologie der Seele und definiert sein Problem auf eine psychologische (und ahistorische) Art: Die Dämonen tauchen in jedem Lebensbereich auf, besonders aber in den zentralen Sphären der Sexualität und der Politik; und indem Doderer die Bedeutung seiner frühen Zihal-Geschichte betont, bekräftigt er seine These davon, daß sexuelle Perversionen die Praktiken des totalitären Staates vorausnehmen oder ihnen korrespondieren. In Geyrenhoffs Kreis sind der Schriftsteller Kajetan von Schlaggenberg und der junge Industrielle Jan Herzka Opfer der Dämonen in sexueller Gestalt. Schlaggenberg jagt unermüdlich in den schäbigsten Cafés nach dicken Damen, die allein seine Neigungen provozieren, und Herzka, der einmal in einem alten Buch über Hexenprozesse das Bild einer gefolterten Frau mittleren Alters sah, versucht verzweifelt, bei seinen sexuellen Erfahrungen diese unvergeßliche Szene zu reproduzieren. Schlaggenberg und Herzka sind von einer sexuellen Ideologie geschlagen, denn sie suchen der Spontaneität ein abstraktes Ordnungssystem aufzubürden; sie sind beide in Gefahr, andere Menschen in unpersönliche Objekte ihrer zwangshaften Intentionen zu verwandeln.

Aber Doderer gibt sich nicht allein mit der Beschreibung der Besessenen zufrieden, sondern liefert auch, in Form von drei interpolierten Manuskripten (jedes eine literarische *tour de force* eigener Art) die inneren Beweise. Schlaggenberg überreicht Geyrenhoff eine statistisch-theoretische Abhandlung über dicke Damen, und Geyrenhoff meint richtig, daß Schlaggenbergs pseudowissenschaftliche Terminologie die Entstehung eines inhumanen Klassifizierungssystems und einer Sekundärsprache bedrohlich illustriere; spätere Leser werden dazu neigen, Schlaggenbergs Terminologie der Auslese mit den Memoranden des SS-Rassenhauptamtes zu vergleichen, welches den Massenmord nach analogen Klassifizie-

rungssystemen organisierte. Jan Herzka findet sich selbst mit einem
sprechenden Bild konfrontiert, als René Stangeler ein spätmittelal-
terliches Manuskript entdeckt, in dem der entsetzte Chronist die
seltsamen Abwege seines Herrn Achaz von Neudegg beschreibt.
Achaz bringt zwei Frauen auf sein Schloß, unterwirft sie einem
vorgespiegelten Hexenprozeß und befiehlt zwei jungen Männern,
sie mit Samtpeitschen zu »foltern«, weil er von dem Gedanken
besessen ist, ihre frauliche Würde zu brechen. Sobald die Frauen
mit den jungen Männern geschlafen haben (um, wie sie hoffen, weiteren Erniedrigungen zu entgehen), läßt er sie sofort frei, denn er
hat sein Ziel erreicht.

Die Dämonen hausen in den Tiefen der Seele und in den Ab-
gründen der Welt und bedrohen einen steirischen Baron des Jahres
1464 nicht weniger als einen modernen Schriftsteller; sie wohnen
mit der Menschheit zusammen und warten nur darauf, sichtbar zu
werden, wenn die großen Feuer brennen. Das dritte eingefügte
Manuskript (Frau Kapsreiters »Nachtbuch«) protokolliert die
Träume einer einfachen Frau, die im »Haus zum Blauen Einhorn«
(nicht weit von der Strudlhofstiege) wohnt, und öffnet den nächtli-
chen Blick in die Keller, Höhlen, Schächte und Kanäle, die ihrerseits
mit dem fließenden Element der Flüsse und der großen Ozeane
verbunden sind, und das Gewimmel der schrecklichen Schatten und
Gestalten. Zuzeiten nehmen diese schleimigen und muskulösen
Ungetüme eine fast menschliche Gestalt an, wie der Hitler ähnliche
österreichisch-bayerische Killer Meisgeier, und versuchen, wie es
Meisgeier am 15. Juli 1927 tut, durch die Kanalgitter auf die Straßen zu steigen. Den vorgefaßten Konzeptionen und abstrakten Le-
bensprogrammen der Innenwelt entsprechen im Außen der
wiederkehrende *Inkubus* (oder wie die einfache Frau Kapsreiter
sagt, der *Kubitschek*) und die schleimigen Ungetüme der wässeri-
gen Tiefe in polypenartiger Schreckensgestalt.

Doderer glaubt, daß in der Regel eine relative Deckung zwischen
dem Inneren (dem Ich) und dem Äußeren (der Welt) existiert: Der
Mensch öffnet sich dem rühmlichen Ansturm der Erfahrung, liebt
es, »wahrzunehmen«, und sucht, als ob er das weibliche Prinzip
verkörpere, eine mystische Ehe mit den Kräften einer greifbaren
Welt einzugehen, die in seine aufnahmebereite Seele eindringen.
Die Entmenschlichung beginnt, wo sich der Mensch in sich selbst
zurückzieht, sein Gesichtsfeld einengt und sich zu seinem Unglück

weigert, wahrzunehmen, was in aller Breite von außen kommt (Apperzeptionsverweigerung); das Ich wird zu einem herrschsüchtigen Mittelpunkt und versucht, der äußeren Welt seine Begriffsstrukturen aufzuzwingen. Eine »Soll-Vorstellung« gewinnt die Herrschaft über lebende Spontaneität, eine abstrakte, gespensterhafte »zweite Wirklichkeit« triumphiert über die ursprüngliche und greifbare Realität und verwandelt die Welt zu einer Hölle der siegreichen Ideologie. Die Apperzeptionsverweigerung ist allerdings in vielen Intensitätsstufen und vielen verschiedenen Formen zu beobachten: Melzer und Geyrenhoff sind gewiß gefährdet, denn sie sind zu selbstbezogen und gewähren ihrer Vergangenheit allzu große Dominanz über ihre Gegenwart: Imre von Gyurkicz (in *Die Dämonen*) wählt eine »zweite Wirklichkeit«, indem er versucht, sich eine neue adelige Biographie mit objektiven Symbolen zu konstruieren; und Zihal, Schlaggenberg und Herzka beweisen fehlende Kongruenz zwischen Ich und Welt in ihrer besonderen Sexualität. In der politischen Sphäre werden die Antisemiten Dr. Kröger und Eulenfeld und der ungarische Faschist Sevzcik (in *Die Dämonen*) der Lebensfeindlichkeit schuldig, denn sie schaffen ein System von vorgefaßten politischen Meinungen. Parteiorganisationen sowohl auf der Rechten als auch auf der Linken sind von »zweiten Wirklichkeiten« beherrscht, aber es ist merkwürdig, daß der konservative Doderer in der Analyse der späten zwanziger Jahre die Untugenden eher bei seinen Freunden auf der Rechten als bei der Linken findet. Er verdammt die kollektivistischen Doktrine der Sozialisten, aber die einzelnen Mitglieder des paramilitärischen soizalistischen *Republikanischen Schutzbundes,* die am 15. Juli 1927 den Verwundeten helfen und die Toten wegtragen, werden uns als rote Engel in Menschengestalt präsentiert.

Gegen die fatalen »zweiten Wirklichkeiten« argumentierend, spricht Doderer mit einiger Einsicht von der Revolution. Revolutionäre, glaubt er, sind Menschen, die der Verantwortung für ihre individuelle »Menschwerdung« entfliehen, ihre Augen vor der Spontaneität und der Fülle des Universums schließen, die Apperzeption verweigern und einer widerspenstigen Welt ihre totale Vision mit Leidenschaft aufdrängen. Doderer beschränkt seine Kritik auf die totalitären Aspekte revolutionärer Forderungen und begrüßt eine Veränderung der Welt, solange sie auf einem Wandel des Individuellen unter natürlichen Bedingungen beruht. Die Schwierigkeit liegt darin, daß seine leuchtenden Beispiele für eine solche Transformation aus der idyllisch pastoralen Sphäre stammen und mit den Problemen hochindustrialisierter Gesellschaften wenig Gemeinsames haben. Ich bin versucht zu sagen, daß Doderers konservative Haltung ihn nicht davon abhält, seine wesentlichen Gedanken innerhalb der österreichischen antihegelianischen Tradition zu artikulieren und die gesellschaftlichen Auffassungen seines Landsmannes Karl Popper instinktiv zu unterstützen – sachliche und partielle Veränderung der Welt, nicht den Terror, den die totalen Umwälzungen mit sich bringen.

Doderers tiefstes Geheimnis ist sein axiomatischer Glaube an die Kraft und die Herrlichkeit des Lebens. Er rühmt das »Gesamtleben« und ist fast daran, sein eigenes ideologisches Konzept zu entwickeln, um sein Weltbild zu umreißen; zum Glück ist es die Tugend des »Gesamtlebens«, auf einer Koexistenz divergierender, unverwechselbarer, individueller und greifbarer Elemente zu ruhen. Ein starker Zug des Bergsonschen Vitalismus strahlt durch Doderers Romane, und er wird nie zögern, dem Lebendigen und Konkreten die Prinzipien der Abstraktion und Auslese aufatmend zum Opfer zu bringen. Andere »Vitalisten« haben ihre Vorstellung vom Leben gegen den schöpferisch-kritischen Intellekt gerichtet, aber Doderer macht sie zum Instrument einer Kunst, welche die runde Fülle der Welt vor der programmatischen Schändung durch barbarische Ideologen zu bewahren sucht.

NÜTZLICHE LITERATUR

DIE SCHWEIZ

Soziale und politische Entwicklungen

Chopard, Theo. *Switzerland: Present and Future*. Bern, 1963.
Dürrenmatt, Peter. *Schweizer Geschichte*. Zürich, 1963.
Fritzsche, Bruno W. *Die Schweiz zwischen Tradition und Fortschritt*. Zürich, 1969.
Gruner, Erich. *(ed.) Die Schweiz seit 1945*. Bern, 1971.
Hauser, Albrecht. *Schweizerische Wirtschafts- und Sozialgeschichte*. Erlenbach/Zürich, 1961.

Literarische Trends

Böschenstein, Hermann. »Contemporary German-Swiss Fiction«, *German Life and Letters* 12 (1958), S. 24–33.
Calgari, Guido. *The Four Literatures of Switzerland*. London, 1963.
Schmid, Karl. *Unbehagen im Kleinstaat*. Zürich, 1963.
Weber, Werner. *Tagebuch eines Lesers*. Olten, 1965, S. 267–290.
Wehrli, Max. »Gegenwartsdichtung in der deutschen Schweiz.« *Deutsche Literatur in unserer Zeit*. Göttingen, 1966. S. 118–138.
Wildi, Max. »Contemporary German-Swiss Literature: The Lyric and the Novel«, *German Life and Letters* 12 (1958), S. I–II.
Wiskemann, Elizabeth. »Contemporary Writing in Switzerland«, *Times Literary Supplement*, 4. Juli 1958.
Zbinden, Hans. »Zur Situation der Literatur in der Schweiz.« *Welt und Wort 24* (1969), S. 308–311.

ÖSTERREICH

Soziale und politische Entwicklungen

Bader, William B. *Austria between East and West*. Stanford, 1966.
Mayer, Klaus Wolfgang. *Die Sozialstruktur Österreichs*. Wien, 1970.
Nenning, Günther. *Anschluß an die Zukunft*. Wien, 1963.
Schulmeister, Otto. *Die Zukunft Österreichs*. Wien, 1967.
Vodopivec, Alexander. *Die Balkanisierung Österreichs*. Wien, 1966.

Literarische Trends

Allemann, Beda. »Experimentelle Dichter aus Österreich.« *Neue Rundschau* 78 (1967), S. 317–325.

Breicha, Otto. »Zur Wiener Gruppe.« *Literatur und Kritik* 4 (1969), S. 492–494.

Fleischmann, Wolfgang Bernhard. »Introducing Austrian Literature«, *Wisconsin Studies in German Literature 8* (1967), S. 475–483.

Langer, Norbert. *Dichter aus Österreich.* 4 Bd. Wien, 1956.

Magris, Claudio. *Il mito absburgico nella letteratura austriaca moderna.* Turin, 1963.

Musulin, Janko von. »Österreichische Literatur nach 1945«, *Hochland* 59 (1967), S. 437–444.

Weiss, Walter. »Die Literatur der Gegenwart in Österreich«. M. Durzak *(ed.) Deutsche Literatur der Gegenwart.* Stuttgart, 1971. S. 386–399.

DIE DEUTSCHE DEMOKRATISCHE REPUBLIK

Politische und soziale Entwicklungen

Doernberg, Stefan. *Kurze Geschichte der DDR.* Berlin/Ost, 1968. Der offizielle Standpunkt.

Dornberg, John. *The Other Germany.* Garden City. N. Y., 1968.

Ludz, Peter Christian. *Parteielite im Wandel.* Köln-Opladen, 1968.

Richert, Ernst. *Das zweite Deutschland.* Frankfurt/M., 1966.

Stolper, Wolfgang F. *The Structure of the East German Economy.* Cambridge, Mass., 1960.

Das System der sozialistischen Gesellschafts- und Staatsordnung in der Deutschen Demokratischen Republik, hrsg. von der Deutschen Akademie für Staats- und Rechtswissenschaft »Walter Ulbricht«. Berlin, 1970.

Literarische Trends

Bilke, Jörg B. »Auf den Spuren der Wirklichkeit.« *Der Deutschunterricht* 21 (1969), S. 24–60.

Demetz, Peter. »Literature in Ulbricht's Germany«. *Problems of Communism* 77 (1962), S. 15–21.

Drewitz, Ingeborg. »Metamorphosen der DDR Literatur.« *Deutsche Studien* 5 (1969), S. 147–158.

Franke, Konrad. *Die Literatur der Deutschen Demokratischen Republik.* München, 1972.

Koch, Hans. »Der Wirklichkeit auf den Grund gehen.« *Neue Deutsche Literatur* 77 (1963), S. 12–54.

Mayer, Hans. *Zur deutschen Literatur der Zeit.* Reinbek/Hamburg, 1967, S. 374–394.

Raddatz, Friz J. *Traditionen und Tendenzen: Materialien zur Literatur der DDR.* Frankfurt, 1972.

Reich-Ranicki, Marcel. *Deutsche Literatur in Ost und West.* München, 1963.

Winter, Helmut. »East German Literature«. In *Essays on Contemporary German Literature,* (ed.) Brian Keith-Schmith, S. 261–280. German Men of Letters, London, 1956.

Schonauer, Franz. »DDR auf Bitterfelder Weg.« *Neue Deutsche Hefte* 13 (1966), S. 91–117.

DIE BUNDESREPUBLIK DEUTSCHLAND

Soziale und politische Entwicklungen

Balfour, Michael. *West Germany.* London, 1968.

Dahrendorf, Ralf. *Gesellschaft und Demokratie in Deutschland.* München, 1965.

Fürstenberg, Friedrich. *Die Sozialstruktur der BRD.* Köln, 1967.

Grosser, Alfred. *The Federal Republic of Germany: A Concise History.* New York, 1964.

Jaeggi, Urs. *Macht und Herrschaft in der Bundesrepublik.* Frankfurt, 1969.

Richter, Hans Werner. *Bestandsaufnahme: Eine deutsche Bilanz.* München, 1962.

Wallich, H. C. *Mainsprings of the German-Revival.* New Haven, 1955,

Literarische Trends

Arnold, Heinz Ludwig *(ed.) Literaturbetrieb in Deutschland.* München, 1971.

Drewitz, Ingeborg. *Die Literatur und ihre Medien.* Düsseldorf, 1972.

Grosser, J. F. D. *Die große Kontroverse.* Hamburg, 1963. Thomas Mann und die »innere Emigration«.

Heissenbüttel, Helmut. »Konkrete Poesie.« *Über Literatur* (Olten, 1966), S. 71–74.

Hermand, Jost. *Pop International.* Frankfurt, 1971.

Hohendahl, Peter Uwe. »Das Ende einer Institution: Der Streit über die Funktion der Literaturkritik.« *Revolte und Experiment* (5tes Amherster Kolloquium), Heidelberg, 1972, S. 41–72.

Holthusen, Hans Egon. *Der unbehauste Mensch.* München, 1951. Die Anfänge der literarischen Kritik in der Nachkriegszeit.

Hüser, Fritz. *Von der Arbeiterdichtung zur neuen Industriedichtung der Dortmunder Gruppe 61: Abriß und Bibliographie.* Dortmund, 1967.

Jens, Walter. *Deutsche Literatur der Gegenwart.* München, 1962.
Kühne, Peter. *Arbeiterklasse und Literatur: Dortmunder Gruppe 61/Werkkreis Literatur der Arbeitswelt.* Frankfurt, 1972.
Lettau, Reinhard. *Die Gruppe 47: Bericht, Kritik, Polemik.* Neuwied/Berlin, 1967.
Reich-Ranicki, Marcel. *Literarisches Leben in Deutschland.* München, 1965. Eine Chronik der Entwicklungen 1961–1965.
Reich-Ranicki, Marcel. *Literatur der kleinen Schritte.* München, 1967. Entwicklungen 1963–1967.
Stern, Guy. »Prolegomena zu einer Geschichte der deutschen Nachkriegsprosa«, *Colloquia Germanica 3* (1967), S. 233–252.
Wehdeking, Volker Christian. *Der Nullpunkt.* Stuttgart, 1971.
Widmer, Urs. *1954 oder die »Neue Sprache«.* Düsseldorf, 1966.

PROBLEME DER LYRIK (INTERMEZZO 1)

Allemann, Beda. »Non-representational Modern German Poetry«. In *Reality and Creative Vision in Modern German Lyrical Poetry: Proceedings of the 15th Symposium of the Colston Research Society Held in the University of Bristol,* April 1963, (ed.) A. Closs. London, 1963, S. 71–79.
Borman, Alexander von. »Politische Lyrik in den sechziger Jahren: Vom Protest zur Agitation.« M. Durzak *(ed.) Deutsche Literatur der Gegenwart.* (Stuttgart, 1971), S. 170–191.
Büttner, Ludwig. *Von Benn zu Enzensberger: Eine Einführung in die zeitgenössische Lyrik 1945–1970.* Nürnberg, 1971.
Domin, Hilde. *Wozu Lyrik heute.* München, 1968.
Enzensberger, Hans Magnus. »In Search of the Lost Language«, *Encounter* 21 (1963), S. 44–51.
Exner, Richard. »Tradition and Innovation in the Occidental Lyric of the Last Decade – German Poetry, 1950–1960: An Estimate«, *Books Abroad* 36 (1962, S. 245–254.
Flores, John. *Poetry in East Germany: Adjustments, Visions and Provocations.* New Haven, 1971.
Franz, Michael. »Zur Geschichte der DDR-Lyrik.« *Weimarer Beiträge* 15 (1969), S. 561–619; 763–810; 1166–1228.
Härtling, Peter. *In Zeilen zuhaus.* Pfullingen, 1957.
Hinderer, Walter. »Sprache und Methode: Bemerkungen zur politischen Lyrik der sechziger Jahre.« *Revolte und Experiment* (5tes Amherster Kolloquium), Heidelberg, 1972, S. 98–143.
Krolow, Karl. *Aspekte zeitgenössischer deutscher Lyrik.* Gütersloh, 1961.
Laschen, Gregor. *Lyrik in der DDR.* Frankfurt, 1971.

Müller, Hartmut. *Formen moderner deutscher Lyrik.* Paderborn, 1970.
Vietta, Silvio. *Sprache und Sprachreflexion in der modernen Lyrik.* Hamburg, 1970.

TENDENZEN IM THEATER (INTERMEZZO 2)

Esslin, Martin. *The Theater of the Absurd.* Garden City, N. Y., 1961, S. 191–195.
Franzen, Erich. *Formen des modernen Dramas.* München, 1970.
Garten, Hugh F. *Modern German Drama.* London, 1959.
»The German Theater in the 1960's«. *Times Literary Supplement,* 3. April 1969.
Hoover, Marjorie L. »Revolution und Ritual: Das deutsche Drama der sechziger Jahre.« *Revolte und Experiment* (5tes Amherster Kolloquium), Heidelberg, 1972, S. 73–97.
Kähler, Hermann. *Gegenwart auf der Bühne* /DDR/ Berlin, 1966.
Kesting, Marianne. *Panorama des zeitgenössischen Theaters.* München, 1969.
Klarmann, Adolf D. »German Documentary Drama«, *Yale German Review 2* (1966), S. 13–19.
Rischbieter, Henning. *Deutsche Dramatik in West und Ost.* Velber/ Hannover, 1965.
Shaw, Leroy R. (ed.). *The German Theater Today.* Austin, 1963.
Strelka, Joseph. *Brecht, Horváth, Dürrenmatt: Wege und Abwege des modernen Dramas.* Wien, 1962.
Taëni, Rainer. *Drama nach Brecht.* Basel, 1968.
Tynan, Kenneth. »The Theater Abroad: Germany«, *The New Yorker,* 12. September 1959, S. 88–113.
Zipes, Jack D. »Documentary Drama in Germany: Mending the Circuit«, *Germanic Review* 42 (1967), S. 49–62.

PROBLEME DES ROMANS (INTERMEZZO 3)

Baumgart, Reinhard. *Aussichten des Romans oder Hat Literatur Zukunft?* Neuwied/Berlin, 1968.
Durzak, Manfred. *Der deutsche Roman der Gegenwart.* Stuttgart, 1971.
Franzen, Erich. »Die moderne Epik und die deutsche Öffentlichkeit.« *Aufklärungen.* Frankfurt, 1964.
Hatfield, Henry. *Crisis and Continuity in Modern German Fiction.* Ithaca, 1969.
Heimann, Bodo. »Experimentelle Prosa.« M. Durzak (*ed.*) *Die deutsche Literatur der Gegenwart,* Stuttgart, 1971. S. 230–255.
Heitner, Robert R. (*ed.*). *The Contemporary Novel in Germany: A*

Symposium. Austin, 1967.

Horst, Karl August. *Das Spektrum des modernen Romans*. München 1964.

Möbius, Hanno. *Arbeiterliteratur in der BRD*. Köln, 1970.

Thomas, R., Hinton und Will, Wilfried van der. *The German Novel and the Affluent Society*. Toronto, 1968.

Trommler, Frank. »Von Stalin zu Hölderlin: Über den Entwicklungsroman in der DDR.« *Basis* 2 (1971), S. 141–190.

Vormweg, Heinrich. *Die Wörter und die Welt: Über neue Literatur*. Neuwied/Berlin, 1968.

Waidson, H. M. *The Modern German Novel*. London, 1960.

Ziolkowski, Theodore. *Dimensions of the Modern Novel*. Princeton, 1969.

ALFRED ANDERSCH

Bance, A. F. »*Der Tod in Rom* und *Die Rote:* Two Italian Episodes«, *Forum for Modern Language Studies* 3 (1967), S. 126–134.

Burgauner, Christoph. »Zur Romankunst Alfred Andersch«. In *Alfred Andersch: Bericht, Roman, Erzählungen*. Olten, 1965, S. 419–445.

Geissler, Rolf. »Alfred Andersch: *Sansibar oder der letzte Grund*«. In *Möglichkeiten des modernen deutschen Romans*. Frankfurt/M., 1965, S. 215–231.

Heist, Walter. »Flucht in die Arktis.« *Merkur* 24 (1970), S. 446–458.

Migner, Karl. »Die Flucht in die Freiheit: Untersuchungen zu einem zentralen Motiv in den Werken von Alfred Andersch«, *Welt und Wort* 18 (1963), S. 329–332.

Wittmann, Livia Z. *Alfred Andersch*. Stuttgart, 1971.

INGEBORG BACHMANN

Conrady, Peter. »Fragwürdige Lobrednerei. Anmerkungen zur Bachmann-Kritik.« *Text und Kritik* (1971), S. 48–55.

Holthusen, Hans Egon. »Kämpfender Sprachgeist: Die Lyrik Ingeborg Bachmanns«, in *Das Schöne und das Wahre*. München, 1958, S. 7–13.

Lyon, James K. »The Poetry of Ingeborg Bachmann: A Primeval Impulse in the Modern Wasteland«, *German Life and Letters* 17 (1964), S. 206–215.

Mauser, Wolfram. »Ingeborg Bachmanns ›Landnahme‹. Zur Metaphernkunst der Dichterin.« *Sprachkunst* 1 (1970), S. 191–206.

Schoolfield, George C. »Ingeborg Bachmann.« In *Essays on Contempo-*

rary Literature. (ed.) Brian Keith-Smith. German Men of Letters 4, London, 1966, S. 187–212.

Triesch, Manfred. »Truth, Love and Death of Language in Ingeborg Bachmann's Stories«. *Books Abroad* 39 (1965), S. 389–393.

JOHANNES BOBROWSKI

Bridgewater, Patrick. »The Poetry of Johannes Bobrowski«, *Forum for Modern Language Studies* 2 (1965), S. 320–334.

Glenn, Jerry H. »An Introduction to the Poetry of Johannes Bobrowski«, *Germanic Review* 41 (1966), S. 48–56.

Hartung, Günter. »Analysen und Kommentare zu Gedichten Johannes Bobrowskis«, *Wissenschaftliche Zeitschrift der Martin Luther Universität Halle, Wittenberg-Gesellschaft, Sprachwissenschaftliche Reihe.* 18 ii (1969), S. 197–212.

Heydebrand, Renate v. »*Engagierte Esoterik. Die Gedichte Johannes Bobrowskis.* In: *Wissenschaft als Dialog* (1969), S. 386–450.

Kobligk, Helmut. »Zeit und Geschichte im dichterischen Werk Johannes Bobrowskis.« *Wirkendes Wort* (1969) S. 193–205.

Mauser, Wolfram. *Beschwörung und Reflexion: Bobrowskis sarmatische Gedichte.* Frankfurt, 1970.

Streller, Siegfried. »Zählen zählt alles: Zum Gesellschaftsbild Johannes Bobrowskis.« *Weimarer Beiträge* 15 (1969), S. 1076–1090.

Johannes Bobrowski: *Selbstzeugnisse und Beiträge über sein Werk.* Berlin/Ost, 1967. Dokumente und Essays.

HEINRICH BÖLL

Bernhard, Hans J. *Die Romane Heinrich Bölls: Gesellschaftskritik und Gemeinschaftsutopie.* Berlin, 1970.

Bronsen, David. »Böll's Women: Patterns in Male-Female Relationships«, *Monatshefte* 57 (1965), S. 291–300.

Haase, Horst. »Charakter und Funktion der zentralen Symbolik in Heinrich Bölls Roman *Billard um halbzehn«, Weimarer Beiträge* 10 (1964), S. 219–226.

Jaeckel, Günter. »Die alte und die neue Welt: Das Verhältnis von Mensch und Technik in Heinrich Bölls Roman *Billard um halbzehn.« Weimarer Beiträge* (1968), S. 1285–1302.

Plant, Richard. »The World of Heinrich Böll«, *German Quarterly* 33 (1960), S. 125–131.

Poser, Therese. »Heinrich Böll: *Billard um halbzehn«.* In *Möglichkeiten des modernen deutschen Romans,* (ed.) Rolf Geissler. Frankfurt/M., 1965², S. 232–255.

Reich-Ranicki, Marcel (ed.). *In Sachen Böll: Ansichten und Aussichten* Köln, 1968. Essays von verschiedenen Kritikern.

Schwartz, Wilhelm J. *Der Erzähler Heinrich Böll: Seine Werke und Gestalten.* Bern, 1967.

Sokel, Walter J. »Perspective and Dualism in the Works of Heinrich Böll«. In *The Contemporary Novel in Germany: A Symposium,* (ed.) Robert R. Heitner. Austin, 1967, S. 111–138.

Wirth, Günter. *Heinrich Böll: Essayistische Studie über religiöse und gesellschaftliche Motive im Prosawerk des Dichters.* Köln, 1969.

Ziolkowski, Theodore. »Albert Camus and Heinrich Böll«, *Modern Language Notes* 77 (1962), S. 282–291.

Ziolkowski, Theodore. »Heinrich Böll: Conscience and Craft«, *Books Abroad* 34 (1960), S. 213–222.

PAUL CELAN

Allemann, Beda. »Paul Celan«. In *Schriftsteller der Gegenwart,* (ed.) Klaus Nonnemann. Olten, 1963, S. 70–75.

Duroche, Leonard L. »Paul Celans ›Todesfuge‹: A New Interpretation«, *Modern Language Notes* 82 (1967), S. 472–477.

Forster, Leonard. »Espenbaum‹: Zu einem Gedicht von Paul Celan.« In: Heydebrand, Renate v. und Just, Klaus G., *eds. Wissenschaft als Dialog: Studien zur Literatur und Kunst seit der Jahrhundertwende.* Stuttgart, 1969. S. 380–385.

Hommage à Paul Celan: Etudes Germaniques 25 (1970), mit Beiträgen von Beda Allemann, Bernhard Böschenstein, Claude David, Jean Starobinski, u. a. m.

Kelletat, Alfred. »Accessus zu Celans ›Sprachgitter‹«, *Der Deutschunterricht* 18 (1966), S. 94–110.

Lyon, James K. »The Poetry of Paul Celan: An Approach«, *Germanic Review* 39 (1964), S. 50–67.

Meinecke, Dietlind. *Wort und Name bei Paul Celan.* Bad Homburg, 1970.

Menzel, Wolfgang. »Celans Gedicht ›Todesfuge‹: Das Paradoxon einer Fuge über den Tod in Auschwitz.« *Germanisch-Romanische Monatsschrift,* Neue Folge 18 (1968), S. 431–447.

Neumann, Peter H. *Wort-Konkordanz zur Lyrik Paul Celans bis 1967.* München, 1969.

Neumann, Peter H. *Zur Lyrik Paul Celans.* Göttingen, 1968.

Prawer, Siegbert. »Paul Celan«. In *Essays on Contemporary German Literature,* (ed.) Brian Keith-Smith. German Men of Letters 4. London, 1966, S. 161–184.

Stiebler, Heinrich. »Die Zeit der Todesfuge: Zu den Anfängen Paul Celans.« *Akzente* 19 (1972), S. 11–40.

Weissenberger, Klaus. *Die Elegie bei Paul Celan.* Bern, 1969.

Weinrich, Harald. »Paul Celan«. In *Deutsche Literatur seit 1945,* (ed.) Dietrich Weber. Stuttgart, 1968. S. 62–76.

HEIMITO VON DODERER

Boyd, Ursel. »Die Romanform bei Heimito von Doderer.« *South Atlantic Bulletin* (1969), S. 5–6.

Hamburger, Michael. »A Great Austrian Novelist«, *Encounter* 8 (1957), S. 77–81.

Hatfield, Henry. »Vitality and Tradition: Doderer's *Die Strudlhofstiege*«, *Monatshefte* 47 (1955), S. 19-25.

Ivask, Ivar (ed.). »An International Symposium in Memory of Heimito von Doderer«, *Books Abroad* 42 (1968), S. 343–384.

Jones, David L. »Proust and Doderer: Themes and Techniques«, *Books Abroad* 37 (1963), S. 12–15.

Klein, Ulrich. »Die Rolle übertragenen Sprechens (Vergleich, Metapher, Bild) bei Heimito von Doderer.« *Wirkendes Wort* (1969), S. 324 bis 337.

Politzer, Heinz. »Heimito von Doderer's *Demons* and the Modern Kakanian Novel«. In *The Contemporary Novel in Germany:* A Symposium. (ed.) Robert R. Heitner, Austin, 1967, S. 37–62.

Schmidt-Dengler, Wendelin. »Heimito von Doderers schriftstellerische Anfänge.« *Österreich in Geschichte und Literatur* 16 (1972), S. 98–110.

Spiel, Hilde. »Der Kampf gegen das Chaos: Zu Heimito von Doderers *Die Dämonen*«, *Der Monat* 9 (1957), S. 65–68.

Trommler, Frank. »Für eine gerechte Doderer-Fama.« *Forum* 16 (1968), S. 781–784.

Trommler, Frank. »Naturalist oder Moralist? Zu Doderers Sprache.« *Language and Style* (1969), S. 124–131.

Weber, Dietrich. *Heimito von Doderer: Studien zu seinem Romanwerk.* München, 1963.

Wolff, Lutz-Werner. Wiedereroberte Außenwelt: Studien zur Erzählweise Heimito von Doderers am Beispiel des Romans No. 7 *Göppinger Arbeiten zur Germanistik,* 1969.

FRIEDRICH DÜRRENMATT

Allemann, Beda. »Friedrich Dürrenmatt: *Es steht geschrieben*«. In *Das deutsche Drama* 2, (ed.) Benno von Wiese. Düsseldorf, 1968, S. 415–532.

Arnold, Armin. *Friedrich Dürrenmatt*. Berlin, 1969.

Bänziger, Hans. *Frisch und Dürrenmatt*. Bern und München, 1966⁵.

Brock-Sulzer, Elisabeth. *Dürrenmatt in unserer Zeit: Eine Werkinterpretation nach Selbstzeugnissen*. Basel, 1968.

Esslin, Martin. »Friedrich Dürrenmatt and the Neurosis of Neutrality«. In *Essays in the Modern Drama*, (ed.) Morris Freedman. Boston, 1964, S. 225–227.

Hammer, John C. »Friedrich Dürrenmatt and the Tragedy of Bertolt Brecht: An Interpretation of *Die Wiedertäufer*.« *Modern Drama* 12 (1969), S. 204–209.

Hansel, Johannes. *Friedrich-Dürrenmatt-Bibliographie*. *Bibliographien zum Studium der deutschen Sprache und Literatur*. Bad Homburg, 1968.

Heilman, Robert B. »The Lure of the Demonic: James and Dürrenmatt«, *Comparative Literature* 13 (1961), S. 346–357.

Huder, Walther. »Friedrich Dürrenmatt oder die Wiedergeburt der Blasphemie.« *Welt und Wort* 24 (1969), S. 316–319.

Jäggi, Walter, (ed.) *Der unbequeme Dürrenmatt*. Basel, 1962. Essays von Reinhold Grimm, Gottfried Benn, Hans Mayer u. a.

Kesting, Marianne. »*Friedrich Dürrenmatts Parabeln einer abstrusen Welt*.« In: Marianne Kesting: *Panorama des zeitgenössischen Theaters* (1969), S. 269–273.

Klarmann, Adolf D. »Friedrich Dürrenmatt and the Tragic Sense of Comedy«, *Tulane Drama Review* 4 (1960), S. 77–104.

Lehnert, Herbert. »Fiktionale Struktur und physikalische Realität in Dürrenmatts *Die Physiker*.« Kahn, Robert L. (*ed.*) *Studies in German: In Memory of Andrew Louis*. Rice University Studies 55 (1969), S. 115–130.

Loram, Jan C. »*Der Besuch der alten Dame* and *The Visit*«, *Monatshefte* 53 (1961), S. 15–21.

Mayer, Hans. *Dürrenmatt und Frisch*. Pfullingen, 1963.

Mayer, Hans. »Friedrich Dürrenmatt.« *Zeitschrift für deutsche Philologie* 87 (1968), S. 482–498.

Neumann, Gerhard; Schröder, Jürgen; Karnick Manfred. *Dürrenmatt, Frisch, Weiss. Entwürfe zum Drama der Gegenwart. Mit einem einleitenden Essay von Gerhart Baumann*. München, 1969.

Peppard, Murray B. *Friedrich Dürrenmatt*. New York, 1969.

Steiner, Jacob. »Die Komödie Dürrenmatts«, *Der Deutschunterricht* 15

(1963), S. 81–98.

Wellwarth, George E. »Friedrich Dürrenmatt and Max Frisch: Two Views of the Drama«, *Tulane Drama Review* 6 (1962), S. 14–42.

HANS MAGNUS ENZENSBERGER

Bridgewater, Patrick, »The Making of a Poet: Hans Magnus Enzensberger«, *German Life and Letters* 21 (1967), S. 27–44.

Grimm, Reinhold. »Montierte Lyrik«, *Germanisch-romanische Monatsschrift* N. F. 39 (1958), S. 178–192.

Gutmann, Helmut. »Die Utopie der reinen Negation: Zur Lyrik H. M. Enzensbergers.« *German Quarterly* (1970), S. 435–452.

Holthusen, Hans Egon. »Die Zornigen, die Gesellschaft und das Glück: Lyrik von Hans Magnus Enzensberger«. In *Kritisches Verstehen.* München, 1961, S. 138–172.

Noack, Paul. »Fremdbrötler von Beruf«, *Der Monat* 15 (1963), S. 61–70.

Schickel, Joachim. *Über Hans Magnus Enzensberger.* Frankfurt, 1970.

Schlenstedt, Dieter. »Aufschrei und Unbehagen: Notizen zur Problematik eines westdeutschen Dichters«, *Neue Deutsche Literatur* 9 (1961). S. 110–127.

MAX FRISCH

Allemann, Beda. »Die Struktur der Komödie bei Frisch und Dürrenmatt.« In: Steffen, Hans *(ed.) Das deutsche Lustspiel.* Göttingen, 1969, S. 200–217.

Bänzinger, Hans. *Frisch und Dürrenmatt.* Bern und München, 1966⁵.

Bicknese, Günther. »Zur Rolle Amerikas in Max Frischs *Homo Faber.*« *German Quarterly* 42 (1969), S. 52–64.

Bradley, Brigitte L. »Max Frisch's *Homo Faber*: Theme and Structural Devices«, *Germanic Review* 41 (1966), S. 276–290.

Brustein, Robert. »German Guilt and Swiss Indictments«, *New Republic,* 9. März 1963, S. 28–30.

de Vin, Daniel. »Max Frischs *Mein Name sei Gantenbein.*« *Studia Germanica Gaudensia* 12 (1970), S. 243–263.

Hillen, Gerd. »Reisemotive in den Romanen von Max Frisch.« *Wirkendes Wort* 19 (1969), S. 126–133.

Jacobi, Walter. »Max Frisch: *Die chinesische Mauer* – Die Beziehung zwischen Sinngehalt und Form«, *Der Deutschunterricht* 13 (1961). S. 93–108

Jürgensen, Manfred. *Max Frisch: Die Dramen.* Bern, 1968.

Karasek, Hellmuth. *Max Frisch.* Velber/Hannover, 1966.

Kraft, Martin. *Studien zur Thematik von Max Frischs Roman Mein Name sei Gantenbein.* Bern, 1969.

Pickar, Gertrud B. »Biedermann und die Brandstifter; The Dilemma of Language.« *Modern Languages* 50 (1969, S. 99–105.

Schenker, Walter. *Die Sprache Max Frischs in der Spannung zwischen Mundart und Schriftsprache.* Berlin, 1969.

Schürer, Ernst. »Zur Interpretation von Max Frischs *Homo Faber*«, *Monatshefte* 59 (1967), S. 330–343.

Staiger, Emil. »*Stiller*«, *Neue Züricher Zeitung,* 17. November 1954.

Weise, Adelheid. *Untersuchungen zur Thematik und Struktur der Dramen von Max Frisch.* Göppingen, 1969.

Wellwarth, George. »The German-Speaking Drama: Max Frisch: The Drama of Despair«. In *The Theater of Protest and Paradox.* New York, 1964, S. 161–183.

GERD GAISER

Bronson, David. »Unterdrückung des Pathos in Gerd Gaisers *Die sterbende Jagd*«, *German Quarterly* 38 (1965), S. 310–317.

Hilton, Jan. »Gerd Gaiser«. In *Essays on Contemporary German Literature* (ed.) Brian Keith-Smith. German Men of Letters 4. London, 1966, S. 111–138.

Hilton, Jan. »The Narrative Architecture in Gerd Gaiser's Novel *Schlußball*.« In: Baldner, Ralph W. *(ed.) Proceedings: Pacific Northwest Conference on Foreign Languages, Twenty-first Annual Meeting, April 3–4, 1970.* Victoria, B. C., 1970. Vol. 21, S. 79–84.

Hohoff, Curt. *Gerd Gaiser: Werk und Gestalt.* München, 1963.

Hülse, Erich. »Gerd Gaiser: *Schlußball*.« In *Möglichkeiten des modernen deutschen Romans,* (ed.) Rolf Geissler. Frankfurt/M., 1965, S. 161 bis 190.

GÜNTER GRASS

Behrendt, Johanna E. »Auf der Suche nach dem Adamsapfel der Erzähler Pilenz in Günter Grass' Novelle *Katz und Maus*«. *Germanisch-romanische Monatsschrift* 19 (1969), S. 313–326.

Blomster, Wesley V. »The Documentation of a Novel: Otto Weininger and *Hundejahre* by Günter Grass.« *Monatshefte* 61 (1969), S. 122 bis 138.

Bruce, James C. »The Equivocating Narrator in Günter Grass' *Katz und Maus*«, *Monatshefte* 58 (1966), S. 139–149.

Cunliffe, W. G. »Aspects of the Absurd in Günter Grass«, *Wisconsin Studies in Contemporary Literature* 7 (1966), S. 311–327.

Cunliffe, W. Gordon. *Günter Grass*. New York, 1969.

Elliot, John R. Jr. »The Cankered Muse of Günter Grass.« *Dimension* 1 (1968), S. 516–523.

Gelley, Alexander. »Art and Reality in *Die Blechtrommel*«, *Forum for Modern Language Studies* 3 (1967), S. 115–125.

Höck, Wilhelm. »Der vorläufig abgerissene Faden: Günter Grass und das Dilemma des Erzählers.« *Hochland* 61 (1969), S. 558–563.

Holthusen, Hans Egon. »Günter Grass als politischer Autor«, *Der Monat* 18 (1966), S. 66–81.

Kaiser, Gerhard. *Günter Grass' Katz und Maus*. München, 1971.

Krättli, Anton. »Günter Grass und die deutsche Buchkritik.« *Schweizer Monatshefte* 49 (1969), S. 753–760.

Loschütz, Gert (ed.). *Von Buch zu Buch: Günter Grass in der Kritik: eine Dokumentation*. Neuwied/Berlin, 1968.

Parry, Idris. »Aspects of Günter Grass's Narrative Technique«, *Forum for Modern Language Studies* 3 (1967), S. 100–114.

Plard, Henri. »Verteidigung der Blechtrommeln: Über Günter Grass«, *Text und Kritik* 1 (1963), S. 1–8.

Schwarz, Wilhelm J. *Der Erzähler Günter Grass*. Bern, 1969.

Steiner, George. »The Nerve of Günter Grass«, *Commentary* 37 (1964), S. 77–80.

Vormweg, Heinrich. »Gedichtschreiber Grass.« *Akzente* 17 (1969), S. 405–416.

Wieser, Theodor. *Günter Grass*. Neuwied, 1968.

Willson, A. Leslie. »The Grotesque Everyman in Günter Grass's *Die Blechtrommel*«, *Monatshefte* 58 (1966), S. 131–138.

PETER HACKS

Kesting, Marianne. *Panorama des zeitgenössischen Theaters*. München, 1962, S. 239–242.

PETER HANDKE

Dixon, Christa K. »Peter Handke: Die Angst des Tormanns beim Elfmeter.« *Sprachkunst* 3 (1972), S. 95–97.

Scharang, Michael (*ed.) Über Peter Handke*. Frankfurt, 1972.

Taëni, Rainer. »Handke und das politische Theater.« *Neue Rundschau* 81 (1970), S. 158–169.

Text und Kritik 24 (1969) mit Arbeiten von Hans Mayer, Klaus Stiller, Peter Schumann, u. a.

Vanderoth, Johannes. »Peter Handkes ›Publikumsbeschimpfung‹. Ende des aristotelischen Theaters?« *German Quarterly* 43 (1970), S. 317 bis 326.

HELMUT HEISSENBÜTTEL

Döhl, Reinhard. »Helmut Heissenbüttel: ein Versuch«. *Wort in der Zeit* 12 (1966), S. 50–64.

Hartung, Harald. »Antigrammatische Poetik und Poesie: zu neuen Büchern von Helmut Heissenbüttel und Franz Mon«, *Neue Rundschau* 79 (1968), S. 480–494.

Hoeck, Wilhelm. »Vorüberlied und Dennochlied: Deutsche Lyrik zwischen Heissenbüttel und Benn«, *Hochland* 56 (1963), S. 119–136.

Schöfer, Erasmus. »Poesie als Sprachforschung«, *Wirkendes Wort* 15 (1965), S. 275–278.

Waldrop, Rosmarie. »Helmut Heissenbüttel, Poet of Contexts.« *Germanic Review* 44 (1969), S. 132–142.

ROLF HOCHHUTH

Bentley, Eric (ed.). *The Storm over The Deputy*. New York, 1964. Enthält Artikel von Hannah Arendt, Robert Brustein, Alfred Kazin u. a.

Kaufmann, Walter. *Tragedy and Philosophy*. New York, 1968, S. 323–337.

Marx, Patricia. »An Interview with Rolf Hochhuth«, *Partisan Review* 31 (1964), S. 363–376.

Raddatz, Fritz (ed.). *Summa iniuria: oder Durfte der Papst schweigen? Hochhuths »Stellvertreter« in der öffentlichen Kritik*. Reinbek/Hamburg, 1963. Enthält Artikel von Hans Egon Holthusen, Albert Wucher, Rolf Hochhuth u. a.

Sammons, Jeffrey L. »The Deputy: A Minority View«, *Yale German Review* 2 (1966), S. 1–6.

Schwarz, Egon. »Rolf Hochhuth's The Representative«, *Germanic Review* 39 (1963), S. 807–820.

Winston, Clara. »The Matter of the *Deputy*«, *Massachusetts Review* 5 (1964), S. 423–436.

Zipes, J. D. »Guilt-Ridden Hochhuth: *The Soldiers*«, *Mosaic* 1 (1967), S. 118–131.

FRITZ HOCHWÄLDER

Loram, Jan C. »Fritz Hochwälder«, *Monatshefte* 57 (1965), S. 8–16.

Probst, Juan C. »El sagrado experimento de Hochwälder considerado desde el punto de vista histórico.« *Boletín de Estudios Germánicos* 8 (1970), S. 177–183.

Thieberger, Richard. »Macht und Recht in den Dramen Fritz Hochwäl-

ders«, *Deutsche Rundschau* 83 (1957), S. 1147–1152.
Wellwarth, George E. »Fritz Hochwälder: The Drama within the Self«, *Quarterly Journal of Speech* 49 (1963), S. 274–281.

UWE JOHNSON

Baudrillard, Jean. »Uwe Johnson: La Frontière«, *Les temps modernes* 18 (1962), S. 1094–1107.
Baumgart, Reinhard (ed.). *Über Uwe Johnson.* Frankfurt, 1970.
Cunliffe, Gordon W. »Uwe Johnson's Anti-Liberalism.« *Mosaic* 5 (1971/72), S. 19–25.
Detweiler, Robert. »Speculations about Jacob: The Truth of Ambiguity«, *Monatshefte* 58 (1966), S. 25–32.
Diller, Edward. »Uwe Johnson's Karsch: Language as a Reflection of the Two Germanies«, *Monatshefte* 60 (1968), S. 34–39.
Kolb, Herbert. »Rückfall in die Parataxe: Anläßlich einiger Satzbauformen in Uwe Johnsons erstveröffentlichtem Roman«, *Neue deutsche Hefte* 10 (1963), S. 42–74.
Migner, Karl. *Uwe Johnson:* »*Das dritte Buch über Achim«: Interpretation.* München, 1966.
Popp, Hansjürgen. *Einführung in Uwe Johnsons Roman* »*Mutmaßungen über Jakob«.* Stuttgart, 1961.
Schwarz, Wilhelm J. *Der Erzähler Uwe Johnson.* Bern, 1970.
Wunberg, Gotthart. »Struktur und Symbol in Uwe Johnsons Roman *Mutmaßungen über Jakob«, Neue Sammlung* 2 (1962), S. 440–449.
Zehm, Günter. »Ausruhen bei den Dingen: Notiz über Uwe Johnsons Methode«, *Der Monat* 14 (1961), S. 69–73.
Zimmermann, Werner. »*Uwe Johnson: Das dritte Buch über Achim.* Analyse des Romananfangs und Ausblick auf das Ganze.« In: *Werner Zimmermann. Deutsche Prosadichtungen unseres Jahrhunderts* 2 (1969), S. 301–311.

WOLFGANG KOEPPEN

Bungter, George. »Über Wolfgang Koeppens ›Tauben im Gras‹«. *Zeitschrift für deutsche Philologie* 87 (1968), S. 535–545.
Heissenbüttel, Helmut. »Wolfgang-Koeppen-Kommentar«, *Merkur* 22 (1968), S. 244–252.
Jens, Walter. »Verleihung des Georg-Büchner-Preises an Wolfgang Koeppen: Rede auf den Preisträger«, *Jahrbuch der Deutschen Akademie für Sprache und Dichtung,* Darmstadt 1962, S. 91–110.
Linder, Christian. »Auswahlbibliographie zu Wolfgang Koeppen.« *Text und Kritik* 34 (1972), S. 53–59.

Linder, Christian. »Im Übergang zum Untergang: Über das Schweigen Wolfgang Koeppens.« *Akzente* 19 (1972), S. 41–63.

GÜNTER KUNERT

Horst, Eberhard. »Günter Kunert: Verkündigung des Wetters: Im Namen der Hüte«, *Neue Rundschau* 78 (1967), S. 678–684.
Walwei-Wiegelmann, Hedwig. »Zur Lyrik und Prosa Günter Kunerts.« *Der Deutschunterricht* 21 (1969), S. 134–144.

WILHELM LEHMANN

Graucob, Karl. *Wilhelm Lehmann. Lyrik und Bukolische Tagebücher: Eine vergleichende Untersuchung.* Kiel, 1970.
Härtling, Peter. »Die Welt zurechtsingen«, *Der Monat* 15 (1962), S. 76–80.
Hohoff, Curt. »Poeta Magus – Wilhelm Lehmann.« In *Geist und Ursprung.* München, 1954, S. 162–164.
Prawer, Siegbert. »The Poetry of Wilhelm Lehmann«, *German Life and Letters* 15 (1961/62), S. 247–258.
Schäfer, Hans D. *Wilhelm Lehmann: Studien zu seinem Leben und Werk. Abhandlungen zur Kunst, Musik und Literaturwissenschaft.* Bonn, 1969.
Scrase, David A. »Wilhelm Lehmann.« In *Essays on Contemporary German Literature,* (ed.) Brian Keith-Smith. *German Men of Letters* 4. London, 1966, S. 19–35.
Siebert, Werner (ed.). *Gegenwart des Lyrischen: Essays zum Werk Wilhelm Lehmanns.* Gütersloh, 1967.
Weber, Werner. »Suite zur Gegenwart.« In *Zeit ohne Zeit,* Zürich, 1959, S. 172–228.

NELLY SACHS

Behrendsohn, Walter Artur. *Nelly Sachs' Mysterienspiel vom Leiden Israels Eli.* Dortmund, 1969.
Blomster, W. V. »A Theosophy of the Creative World: the *Zohar*-Cycle of Nelly Sachs«, *German Review* 44 (1969), S. 211–227.
Enzensberger, Hans Magnus. »Die Steine der Freiheit«, *Merkur* 15 (1959), S. 770–775.
Geissner, Hellmuth. »Nelly Sachs«. In *Deutsche Literatur seit 1945,* (ed.) Dietrich Weber. Stuttgart, 1968, S. 15–37.
Kersten, Paul. »Analyse und Heiligsprechung: Nelly Sachs und ihre Kritiker.« *Text und Kritik* 23 (1969), S. 48–51.

Lagercrantz, Olof. »Die fortdauernde Schöpfung: Über Nelly Sachs.« *Text und Kritik* 23 (1969), S. 1–4.

Weber, Werner. »Nelly Sachs.« *Jahresring* 70/71 (1970) S. 347–351.

Nelly Sachs zu Ehren: Gedichte, Beiträge, Bibliographie. Frankfurt/M., 1966. Mit Beiträgen von Käte Hamburger, Horst Bienek, Hilde Domin, Walter A. Berendsohn u. a.

MARTIN WALSER

Ahl, Herbert. »Klima einer Gesellschaft: Martin Walser«. In *Literarische Portraits.* München, 1962, S. 15–27.

Beckermann, Thomas (ed.). *Über Martin Walser.* Frankfurt, 1970.

Beckermann, Thomas. *Martin Walser oder die Zerstörung eines Musters / Halbzeit /.* Bonn, 1972.

Enzensberger, Hans Magnus. »Martin Walser: Ein sanfter Wüterich«. In *Einzelheiten,* Frankfurt/M., 1962, S. 240–245.

Kautz, Ernst-Günter. »Ideologickritik und Grundlage der dramaturgischen Gestaltung in Martin Walsers Stücken ›Der Abstecher‹ und ›Eiche und Angora‹«. *Wissenschaftliche Zeitschrift der Humboldt-Universität zu Berlin. Gesellschafts- und Sprachwissenschaftliche Reihe* 18 (1969), S. 93–114.

Kreuzer, Ingrid. »Martin Walser«. In *Deutsche Literatur seit 1945.* (ed.) Dietrich Weber. Stuttgart, 1968, S. 435–454.

Nelson, Donald F. »The depersonalized world of Martin Walser.« *German Quarterly* 42 (1969), S. 204–216.

PETER WEISS

Best, Otto F. *Peter Weiss.* Bern, 1971.

Canaris, Volker *(ed.) Über Peter Weiss.* Frankfurt, 1970.

Carmichael, Joel. »German Reaction to a New Play about Auschwitz«, *American-German Review* 32 (1966), S. 30–31.

Fleissner, E. M. »Revolution as Theater: *Danton's Death* and *Marat/Sade*«, *Massachusetts Review* 7 (1966), S. 543–556.

Hohoff, Curt. »Peter Weiss und sein dramatisches Werk.« *Universitas* 25 (1970), S. 577–584.

Marcuse, Ludwig. »Was ermittelte Peter Weiss?« *Kürbiskern* 2 (1966), S. 84–89.

Milfull, John. »From Kafka to Brecht: Peter Weiss' Development toward Marxism«, *German Life and Letters* 20 (1966), S. 61–71.

Moeller, Hans-Bernhard. »Weiss's Reasoning in the Madhouse«, *Symposium* 20 (1966), S. 163–173.

Neumann, Gerhard; Schröder, Jürgen; Karnick, Manfred. *Dürrenmatt,*

Frisch, Weiss. 3 Entwürfe zum Drama der Gegenwart. Mit einleiten-dem Essay von Gerhart Baumann. München, 1969.

Rischbieter, Henning. *Peter Weiss.* Velber/Hannover, 1967.

Roloff, Michael. »An Interview with Peter Weiss«, *Partisan Review* 32 (1965), S. 220–232.

Salloch, Erika. *Peter Weiss' Die Ermittlung.* Frankfurt, 1972.

Sontag, Susan. »Marat/Sade/Artaud«. *Partisan Review* 32 (1965), S. 210–219.

Thurm, Brigitte. *Gesellschaftliche Relevanz und künstlerische Subjekti-vität. Zur Subjekt-Objekt-Problematik in den Dramen von Peter Weiss. Weimarer Beiträge* 15 (1969), S. 1091–1102.

Waldrop, Rosmarie. »Marat/Sade: A Ritual of the Intellect.« *Bucknell Review* 18 (1970), S. 52–68.

Wendt, Ernst. »Peter Weiss zwischen den Ideologien«, *Akzente* 12 (1965), S. 415–425.

White, John J. »History and Cruelty in Peter Weiss' *Marat/Sade«, Mo-dern Language Review* 63 (1968), S. 437–448.

Materialien zu Peter Weiss' Marat/Sade. Zusammengestellt von Karl-heinz Braun. Frankfurt, 1969[2].

REGISTER

Peter Demetz

Marx, Engels und die Dichter

Ein Kapitel
deutscher Literaturgeschichte

Ullstein Buch 4021/4022

Peter Demetz erörtert den
Ursprung und die erste
Entwicklungsphase der
marxistischen Literaturtheorie
und weist ihre Herkunft aus
dem deutschen Radikalismus
im Zeitalter Hegels nach.
In späteren Kapiteln wendet
er sich den bedeutendsten
marxistischen Literatur-
kritikern zu, wobei auch die
neuesten Strömungen
berücksichtigt werden. Im
Bewußtsein der Vorläufigkeit
seiner Arbeit zur
Ideengeschichte des
19. Jahrhunderts – die immer
weiter fortschreitende
Veröffentlichung relevanter
Marx-Engels-Texte fördert
besonders die Kenntnis des
Details – stellt Peter Demetz
seine kritischen und herausfordernden Fragen dennoch
zur Diskussion und liefert
gleichzeitig einen wichtigen
Beitrag zur Erörterung
der sich ständig verändernden
Geschichte unserer Epoche.

ein Ullstein Buch

Georg Wilhelm Friedrich Hegel

Phänomenologie des Geistes

Mit einem Nachwort
von Georg Lukács

Ullstein Buch 2762

Aus dem Inhalt:
Text der Erstausgabe (1870)
mit den Varianten der
»Werke« (1832/1841) und
der Ausgabe von Johannes
Hoffmeister (1952,
6. Auflage). Nachwort von
Georg Lukács. Hegels
Selbstanzeige. Rezensionen
von Karl Joseph Windischmann und Karl Friedrich
Bachmann. Texte von Karl
Marx und Rudolf Haym.
Bibliographie. Vergleichendes
Inhaltsverzeichnis der
wichtigsten Ausgaben.

ein Ullstein Buch

Anton Semjonowitsch Makarenko

Ein pädagogisches Poem »Der Weg ins Leben«

Mit einer Einführung von Oskar Anweiler

Ullstein Buch 2871

A. S. Makarenkos »Pädagogisches Poem« – 1925–35 entstanden und auch unter dem Titel »Der Weg ins Leben« veröffentlicht – zählt zu den klassischen Werken sozialistischer Pädagogik. Makarenko wurde 1920 beauftragt, die Organisation eines Jugend-Kollektivs für Rechtsverletzer aufzubauen. In romanhafter Form wird berichtet, wie das Kollektiv entsteht, wie die Prinzipien herausgearbeitet werden, wie durch menschlichen Zusammenhalt die Gruppenmitglieder aus ihrer chaotischen Wirklichkeit herauswachsen.

ein Ullstein Buch

Franz Mehring

Die Lessing-
Legende

Ullstein Buch 2854

ein Ullstein Buch

Friedrich Nietzsche

Werke in fünf Bänden

Herausgegeben
von Karl Schlechta

ein Ullstein Buch

Daniel Paul Schreber

Denkwürdig-keiten eines Nervenkranken

Herausgegeben und
eingeleitet von
Samuel M. Weber

Ullstein Buch 2957

Der »Fall Schreber« ist für
die Psychoanalyse ein einmalig interessanter Fall.
Im Jahre 1903 erschien das
Buch des Senatspräsidenten
Schreber und wurde kurz
darauf auf Antrag der Familie
wieder eingestampft.
Schreber schilderte darin aus
eigener Sicht die Geschichte
seiner Krankheit Dementia
praecox. Neben dem
»subjektiv« geschilderten Fall
finden sich in dieser Ausgabe
auch die »objektiven«
Krankenberichte und
Gutachten.

ein Ullstein Buch